21世纪高等教育标准教材

首批国家级线上一流本科课程教材

辽宁省精品资源共享课教材

电子商务概论

（第三版）

杨兴凯 编著

Dianzi Shangwu
Gailun

东北财经大学出版社
Dongbei University of Finance & Economics Press

大连

图书在版编目（CIP）数据

电子商务概论 / 杨兴凯编著． —3 版． —大连：东北财经大学出版社，2021.3（2023.5 重印）
（21 世纪高等教育标准教材）
ISBN 978-7-5654-4147-9

Ⅰ．电⋯　Ⅱ．杨⋯　Ⅲ．电子商务–高等学校–教材　Ⅳ．F713.36

中国版本图书馆 CIP 数据核字（2021）第 034326 号

东北财经大学出版社出版
（大连市黑石礁尖山街 217 号　邮政编码　116025）
网　　址：http://www.dufep.cn
读者信箱：dufep@dufe.edu.cn
大连东泰彩印技术开发有限公司印刷　东北财经大学出版社发行
幅面尺寸：172mm×242mm　字数：559 千字　印张：27.25　插页：1
2021 年 3 月第 3 版　　　　　　　　　　2023 年 5 月第 3 次印刷
责任编辑：李 彬　王 玲　　　　　　　　　责任校对：一 心
封面设计：冀贵收　　　　　　　　　　　　版式设计：钟福建
定价：55.00 元

作者简介

　　杨兴凯（1970—），辽宁省朝阳人，中共党员，教授，博士，历任东北财经大学电子商务教学部主任、电子商务系主任，现任东北财经大学创新创业与实验教学中心副主任、国家级经济管理实验教学示范中心副主任、教育部电子商务教学指导委员会委员、辽宁省电子商务教学指导委员会副主任委员、辽宁省教学名师、辽宁省优秀青年骨干教师、中国电子商务名师，首批国家级线上一流课程"电子商务概论"负责人。中国信息经济学会电子商务专业委员会常务理事、中国优选法统筹法与经济数学研究会常务理事、辽宁省电子商务专家、辽宁省电子政务专家、大连市电子商务专家、大连市跨境电商协会副会长、KAB大学生创业导师、辽宁省大学生创业导师。发表论文70余篇，参与国家自然科学基金项目3项、教育部和商务部项目各1项，主持和参与省级项目20余项、市级项目5项，撰写专著2部，主编教材26部。荣获辽宁省教育厅科技进步二等奖1项，辽宁省政府科技进步三等奖1项，辽宁省教学成果奖4项，其他省市级奖6项。

第三版前言

随着信息技术的发展、互联网的普及、网络应用的日益深入，电子商务迅速成为世界经济新的增长模式。电子商务的快速发展和普遍应用，不但改变了人们的生活方式，甚至改变了企业的生产和经营方式，越来越多的企业和个人加入到电子商务的研究、开发和应用中。电子商务成为一种新的商业模式，与传统商务并驾齐驱，共同推动了社会经济的发展。

行业现状。根据商务部2022年中国电子商务报告显示，2022年全国电子商务交易额达43.83万亿元，其中网上零售额13.79万亿元，同比增长4.0%，实物商品网上零售额11.96万亿元，中国社会消费品零售总额43.97万亿元，实物商品网上零售额占社会消费品零售总额的比重上升到27.20%，电子商务从业人员达到6 937.18万人，8.45亿的网购用户成为全球第一大网络零售市场。电子商务在中国的快速发展和崛起，不但为我国企业找到了降低成本、提高效率、拓展市场和创新经营的有效手段，还满足和提升了消费需求，提高了我国产业和资源的组织化程度，转变了经济发展方式，对于优化产业结构、支撑战略性新兴产业发展和形成新的经济增长点具有重要作用。

目标定位。本书不仅囊括了电子商务领域需要了解和掌握的理论基础，而且运用案例的方式将理论与实际相结合，使初学者能够准确、快速、全方位地掌握电子商务这门新兴学科的有关知识。本书适用于高等院校电子商务、信息管理与信息系统、工商管理等相关专业的在校学生对电子商务基础理论知识的学习，旨在为学生初识电子商务、了解电子商务整体体系结构、掌握电子商务基本理论和概念、把握电子商务发展趋势提供全面系统的知识梳理和讲解。

课程思政。本书构建了基于党的二十大精神引领的课程思政内容。根据二十大报告精神，加快数字经济发展是国家建设现代化经济体系的重要内容。电子商务作为数字经济中的主要领域，已成为推动数字经济发展的重要驱动力。为深入地贯彻落实《中共中央关于认真学习宣传贯彻党的二十大精神的决定》，践行二十大精神进高校教材，本书以社会主义核心价值观为引领，以贯彻二十大精神为指导，选择守正创新、系统观念、和谐共生等作为课程思政元素，并将其融入教材内容，融入课程案例，构建了基于二十大精神的课程思政。

本书特色。作者深入研究了电子商务理论和实务，查阅了大量的资料，在本书中融入了近年来最新的电子商务应用和研究成果，结合了作者专业知识和多年教学、科研经验，并在充分理解电子商务基本理论和明确电子商务框架结构的基础上，提出了电子商务的整体知识体系。本书具有以下特点：①在目标上，本书以提供全面、系统的电子商务理论为目标，以电子商务专业素质的培养为导向，旨在使初学电子商务的学生能够在宏观层面把握电子商务的整体脉络，建立完整的知识体系，为今后深入地学习、研究和应用电子商务打下坚实的基础。②在结构上，本书由浅入深，逐层递进。本书在使学生充分理解电子商务基本概念、模式与框架的基础上，融入电子商务技术、安全、营销、支付、物流和供应链等相关内容，对电子商务的总体框架结构进行梳理，同时结合对电子商务环境和发展趋势的介绍，使学生实现对电子商务的总体把握。③在内容上，本书反映电子商务领域的最新变化，充分考虑了学习和教学的双重需求，每章均有多个新颖、有代表性的案例，帮助学生理解书中的一些基本概念，章后还有习题便于教学，将理论知识和应用案例有机结合，并配以大量的图表辅助说明，帮助读者把握本书的整体结构，理解内容。

内容结构。本次修订更新了书中的过时数据，修改了大部分案例，增加了新电子商务法和新的电子商务趋势和模式等内容。本书可分为四个部分：第一部分对电子商务从总体上进行概述，明确电子商务的概念、特征和分类等关键理论基础，通过运作过程的对比，分析电子商务和传统商务的区别以及电子商务对传统商务的影响，理清电子商务的体系框架，介绍电子商务的主要模式和创新应用模式；第二部分详细阐述了电子商务的总体结构，首先介绍电子商务的技术基础和安全保障两个方面，在此基础上介绍电子商务的网络营销手段、电子支付手段、物流和供应链业务以及移动商务模式；第三部分分析了电子商务的法律环境，介绍了电子商务立法现状，阐述了电子商务信任管理的内容，明确了电子商务相关的法律法规；第四部分分别从技术和运营两个方面分析了电子商务的发展趋势，明确了未来电子商务所需要融入的技术，以及电子商务应采取的新型运营理念和管理方式。本书整体结构图见下页。

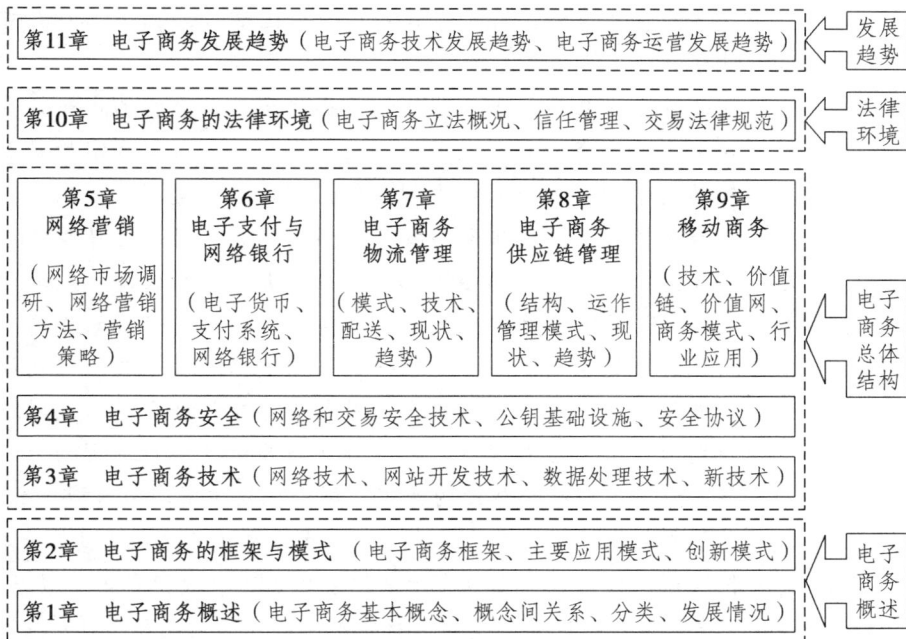

第11章 电子商务发展趋势（电子商务技术发展趋势、电子商务运营发展趋势）	← 发展趋势
第10章 电子商务的法律环境（电子商务立法概况、信任管理、交易法律规范）	← 法律环境

第5章 网络营销 （网络市场调研、网络营销方法、营销策略）	第6章 电子支付与网络银行 （电子货币、支付系统、网络银行）	第7章 电子商务物流管理 （模式、技术、配送、现状、趋势）	第8章 电子商务供应链管理 （结构、运作管理模式、现状、趋势）	第9章 移动商务 （技术、价值链、价值网、商务模式、行业应用）

← 电子商务总体结构

第4章 电子商务安全（网络和交易安全技术、公钥基础设施、安全协议）
第3章 电子商务技术（网络技术、网站开发技术、数据处理技术、新技术）

第2章 电子商务的框架与模式（电子商务框架、主要应用模式、创新模式）	← 电子商务概述
第1章 电子商务概述（电子商务基本概念、概念间关系、分类、发展情况）	

本书整体结构图

配套资源。 东北财经大学是教育部电子商务专业首批试办院校，东北财经大学电子商务专业是辽宁省首批一流本科示范专业、优势特色专业、创新创业改革试点专业，国家首批一流建设专业；"电子商务概论"课程经过10余年的建设，是辽宁省精品课、辽宁省精品资源共享课、首批国家级线上一流本科课程，课程荣获高校在线开放课程联盟联席会"慕课十年典型案例，基于该课程获批教育部首批电子商务概论课程虚拟教研室建设试点，本书为该课程的配套教材，国家级线上一流本科课程网址为：https：//www.icourse163.org/course/DUFE-1003330002，课程资源包括讲解视频、参考课件、案例分析、随堂测验、思考讨论、单元测验和期末考试，考试合格后还可获得认证证书（中国大学MOOC平台发放）。由于网络资源中习题以客观题为主，因此书中以主观题为主。另外，由于时间原因，跨境电子商务的内容放到东北财经大学出版社的网站上（www.dufep.

cn），读者可以有自行下载学习。

修学建议。本书既可以用作电子商务类、工商管理类、管理科学与工程类及其他经济管理类相关专业的教材，也可以作为电子商务爱好者及相关研究人员的参考书。课程可按每周3学时安排，2学时课上学习，1学时课下自学，共计54学时。其中，第1章和第2章是电子商务概述，作为重点内容学习；第3章电子商务技术可作为选修内容学习；第4章~第9章是电子商务的主体内容，必须认真学习；第10章和第11章可一般掌握。在学习过程中，可结合上述网上资源对照学习。

本书旨在为初学电子商务的学生提供全面、系统的电子商务理论知识，这便需要研究大量的电子商务相关理论，并且需要引用最新的相关案例辅助初学者对理论知识进行理解，因此编写过程十分艰辛。本书由杨兴凯教授负责全书的策划与撰写，姚雨宏、朱丹、曹倩雯、周培、李卓静、杨丹、张晶晶、胡怡昕、吕晶晶、谢骞、杨佳琦、刘萌萌、谢佳彤、李希、王子森、张晓红也参加了编写，并进行了资料整理、修改校对等工作，研究生周晓钰和赵承志也为本次修订做了资料更新和修改工作。本书得到了东北财经大学出版社的大力支持和帮助，编辑们认真的工作态度为本书的出版提供了保障。本书参考了大量的国内外资料和案例，在此我要感谢给予帮助的专家、同行以及本书参考文献的作者们。

电子商务是近年来新兴的学科，涉及的内容广泛，虽然其技术发展迅速，但其理论体系和内容也在不断发展中。尽管我们付出了艰辛的努力，但由于学识有限、时间紧迫，教材中难免有一些缺陷和不足，恳请同行们指正和交流（邮箱：xkyang@vip.sina.com）。希望我们能够携手，为我国的电子商务发展贡献力量。

杨兴凯

2023年5月于东财

目录

第1章

电子商务概述

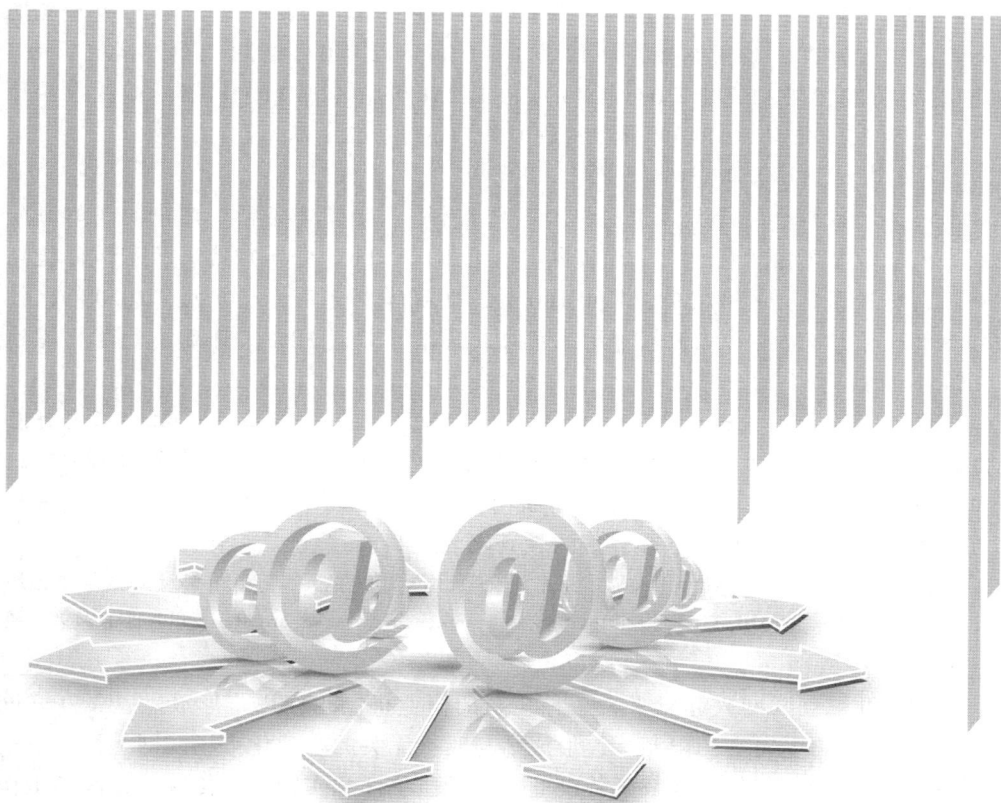

---- 学习目标 ----

通过本章的学习，掌握电子商务的定义、特点、产生与发展过程，理解电子商务的不同分类方法，掌握按照交易主体划分的电子商务的内容与特点、电子商务与传统商务的区别、电子商务对传统商务的影响，理解电子商务的运作过程。

【案例引导】

2020年11月12日凌晨，淘宝天猫总裁蒋凡透露，与同周期、同口径相比，2020年"双十一"期间GMV增长了1 032亿元，增速是26%。此次"双十一"与以往相比覆盖的周期更长。

1. 天猫、京东，成绩单双创新高

2020年"双十一"成绩单再创新高，天猫、京东成交额均超7 000亿元！"双十一"见证实体经济加速复苏！天猫30分钟成交额破3 723亿元，超2019年同期全天；12日凌晨，天猫宣布，从11月1日0时至12日0时这11天的总成交额为4 982亿元。2020年11月1日0时至11月11日23：59，京东11·11全球热爱季累计下单金额超2 715亿元。电商平台和品牌商家亦纷纷创下新纪录。

2. 全球共振，出口进口双火爆

来自世界各地的诸多商家也加入了"双十一"消费季活动，越来越多的海外品牌参与到中国的"双十一"活动中。11月1日至11日中午12点，天猫国际进口商品成交额同比增长47.3%，其中180个进口品牌成交额过千万元。2020年，报名参加天猫"双十一"的速卖通商家的数量增长超过30%，商品数量增长超过60%，国内备货仓的出单量同上年相比增长上百倍。

在国际贸易环境日趋恶化的大背景下，积极开拓国内市场、挖掘内部消费潜力成为制造业摆脱困境的必要之举，数字化则成为产业带商家从简单的加工制造向更高阶段延伸的新引擎。电子商务成为现阶段产业带商家融入双循环新发展格局和加快数字化转型的一条便捷、有效的必由之路。

资料来源：李佳佳. 双十一天猫、京东成交额已超7 000亿元！2020年双十一成绩单创历史新高 [EB/OL]. [2020-11-13]. https：//web.hexun.com/h5/newsShare.html？nid=202421997.经删减和整理。

自20世纪互联网兴起以来，一种全新的商业机制正在逐步形成。基于互联网的电子商务不再受时空的限制，遂形成了与时空无关的全球化市场。网上快速安全的数据信息电子流的传输代替了传统商务的纸质单证和实物流的传输，提高了工作效率，降低了交易成本，必将产生可观的社会效益和经济效益，国际化的电子商务时代已经来临。本章主要介绍电子商务的相关概念以及电子商务的发展和未来，本章的知识图谱如图1-1所示。

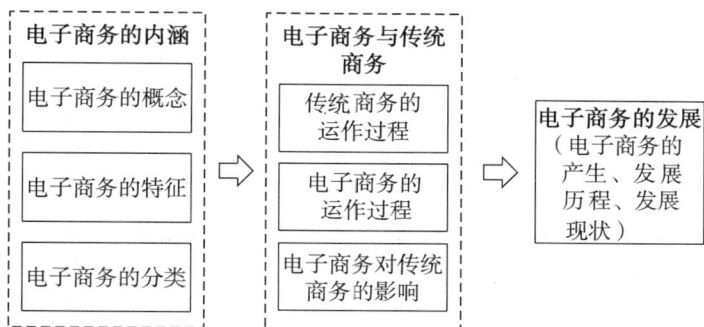

图 1-1　"电子商务概述"知识图谱

1.1　电子商务的内涵

电子商务作为一种全新的现代商务模式，不仅改变了传统的交易模式，也改变了商业伙伴之间建立的合作关系模式以及计算机应用平台模式，正显现出巨大的商业价值。

1.1.1　电子商务的概念

电子商务是 20 世纪 90 年代兴起于美国、欧洲等发达国家和地区的一个新概念。1997 年，IBM 公司第一次使用"电子商务"一词，而后电子商务慢慢开始普及。简单来说，电子商务就是人们利用现代信息技术进行商务活动，是商务活动的电子化。电子商务所指的商务活动不仅包含交易，而且涵盖了企业运营、管理、服务和消费等各个领域，其主题是多元化的，功能是全方位的，涉及社会经济活动的各个层面，因此，我们可以将电子商务分为狭义的电子商务和广义的电子商务。

1. 狭义的电子商务

狭义的电子商务（E-commerce）也称电子交易，主要是指利用现代信息技术在网上进行的交易活动。这里的交易活动主要是指商品买卖和提供各种服务。其中，商品可以是实体化的商品，如图书、服装、日用百货等，也可以是数字化的商品，如新闻、视频、音乐、软件等；服务包括旅游安排、远程教育、法律咨询等。

2. 广义的电子商务

电子商务的发展初期，其应用仅局限在企业对外的商务交易上，即为狭义的电子商务。随着电子商务应用的不断拓展，其与其他信息系统越来越密不可分，电子商务的内涵也在不断扩大。

广义的电子商务（E-business）主要是指企业利用现代信息技术，在各种不同形式的网络环境下，从事的包括市场分析、原材料采购、产品设计与研发、产品生产与营销、客户关系维护、物流配送等各种经济事务的总称，这些活动几乎覆盖了企业的所有经济活动。由此可见，电子商务不仅包括电子交易，更重要的是，其包括企业内部整个运作体系的全面信息化，以及企业整体经营流程的优化和重组。

要实现完整的电子商务还要涉及很多方面，除了买方、卖方外，还要有金融机构、政府机构、认证中心、配送中心等机构才行。此外，整个电子商务过程并不是物理世界商务活动在网络上的翻版，数据加密、电子签名等技术在电子商务中亦发挥着重要的、不可或缺的作用。综上所述，电子商务在本质上是一个依靠政府政策和传统企业商务，通过高新技术来实现的全面工程。

3.电子商务的概念模型

电子商务的概念模型是对现实世界中电子商务活动的抽象描述，它由电子商务实体，电子市场，交易事务和信息流、商流、资金流、物流等基本要素构成，如图1-2所示。

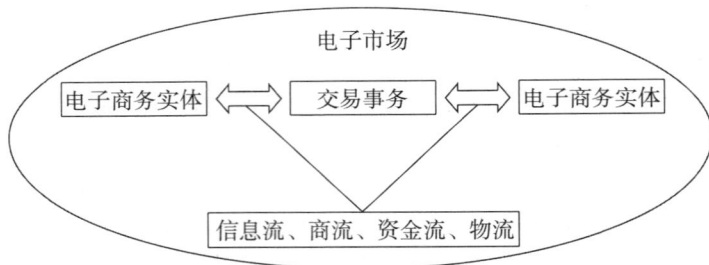

图1-2　电子商务的概念模型

（1）电子商务实体。在电子商务概念模型中，能够从事电子商务活动的客观对象被称为电子商务实体，它可以是企业、银行、政府机构、科研教育机构或个人等。

（2）电子市场。电子市场是电子商务实体在互联网上从事商品和服务交换的场所。在电子商务中，对每个交易实体来说，其所面对的都是一个电子交易市场，各种各样商务活动的参与者必须通过电子交易市场来选择交易的对象和内容，并利用通信装置，通过网络连接成一个统一的整体。

（3）交易事务。交易事务是指电子商务各实体之间所从事的具体商务活动内容，如询价、报价、转账支付、广告宣传、商品运输等。

（4）信息流、商流、资金流、物流。电子商务的每一笔交易都包含着信息流、商流、资金流和物流。其中，信息流既包括商品信息的提供、营销、技术支持、售后服务等内容，也包括询价单、报价单、付款通知单、转账通知单等商业贸易凭证，还包括交易双方的支付能力、商业信誉等；商流是指以商品的所有权转移为前提，通过商品买卖活动而发生的商品价值形式变化的过程；资金流是指资金的转移过程，包括付款、转账、结算、兑换等过程；物流是指交易的商品或服务等的流动过程，具体包括商品的运输、储存、配送、装卸、物流信息管理等各种活动。

在电子商务模式下，信息流、商流、资金流和物流的处理都可以通过计算机和网络通信设备实现。其中，只有无形商品的物流可以通过网络传输方式实现传递，对于大多数商品来说，物流仍然需要经由传统的经销渠道，通过物理传输的方式实现传递。

通过电子商务的概念模型不难看出，电子商务实质上是电子商务实体围绕交易事务通过电子市场发生的经济活动，而这些经济活动是通过信息流、商流、资金流和物流来实现的。电子商务强调"四流"的整合，即以物流为物质基础，商流为表现形式，信息流为连接纽带，来引导资金流的正向流动。

1.1.2　电子商务的特征

电子商务作为一种新型的、日益成熟的贸易方式，具有信息化、虚拟性、可扩展性、协调性、全球性等特征。

（1）信息化。电子商务是以信息技术为基础的商务活动，它需要通过计算机网络系统实现信息的交换和传递，电子商务的实施和发展与信息技术的发展密切相关，也正是信息技术的发展推动了电子商务的发展。

（2）虚拟性。虚拟性是指商务活动和交易的数字化。商务活动中的各种信息都以虚拟的形式存在，信息交换也通过虚拟的途径实现，互联网作为最大的电子虚拟市场发挥着看不见、摸不着的作用，这都表明电子商务带有明显的虚拟性。

（3）可扩展性。经济社会是不断发展的，企业和用户的需求也会随之发生变化，所以企业在建设电子商务系统时，要充分考虑系统的可扩展性和柔韧性。也就是要做到，即使未来需求发生变化或引入新技术，也能够在现有的基础上实现。扩展性好的电子商务才是真正的电子商务。

（4）协调性。商务活动本身是一种协调过程，而电子商务的全过程往往是一气呵成的，它需要企业与供应商、分销商、消费者间的协调，更需要银行、配送中心、通信部门、技术服务等多个部门的通力协作。同时，规范的电子商务工作流程，可将人工操作和信息处理集成为一个不可分割的整体，从而提高系统运行的严密性。

（5）全球性。电子商务跨越了时间和空间，是跨地区、跨国家交易的最佳途径。跨国经营不再专属于大企业、大公司，只要有一台可以上网的计算机，小公司甚至个人亦可以在大洋彼岸建立一个网站，销售或购买全球任何地方的商品。

1.1.3　电子商务的分类

从不同的角度出发，可以将电子商务划分成不同的种类。本书按参与交易的主体、交易过程的完整程度、企业开展电子商务使用的网络类型等不同的划分标准对电子商务进行了分类。

1.按照参与交易的主体划分

（1）企业与企业的电子商务（B2B，Business to Business）

企业与企业的电子商务是指企业与企业之间通过专用网络或互联网，进行商品信息的交换、开展贸易活动的商务模式。阿里巴巴、慧聪网以及中国化工网是我国比较典型的 B2B 电子商务平台。B2B 电子商务是目前发展最快的电子商务模式。从全球电子商务发展的实践和潮流来看，B2B 电子商务占据绝对的主导地位，在全球电子商务销售额中，B2B 电子商务所占的份额高达 80%~90%。

（2）企业与消费者的电子商务（B2C，Business to Customer）

企业与消费者的电子商务是指企业和消费者利用互联网直接参与经济活动的商务模式。在这种商务模式下，企业通过互联网为消费者提供一个新型的购物环境——网络购物平台，消费者通过互联网实现购物和支付，亚马逊、京东商城、天猫商城、凡客等均是比较典型的 B2C 电子商务平台。B2C 电子商务是人们最熟悉的一种电子商务模式，这类电子商务是随着互联网的普及而快速发展起来的。人们可以通过网上商店购买书籍、服装、食品等实体化的商品，也可以购买音乐、电影、软件等数字化的商品。由于这种模式节省了消费者和企业双方的时间和空间，提高了交易效率，节省了不必要的开支，虽然其在电子商务交易额中所占的比重远低于 B2B，但它仍是一种极具发展潜力的电子商务模式。

（3）消费者与消费者的电子商务（C2C，Customer to Customer）

消费者与消费者的电子商务是指消费者与消费者之间通过互联网或专用网进行商品买卖活动的一种电子商务模式。淘宝网、拍拍等均是比较典型的 C2C 电子商务平台。C2C 电子商务模式不同于传统的交易模式，出售者也可以成为购买者。C2C运营商在网上搭建一个平台，为买卖双方架起一座桥梁，并从每笔成功的交易中抽取提成。但 C2C 运营商一般不提供物流配送，而是由买卖双方在网上谈好条件，事后在网下直接见面交易提货或利用第三方进行物流配送。采用怎样的支付方式也由交易双方自己决定。

（4）企业与政府的电子商务（B2G，Business to Government）

企业与政府的电子商务是指企业与政府之间通过网络进行交易活动的运作模式。其涵盖了政府与企业间的各项事务，包括政府采购、税收、管理条例的发布和政策法规的颁布等。政府在电子商务活动中扮演着双重角色：其既是电子商务的使用者，进行商业购买活动，又是电子商务的宏观管理者，对电子商务起着扶持和规范的作用。同时，政府作为消费者，可以通过互联网发布自己的采购清单，从而公开、透明、高效、廉洁地完成所需物品的采购；政府也可借助网络和信息技术，实现对企业的宏观调控和监督管理等，从而迅速、直接地将政策法规及调控信息传达给企业，起到管理与服务的作用。

按参与交易的主体分类是最常用的分类方法，在这里，交易的主体可以是企业、政府部门，也可以是最终的消费者，还可以是这些交易实体的多种组合，具体分类如图1-3所示。

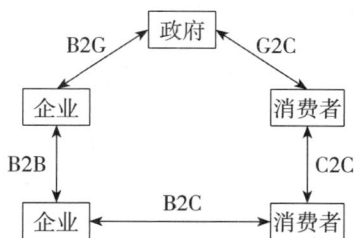

图1-3 按参与交易的主体分类

2.按照交易过程的完整程度划分

（1）完全电子商务

完全电子商务是指产品或服务的交易全过程（信息流、商流、物流和资金流）都在网络上实现的电子商务模式。在这种商务模式下，供求双方无须借助其他手段，可直接在网络上实现订货、支付与结算、交付产品等。完全电子商务是充分超越时空限制，尤其是空间限制的商务模式。在理论上，它是电子商务的最高境界，但交易对象仅限于无形产品和网上信息服务，如计算机软件，电子书籍，娱乐内容（影视、游戏、音乐等），远程教育，网上订房，网上订票以及电子证券等。

（2）不完全电子商务

不完全电子商务是指商品交易全过程不能完全在网上实现的电子商务模式。一些非数字化的商品交易只能在网络上全部或部分地完成商流、信息流和资金流的流动，而物流的完成则需要借助一些外部辅助系统，如企业自营物流系统和第三方物流系统等。

3.按照企业开展电子商务使用的网络类型划分

（1）基于EDI的电子商务

电子数据交换（Electronic Data Interchange，EDI）是一个公认的标准和协议，其将商务活动中设计的文件标准化和格式化，通过专用的网络，在贸易伙伴的计算机网络系统之间进行数据交换和自由处理，主要应用于企业与企业、企业与批发商、批发商与零售商之间的业务。基于EDI的电子商务在20世纪90年代得到了较大的发展，不仅引发了全球范围的无纸贸易热潮，还促进了与商务活动有关的各种信息技术在商业、制造业、基础工业及服务业的广泛应用。

（2）基于互联网的电子商务（Internet网络）

20世纪90年代以来，互联网风靡全球，基于互联网的电子商务应运而生。凭借互联网这个载体，人们可以在全球范围内开展商务活动，并将商务活动中的信息流、资金流、物流和商流等所有业务流汇集在一个整合的"场"中，通过对"场"里信息资源的共享和业务重组，可以降低运营成本，加快资金周转，提高服务管理水平。这种基于互联网的电子商务正在快速发展，被称为"第二代电子商务"，也是目前电子商务的主要形式。

（3）基于内联网的电子商务（Intranet网络）

基于内联网的电子商务是指在一个企业内部或一个行业内开展的电子商务活动。内联网是在互联网的基础上发展起来的企业内部专用网，形成了企业内部的虚拟网络。通过内联网将大中型企业分布在各地的分支机构及企业内部有关部门连接起来，可使企业各级管理人员方便地获取信息，利用网上在线事务的处理代替纸张贸易，有效降低了交易成本，提高了工作效率。

（4）基于外联网的电子商务（Extranet网络）

外联网是互联网的另一种应用，它是内联网的外部扩展和延伸。将企业内部网通过访问控制和路由器予以连接，构成一个虚拟网络，便形成了企业外部网。外联网能使企业和相关的参与方，包括供应商、销售商、物流方等之间互相沟通，并开展商品贸易和相关业务。一方面，由于外联网置于防火墙之后，拒绝非法外来访问，从而使得这种商务活动具有与内联网同样的安全性；另一方面，因为它是通过互联网来实现与内联网之间的连接，故具有覆盖面广和成本低廉的优点。

（5）移动商务

移动商务即移动电子商务，一般是指通过移动通信网络和移动信息终端参与商务活动的一种新型商务模式。移动通信网络是指可以满足处于运动中的通信双方或至少一方进行即时通信的网络类型。在移动商务模式下，人们可以直接利用智能手机、平板电脑和笔记本电脑等手持终端或移动通信设备通过无线上网技术开展采购、供应、营销、支付和客户服务等活动。通过移动商务，人们可以随时随地获取所需的服务、信息和娱乐等，直接使用手持终端或移动通信设备查找、选择、购买商品和服务，不再受空间限制，于是，移动商务成为一种新的发展趋势。

1.2　电子商务与传统商务

电子商务对传统商务活动中信息流、商流、资金流和物流的传递方式利用网络进行整合，将生产企业、流通企业和消费者带入一个数字化的虚拟空间，使商务活动不再受地域、时间的限制，从而可以非常简洁、快速的方式完成较为复杂的商务活动。同时，它将人工操作和电子信息处理集成为一个不可分割的整体，优化了资源配置，提高了商务系统运行的严密性和效率。电子商务与传统商务的总体比较见表 1-1。

表 1-1　　　　　　　　　　　传统商务与电子商务的总体比较

比较项目＼类型	传统商务	电子商务
交易对象	局部地区	全世界
交易时间	特定的营业时间	任何时间
交易地点	实体店铺	网络虚拟空间
需求获取	市场调研、销售经验	在线数据库分析
产品设计	企业	企业、消费者
营销方式	一对多的大规模营销	一对一、一对多的精准营销
流通渠道	企业—批发商—零售商—消费者	企业—消费者
客户服务	电话、传真、面对面交流	网页、电子邮件、在线通信工具

1.2.1　传统商务的运作过程

传统商务活动由交易前的准备、贸易磋商过程、合同签订与执行、支付过程等环节组成，如图 1-4 所示。

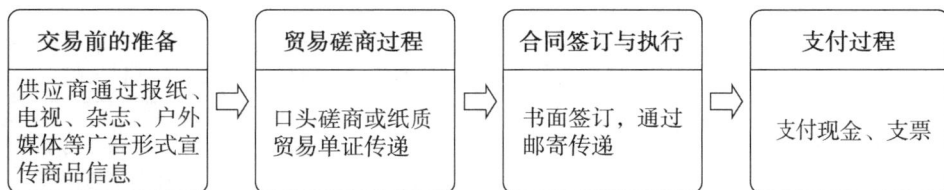

```
┌─────────────┐   ┌─────────────┐   ┌─────────────┐   ┌─────────────┐
│ 交易前的准备 │   │ 贸易磋商过程 │   │合同签订与执行│   │  支付过程   │
├─────────────┤ ⇒├─────────────┤ ⇒├─────────────┤ ⇒├─────────────┤
│供应商通过报纸、│  │             │  │             │  │             │
│电视、杂志、户外│  │口头磋商或纸质│  │书面签订，通过│  │支付现金、支票│
│媒体等广告形式宣│  │贸易单证传递 │  │邮寄传递     │  │             │
│传商品信息    │  │             │  │             │  │             │
└─────────────┘   └─────────────┘   └─────────────┘   └─────────────┘
```

图 1-4　传统商务的运作过程

1. 交易前的准备

对于传统的商务活动来说，交易前的准备就是供需双方宣传或者获取有效商品信息的过程。商品供应方的营销策略是通过报纸、电视、杂志、户外媒体等广告形式宣传自己的商品信息。对于商品的需求企业来说，其会尽可能地得到自己所需要的商品信息来丰富自己的进货渠道。因此，交易前的准备实际上就是商品信息的发布、查询和匹配的过程。

2. 贸易磋商过程

在商品的供需双方都完成了交易前的准备活动之后，其就可以进入具体的贸易磋商环节。贸易磋商实际上是贸易双方进行口头磋商或纸质贸易单证传递的过程。纸质贸易单证包括询价单、订购合同、发货单、运输单、发票、收货单等，各种纸质贸易单证反映了商品交易双方的价格意向、营销策略、管理要求及详细的商品供需信息。在传统商务活动的贸易磋商过程中使用的工具有电话、传真或邮寄等，因为传真件不足以作为法庭的仲裁依据，故各种正式贸易单证主要是通过邮寄的方式予以传递。

3.合同签订与执行

在传统商务活动中，贸易磋商过程经常要通过口头协议来完成，但在磋商完成后，交易双方必须要以书面形式签订具有法律效力的合同，来确保磋商结果的有效执行，并在产生纠纷时，由相应机构依据合同等进行仲裁。

4.支付过程

传统商务活动中的支付一般有支票和现金两种方式，支票方式多用于企业之间的交易，用支票方式支付涉及交易双方及其开户银行；现金方式常用于企业对个体消费者的商品零售。

1.2.2 电子商务的运作过程

在电子商务环境下，虽然也有交易前的准备、贸易磋商过程、合同的签订与执行、支付过程等环节，但交易具体的运作方式是完全不同的，如图1-5所示。传统商务和电子商务企业运营流程的比较见表1-2。

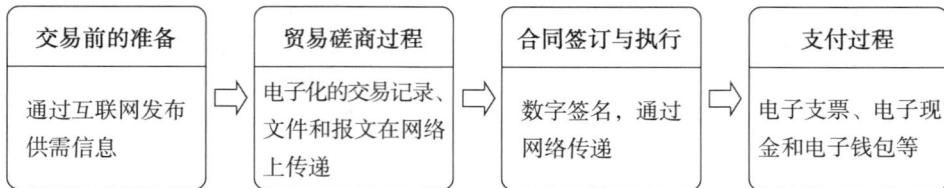

交易前的准备	贸易磋商过程	合同签订与执行	支付过程
通过互联网发布供需信息	电子化的交易记录、文件和报文在网络上传递	数字签名，通过网络传递	电子支票、电子现金和电子钱包等

图1-5 电子商务的运作过程

1.交易前的准备

在电子商务环境下，交易的供需信息都是通过互联网发布的，双方的信息沟通具有快速和高效的特点。

2.贸易磋商过程

电子商务中的贸易磋商过程将纸质单证在网络和系统的支持下，变成了电子化的交易记录、文件和报文，并在互联网中进行传递，且有专门的数据交换协议以保证贸易信息传递的正确性和安全性。

3.合同签订与执行

电子商务环境下的网络协议和电子商务应用系统保证了交易双方所有贸易磋商文件的正确性和可靠性，并且在第三方授权的情况下，这些文件具有法律效力，可以作为在执行过程中产生纠纷的处理依据。

4.支付过程

电子商务中的资金支付采用的是电子支票、电子现金和电子钱包等形式，并以网上支付的方式进行。

表1-2　　　　　　　　　　传统商务和电子商务企业运营流程的比较

类型 比较项目	传统商务	电子商务
产品信息发布	传统媒体	网页和传统媒体
订单生成	手写或打印形式	在线生成订单
发送订单	递交、邮寄或传真	互联网
库存检查	打印库存清单	在线数据库
提交生产计划	打印生产计划书	电子邮件或企业内部网
产品配送	传统物流配送	现代物流配送
开具发票	手工或打印	电子票据
结算方式	支票和现金	电子支付

1.2.3　电子商务对传统商务的影响

我们可以分别从商务市场、企业和消费者三个方面来分析电子商务对传统商务的影响。

1.电子商务对商务市场的影响

（1）市场呈现虚拟化、全球化特点

电子商务改变着传统意义上的市场形态，使市场呈现出虚拟化、全球化的特点，同时其也优化了国民经济结构，使第三产业得到迅速发展。在电子商务环境下，市场的形成不需要借助贸易实体，商品和一切涉及商品交易的手续，包括合同、资金和运输单证等，都以虚拟信息的形式呈现。同时，由于市场沟通成本的降低，时空界限的"消失"，企业所面临的市场和竞争对手很可能不再局限于国内，而是扩大到世界各地。

（2）提高了商务活动的交易效率

电子商务由于其费用低廉、不易出错、处理速度快等特点极大地缩短了交易时间，提高了交易的效率。在传统的商务活动中，商品要经过多个环节才能到达消费者手中，而且通过信件、电话或传真传递信息必须有人的参与，花费时间往往较长，人员合作的问题或时间的延误都可能导致失去商机。在电子商务环境下，互联网将贸易中的商业报文标准化，使得原料采购、银行汇兑、保险、货物托运及申报等过程无须人员干预，通过互联网即可在世界各地瞬间完成信息的传递和自动化处理，从而极大地提高了商务活动的运作效率和交易速度。

（3）降低了商务活动的交易成本

电子商务使得信息更加公开与透明，交易双方沟通联系更加便捷，在一定程度上降低了交易成本。由于传统的商务模式下，各项成本较大，因此阻碍了企业之间的协作。一般来说，企业倾向于采用纵向一体化战略扩张其规模，以此来降低协作的交易成本。在电子商务环境下，互联网遍及全球每个角落，电子商务贸易活动亦随之遍布全球。电子商务把商业和其他业务活动所受的时空限制大大弱化了，使得交易双方可以实时联系，同时其还减少了交易环节，提高了人力和物力的利用效率，从而降低了商务活动的交易成本。

2.电子商务对企业的影响

（1）改变了企业的生产经营方式

电子商务的发展使得企业的供应链模式、生产组织方式、营销方式、竞争机制以及企业与利益相关者之间的关系等都发生了变化。

① 供应链模式的变化。与传统商务环境下，供应链中信息逐级传递的方式不同，电子商务环境下的供应链以核心企业为中心，将企业的供应链系统、客户的供应链系统和供应商的供应链系统集成在一起。其通过供应链伙伴的紧密合作、资源共享，增强了整个供应链的集成度和协同性，从而更好地满足了客户需要，提高了企业效益。

② 生产组织方式的变化。电子商务环境下，企业的生产组织方式从传统的大规模流水线生产方式逐渐转变成以"定制化+虚拟化"和"敏捷制造+精益生产"为代表的现代生产组织方式，使得企业能够及时响应市场的需求，在激烈的竞争中处于领先地位。

③ 营销方式的变化。电子商务环境下，企业的营销方式从传统的大规模营销向精准营销方式转变，企业通过信息技术分析消费者的偏好、知识水平、行为习惯，从而可以一对一地为客户提供商品定制服务。在精准营销的基础上，企业可依托现代信息技术建立个性化客户服务体系，从而实现低成本、高准确率的营销。

④ 竞争机制的变化。在电子商务环境下，企业不再单纯地通过改进生产技术和经营管理方式来提高竞争力，企业间的关系也从相互竞争向合作共赢的方向发展，企业可以通过兼并、收购、上下游整合、合资、技术转让以及战略联盟等方式

来实现与客户、供应商乃至竞争对手的合作。

⑤ 与利益相关者之间关系的变化。在电子商务时代，企业与客户和供应商之间的经济关系也变得更为错综复杂。在传统商务活动中，对于企业而言，客户、供应商的职能有明确的划分，每一个群体都有它们各自的特征、目标：供应商提供必要的原材料，客户购买产品和服务。在电子商务时代，企业通过建立网络连接，与供应商进行无缝合作，从而缩短了供应商的响应时间，并能确保在合适的时间、地点拥有所需的原材料，从而提高了企业的生产效率；客户对所购买的产品或服务是否满意，可以通过网络即时向企业反馈或给它们提供建议，其甚至会参与产品的设计研发，扮演更加积极的角色。

（2）使企业组织结构向网络化方向发展

一般来说，电子商务企业的组织结构具有扁平化、网络化等基本特点。传统职能部门通过分工与协作完成整个业务流程。以互联网为基础的电子商务对企业传统的组织形式带来了很大的冲击，使企业的生产组织结构重新组合，并产生了一种新型的组织结构，即网络化企业组织结构。它是由传统的等级组织结构向扁平的组织结构，单对单的单向组织结构向多对多的双向组织结构，命令和控制的组织结构向以信息为基础的组织结构改造而逐渐形成的。网络化结构使得企业的边界模糊、虚实结合、生产柔性化，其是适应现代科学技术进步和市场环境的一种有生命力的组织结构形式。

3.电子商务对消费者的影响

（1）消费者的购物方式发生变化

电子商务的出现，为消费者提供了全新、高效的购物环境，使消费者的购物趋于理性化，同时也使其可以更方便快捷地获取更多的服务。

① 消费者购物趋于理性化。在电子商务时代，消费者不需要到实体商店挑选自己所需要的商品，只需要坐在电脑前就可以完成整个购物的过程。这样不仅提高了消费者的购买效率，而且在这种虚拟的环境中，购物意愿完全掌握在消费者手中，其不必考虑销售人员的感受和情绪，能以一种轻松自由的自我服务的方式来完成交易。因此，消费者主动权在网络购物中被充分体现出来，其购物亦更趋理性。

② 获取更多的服务。通过互联网，消费者不仅可以足不出户地看遍世界，身临其境般浏览各类商品，还能获得各种在线服务；其不仅可以购买到各种实物商品，还能买到各类知识产品，并获得如安排旅游、网上诊所和远程教育等各类服务。这些都说明电子商务环境下，消费者的购买内容产生了较大变化，其由只购买实物转变为进一步购买服务等无形商品。

（2）消费者的购买决策过程发生变化

营销管理专家菲利普·科特勒把消费者的购买决策过程分为5个阶段：确认需要、收集信息、评估选择、决定购买和购后行为。电子商务对消费者购买决策过程的改变，主要体现在以下阶段：

① 确认需要阶段。在电子商务环境下，不同形式的外部刺激会激发消费者不同的购买欲望，消费者在浏览网站时有意或无意间接收的商品信息可能会引起他们的兴趣并使其产生购买欲望。

② 收集信息、评估选择、决定购买阶段。消费者只需要在搜索引擎上输入拟购买商品的名称，就能获得相应的商品信息，其还可以通过虚拟社区向素不相识的人了解信息，从而对商品有更多的了解，更好地对商品进行评估选择，决定是否购买。另外，互联网也使得消费者对商品价格的比较几乎在"弹指之间"就能完成，从而大大提高了商品价格的透明度，降低了消费者的购买成本。

③ 购后行为阶段。消费者在购买商品之后，可通过提问或回答的形式，将自己的购物心得与其他成员分享。他们可以在互联网上充分表达自身的购物感受，同时还可以通过企业网站向企业提出自己的想法和建议，从而不经意间参与到企业的产品开发和改进工作之中，成为对企业发展有所帮助的人。

1.3　电子商务的发展

电子商务的出现可以追溯到 20 世纪 70 年代。那时，有的公司开展贸易活动时，开始采用电子数据交换和电子资金传送，说明电子商务应用系统的雏形已经出现。20 世纪 90 年代，互联网的出现把信息技术和网络技术的应用推向了新的高潮。到 20 世纪末，随着社会网络化、经济全球化和贸易自由化的深度融合，电子商务应运而生，并催生了一场有关技术和社会进步的革命。

1.3.1　电子商务的产生

1.市场竞争加剧和全球区域贸易发展是电子商务产生的内在动力

（1）市场竞争加剧

当今是一个充满竞争的时代，秉持"我能生产什么，就能卖什么"的经营理念，和向客户尽力推销自己产品的时代已经过去。进入 20 世纪八九十年代，社会的进步、市场的发展以及技术的突破，特别是信息技术的兴起和传输速度的大幅提高，使客户获知企业产品信息的能力大大提高，同时也拓宽了客户挑选的产品范围。某种程度上，客户不再是被动的产品接受者，而成为企业产品生产的决定者。他们开始追求个性化的消费，企业的大规模同质化生产难以满足他们对不同产品的需求，因此一种依据市场需求来设计和生产的企业运营模式正在兴起。

（2）全球区域贸易发展

1960 年，全球跨国直接投资的总量只有 680 亿美元。相比之下，联合国贸易和发展会议在 2014 年 5 月发布的《2014 世界投资报告》中指出，尽管世界经济出现动荡，2013 年全球 FDI（Foreign Direct Investment，对外直接投资）流量仍超过金融危机爆发前的平均值，达到 1.5 万亿美元。其中，流入发展中国家的 FDI 增长了 11%，创历史新高。全球投资正加速流向新兴市场国家，这成为国际投资合作发展的新趋势，其也成为推动全球经济增长的新动力。大量的投资不仅促进了贸易与技术的扩散，其还是促进国际经济一体化的主要动力。此外，20 世纪 80 年代后期以来，先后出现了各种国际经济与贸易联盟，如北美自由贸易区、欧洲联盟、亚太经合组织等。区域经贸联盟的出现与发展加深了各国之间的商贸交往。在这种形势下，原来的只适应国内市场的独立管理系统与模式已落伍，建立新的符合时代发展的新模式势在必行。

2. 通信技术的发展是电子商务产生的外部支撑

（1）计算机网络的信息技术变革

在 20 世纪 70 年代，计算机还只是一种昂贵的计算工具。而如今随着计算机性能的不断提高和价格的不断下降，它已在世界范围内得到推广和应用。起初，不少企业与组织仅仅拥有若干台在地理上分散的计算机，为了统一管理这些分散的计算机以达到人们所追求的资源共享，遂推动了计算机与通信系统的融合。随着通信技术的迅速发展，出现了 ISDN（综合业务数字网）、ATM（异步传输模式）等高效高速的通信方式。现代通信技术既可以采用有线方式，也可以采用无线方式，其不仅能传输模拟语音信号，还能传输数字信号、图像信号等，从而实现了各种数据的传输。计算机网络已成为发展的方向，特别是 20 世纪 90 年代以来，互联网的兴起代表了这一发展趋势的最新方向，互联网快捷、低成本的运行特点为电子商务的发展提供了技术手段。

（2）信息技术在组织中的应用演进

计算机网络等信息技术的飞速发展促进了企业组织的发展与变革。在使用信息技术的初期，企业常常通过计算机来执行一些具体的、常见的、事务性的业务活动，如商店的自动售卖机。它有着简单的交易处理系统，它的运用降低了成本，提高了效率。之后，随着计算机技术的逐步发展，为了共享各交易处理系统所拥有的信息资源，从而达到改善部门与组织整体业绩的目标，出现了管理信息系统等各种系统，这是信息技术在管理上的进一步应用。网络不仅能够连接组织各部门，还能连接其他组织和个人，并分享信息，进行项目合作等，从而成为组织中重要的技术工具。信息技术在组织中的应用演进如图 1-6 所示。

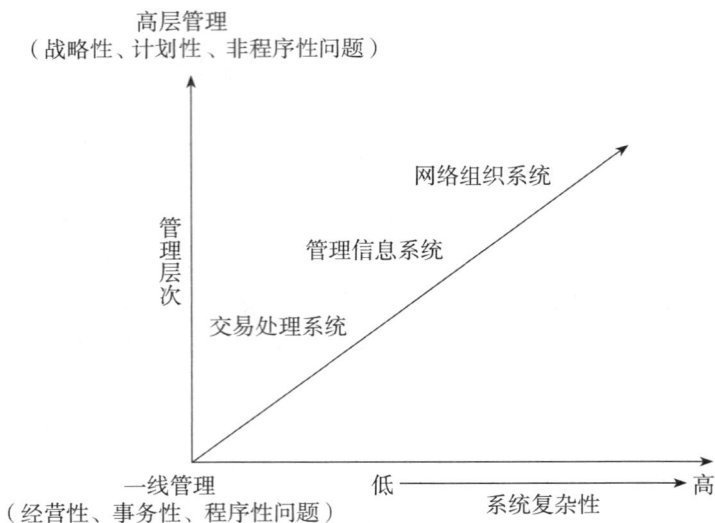

图 1-6　信息技术在组织中的应用演进

1.3.2　电子商务的发展历程

根据电子商务所依托的网络环境的不同，可将其发展历程分成两个阶段：

1. 20世纪60年代—90年代：基于EDI的电子商务

EDI是将业务文件按一个公认的标准从一台计算机传输到另一台计算机上去的电子传输方法。它在20世纪60年代末期产生于美国，当时的贸易商们在使用计算机处理各类商务文件的时候发现，由人工输入一台计算机中的数据的70%来源于另一台计算机输出的文件。由于过多的人为因素影响了数据的准确性和工作效率的提高，人们开始尝试在贸易伙伴的计算机之间进行数据的自动交换，EDI应运而生。

从技术上讲，20世纪90年代之前的大多数EDI都不是通过互联网，而是通过租用的线路在专用网络上实现的。这类专用的网络被称为增值网（Valued-Added Network，VAN）。这样做是出于安全的考虑。但随着互联网安全性的日益提高，作为一个费用更低、覆盖面更广、服务更好的系统，其已表现出替代VAN而成为EDI的硬件载体的趋势。

2. 20世纪90年代至今：基于互联网的电子商务

由于使用VAN的费用很高，仅大型企业才会使用，因此限制了基于EDI的电子商务应用范围的扩大。20世纪90年代中期之后，互联网迅速走向普及化，其逐步地从大学科研机构走向企业和百姓家庭，其功能也从信息共享逐渐演变为大众化信息传播。从1991年起，一直被排斥在互联网之外的商业贸易活动正式进入这个"王国"，其使电子商务成为互联网应用最大的热点。目前，EDI 已成为全世界电子商务的一项关键技术，它实现了全球范围内的电子商务文件的传送。

随着无线网络的迅速发展和移动用户规模的不断扩大，建立在移动通信网络平台之上、不受线路束缚的移动商务掀起了一股新的电子商务浪潮。移动商务是指商务活动的参与主体可以在任何时间、任何地点实时获取商业信息的一种电子商务模式，它具有应用移动通信技术和使用移动终端进行信息交互的特征。移动商务包括在线移动支付、移动交易、移动办公、移动客户关系管理等。

1.3.3　电子商务的发展现状

20 世纪 90 年代中期开始，网络、通信和信息技术发生突破性进展，互联网应用在全球实现爆炸性增长并迅速普及，使得现代商业具有不断增长的供货能力、客户需求和全球竞争三大特征。在上述新趋势下，电子商务迅速发展起来。

1.全球电子商务发展现状

美国著名的高科技市场研究机构 Forrester Research 称，全球电子商务交易额连年攀升。2009 年，全球电子商务交易额达到 16 万亿美元，约同比增长 25%。近两年，全球电子商务发展迅速。2018 年，全球 28 个主要国家及地区电子商务交易规模达 24.7 万亿美元，网络零售交易额总计 2.97 万亿美元。据 ACI Worldwide 的分析，到 2020 年 7 月，全球电子商务交易与 2019 年 7 月相比增长了 19%。

B2B 电子商务仍占主导地位，其在全球电子商务销售额中所占比重约为 85%，B2C 和 C2C 电子商务市场份额虽在逐步扩大，但仍保持在总交易额的 15% 以内。纵观全球电子商务市场，各国家或地区的发展并不平衡，呈现出北美、欧洲、亚洲"三足鼎立"的局面。

（1）北美

北美市场以美国为代表，由于美国拥有信息资源的绝对优势，其在电子商务方面的应用领域与规模远远超过其他国家。美国互联网普及率不断上升，2018 年已达到 95.5%。根据美国商务部发布的最新数据，2019 年，美国电商零售额达到 6 020 亿美元，同比增长 14.9%，高于 2018 年同期 13.6% 的增速。2019 年，美国电商零售额约占社会零售额的 11%，与 2018 年的 9.9% 相比，电商市场份额提升了 1 个多百分点。

美国的电子商务迅速发展，除了有亚马逊等电商平台的支撑，实体零售商也是其重要支撑。美国前十大电商中，有 6 家是实体零售商，包括沃尔玛、家得宝、Costco 等。美国的线下零售企业本身就是各自品类的巨头，它们在拓展线上业务时，并没有盲目地往平台化的方向发展，而是发挥自身品类的商品、供应链、客户等方面的优势逐步进军电子商务领域，并逐渐成为美国电子商务市场的重要力量。

（2）欧洲

近年来，欧盟各国电子商务发展迅速。2018年，欧洲的电子商务交易总额达到42 118.2亿美元，其中，交易额排名前三的国家分别是德国（16 210亿美元）、英国（10 800亿美元）、法国（9 570亿美元），且三个国家的电子商务交易额总和占欧洲电子商务交易总额的86.85%。另有数据显示，西欧电子商务市场份额达到68.22%，其是欧洲最大的电子商务市场；其次是南欧，其电子商务市场份额为11.96%；最后是中欧，仅为5.15%。可见，欧洲各个国家或地区间互联网使用率并不相同。

欧洲电子商务在世界范围内处于领先地位，得益于它的网络基础设施建设、在线支付手段的安全性和大众的信任度、设施完备网络发达的物流体系，及欧盟统一协调下有所保障的法律环境。相对于北美地区，欧洲电子商务的产业化程度更高。而带动欧洲电子商务发展的领军者以纯粹的网络公司为主，在排名前20的欧洲电子商务网站中，有15家属于网络公司。欧洲这些纯粹的网络公司在充分利用电子商务专业技术公司资源的基础上，创立了形式多样的产业化程度很高的商业模式。

（3）亚洲

作为最具回报潜力及商业机会的区域，亚洲的电子商务的发展一直受到信息技术和商界人士的关注。中国、印度等发展中国家电子商务力量异军突起，日益成为国际电子商务市场的重要力量。从全球电子商务市场的交易情况来看，2018年，欧美地区占据全球将近六成的市场份额，亚洲电子商务市场交易额占全球的39%，且市场规模在持续加大，是全球电子商务发展的重要一极。

在亚洲，日本电子商务发展较好。2013年，日本超过78%的互联网用户进行了在线购买；截至2018年，这一比例已突破95%。日本电子商务的发展得益于其网络通信基础环境的迅速发展，其移动通信设备的普及率和无线网络的普及率均处于全球领先地位，随处可见的便利店也是日本网络商店在推动电子商务发展方面，解决资金流与物流问题的主要功臣。日本最先进的电子商务模式就是移动电子商务。日本手机网购开始于2000年，最初，有关电商以提供下载铃声等简单的内容服务为主，但是现在，其基本上可以提供和电脑一样的服务。

2.中国电子商务发展现状

进入21世纪，我国电子商务进入了务实发展阶段，并取得了较好的成效。中国商务部发布的数据显示，2019年，中国电子商务交易额达34.81万亿元，其中网上零售额为10.63万亿元，同比增长16.5%。从我国电子商务行业主要细分市场的结构来看，2019年，B2B电商行业市场规模占比达到66.74%，其占据了较大的市场份额；其次是B2C电商行业，占比为16.48%；C2C电商占比为12.33%。2014—2019年，中国电子商务市场交易规模如图1-7所示。

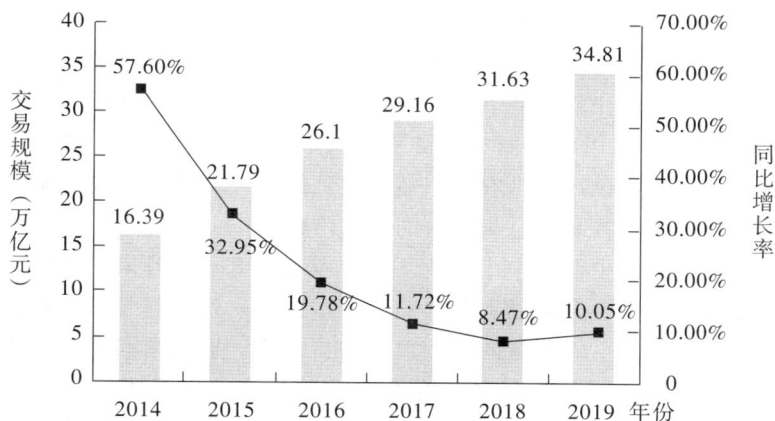

图 1-7　2014—2019 年，中国电子商务市场交易规模

（1）电子商务基础设施逐渐完善

近几年，随着我国互联网用户的不断增加，网络基础设施条件不断改善，互联网应用水平逐步提高，这些都为电子商务的发展奠定了坚实的基础。中国经过半个世纪的建设，目前已经初步建成了由地下（光缆）、地面（基站）、空中（卫星）构成的天地一体化的、有线和无线相融合的通信网。这个覆盖全国的骨干通信网既支持政务、军事通信，也支持商务及社会各界的通信，且这个通信网已实现与互联网的直接连接。在沿海和东南地区，其已经架构了"八纵八横"干线光缆；在西北和西南地区，由于这些地区地理环境特殊，人口密度较低，通信流量较小，铺设光缆成本高，因此，其大量使用通信卫星和地面接收站。

近年来，中国 IPv6 地址数量增长十分迅速。截至 2022 年 7 月，我国 IPv6 活跃用户数为 7.28 亿人，占比达 60.9%。而根据 APNIC 的统计，全球 IPv6 用户平均占比为 29.72%，我国的 IPv6 部署应用程度目前位居世界前列。截至 2022 年 12 月，我国网民规模达 10.67 亿人，互联网普及率达 75.6%。网民使用手机上网的比例达 99.8%，说明移动网络依然是中国网民增长的主要驱动力。随着智能手机功能越来越强大和移动互联网的不断覆盖，移动上网应用出现创新热潮，这些都为开展电子商务提供了良好的基础条件。

（2）电子商务渗透各个行业

从行业应用来看，医药、保险、航空、汽车、生活服务、房地产、金融、物流、教育等众多社会经济领域均成功进入电子商务领域，并带来了大量的交易额，这些已构成电子商务发展的基础。以医疗行业为例，医疗电子商务在不同的领域迅速发展，如网络医院、网上药店、医疗信息化、医药电子商务采购招标等。2019年，中国医药电商 B2C 市场销售额破千亿元。根据南方所的统计，2018 年，医药电子商务市场的销售额是 661 亿元。中国电子商务的发展主要受消费者行为改变以及深化医疗改革的持续推动。2020 年，最火热的带量采购更像是电子商务行业行进过程中溅出的水花，而互联网医院则为医药电子商务的规模化发展创造了条件。

（3）中西部地区电子商务崛起，县域电子商务蓬勃发展

我国电子商务过去仅仅区域性地集中在一二线城市，而中西部地区、县城及农村的电子商务发展一直比较缓慢。这种地区差异性造成的我国电子商务发展缓慢的障碍目前已被排除，利用电子商务的交易模式，中西部地区、农村地区正主动出击，将其优势产品、特色产品、农业产品等发到网上，并在网上找买家，从而改变了其原有的被动局面，提高了自身所占的市场份额。

同时，越来越多的中西部中小企业认识到应利用电子商务拓展市场的价值，其知道利用电子商务这个平台可以和东部的企业站在同一条起跑线上。随着电子商务的发展，西部地区在网上做生意的企业数量增长迅速，加之国家对中西部地区和农村电子商务的大力扶持，即整合销售渠道、仓储物流、IT系统等，我国电商渠道逐渐下沉，中西部地区和农村正在逐步改变电子商务的发展格局，且现已形成三种农村电商模式：一是遂昌模式，走平台化道路；二是成县模式，走资源整合道路；三是通榆模式，走品牌化道路。

（4）中小企业和传统企业加速电子商务转型

近年来，传统企业和中小企业对电子商务的热情不断高涨，在新型电商企业的冲击和经济下行的双重压力下，试图借助电子商务打开销售渠道的企业越来越多。借助互联网开展企业营销，宣传企业品牌和产品，具有成本低、效率高的优势，其已经逐渐成为传统企业和中小企业开展营销的首选方式。

在中国传统企业电商化的进程中，平台经济受到国家的高度重视。国务院提出加快打造"双创"升级版，使其依托互联网平台完善全方位创业创新服务体系，以实现线上线下良性互动、创业创新资源有机结合，并鼓励平台开展创新任务众包，更多地向中小企业开放共享资源，以支撑中小企业开展技术、产品、管理模式、商业模式等创新，进一步提升创业创新效能。

□本章小结

电子商务是指人们利用电子手段进行商业、贸易等商务活动，是商务活动的电子化。电子商务有广义和狭义之分，广义的电子商务是指各行各业（包括政府机构和企业、事业单位）中各种业务的电子化；狭义的电子商务是指人们利用电子手段进行以商品交换为中心的各种商务活动。

按照参与交易主体的不同，电子商务可分为企业与企业的电子商务（B2B）、企业与消费者的电子商务（B2C）、消费者与消费者的电子商务（C2C）、企业与政府的电子商务（B2G）；按照交易过程的完整程度划分，电子商务可分为完全电子商务和不完全电子商务；按照企业开展电子商务使用的网络类型划分，电子商务可分为基于EDI的电子商务、基于互联网的电子商务、基于内联网的电子商务和基于外联网的电子商务。

电子商务与传统商务在商务运作流程的每个环节都有所区别，并且电子商务对市场形态、企业和消费者均产生了深远的影响，并推动着社会经济的信息

化发展。

根据所依托网络环境的不同，可将电子商务的发展历程分成两个阶段：基于EDI的电子商务和基于互联网的电子商务。

□关键概念

狭义的电子商务　广义的电子商务　企业与企业的电子商务　企业与消费者的电子商务　消费者与消费者的电子商务　企业与政府的电子商务　完全电子商务　不完全电子商务　移动商务

□思考题

1.什么是电子商务？电子商务的特征是什么？

2.电子商务的发展经历了哪几个阶段？

3.传统商务与电子商务的区别有哪些？

4.电子商务对传统商务产生了哪些影响？

□本章案例

国务院办公厅关于促进平台经济规范健康发展的指导意见

互联网平台经济是生产力新的组织方式，是经济发展新动能，对优化资源配置、促进跨界融通发展和大众创业万众创新、推动产业升级、拓展消费市场，尤其是增加就业，都有重要作用。为促进平台经济规范健康发展，以下是经国务院同意提出的部分意见：

（一）推进平台经济相关市场主体登记注册便利化。放宽住所（经营场所）登记条件，经营者通过电子商务类平台开展经营活动的，可以使用平台提供的网络经营场所申请个体工商户登记。指导督促地方开展"一照多址"改革探索，进一步简化平台企业分支机构设立手续。

（二）合理设置行业准入规定和许可。放宽融合性产品和服务准入限制，只要不违反法律法规，均应允许相关市场主体进入。清理和规范制约平台经济健康发展的行政许可、资质资格等事项，对仅提供信息中介和交易撮合服务的平台，除直接涉及人身健康、公共安全、社会稳定和国家政策另有规定的金融、新闻等领域外，原则上不要求比照平台内经营者办理相关业务许可。

（三）加快完善新业态标准体系。对部分缺乏标准的新兴行业，要及时制定出台相关产品和服务标准，为新产品、新服务进入市场提供保障。对一些发展相对成熟的新业态，要鼓励龙头企业和行业协会主动制定企业标准，参与制定行业标准，提升产品质量和服务水平。

一、鼓励发展平台经济新业态，加快培育新的增长点

（一）积极发展"互联网+服务业"。支持社会资本进入基于互联网的医疗健康、教育培训、养老家政、文化、旅游、体育等新兴服务领域，改造提升教育医疗

等网络基础设施，扩大优质服务供给，满足群众多层次多样化需求。鼓励平台进一步拓展服务范围，加强品牌建设，提升服务品质，发展便民服务新业态，延伸产业链并带动扩大就业。鼓励商品交易市场顺应平台经济发展新趋势、新要求，提升流通创新能力，促进产销更好衔接。

（二）大力发展"互联网+生产"。适应产业升级需要，推动互联网平台与工业、农业生产深度融合，提升生产技术水平，提高创新服务能力，在实体经济中大力推广应用物联网、大数据，促进数字经济和数字产业发展，深入推进智能制造和服务型制造。深入推进工业互联网创新发展，加快跨行业、跨领域和企业级工业互联网平台建设及应用普及，实现各类生产设备与信息系统的广泛互联互通，推进制造资源、数据等的集成共享，促进一二三产业、大中小企业融通发展。

（三）深入推进"互联网+创业创新"。加快打造"双创"升级版，依托互联网平台完善全方位创业创新服务体系，实现线上线下良性互动、创业创新资源有机结合，鼓励平台开展创新任务众包，更多地向中小企业开放共享资源，以支撑中小企业开展技术、产品、管理模式、商业模式等创新，进一步提升创业创新效能。

（四）加强网络支撑能力建设。深入实施"宽带中国"战略，加快5G等新一代信息基础设施建设，优化提升网络性能和速率，推进下一代互联网、广播电视网、物联网建设，进一步降低中小企业宽带平均资费水平，为平台经济发展提供有力支撑。

资料来源：国务院办公厅. 国务院办公厅关于促进平台经济规范健康发展的指导意见［EB/OL］.［2019-08-08］. http：//www.gov.cn/zhengce/content/2019-08/08/content_5419761.htm？trs=1. 经删减和整理。

【案例思考】

1.国家对于促进平台经济规范健康发展的指导意见给电子商务的发展带来哪些契机？

2.结合本案例和电子商务的发展趋势，谈谈如何加快电子商务的发展。

第 2 章

电子商务的框架与模式

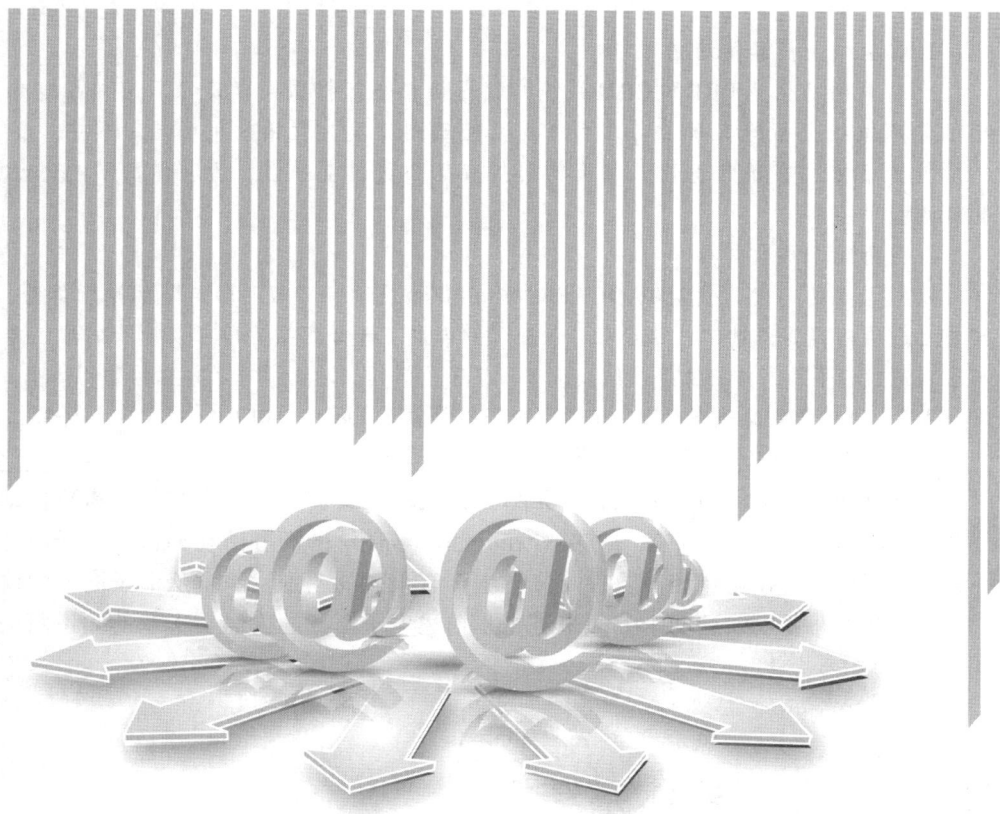

学习目标

　　通过本章的学习，掌握电子商务的体系结构，了解电子商务系统的组成、基本框架以及应用框架，重点掌握电子商务主要应用模式的类型（B2B、B2C、C2C）以及盈利模式，掌握电子商务的创新应用模式（C2B、O2O、互联网金融），了解电子商务模式的发展趋势。

【案例引导】

新零售的双向引流

　　突如其来的疫情对中国的各行各业造成了巨大的冲击，零售业也不例外。为了防止病毒的大规模扩散，大多数人被迫居家隔离。这使得传统零售商店的商品滞销，而那些新零售商店的商品则被线上客户抢购一空。该现象说明了新零售模式有着强大的引流能力，那么新零售商店该如何实现线上线下的双向引流呢？

　　1. 增加线上获客的流量入口

　　大商集团将企业 ERP 和 CRM 系统的数据接口全部打通，以确保门店和品牌专柜都愿意做线上品牌直播活动，且每周直播三到五次，营销效果明显。其中，信誉楼的直播方式在不断迭代，其最初用抖音等公域流量平台，现在做的则是基于私域流量的直播。

　　2. 创新线下购物体验

　　阿里巴巴的"无人商店 TAOCAFE"为消费者提供了"即买即走"的购物体验。消费者进店前需要通过"支付宝实名认证"的识别，选好商品后即可以带着东西直接离店。消费者不用再排长队等候结账，节省了不少时间，从而提升了顾客的购物体验。

　　资料来源：新电商新零售服务中心. 新零售是怎么引流的［EB/OL］.［2018-10-23］. https://www.sohu.com/a/259229812_100224613. 经删减和整理。

　　电子商务环境下的商务活动并不是孤立开展的，它需要多方参与，并需要借助现代信息技术将各个层次的参与方整合在一起。与传统的商务活动相比，电子商务环境下的商务活动在运作环境及参与实体上都有很大的差别。本章从电子商务的体系结构和电子商务模式这两个方面来进一步描述电子商务的内涵。本章的知识图谱如图 2-1 所示。

2.1　电子商务体系结构

　　企业开展电子商务以提高企业核心竞争力、增加利润为目的，因此，整个电子商务体系在功能上要满足企业的采购、生产、销售、管理和对外业务协作的需要。其不仅要包括网络、计算机软硬件等，还需要适用于社会各个机构间的相互协作。

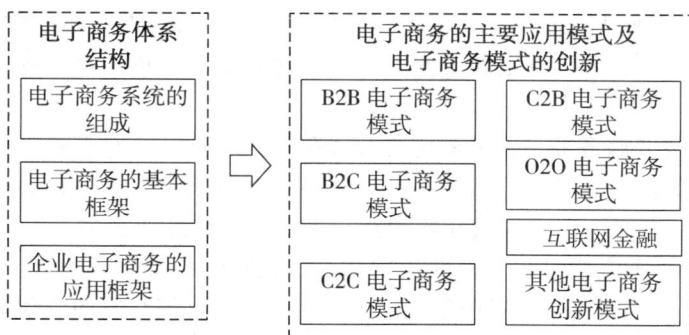

图 2-1　电子商务的框架与模式知识图谱

2.1.1　电子商务系统的组成

电子商务系统是指商务活动的各方，包括卖方、买方、金融机构、政府管理认证机构、物流企业等，利用网络通信平台来实现商务活动的信息系统。由于电子商务交易中的参与方是通过网络进行信息沟通和业务合作的，因此其需要一些传统商务活动中没有参与或者参与程度不深的角色，如用于网上身份认证的认证中心、提供电子商务相关服务的服务商等。即使是传统商务活动中已有的角色，其在功能和定位上也发生了变化，如完成网上支付的银行等。电子商务系统的基本结构如图 2-2 所示。

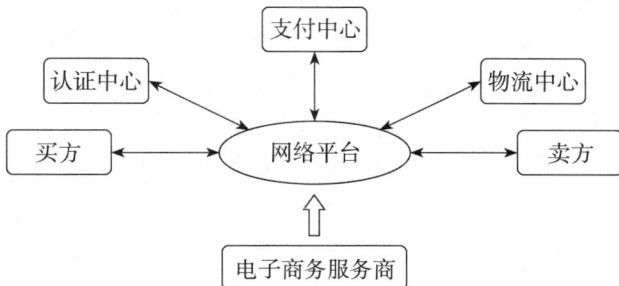

图 2-2　电子商务系统的基本结构

（1）网络平台。这里的网络平台是指以互联网为基础，负责连接电子商务系统各组成部分的一个商务、信息传送工具，包括企业内部网、企业外部网、VPN 以及无线网络等，是各种商务实体间进行商务活动的纽带。

（2）买方和卖方。买方一般是指消费者，消费者通过网络平台发布需求信息或搜索所需商品的信息，并进行商品的比较、评估与购买；卖方一般是指企业，企业借助网络平台把商品或服务转化为数字化的信息以进行商品宣传、在线销售等活动。

（3）认证中心。认证中心主要是指 CA 认证中心，是网上中立的、权威的、公正的第三方机构，它采用公开密钥基础架构技术，负责发放和管理电子证书以确保各方在网上的真实身份，并提供数字签名等安全工具服务，以保证电子商务活动安全有序的进行。

（4）支付中心。支付中心通常是以银行为主体建立的，一方面其支持交易双方通过互联网进行安全的网上交易，另一方面又通过安全通道保证与维护金融网络的安全。

（5）物流中心。物流中心接受交易双方的送货要求，负责及时地将有形商品送达需求方的指定地点，并跟踪商品的动态流向。

（6）电子商务服务商。此处的电子商务服务商专指互联网服务提供商、互联网内容服务商和应用服务提供商等。其中，互联网服务提供商（Internet Service Provider，ISP）是指为用户提供互联网接入和互联网信息服务的企业，如中国电信公司、中国移动通信公司和中国联通公司等；互联网内容服务商（Internet Content Provider，ICP），是指提供互联网信息服务的企业，其将网络上的各种资源、信息妥善组织，并集中进行管理，以方便网络资源的搜索，如新浪网、搜狐网等；应用服务提供商（Application Service Provider，ASP）是指主要为企事业单位进行信息化建设，提供行业解决方案的公司，如我国的浪潮、用友公司等。此外，相关政府部门包括法律、税收、市场监管等管理机构，对整个电子商务起着监督管理的作用。

2.1.2 电子商务的基本框架

电子商务的基本框架包括"四个层次""两大支柱"和"一个应用"，且电子商务应用建立在"四个层次"和"两大支柱"的基础之上。自下向上"四个层次"依次为：硬件平台、网络平台、软件平台、商务服务支持平台；"两大支柱"分别是公共政策、法律及隐私和技术标准、技术支持及安全。"四个层次"之上是特定的电子商务应用，下面三个层次和"两大支柱"是特定电子商务应用的条件，而第四层次商务服务支持平台则提供了标准的网上商务活动服务。电子商务的基本框架如图2-3所示。

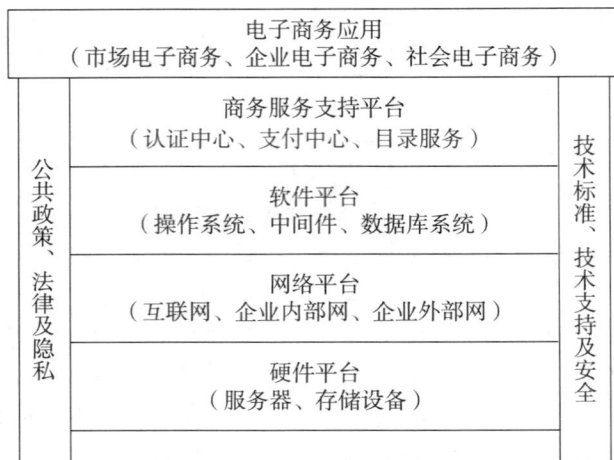

```
┌─────────────────────────────────────────────┐
│           电子商务应用                          │
│（市场电子商务、企业电子商务、社会电子商务）          │
├──┬──────────────────────────────────────┬──┤
│公 │        商务服务支持平台                 │技 │
│共 │（认证中心、支付中心、目录服务）           │术 │
│政 ├──────────────────────────────────────┤标 │
│策 │          软件平台                      │准 │
│、 │（操作系统、中间件、数据库系统）           │、 │
│法 ├──────────────────────────────────────┤技 │
│律 │          网络平台                      │术 │
│及 │（互联网、企业内部网、企业外部网）         │支 │
│隐 ├──────────────────────────────────────┤持 │
│私 │          硬件平台                      │及 │
│   │（服务器、存储设备）                     │安 │
│   │                                       │全 │
└──┴──────────────────────────────────────┴──┘
```

图2-3 电子商务的基本框架

1.电子商务基本框架的支柱

（1）公共政策、法律及隐私

公共政策是指需要政府制定的政策，包括电子商务的税收制度、信息定价（信息定价是指谁花钱进行信息高速公路建设，谁负责对其进行定价）、信息访问的收费、信息传输成本、隐私问题等。法律维系着商务活动的正常运作，违规活动必会得到法律的制裁。鉴于网上商务活动的独特性，需要一个成熟的、统一的法律体系对商务活动的参与者的行为进行约束。隐私问题在电子商务框架中极其重要，人们在网上的各种活动和个人信息不知不觉地被商家记录下来，这必然使用户对电子商务有所顾忌，从而一定程度上阻碍电子商务的发展。因此，如何保障个人隐私信息的安全，是必须重视和做好的工作。

（2）**技术标准、技术支持及安全**

技术标准是信息发布与传递的基础，是网络上信息一致性的保证，主要包括用户接口、传输协议、信息发布标准、安全协议等；技术支持是电子商务应用与发展的基础，是电子商务顺利进行的保障，主要包括数据库技术、信息安全技术、Web技术等；安全问题是电子商务的核心问题，一个安全的电子商务系统，首先必须有一个安全、可靠的通信网络，以保证交易信息安全、迅速地传递，其次必须保证数据库服务器的绝对安全，以防止网络黑客闯入并盗取信息。

2.电子商务基本框架的层次

（1）**硬件平台**

硬件平台主要是指硬件基础设施，包括服务器和存储设备。服务器是在网络环境下，为所有的互联网用户提供信息共享、网站访问等服务的高性能计算机，按照服务器的功能，其可分为Web服务器、应用服务器和数据库服务器；存储设备主要是指数据存储设备，主要包括内置存储设备、外置存储子系统以及网络存储子系统。

（2）**网络平台**

网络平台就是利用网络传输介质和网络连接设备把服务器存储设备等硬件设施连接起来。电子商务的网络环境主要包括互联网（Internet）、企业内部网（Intranet）、企业外部网（Extranet）。网络的传输介质主要有：有线介质，如光纤、双绞线、同轴电缆等；无线介质，如卫星、微波、无线电等。网络的连接设备主要有：交换机、路由器、网关、防火墙等。

（3）**软件平台**

软件平台主要是指应用软件的操作环境，包括操作系统、中间件、数据库系统。操作系统管理和存储所有计算机系统资源，为使用者提供访问与操作界面，典型的操作系统主要有Windows、UNIX、Linux等；中间件在客户机和服务器或者服务器之间传送数据，实现客户机和服务器之间的通信，典型的中间件主要有数据库中间件、远程过程调用中间件、面向消息中间件等；数据库系统由数据库、数据库管理系统、数据库管理员、用户构成，以存储和管理企业的数据，典型的数据库主要有Oracle、DB2、Sybase、SQL Server、MySQL等。

（4）商务服务支持平台

商务服务支持平台主要是指为网上所有的交易活动提供服务支持的平台，包括支付中心、认证中心和目录服务。

3.电子商务应用

电子商务应用的行业领域极为广泛，几乎社会生活的各个领域都有所涉及。比如国际旅游和各国旅行服务行业、传统的出版社和电子书刊、计算机、网络、数据通信软件和硬件生产商、各种传统商品生产企业、金融机构、信息公司、咨询顾问公司、教育部门和医疗卫生行业等。与此同时，传统经济没有的新行业也应运而生，如内容服务商（ICP）、网络服务商（ISP）、数据中心（IDC）、认证中心（CA）等。我们可以从市场、企业、社会电子商务的角度分别了解电子商务的应用情况。

（1）市场电子商务

第一个层次是指面向市场的以市场交易为中心的商务活动，即市场电子商务。它包括促成交易实现的各种商务活动，如网上展示、网上公关、网上洽谈等活动。网络营销是其中最重要的网上商务活动；另外还包括实现交易的电子贸易活动，其主要包括利用 EDI、互联网实现交易前的信息沟通，交易中的网上支付和交易后的售后服务等。两者的交融部分就是网上商贸，它将网上商务活动和电子贸易活动融合在一起，因此有时将网上商务活动和电子贸易活动统称为电子商贸活动。

（2）企业电子商务

第二个层次是指利用互联网来重组企业内部的经营管理活动，并与企业开展的电子商贸活动保持协调一致，即企业电子商务。最典型的是供应链管理，它从市场需求出发，利用网络将企业的销、产、供、研等活动串在一起，实现企业的网络化、数字化管理，以最大限度地适应网络时代市场需求的变化，也就是企业内部的电子商务活动。

（3）社会电子商务

第三个层次是指整个社会经济活动都以互联网为基础，如电子政务是指政府活动的电子化，它包括政府通过互联网处理政府事务，利用互联网进行招投标以实现政府采购，利用互联网收缴税费等。第三个层次是第一个层次和第二个层次电子商务的支撑环境。只有三个层次的电子商务协调发展，才可能推动电子商务朝着良性循环的方向发展。

2.1.3 企业电子商务的应用框架

电子商务的价值主要体现在企业应用上，特别是与传统企业进行整合，提升企业的竞争力。电子商务的实质是企业利用现代信息技术在消费者、供应商和合作伙伴之间，实现在线交易、相互协作和价值交换，企业利用电子商务开发新的市场及客户群、维护客户关系、提升供应链效率，从而为企业开拓市场、降低运营成本、赢得更高的投资回报创造良好的条件。本书通过企业电子商务的应用框架（如图2-4所示）帮助读者进一步了解电子商务的内涵。

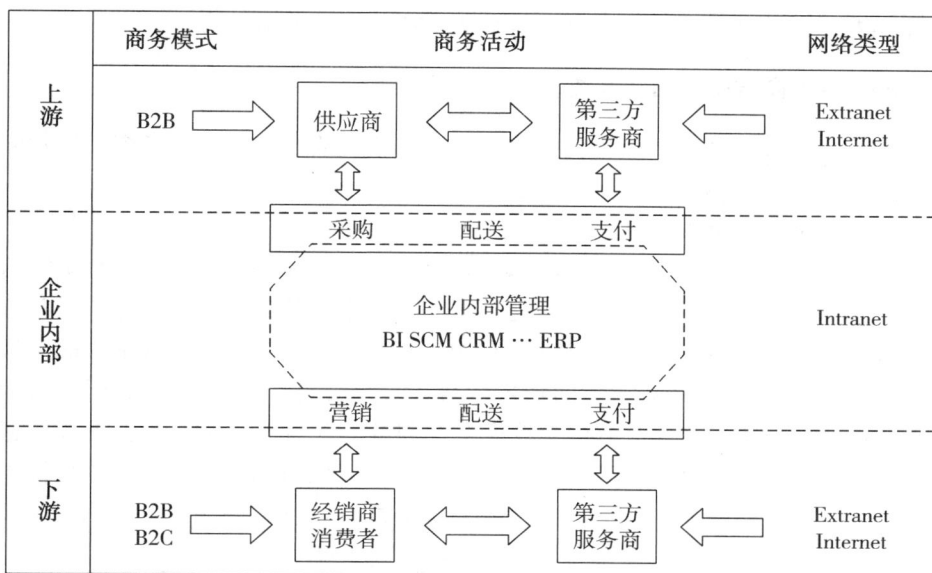

图2-4　企业电子商务的应用框架

从图2-4中我们可以看出，首先，电子商务所涉及的对象不但包括核心企业、供应商、经销商、消费者，还包括相关的第三方服务商，如物流公司、银行、监管机构等，它们相互协作共同形成一个完整的供应链；其次，电子商务覆盖范围非常广，从原材料采购到产品销售和最终售后服务等均包括在内；最后，企业在应用电子商务时，应该和企业内部的管理系统集成，同时企业也要进行相应业务流程的改革和重组以适应电子商务的发展，只有这样才能真正提升企业的管理效率，进而提高企业的核心竞争力。

2.2　电子商务的主要应用模式

电子商务不同应用模式的差异主要体现在参与交易主体的不同上。目前，电子商务的主要应用模式包括 B2B 电子商务模式、B2C 电子商务模式和 C2C 电子商务模式。随着电子商务的不断发展，许多创新型的电子商务运作模式将会产生，从而进一步扩大电子商务的应用领域。

2.2.1　B2B 电子商务模式

B2B 电子商务模式是指企业与企业之间通过专用网络或互联网，以电子方式开展的贸易活动。B2B 电子商务模式的本质就是企业通过现代信息技术来降低交易成本、提高企业经营效率等。互联网使得信息可以通行无阻，企业之间可以通过互联网在生产、经营等方面建立互利互惠的合作，形成水平或垂直形式的业务整合，以更大的规模、更大的实力、更经济的运作模式提高企业的竞争力。

1.B2B电子商务模式的基本类型

B2B电子市场中买方和卖方的数量以及参与模式决定了B2B电子商务模式的基本类型。

（1）卖方或买方模式

一个卖家对多个买家的卖方模式（如图2-5所示）和一个买家对多个卖家的买方模式（如图2-6所示）注重单个企业在这些交易中的销售和购买需求，因此这种电子商务模式也可以称为以企业为中心的电子商务模式。在以企业为中心的交易市场里，一个企业既可以完成所有的销售活动（卖方模式），也可以完成所有的购买活动（买方模式），卖方或买方的企业完全控制着那些参与买卖交易和支持信息系统的各方，一般而言，政府部门或大型企业自建的采购或销售平台属于这种模式。

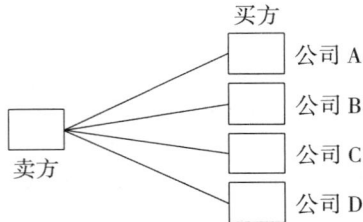

图2-5　卖方模式

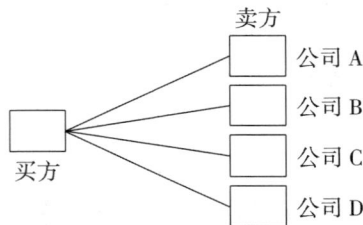

图2-6　买方模式

（2）交易市场模式

交易市场模式（如图2-7所示）通常是指由第三方企业为买卖双方创建一个信息和交易的平台，买方和卖方可以在此分享信息、发布广告、竞拍投标，并进行交易。交易市场向所有相关方（买方和卖方）开放，所以也可以将其看成公共的电子市场，阿里巴巴、慧聪网等B2B电子商务平台均采用了交易市场模式。

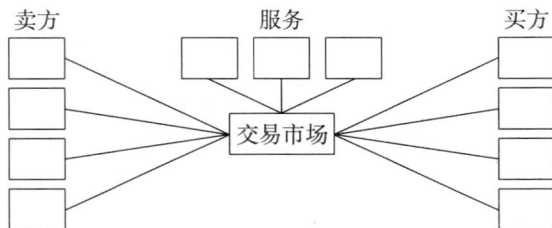

图2-7　交易市场模式

（3）供应链改善和协同商务模式

B2B 交易是供应链活动的一部分，许多世界知名公司的成功主要归因于有信息技术和电子商务技术支持的高效供应链管理。因此，B2B 交易模式需要根据其他供应链活动，如制造、原材料采购、运输及物流等进行调整。

企业与企业之间的贸易活动不仅局限于买卖活动。一个典型的例子就是协同商务。这是一种商业伙伴之间相互沟通、共同设计、规划并共享信息的商务模式。协同商务的一个标志性特征就是交易双方所开展的不仅仅是金钱交易，还可能包括与产品设计、制造或管理等相关的其他活动。供应链改善和协同商务模式如图 2-8 所示。

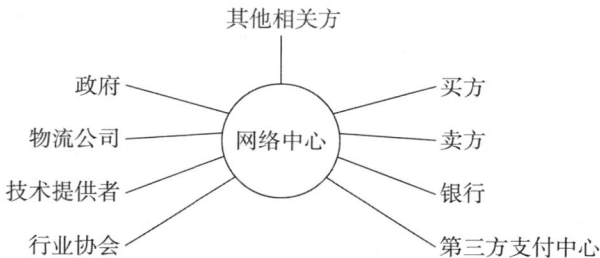

图 2-8　供应链改善和协同商务模式

2.第三方 B2B 电子商务平台的盈利模式

除了少数大型企业有自己的 B2B 电子商务平台（如制造商的在线采购和在线供货等）外，一般的中小型企业都是通过第三方 B2B 电子商务平台来开展 B2B 电子商务业务的。买卖双方主要通过直接销售的产品或服务来获取利润，第三方平台的利润主要来自会员费用收入、交易佣金、增值服务收入、线下服务收入、店铺出租租金和广告收入等，其具体盈利模式如图 2-9 所示。

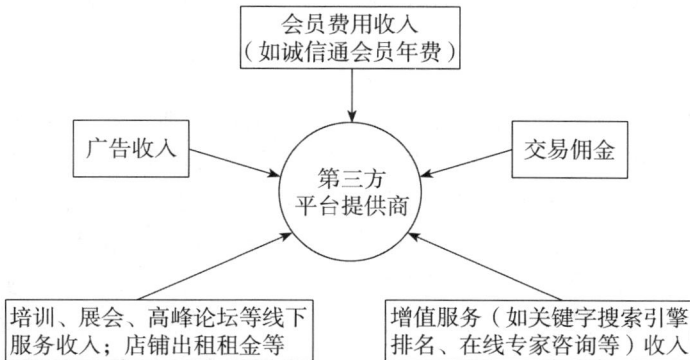

图 2-9　第三方 B2B 电子商务平台的盈利模式

目前，第三方 B2B 电子商务平台最主要的盈利模式还是会员费用收入和交易佣金，并在发展中有一些新的变化。此外，基于广告收入盈利模式和会员费用收入盈利模式发展起来的"电子商务+搜索引擎"盈利模式正蓬勃发展，且关键字搜索引擎排名带来的广告收入正在逐渐增加，阿里巴巴推出的"竞价排名"服务，慧聪网提供的"金榜题名"服务，使关键字搜索排名这一盈利模式得到很大的发展。

目前，第三方B2B电子商务平台比较成熟的盈利模式有以下三种。

（1）以阿里巴巴为代表的外贸店铺式B2B交易平台模式

由"中国黄页"起家的阿里巴巴网站是全球B2B电子商务平台中的著名品牌，其所倡导的商业理念与国际贸易线上开展的服务获得了业界的肯定，其是提供第三方电子商务平台服务的领头军。阿里巴巴基本上采用的是在入网收费基础上发展起来的会员费用收入盈利模式。这种盈利模式是建立在大量免费用户基础上的，并通过通信认证、采购信息资源的稀缺性、展示推广整合的梯次服务，吸引部分会员按年度交纳服务费。目前，其主要提供诚信通会员服务、竞价排名服务和中国供应商会员服务。

① 诚信通会员服务。该服务主要针对经营国内贸易的中小企业、私营业主，且主要包括第三方信用认证，产品展示排名优先，采购信息查阅，产品、供应信息图文发布，网络商铺展示等服务内容。

② 竞价排名服务。阿里巴巴在提供诚信通会员服务的基础上，推出了"网销宝"服务，它是按点击效果付费的关键词竞价排名系统。基于此，商家先通过竞价获得较高的关键字排名，然后根据广告位的点击量进行收费。

③ 中国供应商会员服务。这一服务针对的是经营国际贸易的大中型企业、有实力的小企业和私营业主，且主要包括全英文商铺展示，英文产品、图文展示，公司图片全景展示，海外采购信息等服务内容，另外配有展会宣传光盘、纸媒宣传等服务内容。

除了中国供应商会员和诚信通会员，阿里巴巴网站上面还活跃着大量的免费会员，他们在论坛、博客中较为活跃，并通过阿里帮帮、阿里旺旺等工具，在财富值激励体系中保持着较高的互动积极性，遂成为可不断转化为付费会员的"源泉"。

（2）以慧聪网为代表的商务资讯式B2B交易平台模式

慧聪网最早是一家商务资讯服务机构，是国内分类广告服务行业的开创者，其依托核心互联网产品"买卖通"以及雄厚的传统营销渠道、中国资讯大全、研究员行业分析报告等为客户提供线上、线下的全方位服务，具有较强的线下沟通能力。慧聪网采用的是会员费用收入+广告收入+增值服务收入的混合盈利模式，这种盈利模式基于企业在转型中存在的复杂运营机构，其既有对行业纵深市场研究后形成的自主知识产权内容的收费，又有在垂直行业门户地位巩固的行业频道针对用户推广广告的收费，还有建立在大量免费用户基础上，通过通信认证、采购信息资源的稀缺性、展示推广整合的梯次服务，吸引部分会员按年度交纳服务费。目前，其主要提供买卖通会员服务、"金榜题名"排名服务、广告服务、内容服务等四种服务。

① 买卖通会员服务。该项服务针对的是经营国内贸易的中小企业、私营业主，

同时，其与关键字搜索引擎排名服务、专业形象展示服务捆绑在一起，共同提供第三方信用认证、产品展示排名优先、采购信息查阅、产品供应信息图文发布、网络商铺展示等服务内容。而其银牌、金牌、铂金、VIP会员服务均建立在上述服务内容叠加的基础上，例如，配套的形象推广、企业专题、企业总裁采访服务，以及为高级会员专门定制的采购洽谈会服务等。

②"金榜题名"排名服务。慧聪网在提供买卖通会员服务的基础上，推出了以站内关键字搜索引擎排名为基础的"金榜题名"排名服务，其按关键字搜索结果固定排名，采取谁先购买谁先得的方式。

③广告服务。其为企业利用慧聪网首页资源、行业频道各级页面资源做推广提供服务，包括页面banner、button、文字链广告等。

④内容服务。该项服务基于慧聪网市场研究及媒体研究资源，其包括为媒体提供整合服务的中国媒介情报系统和针对大中型企业、投资公司提供的企业资讯管理系统。此外，其还提供线下各类委托定制咨询服务，用户满意度调查服务，竞争对手调查服务，管理咨询服务，行业月度、季度、年度报告等在线调研及线下调研服务。

（3）以中国化工网为代表的垂直B2B交易模式

中国化工网通过对企业的传统业务流程再造，整合产业链，并通过电子商务和企业的核心业务整合，开创信息流、资金流、物流、商流"四流一体"的电子商务交易模式。中国化工网采取的是会员费用收入+广告收入的盈利模式，这也是目前很多B2B平台采取的一种盈利模式。

中国化工网以会员资源为基础，利用对会员的梯次服务，充分利用稀缺资源，提供化e通基础会员和高级会员服务、竞价排名服务、中国供应商服务。化e通服务主要包括帮助企业建设网站、发布和管理产品信息和行情信息、查询资源库等；化工搜索引擎的竞价排名服务也是其一项新推出的服务，并采用"竞价排名、按天消费、限量发展、左右兼顾"的模式；中国供应商服务主要面向海外做重点推广，以在线展会、合作网站推广等形式向海外浏览者宣传中国优秀化工企业，属于高端服务项目。

3.企业开展B2B电子商务的基础

B2B电子商务是电子商务的主流模式，但是企业是否需要开展B2B电子商务，或者在何种情况下开展B2B电子商务，要考虑以下几个方面的问题。

（1）企业信息化水平

B2B电子商务的开展不仅需要企业拥有基本的网络基础设施和电子商务平台，还需要信息化、自动化的后台系统为其提供支持，包括企业资源计划（ERP）、计算机集成制造系统（CIMS）、供应链管理（SCM）等。这些先进的管理和制造系统是企业顺利开展B2B电子商务的重要条件，也是企业信息化水平的集中体现。缺少这些条件，企业即使能够利用B2B电子商务平台获得订单，也无法充分发挥B2B电子商务快速、高效、低成本、高集成性等优势。

（2）企业现有的市场框架

企业在决定是否采用B2B电子商务模式时，需要认真研究企业现有的业务体系，要分析B2B电子商务对企业现有的商务模式将产生怎样的影响。一般来说，如果B2B电子商务能够与其现有的商务模式形成良性互补，共同占领市场，则企业应当考虑开展B2B电子商务。例如，全球最大的计算机芯片制造商Intel公司为中国的经销商提供传统和B2B电子商务平台两种订货渠道，这两种渠道很好地结合在一起，为Intel公司的销售伙伴提供强有力的支持。如果B2B电子商务与现有商务模式存在严重冲突，可能会导致销售渠道混乱，则企业就要慎重考虑。

（3）企业的贸易伙伴应用电子商务的情况

企业开展B2B电子商务不仅取决于企业的意愿，还取决于企业供应链上下游贸易伙伴对B2B电子商务的应用状况。如果贸易伙伴缺乏开展电子商务的基本条件或还未开展任何形式的电子商务活动，则企业也无法应用B2B电子商务与其进行交易。从这个角度来说，电子商务效益的发挥情况在很大程度上取决于电子商务在企业中的推广应用和普及情况。

4.中国B2B电子商务行业未来发展趋势

从目前我国B2B市场呈现出来的状况看，未来B2B市场有以下发展趋势：

（1）B2B与B2C融合发展

B2B与B2C两者结合后将更加符合市场需求，不仅可以缩小企业与客户的距离，实现商品的直销，还可以加快供需信息交流的速度，并保证供需信息的准确性，从而提高生产、流通、销售各个环节的效率，有效降低企业经营成本，为客户提供更好的服务。2012年4月，环球资源方面表示，正与京东商城、卓越亚马逊、1号店、当当网和苏宁易购洽谈合作，以帮助它们寻找优质的供应商。

（2）信息服务向在线交易延伸

随着银行等各方的积极推进，各种技术已经趋于成熟，B2B电子商务市场演进到在线交易这个阶段是整个互联网发展的必然，符合行业发展规律，未来B2B电子商务会从以信息服务为核心走向以在线交易服务为核心。2012年上半年，阿里巴巴私有化B2B上市公司，对B2B业务进行大整改，而在线交易是其发展的方向之一。

（3）B2B供应链金融日趋完善

B2B供应链金融是对一个产业供应链上下游的多个企业提供全面的金融服务，从而改变了过去银行对单一企业主体的授信模式。基于此，融资机构以核心企业为中心，将供应商、制造商、分销商、零售商，直到最终客户连成一个整体，全方位地为产业链条上的企业提供融资服务。

（4）B2B电子商务平台垂直细分化

中国电子商务进入迅猛发展时期的典型特征是风险资金、网站定位等将从以往的"大而全"模式转向专业细分模式。"大而全"模式的 B2B 电子商务平台信息量过于巨大，一些中小企业的信息会瞬间淹没在信息海洋中，无法得到客户应有的关注，这种电子商务平台一般不提供廉价的信息发布服务。所以，更专业、更注重实效的垂直细分 B2B 电子商务平台将向中小企业提供服务，并取代大型 B2B 电子商务平台"大而全"的信息发布模式。同时，顾客想要更多增值服务的要求，可在这些垂直细分 B2B 电子商务平台上得到满足。此类平台有两个特点：专和深，专是指集中全部力量打造专业性信息平台，包括以行业为特色或以国际服务为特色；深是指此类平台具备独特的专业性质，在不断探索中将会产生许多深入且独具特色的服务内容与盈利模式。更受投资商青睐的垂直专业 B2B 平台将成为未来中国 B2B 市场的后发力量，有巨大的发展空间。

（5）全程 B2B 电子商务

全程电子商务的商业模式可以理解为 B2B+SaaS，是 B2B 电子商务平台与 SaaS 云计算模式的最新融合。借助线上化的 SaaS 云服务模式，企业能够实现与其供应商、客户、合作者的互联互通，实现企业间的供应链协同。其通过将 B2B 电子商务平台的信息、交易、支付、物流、融资等各项基本功能无缝地嵌入企业的信息化管理系统之中，来达成企业内部与外部的互联互通，实现全流程的电子商务，并提供贯穿整条价值链的综合化解决方案。

2.2.2　B2C 电子商务模式

B2C 电子商务模式是指由商家或企业通过电子化手段向消费者提供商品和服务的一种商务模式。企业与消费者之间进行的电子商务活动最大的特点是供需双方直接交易、速度快、信息量大、费用低，其是随着互联网的普及而快速发展起来的电子商务模式，在未来电子商务的发展中将占据举足轻重的地位。

1. B2C 电子商务的经营模式

就目前国内的 B2C 行业而言，其主要的经营模式可以分为以下几类：

（1）网络购物模式

消费者通过网络购物平台购买商品是 B2C 电子商务的典型应用之一。消费者购物的选择范围通过互联网被最大程度地扩展，产品的介绍也更加全面详细，消费者可以足不出户，通过自己的电脑在网上寻找、购买所需的商品，并获得企业提供的一系列服务，从而高效、便捷、低成本地完成网上购物。

对于企业，建立网上商店，完全更新了其原有的市场概念。传统意义上的商圈被打破，并形成了真正意义上的国际化市场，为其赢得了前所未有的商机。另外，在线销售可以避免有形商场及流通设施的投资，减少雇用大量销售人员的支出，同时还可能实现零库存销售，这都带来了经营成本的降低，提高了商家的竞争力。目前，B2C 网络购物平台主要有两大类：一类是将传统实体店与在线商店相结合形成的 B2C 网络购物平台，如国美电器的库巴和苏宁电器的苏宁易购等；另一类是由电子商务公司经营的纯粹的 B2C 网络购物平台，这类平台为传统企业提供在线销售平台，其自身并没有线下的实体商店，如天猫商城、京东商城等。

（2）网上订阅模式

在网上订阅模式下，消费者通过网络订阅企业提供的无形商品和服务，并在网上直接浏览或消费。这种模式主要被一些互联网企业用于销售报纸杂志、电视节目等。网上订阅模式主要包括：

① 在线出版。出版商通过互联网向消费者提供除传统印刷出版物之外的电子出版物，消费者通过订阅可下载有关的出版物，如中国知网、万方数据库等。有些在线出版商采用免费赠送和收费订阅相结合的办法，吸引了一定数量的消费者，并取得了一定的营业收入，如百度文库、豆丁网等。

② 在线服务。在线服务商通过每月收取固定的费用向消费者提供各种形式的在线服务，比如金融服务、旅游服务以及招聘服务等。金融服务方面，招商银行、中国工商银行等推出的网上银行服务已成为金融个人服务的新亮点；旅游服务方面，以携程网、春秋旅行网等为代表的旅游电子商务网站也纷纷通过电话或者邮件的形式为旅游者提供便利的服务；招聘服务方面，中华英才网、前程无忧网等网站提供专业的招聘服务。

③ 在线娱乐。在线娱乐商通过网站向消费者提供在线娱乐，并收取一定的订阅费，这是无形商品和服务在线销售中令人关注的一个新领域，且其也取得了一定的成绩。当前，网络游戏已成为企业竞争的焦点之一，盛大集团、巨人、腾讯、搜狐等纷纷在网络游戏方面强势出击。事实上，一些互联网公司已将眼光放得更远，其试图通过提供一些免费或价格低廉的网上娱乐来赢得消费者的喜爱与忠诚，如开心网、新浪网等。

（3）广告支持模式

在线服务商免费向消费者提供在线信息服务，其营业收入完全靠在网站上投放广告来获得，不直接向消费者收费。对于网民来说，信息搜索是其在互联网的信息海洋中寻找所需信息最基础的网络应用。因此，企业愿意在信息搜索网站上设置广告，网民通过点击广告可直接登录该企业的网站。采用广告支持模式的在线服务商能否成功的关键是其网页能否吸引大量的广告，能否吸引广大消费者的注意。比如新浪网、搜狐网、网易等国内知名度较高、浏览量较大的门户网站，它们目前主要通过网络广告或者借助网络平台与其他企业进行合作促销并提供产品销售链接等来获取收入。

（4）网上赠予模式

这种模式经常被软件公司用于赠送软件产品，以扩大其知名度和市场份额。一些软件公司将测试版软件通过互联网向用户免费发送，用户可自行下载试用，也可以将意见或建议反馈给软件公司。采用这种模式，软件公司不仅可以降低成本，还可以扩大测试群体，改善测试效果，提高市场占有率。美国的网景公司（Netscape）在其浏览器最初推广阶段采用的就是这种模式，从而使其浏览器迅速占领市场，效果十分明显。

2.B2C电子商务的盈利模式

B2C电子商务的经营模式决定了B2C电子商务的盈利模式，不同类型的B2C电子商务企业，其盈利模式是不同的。一般来说，B2C电子商务企业主要通过以下几种方式获得盈利。

（1）产品或服务的差价

网络购物平台相对实体店来说，减少了中间交易环节，节省了店面的租金成本，大大降低了管理成本等多方面成本，从而整体提升了纯收入，如海尔网上商城、苏宁易购等；对于一些提供网络游戏和网上娱乐的网站，其主要是向消费者提供相关的服务，并按照服务本身的价值进行收费，一些大型网游，如魔兽、征途等均采用这种盈利模式。

（2）网络广告营收模式

任何一家知名的B2C网站，都可以在首页及其他页面投放其他企业的广告，并通过向企业销售广告位来获取收入。比如，网站或者博客的管理者可以注册成为阿里巴巴的会员，并靠出售自己的广告位来获取佣金。

（3）商户销售抽成

这种第三方B2C网络平台本身不卖产品，其为买卖双方提供重要的交易平台，其利润主要是向卖方企业收取的入驻第三方交易平台的保证金或对达成交易收取的佣金。比如，当当网对于不同品类的店铺，制定不同的抽成比例，通过交易抽成产生收益。因此，每个商户产品的销售都与其利润挂钩。

（4）收取会员费

面向中间交易市场的B2C企业参与电子商务交易时，必须注册为B2C网站的会员，并通过每年交纳一定会员费的形式来享受网站提供的各种服务。例如，天猫商城、京东商城等对入驻的商家收取会员费。

（5）代理商代理的销售利润

对于一些代理型的B2C企业，诸如机票代理、电信增值业务代理等企业，其正趋于成熟，能够通过代理商团队的营销运作给自身带来丰厚的利润，例如一些旅游网站向消费者提供机票代理服务。

（6）间接利润来源

间接利润来源可以通过价值链的其他环节为企业实现盈利，如B2C网站网上支付营收模式、B2C网站物流营收模式、B2C网站信用认证营收模式等。

2.2.3　C2C电子商务模式

C2C电子商务模式是个人与个人之间利用电子化手段，借助第三方网络平台实现商品和服务交易的一种商务模式。C2C电子商务平台运营商在网上搭建一个平台，为买卖双方架起一座桥梁，使卖方可以主动提供所要销售的商品，而买方可以自行选择商品进行购买。C2C电子商务模式是最能够体现互联网优势的电子商务模式，其能够使数量巨大、地域不同、时间不一样的买方和卖方通过一个平台找到合适的对方进行交易，在传统领域要实现这样大的工程是几乎不可想象的。

1.C2C电子商务的运作模式

目前，C2C电子商务的运作模式主要有网上拍卖、第三方交易平台、分类广告和知识付费等。

（1）网上拍卖

网上拍卖是典型的C2C交易模式，是20世纪90年代在美国兴起的一种电子商务模式，其最大特点在于将现场拍卖的交易方式利用互联网的特点，变成了非现场式的交易，从而突破了现场拍卖所特有的时间、空间限制。网上拍卖是传统拍卖业在互联网上的延伸，是现代信息技术在传统拍卖业中的应用。网上拍卖的拍卖方式大多数是在传统拍卖方式的基础上演变来的，常见的有以下几种：一口价、网上英式拍卖、网上荷兰式拍卖和密封拍卖。密封拍卖又可分为一级密封拍卖（出价最高的竞买人中标）、二级密封拍卖（出价第二高的竞买人中标）。网络C2C交易模式多采用一口价、网上英式拍卖和网上荷兰式拍卖。

① 一口价。一口价是卖家设置的可以即刻售出商品的价格，相当于公开的底价，买家出此价格立即可以成为竞标成功者。这是国内大多数C2C网站最常见的一种拍卖方式，在此情况下买家不会多出一分钱，但成交率较高。

② 网上英式拍卖。网上英式拍卖是最常见的网上拍卖方式，其实质与传统拍卖中的英式拍卖是一样的，也是由竞价方一次或多次出示他愿意出的最高价。在拍卖过程中，规定一个截止时间，到时则由出价最高的买家获得拍品并按照最高价付款，超过截止时间后，再高的价钱都无效。因此网上英式拍卖在截止时间前的几分钟，出价常会迅速上升。

③ 网上荷兰式拍卖。网上荷兰式拍卖与传统荷兰式拍卖一样，也是针对一个卖主有许多相同物品要出售的情况设计的，传统荷兰式拍卖的价格是逐一降低的，而网上荷兰式拍卖不存在价格渐降的情况。通常是在截止时间到时，出价最高者获得他想要的物品，如果物品还有剩余，则出售给出价第二高者。如果出现多个出同样高价者，则优先出售给最先出价者，即遵循"高价优先，先出价优先"的原则。

④ 网上威克式拍卖。网上威克式拍卖实际上是密封递价次高价拍卖，同英式拍卖一样，可以交易单件物品，其不同之处在于最高出价者是以出价第二高者所出价格买走交易品。这种拍卖方式减少了出价观望，能够吸引更多的竞买者出价，从而增加网站的人气。

目前国内外的拍卖网站，其竞价模式实际上只有两种，即正向竞价和逆向竞价；其交易方式则有三种：竞价拍卖、竞价拍卖和集体议价。

（2）第三方交易平台

第三方交易平台模式是由独立的第三方搭建电子商务平台，方便个人在交易平台开设店铺，以会员制的方式收费，其也可通过广告或其他增值服务收取费用。卖家只需登录交易平台，按照要求注册成为用户，然后登录填写开店信息，即可完成开店，并可以使用平台工具，实施店铺"装修"设计。这种运作模式不需要前期投入大量资金，个人只需要一台计算机就可以完成在线商品管理，自行决定价格和促销手段，实现在线销售商品，这种模式的典型代表是淘宝网。

（3）分类广告

分类广告是很多种类的小广告的集合，区别于其他各种独立的大幅广告，分类广告的读者目的性更加明确。分类广告网站就是专门经营目标明确、投放精准的小广告的网站。

分类广告网站一般针对企业发布的广告信息收费，对个人发布的信息免费，对广告浏览者不收费，如58同城、百姓网等。收费的分类广告网站商业气氛浓郁，信息可信度高，但是网民浏览量不大。不收费的分类广告网站信息未经验证，可信度不高。因为其没有收费门槛，垃圾信息很多，但是网民互动性强，浏览量大。

（4）知识付费

C2C知识付费模式是指个人在知识分享平台以自媒体的形式，传播某个细分领域的知识，购买者可以根据自己的需求进行订阅的电子商务模式。它植根于蓬勃发展的分享经济，知识分享平台通过个人用户分享自己的经验和知识汇聚人气，形成一个个虚拟社区。其中的一些用户便在平台上开设自媒体，为其他用户有偿地提供有价值的知识。典型的C2C知识付费平台是喜马拉雅、知乎。

2.C2C电子商务的盈利模式

目前，C2C电子商务企业采用的运营模式是为买卖双方搭建拍卖平台，按比例收取交易费用，或者提供平台方便个人在上面开店铺，以会员制的方式收费。在C2C电子商务的运营过程中，个体经营者在电子商务平台开设店铺销售自己的物品并获得销售收益，平台企业则可以收取店铺租金、广告费用或其他增值性服务费用。C2C电商企业的盈利来源于以下几个方面：

（1）会员费

会员费也是会员制服务收费，是指C2C平台企业为会员提供网上店铺出租、公司认证和产品信息推荐等多种服务组合而收取的费用。由于提供的是多种服务的有效组合，能更好地满足会员的需求，因此这种模式的收费比较稳定。易趣网最初进军中国市场的时候采取的就是对入驻商家收取会员费的制度，这也是导致易趣网最终一败涂地的主要原因。其虽在2008年5月也开始对用户在线开店实行"终身免费"，但其所占市场份额已不能和淘宝同日而语。

（2）交易提成

交易提成是C2C平台企业的主要利润来源，因为C2C平台企业为交易双方提供机会，其就相当于现实生活中的交易场所或大卖场。从交易中收取提成是市场本性的体现，这也是目前国内众多C2C平台企业主要的盈利方式。

（3）广告费

平台企业在网站上有价值的位置放置各种类型的广告，根据网站流量和网站人群精确度标定广告价位，然后再通过各种形式向客户出售，比如淘宝网首页一天的广告费为200万元。

（4）增值服务费

C2C平台企业不只为交易双方提供平台，其更多的是为双方提供交易服务，尽量满足客户的各种需求使其达成交易，并通过提供"搜索竞价排名""首页黄金铺位推荐"等增值服务收取一定的服务费用。比如，淘宝网推出的竞价排名、"淘宝旺铺"等服务，均是为愿意通过付费推广获得更多成交机会的卖家提供的增值服务。

（5）支付环节收费

阿里巴巴推出的支付宝、腾讯推出的财付通等第三方支付平台在一定程度上促进了网上在线支付业务的开展。买家先把预付款通过网上银行打到第三方支付平台的个人专用账户，待收到卖家发出的货物后，再通知支付公司把货款打入卖家账户。这样买家不用担心收不到货还要付款，卖家也不用担心发了货而收不到款，而第三方支付平台就按成交额的一定比例收取手续费。

2.3　电子商务模式的创新

21世纪是互联网的时代，也是电子商务的时代。随着信息技术的不断进步和社会经济的发展，电子商务模式也在不断创新。

2.3.1　C2B电子商务模式

信息的不对称性，导致了消费者往往在消费的过程中处于被动的地位。消费者在新媒体的作用下已经变得越来越成熟，现今的商务模式略显滞后使得其多元化的需求无法得到满足。C2B电子商务模式的出现将商品的主导权和先发权交给了消费者，满足了消费者的个性化需求，使消费者真正成为市场中的主体，也使得"顾客是上帝"这句话成为现实。

1.C2B电子商务模式的内涵

C2B电子商务模式即消费者对企业（Customer to Business）的电子商务模式，该模式的核心是通过聚合相对弱势的群体并提升其与强势个体进行交易的话语权以最终获得更大的利润空间。C2B电子商务模式，强调用汇聚需求取代传统的汇聚供应商的购物中心形态，被视为一种接近完美的交易模式。在该模式下，消费者取代企业成为未来的价值链第一推动力，这是一个根本的商业模式的变化。

作为消费者与商家的联系纽带，C2B 电子商务模式有着不可或缺的存在价值。对企业来说，C2B 电子商务模式把消费者直接送到企业的面前，使其直接了解消费者的需求，为企业节省巨额的营销费用，这些企业也就有了巨大的降价空间，把利润返还给消费者。同时，通过有效的整合与策划，改变企业的营销内容及形式，从而促进与消费者的深度沟通与交流，使得企业与消费者之间的关系变得更加密切。对消费者来说，由原来的被动消费变为主动消费，其获得了消费的主导权，满足了个性化需求。此外，对社交网络来说，这将是一个新的盈利模式，其将消费者聚集起来并形成很大的黏性，即作为一个第三方的平台将消费者和企业连接起来，自身收取中介服务费。

以 C2B 模式为核心的电子商务模式填补了 B 与 C 的最后一角，建立了完整的 B 和 C 的四角关系，在不久的将来其必然会像其他三个模式的佼佼者，如阿里巴巴、京东商城、淘宝网等企业一样，出现成功的品牌。

2.C2B 电子商务模式的表现形式

C2B 电子商务模式目前主要有两种表现形式：一是团购；二是个性化定制。

（1）团购

团购（Group Purchase）就是团体购物，是指将相互认识或不认识的消费者联合起来，加大与商家的谈判能力，以求得最优价格的一种购物方式。根据薄利多销的原理，商家可以给出低于零售价格的团购折扣和单独购买得不到的优质服务。团购作为一种新兴的电子商务模式，通过消费者自行组团、专业团购网站、商家组织团购等形式，提升消费者与商家的议价能力，并使其极大程度地获得商品让利，引起消费者及业内厂商，甚至是资本市场的关注。

团购属于 C2B 电子商务模式的初始阶段，由消费者自发（较少）或者由第三方团购平台通过聚合众多消费者形成相对较大的采购订单来使企业提供更大的优惠空间。消费者自发的情况较少，毕竟由消费者个体来操作此事有一定的难度，而且在信任度方面缺乏有效、合理的评估。因此，团购有时会在相互认识或者了解的群体里出现，比如同一个社区、同一类有相同话题的网络人群等。而团购更多的还是需要第三方评估机构或平台来操作，比如淘宝这样的电子商务平台。国内近年也出现不少专业的团购网站，比如拼多多、美团网等。这种团购方式对参与双方都有好处。对企业而言，其利用网络团购，不仅可以降低企业成本，而且可以打通虚拟市场扩大交易份额；对消费者而言，其可以拥有更多的选择机会和更低的价格。

对团购而言，品种和地域的局限性，使得其很难形成普及范围很广的商业模式。从行业的局限性来看，团购所提供的商品是固定的且有限的，所以消费者不可能像进超级市场一样，一次性购齐自己所需物品，而且如果团购的价格没有足够的吸引力，是比较难让人参与的；从地域的局限性来看，消费者只能选择本地所提供的团购，可选择的范围较小。如果 C2B 仅仅停留在团购层面，寻求价格上的优惠，其发展空间是比较有限的，这主要是由于经济的快速发展及消费观念的改变，消费者对于价格的关注会有所下降，而其他要素如品质及个性化需求则成为其关注的重要方面。如果C2B模式能延展至由消费者决定产品的内涵和外延，由商家按照客户的需求来定制，那么C2B模式即可独立于其他传统的以企业为主导的电子商务模式如B2B、C2C和B2C等而产生属于自己的广大发展空间。

（2）个性化定制

个性化定制是C2B电子商务模式发展的第二阶段。随着消费观念的转变和收入水平的提升，部分高收入者和崇尚自我个性的人群并不十分在乎过去所说的消费最重要的影响因素——价格，而是更看重产品的品质和特性。他们消费时往往更看重产品的质量、样式、品位等方面，由此催生电子商务的另一潜在市场：通过自发或者第三方平台帮助众多该类消费者促使企业按照他们的需求进行设计和生产，甚至可能改变企业所提供的产品内容，比如材质、外观设计、组合方式等。

C2B是对电子商务的一个有益补充，是电子商务已经成熟的一个信号和标志。小批量、个性化（趋势）和客户导向作为网络经济的特征，对应的是柔性化生产、个性化营销和社会化物流的商务模式。其中又以个性化趋势和"个性化营销"最为关键——它以消费者需求为驱动引擎，向前倒逼"柔性化生产"，向后带动"社会化物流"。因此，信息技术只是手段和工具，真正的核心是对用户需求的发现与把握，从"以资源分配为中心"转型为"以需求收集为中心"。以前，消费者的消费需求其实还处于压抑状态，随着电子商务市场的发展，未来消费者的消费需求将日益定制化和个性化。例如，知名运动服装品牌耐克公司就在官网推出纯白色的球鞋，消费者可根据自己的喜好，设计出专属于自己的图案，并最终把图案印到球鞋上。该活动一经推出，便受到消费者的追捧。

3.C2B电子商务模式的关键

C2B电子商务模式的特点之一是加强了与目标客户的沟通，客户的需求可以明确地得到表达，企业可以根据客户的需求而定制不同的产品或服务来满足消费需求，进而不断培养客户忠诚度，使企业的利润最大化。C2B电子商务的关键主要有以下几个方面：

（1）加强与目标客户的沟通。通过互联网零距离为目标客户提供一个良好的需求表达平台，使客户的需求与个性化要求得到清晰的表达，同时提供合理的、有吸引力的群体聚合机制，让更多的客户按需求的细分，按某种自定义的规则自由组合，扩大购买群体的基数。

（2）加强企业产品与服务的更新。企业在时刻关注目标客户需求的同时，应不断提升自我创新能力：一是紧跟消费需求，二是通过不断创新为目标客户提供物超所值的惊喜。

（3）优化企业内部的管理流程。任何一宗交易都涉及企业内部各职能部门的联动与协作，应完美地为客户提供服务。一个好的企业，首先表现在其内部管理流程能够不断应对外部需求，能够自我优化与提升，以确保产品或服务能快速到达客户手中。

（4）开展合理的资源整合。任何单个企业的资源都是有限的，与其竞争，不如合作。企业要通过行业联合、企业联盟扩大业务的资源。做好规划与梳理，做到资源的合理管理与有效配置。

2.3.2　O2O电子商务模式

在一个陌生商圈里想找家咖啡馆，打开手机客户端进行搜索就行，还能下载这家咖啡馆的优惠券获得消费折扣，既方便又省钱。这就是典型的O2O（Online to Offline，将线下商务机会与互联网结合在一起，让互联网成为线下交易的前台）应用场景。

1.O2O电子商务模式的内涵

O2O电子商务模式（Online to Offline），是指一种能够将线上虚拟经济与线下实体经济全面融合的商业模式。O2O模式其实很简单，就是把线上的消费者带到线下的实体商店——消费者在线支付，并到线下去体验商品或服务。O2O模式使得任何生活中的商务活动都可以在网上完成，从而扩展了电子商务的业务范围，给线下企业带来了更广阔的发展空间。我们可以从以下两点来分析O2O模式给线下企业带来的益处：

（1）增加销售机会

对于线下的实体商店来说，O2O其实是一个营销手段。通过O2O平台，线下商店也有了线上的"曝光"机会，不过由于线下商户受制于地理位置，因此，O2O平台的一个基本功能是将某线下商户推送给该线下商户当地的潜在用户。这就要求O2O平台至少覆盖一个较为广泛的用户群，再从这些用户中按照位置进行推送，这样的推送有可能比发传单效果更好，速度更快。随着智能手机的普及、二维码的应用以及LBS（基于位置的服务）的推广，一些利用传统渠道进行宣传的商品会逐渐地向这些O2O平台转移。

（2）方便营销效果的监测

对于企业来讲，销售数据的量化也是非常重要的一个环节。传统电子商务网站可以通过监测访问情况计算出投资回收率数值，用以评判广告或者其他营销手段的效果，但这些对于线下实体商店来说比较困难。O2O正好弥补了线下商务的这点不足，因为和B2C一样，交易都是在网上完成的。企业可以随时了解各种营销手段的营销效果，从而更好地帮助线下企业品牌化，包括营销、数据分析、客户梳理研究等，这些对于线下企业来说确实是前所未有的。

　　盒马鲜生从创立之初就凭借先进的O2O模式成为生鲜领域的一匹黑马。消费者可以线上使用APP进行下单，然后到线下门店自提，或选择送货上门。盒马鲜生从线上、线下两方面入手。在线上，盒马APP根据以往支付宝的消费数据，建立个人画像，实现商品信息的精准推送；线下，消费者可以同时完成购物和餐饮消费，并且实现了无现金支付，提升了消费者的购物体验。

2. O2O模式实现的标准

　　O2O模式作为继C2C、B2C、B2B甚至C2B之后又一新发展起来的电子商务模式，它的难度、门槛以及成本方面都要比前几种类型高，大部分行业进军O2O至少需要进行3个体系上的标准化。

　　（1）O2O服务体系的标准化

　　率先进军O2O的行业包括餐饮、酒店预订、租房等，这些行业的一个基本特点就是相比农产品、海产品等行业服务体系更规范。一方面，效率是O2O模式至关重要的一项属性，这就要求准备进军O2O的企业具有较高的信息化程度，企业的计算机设备要能迅速实现与网络平台的对接等，这些都是影响服务体系效率的因素；另一方面，企业要将线上线下独立规范化运营，同时由跨领域、专业的电子商务人才担当整个项目的管理者，企业缺乏同时熟悉互联网及本行业的跨领域人才，会导致线上和线下服务无法实现统一，这也是导致许多O2O项目失败的一大原因。

　　（2）O2O支付体系的标准化

　　与线上的结算标准化不同，线下支付终端的缺乏、联网程度低、各商家支付系统差异等制约了平台与商家的结算效率以及消费者享受到的服务，因此，保证支付的畅通对商家、平台和消费者都是非常必要的。

　　（3）O2O订单体系的标准化

　　对平台来说，订单是与商家结算的核心，也是与商家沟通的关键；对商家来说，订单是检验合作效果的主要标准，项目是否能给公司带来效益，带来多少效益取决于订单反馈效果的好坏；对消费者来说，订单处理的标准化与否直接关系到其享受服务的速度，比如一个外卖服务订单下了1个多小时还没有商家处理，这必然会影响消费者的忠诚度。因此，一个统一标准化的订单流程和订单格式非常重要。

2.3.3　互联网金融

　　随着中国互联网的蓬勃发展，互联网金融经历了从快速扩张到日渐成熟的发展历程。2013年被称作"互联网金融元年"，阿里推出了余额宝，上线3个月的资金规模即达到556.56亿元。之后，国家逐步规范互联网金融行业，2018年清退不良P2P贷款机构，2019年规范支付机构备付金存缴。这些举措使得中国的互联网金融朝着健康的方向发展，以便更好地服务实体经济。

1.互联网金融的内涵

互联网金融是指依托于网络支付、社交网络、云计算以及搜索引擎等互联网工具，实现资金融通、支付和信息中介等业务的一种新兴金融。互联网金融伴随着电子商务的迅猛发展而产生，拥有互联网、在线支付、搜索引擎等先进的网络信息技术的支持，能够在很大的程度上解决市场信息不流通的问题，使市场具有了充分的实效性。

互联网金融不是互联网和金融业的简单结合，而是在实现安全、移动等网络技术的前提下，被用户特别是电子商务用户熟悉并接受后，为适应其新金融需求而产生的新模式及新业务，是传统金融行业与互联网结合的新兴领域。互联网金融与传统金融的区别不仅仅在于金融业务所采用的媒介不同，更在于金融参与者通过"开放、平等、协作、分享"的互联网平台，进行透明度更高、参与度更高、协作性更好、中间成本更低、操作上更便捷的金融业务。

2.互联网金融的主要模式

（1）信息化金融机构

信息化金融机构是指采用信息技术，对传统银行、证券和保险等金融机构运营流程进行改造或重构，实现经营、管理全面的电子化。从整个金融行业来看，银行的信息化建设一直处于业内领先水平，其具有国际领先的金融信息技术平台，建成了由自助银行、电话银行、手机银行和网上银行构成的电子银行立体服务体系，为中小企业和个人用户的直接合作搭建了金融服务平台，增强了金融机构为实体经济服务的职能。

目前，一些银行有自建的金融服务平台，如建行推出的"善融商务"就是以专业化金融服务为依托的电子商务金融服务平台，融资金流和信息流为一体，为客户提供信息发布、在线交易、支付结算、分期付款、融资贷款、资金托管、房地产交易等全方位的专业服务。

（2）基于第三方的金融服务平台

目前市场上，基于第三方的金融服务平台已归为两大类：一类是独立第三方金融服务模式，是指第三方平台完全独立于电子商务网站，不负有担保功能，仅仅为用户提供支付系统解决方案，以快钱、易宝支付、汇付天下、拉卡拉等为典型代表；另一类是以支付宝、财付通为首的依托于自有 B2C、C2C 电子商务网站提供担保功能的第三方金融服务模式。基于第三方的金融服务平台利用其系统中积累的客户的采购、支付、结算等完整信息，可以以非常低的成本联合相关金融机构为其客户提供优质、便捷的信贷等金融服务。同时，其也开始渗透到信用卡和消费信贷领域，对商业银行的信贷业务产生了威胁。

近年来，央行逐步加大了市场退出力度。截至 2020 年 4 月，央行共颁发 271 张支付牌照，其中34张支付牌照被注销，支付牌照剩余数量为237张。在牌照监管下，基于第三方的金融服务平台将成为以第三方支付公司为主导的金融服务平台的主要战场：一方是类似支付宝、快钱、易宝支付等由市场化形成的巨头；另一方是依托自身巨大资源的新浪支付、电信运营商支付以及可能的中石化、中石油的支付平台。

（3）P2P网络贷款平台

P2P（Peer-to-Peer Lending），即点对点信贷。P2P网络贷款是指通过第三方互联网平台进行资金借贷双方的匹配。目前，其已经呈现以下两种运营模式：一种是纯线上模式，此类模式典型的平台有拍拍贷、合力贷、人人贷（部分业务）等，其特点是资金借贷活动都通过线上进行，不结合线下的审核；另一种是线上线下结合的模式，此类模式以翼龙贷为代表。借款人在线上提交借款申请后，平台通过所在城市的代理商采取入户调查的方式审核借款人的资信、还款能力等情况。P2P网络贷款在一定程度上降低了市场信息的不对称程度，对利率的市场化起到了一定的推动作用。同时由于参与门槛低、渠道成本低，其还拓宽了社会的融资渠道。

P2P网贷平台数量呈现先增后减的趋势，截至2019年1月底，P2P网贷平台数量为1 031家，到了12月底该数量下降至343家，相比2018年底减少了678家。这反映出国家推动P2P网贷行业的大多数机构良性退出，引导部分机构转型的政策导向。

（4）众筹

众筹是指大众筹资或群众筹资，是用"团购+预购"的形式，向网友募集项目资金的模式。众筹平台的运作模式大同小异，需要资金的个人或团队将项目策划交给众筹平台，经过相关审核后，便可以在平台的网站上建立属于自己的页面，用来向公众介绍项目的情况。众筹平台的分类见表2-1。

表2-1　　　　　　　　　　　　　众筹平台的分类

众筹平台的种类	平台介绍
产品众筹	发起者筹款成功后交付的标的是产品，例如点名时间、摩点网
公益众筹	在平台上发起公益募捐，帮助有困难者，例如水滴筹
股权型众筹	支持者投入资金获得标的公司的股份或者收益权，例如天使汇
债权型众筹	本质上是P2P网络贷款平台，例如人人贷

在互联网金融发展日趋完善的大背景下，众筹行业经历了一轮洗牌。2016年，运营中的众筹平台数量达到顶峰，共有532家。然后开始下降，截至2019年6月底，保持运营的众筹平台仅有105家。

（5）互联网金融门户

互联网金融门户是指利用互联网进行金融产品的销售以及为金融产品销售提供第三方服务的平台。它的核心就是采用"搜索+比价"的模式，即采用金融产品垂直比价的方式，将各家金融机构的产品放在平台上，用户通过对比挑选合适的金融产品。互联网金融门户多元化创新发展，形成了提供高端理财投资服务和理财产品的第三方理财机构，及提供保险产品咨询、比价、购买服务的保险门户网站等。

这种模式不存在太多政策风险，因为其平台既不负责金融产品的实际销售，也不承担任何不良的风险，同时资金也完全不通过中间平台运作。目前在互联网金融门户领域，针对信贷、理财、保险、P2P等细分行业有好贷网、融360、91金融超市、银率网、格上理财、大童网、网贷之家等网站。

（6）大数据金融

大数据金融是指金融机构通过全方位收集客户的海量非结构化数据，分析和挖掘客户的交易和消费信息，掌握客户的消费习惯，并准确预测客户行为，以降低金融机构的风险或提升其营销效率的金融行为。大数据金融模式被广泛应用于电商平台，以对平台用户和供应商进行贷款融资，从中获得贷款利息以及流畅的供应链所带来的企业收益。目前，大数据金融服务平台的运营模式可以分为以阿里小额信贷为代表的平台模式和以京东、苏宁为代表的供应链金融模式。

阿里小额信贷以"封闭流程+大数据"的方式开展金融服务，通过其庞大的云计算能力及多种风险预估模型，依托电商平台、支付宝和阿里云，实现客户、资金和信息的封闭运行，有效降低了风险，同时大幅度提高了贷款审批效率；京东、苏宁的供应链金融模式是以电商作为核心企业，以未来收益的现金流作为担保，获得银行授信，为供货商提供贷款。

首先，大数据能够通过海量数据的核查和评定，增强风险管理力度；其次，它促使银行和企业将沉积的数据充分有效地利用起来，推动了数据模型的升级；最后，大数据将推动金融机构创新品牌和服务，利用数据开发新的预测和分析模型，对客户进行个性化定制，提高客户的转化率。

3.互联网金融存在的问题

（1）外部监管及法律规范缺失

目前，我国在监管制度及法律规范方面尚不存在专门针对互联网金融业务的内容。受"哈哈贷"倒闭及行业风险逐渐显现的影响，银监会于2011年8月发布《关于人人贷有关风险提示的通知》，发文目的在于督促商业银行设置与P2P信贷业务之间的"防火墙"，防止P2P信贷风险向银行体系传导和蔓延。事实上，不但监管处于缺位状态，行业自律也比较松散，仅有少量机构加入了中国小额贷款联盟于2013年1月25日颁布的《个人对个人小额信贷信息咨询服务机构行业自律公约》。

（2）信用信息交换较困难

目前，互联网金融公司尚无法接入人民银行征信系统，各公司之间也不存在信用信息共享机制，对借款人的信用审核完全依赖各公司自身的审核技术和策略，由其独立采集、分析信用信息。由于信用信息交流存在难以逾越的障碍，无法形成有效的事后惩戒机制，借款人违约成本较低，对行业的长期发展极为不利。此外，信用信息缺乏交流还可能导致互联网金融公司在独立获取客户信用信息和财务信息的过程中时效性较差，时滞较长，从而诱发恶意骗贷、借新还旧等问题。

（3）技术存在潜在风险

P2P借贷平台的设计和搭建主要依托Web2.0技术，其与传统金融网络化平台在技术理念上基本一致，因此，对于传统网络金融面临的潜在安全缺陷，P2P借贷平台也难以回避。不仅如此，由于互联网金融公司的实力与正规金融机构相比差距还很大，其对网络技术安全问题的解决能力也较差，而目前互联网金融公司的信用审核、风险管理等关键环节都在相当大的程度上依托其网络平台，因此更增大了其技术风险以及平台的脆弱性。

2.3.4　其他电子商务创新模式

1. "1+N" 电子商务模式

一些中小企业单纯依赖类似于天猫商城这样的网络平台实现自己的在线销售需求，而当企业的运营效率越来越高、客户量越来越大的时候，第三方平台上的运营管理缺陷和自主权缺失等问题才开始凸显，此时，平台式电子商务无法满足企业用户的电子商务需求，这就导致平台式电子商务的发展遇到瓶颈。意识到这一点的企业用户，开始将目光更多地放在独立于第三方平台之外的自主式电子商务上，其试图采用 "1+N" 电子商务模式，使企业获得更大发展。

"1+N" 电子商务模式是指企业结合独立商城和第三方平台资源共同进行电子商务运营的模式。"1"是指一个独立自主经营的网上商城，即采用的是自主式电子商务模式，"N"是指在多个第三方电子商务平台上搭建网店，即采用的是平台式电子商务模式。例如电子商务品牌网站——凡客诚品采用的就是 "1+N" 电子商务模式，它既有自主经营的网上商城，同时还依托天猫商城进行在线销售。对于企业而言，自主式电子商务对应的是能够为自己培养客户忠诚度的 "商城"，而第三方平台渠道则相当于 "网店"，能够为企业带来更多的销售额和知名度。将二者结合起来，实现 "1+N" 电子商务模式，将成为市场发展的趋势和企业、商家的诉求。

2.BAB电子商务模式

BAB电子商务模式（Business Agent Business）是基于B2B模式，将网络提供的技术手段和有信誉的机构提供的保证结合起来，提供统一、可靠的平台的一种新型电子商务模式。BAB在电子商务环境中的业务代理机构包括：技术支持与服务平台、数字认证技术及机构、商业银行、第三方物流服务及第四方物流支持技术与服务机构、第三方质检服务及企业信誉评估机构等。所以其不是BAB网站平台本身，而是由网站平台、数字认证系统、银行、有信誉的物流企业、质检机构及企业信誉评估机构组成的集合体。这个集合体以其各自承担的责任及技术上的可靠性，建立了 BAB 平台的信用体系，为用户提供新型电子商务的全过程、全方位服务，例如全程风险控制（CA 认证中心）、资源配置服务、个性化推荐服务等。BAB 电子商务模式在原有的 B2B 模式上进行创新，其在解决企业间的信任问题上做了有益的探索，对创造一个包括信息流、资金流、物流、知识流在内的有信用的电子商务环境而言是一个非常好的探索。例如，垂直进口食品贸易领域的 BAB 平台慕味（More-V），该平台为海外客户提供落地营销和订单解决方案，包括美金垫资、全球代操、中国承销等；其还为中国买家提供源头直采、拼单直采、代理共享等多种服务。

3.C2M 电子商务模式

C2M 电子商务模式（Customer to Manufacturer），即顾客直接对工厂模式，消费者直接通过平台下单，工厂根据消费者的订单进行样品设计、原材料采购、产品生产、物流配送等活动。其主要包括纯柔性生产、小批量多批次的快速供应链反应。比如拼多多就直接和位于产业带的"拼工厂"合作，以减少供应链环节，降低成本，为客户提供高性价比的产品。C2M 电子商务模式是近几年才出现的具有颠覆性的产品运作方式，不久的将来会受到更多的消费者和工厂的欢迎。

□本章小结

电子商务系统由网络平台、买方和卖方、认证中心、支付中心、物流中心和电子商务服务商这几部分构成，其共同协助电子商务交易活动的完成。

电子商务的基本框架包括四个层次和两大支柱。自下向上的四个层次依次为：硬件平台、网络平台、软件平台、商务服务支持平台；两个支柱分别是公共政策、法律及隐私和技术标准、技术支持及安全。四个层次之上是电子商务应用，下面的三层和两边的支柱是特定应用的条件，而第四层商务服务支持平台则实现了标准的网上商务活动服务。

电子商务不同应用模式的差异主要体现在参与交易主体的不同上。目前，电子商务的主要应用模式包括 B2B 电子商务模式、B2C 电子商务模式和 C2C 电子商务模式。B2B 电子商务模式的基本类型主要包括买方或卖方模式、交易市场模式、供应链改善和协同商务模式等；B2C 电子商务模式的基本类型主要包括网络购物模式、网上订阅模式、广告支持模式、网上赠予模式等；C2C 电子商务的运作模式主要有网上拍卖、第三方交易平台、分类广告和知识付费等。

□关键概念

电子商务系统　B2B 电子商务模式　B2C 电子商务模式　C2C 电子商务模式　C2B 电子商务模式　团购　O2O 电子商务模式　互联网金融　信息化金融机构　P2P 网络贷款　众筹　互联网金融门户　"1+N"电子商务模式　BAB 电子商务模式　C2M 电子商务模式

□ 思考题

1.电子商务系统由哪些部分构成？

2.请描述电子商务的基本框架。

3.B2B电子商务模式的基本类型和第三方B2B电子商务平台的盈利模式分别是什么？

4.B2C电子商务的运营模式和盈利模式分别是什么？

5.请描述一下目前C2B电子商务的表现形式。

6.O2O电子商务模式能给企业带来哪些收益？

□ 本章案例

拼多多

拼多多公司于2018年7月正式挂牌上市，它是专注于C2M拼团购物的第三方社交电商平台，致力于为广大用户创造价值。创立至今，拼多多始终将消费者的需求放在首位，并获得了巨大的成功。那么，拼多多平台是如何运作的？

一、平台推广方式

拼多多之所以能够在短期内获得数量庞大的用户，关键在于运用了社交的玩法，拼团拼低价，在短时间内吸引大量用户。同时，其基于微信庞大的用户数量，借助社交平台裂变的传播方式，直接触达三、四线城市的用户。这主要包括砍价免费拿、团长免费拿、助力享免单等。砍价免费拿是典型的分享助力模式，用户选购的商品由其分享出去后，朋友通过在H5页面或者APP中点击砍价按钮，能帮助其砍价到0元，最终能够使其免费获得商品。这种方式能起到广告曝光、"病毒扩散"的作用，最终形成一定的拉新转化。

二、平台盈利模式

通过竞价排名盈利。拼多多推出一种能够服务于商家的推广营销工具，商家可以通过搜索推广使自己的商品排名靠前，获得在用户面前优先展示的机会，从而为商品店铺引流。

通过网络横幅盈利。拼多多平台凭借优势资源位，以图片展示为基础，以精准定向为核心，帮助商家实现店铺和单品的推广。主要推广位置是其APP首页Banner轮播图的第二帧、第三帧。

【案例思考】

1拼多多采用的是哪种电子商务模式？

2.拼多多有哪些盈利方式？

第 3 章

电子商务技术

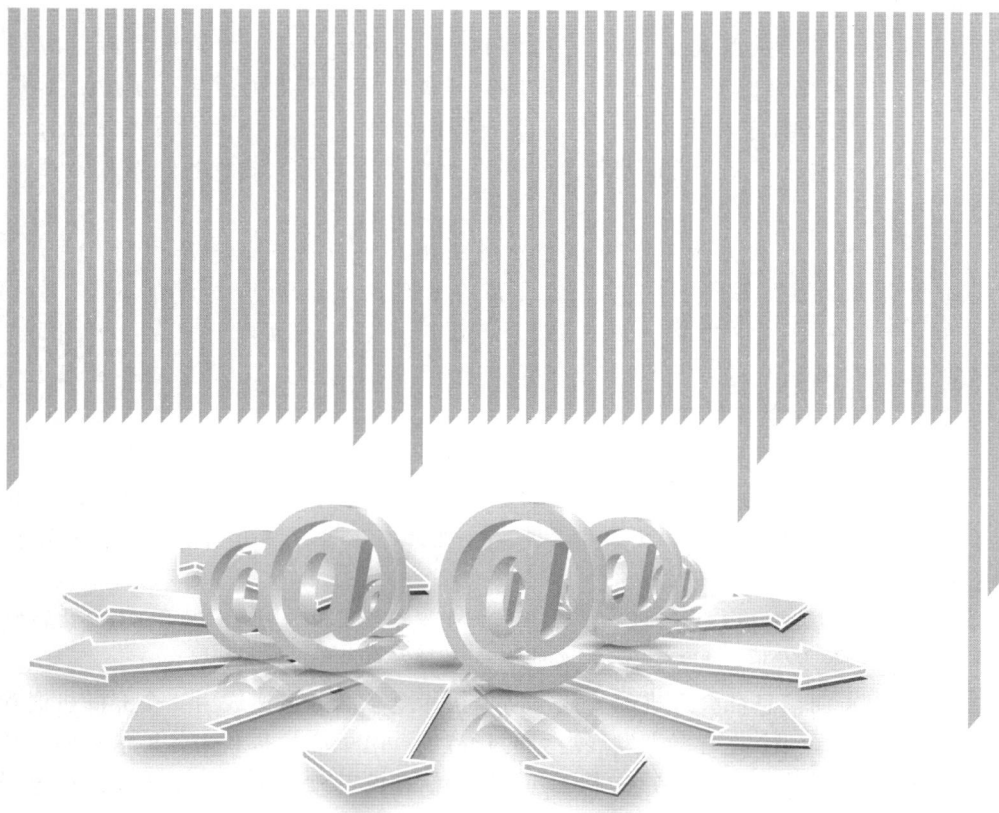

─── 学习目标 ───

通过本章的学习，了解电子商务的基础技术，掌握 TCP/IP 协议、Internet 所提供的服务以及 EDI 工作过程，熟练掌握 Internet、Intranet 以及 Extranet 三者之间的关系；了解电子商务客户端与服务器端开发技术，并掌握 ASP、JSP、.NET 与 PHP 的技术特点；了解并掌握商务智能系统的组成和运作原理及其在电子商务中的重要应用；了解云计算及物联网技术的概念特点并掌握其在电子商务中的应用。

【案例引导】

犀牛工厂

2020 年 9 月 16 日，阿里巴巴公布新业务，其沉淀 3 年的"新制造"样板"犀牛工厂"于浙江杭州正式亮相。这是继"盒马先生"之后，阿里系"动物园"的新生"物种"。

"犀牛工厂"从服装业切入，通过阿里巴巴平台上沉淀的消费行为，为淘宝、天猫商家提供时尚趋势预判；同时，其借助阿里巴巴的数字化能力，对传统服装供应链进行柔性化改造，将行业平均 1 000 件起订、15 天交付的流程，缩短为 100 件起订、7 天交货，从而为中小企业提供小单量、多批次、高效高品质的生产选择。

"犀牛工厂"致力于帮助中小企业解决生产供应链中的一系列痛点问题，比如预售预测难、快速反应难、消化库存难等问题。阿里方面介绍，"犀牛智造"要做的是"中央仓、裁、配"，即接需求、采购面料、安排生产计划、制定生产标准，然后输出给合作工厂来生产、加工，让工厂变成数字工厂，使设计、制造与销售紧密结合。

"犀牛工厂"的登场，意味着自"新零售"之后，阿里巴巴"五新战略"再下一城。此次，阿里巴巴将数字化能力输入工业制造领域，涉水实体经济的改革深水区，挖掘工业新潜力，缓解中小服装企业库存压力，降低创业门槛，敏锐响应中国市场的消费升级需求。

资料来源：佚名. 阿里"新制造"样板"犀牛工厂"亮相，探索中国工业数字化转型 [EB/OL].〔2020-09-17〕. https://www.iyiou.com/p/132864.html. 经删减和整理。

随着人类向信息社会迈进的步伐不断加快，电子商务已经成为一个充满机遇和挑战的新领域，一个具有巨大发展潜力的新市场。电子商务是利用各种信息网络技术进行的商务活动，电子商务技术是电子商务活动的基础支撑。本章主要阐述电子商务涉及的相关技术，其知识图谱如图 3-1 所示。

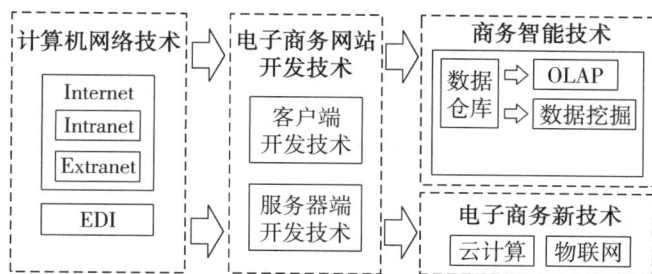

图 3-1　电子商务技术知识图谱

3.1　计算机网络技术

计算机网络就是使用通信线路连接起来的计算机集合，它的基本功能是互相交换信息，共享网络资源。计算机网络技术的发展大大促进了电子商务的兴起，是其茁壮成长的基石。

3.1.1　计算机网络概述

计算机网络是计算机技术与通信技术相结合的产物，是信息社会的基础设施。计算机网络已经并且将继续改变人们生活、学习和工作的方式。

1.计算机网络的概念

人们对计算机网络的定义与理解是随着计算机网络的发展阶段的不同而变化的，同时也反映出人们对计算机网络的认知程度以及计算机网络技术的发展水平都在不断提高。

计算机网络是将地理位置不同且具有独立功能的多个计算机系统通过通信线路和通信设备相互连接在一起，由网络操作系统和协议软件进行管理，以实现资源共享的系统。

从计算机网络的定义不难看出，计算机网络是以实现资源共享为目的，并且各计算机之间的通信过程必须遵循彼此约定的网络协议。

2.计算机网络的功能

随着计算机网络的不断发展以及网络规模的不断壮大，计算机网络的功能也越来越强大，其主要功能包括：

（1）**数据通信**

数据通信包括网络用户之间、各处理器之间以及用户与处理器之间的数据通信。传输的内容包括文本、声音、图像和视频等多媒体数据。传输速率随着网络技术和网络基础设施的不断发展越来越快。

（2）资源共享

资源共享是计算机网络的基本功能之一。其共享的资源包括硬件资源、软件资源和信息资源，如处理器、大容量存储器、打印机、应用软件以及数据库中的信息等。

（3）分布计算

分布计算是指对于大型任务，当网络中某个节点的性能不满足要求时，可采取合适的算法将任务分散到网络中的其他计算机上进行分布式处理，来共同完成任务的计算机模式。如网格计算，它通过网络连接各类计算机、数据库和各类设备等，建立对用户相对透明的虚拟的高性能计算环境，它被定义为一个广域范围的"无缝的集成和协同计算环境"。

（4）负载平衡

负载平衡是指当网络的某个或者某些节点负载过重时，由网络的其他较为空闲的计算机通过协同操作和并行处理等方式来分担负载。例如，对于一个用户访问量非常大的热点网站，当它的单台服务器不能满足用户的访问需求时，可以用多台服务器构成一个服务器集群来保证负载平衡，以为用户提供更好、更有效的服务。

3.计算机网络的组成

计算机网络由网络硬件和网络软件组成。其中，网络硬件包括计算机系统、传输介质和网络设备，网络软件包括网络协议和通信软件、网络操作系统、网络管理软件、网络应用软件。

（1）网络硬件

① 计算机系统。计算机系统包括网络服务器和网络工作站，其是网络的主要资源。服务器的配置一般都比较高，其运行速度较快，功能较强。其可以是微机、小型机，甚至是中型机。它主要为整个网络服务，而且是不间断的服务，且必须长时间运行。网络工作站就是供网络用户使用网络的本地计算机，其配置一般比服务器低，通常为一台普通微机。用户可通过网络工作站，利用网络访问网络服务器上的资源。

② 传输介质。传输介质是指计算机网络中用来连接各个计算机和网络设备的物理介质，分为有线传输介质和无线传输介质。有线传输介质包括同轴电缆、双绞线和光纤；无线传输介质包括无线电波、微波、红外线和激光。

③ 网络设备。网络设备是指在计算机网络中起连接和转换作用的一些部件，如调制解调器、网卡、交换机、路由器以及网关等。

（2）网络软件

① 网络协议和通信软件。通过网络协议和通信软件可实现网络通信，如TCP/IP协议、IPX/SPX协议等。

② 网络操作系统。网络操作系统是最主要的网络系统软件，用以实现系统资

源共享，并管理用户的应用程序对不同资源的访问，如 Windows 2003 Server、UNIX、Linux、NetWare 等。

③ 网络管理软件。网络管理软件是用来对网络资源进行监控管理、对网络进行维护的软件，如 HP OpenView、IBM Tivoli Netview、SunNet Manager、Cabletron Spectrum 等。

④ 网络应用软件。网络应用软件是为用户提供网络应用服务的软件，如 IE 浏览器、QQ、MSN 等。

4.计算机网络体系结构

计算机网络体系结构描述了计算机通信过程中使用的机制和协议的基本设计原则，这些原则用以确保网络中实际使用的协议和算法的一致性和连续性，并为产品的开发和使用提供统一的标准。

（1）OSI 参考模型

开放系统互联/参考模型（Open System Interconnection/Reference Model，OSI/RM）是 1983 年由国际标准化组织正式提出的一种 7 层协议体系结构，该模型是一个理论模型，其结构模型如图 3-2 所示。

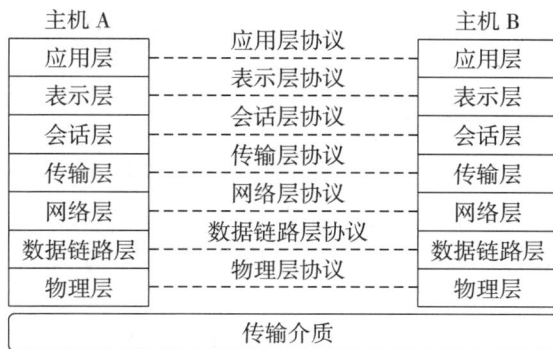

图 3-2　OSI 参考模型

OSI 参考模型中的 7 层分别是物理层、数据链路层、网络层、传输层、会话层、表示层和应用层，并且每层都有各自的功能。

① 物理层。在数据终端设备（DTE）和数据通信设备（DCE）之间建立物理连接，完成相邻节点原始比特流的传输，并且实现对传输链路的建立、保持、释放等操作。

② 数据链路层。通过在传输过程中为数据提供确认、差错控制和流量控制机制，来完成相邻节点之间数据帧的可靠传输。

③ 网络层。通过网络传输数据分组，来完成两个主机之间的报文传输，同时，其还负责路由选择和拥塞控制。

④ 传输层。在两个主机的不同进程之间提供可靠的、透明的数据传输以及端到端的差错控制和流量控制。

⑤ 会话层。在传输层连接的基础上，负责在用户之间建立会话连接并进行数据交换管理，并允许数据进行单工、半双工和全双工的传送。

⑥表示层。在该层，完成数据格式转换、数据加密和解密、数据压缩和解压缩。其主要涉及两个通信系统之间所交换的信息的表达方式、数据的语法和语义。

⑦应用层。利用网络的各种接口和应用层协议，为OSI环境的用户提供应用服务，如域名服务、文件传输、电子邮件、虚拟终端和网络管理等。

（2）TCP/IP协议

传输控制协议/网际协议（Transmission Control Protocol/Internet Protocol，TCP/IP）是于1977年至1979年形成的协议规范。TCP和IP是Internet中最重要的两个协议，但人们常提到的TCP/IP并不仅指TCP和IP这两个协议，还表示Internet所使用的体系结构或者指TCP/IP协议簇。

随着Internet的飞速发展，TCP/IP协议不断成熟并成为公认的国际标准。TCP/IP协议共分4层，即网络接口层、网际层、传输层和应用层，其结构模型如图3-3所示。

协议层		TCP/IP 协议簇
应用层		HTTP、FTP、SMTP、SNMP、Telnet…
传输层		TCP、UDP…
网际层		IP、ICMP、IGMP、ARP、RARP…
网络接口层		Ethernet、PPP、FDDI、ATM、X.25…

图3-3　TCP/IP协议

① 网络接口层。其负责通过低层物理网发送和接收IP数据报，并交给网际层。

② 网际层。其负责把传输层产生的报文段或者用户数据报封装成分组或者包（IP数据包），为需要转发的数据选择发送路径，从而为分组交换网上的不同主机提供通信服务。

③ 传输层。其负责为两个主机间的通信提供更可靠的端到端的数据传输服务。

④ 应用层。利用该层包含的网络应用协议，向用户提供常用的网络服务程序，如文件传输、远程登录等。

3.1.2　电子商务网络环境

电子商务的产生与发展都离不开网络。随着电子商务在各行各业的应用，电子商务的网络环境也产生了变化。企业为了方便内部员工之间的沟通以及合作伙伴之间的交流，在互联网（Internet）的基础之上，构建了企业内部网（Intranet）与企业外部网（Extranet）。

1.Internet

Internet是世界上规模最大的计算机互联网络，任何一台计算机或网络，只要遵从 TCP/IP 协议就可以相互连接起来，成为 Internet 的一部分。

（1）Internet 的产生

Internet 起源于 20 世纪 60 年代中期，美国国防部高级研究计划局组建的 ARPANET（Advanced Research Projects Agency Network）。ARPANET 是为了避免计算机网络中的某一部分受战争攻击损坏而影响网络中其他部分的正常工作而构建的。

20 世纪 70 年代，美国国防部又设计出可以在计算机网络之间实现通信的 TCP/IP 协议，并公开了其所有的网络规范和相关技术，使得 TCP/IP 协议得到了广泛的支持和迅速的推广，并逐渐成为公认的国际标准协议。

从 1983 年开始，互联网的规模基本上以逐年翻一番的速度增长，从开始只有约 20 台相互连接的计算机发展到目前全球已有数十亿台计算机与互联网相连，并从美国走向世界，逐步形成一个覆盖全球的大网络。

（2）Internet 的应用服务

Internet 是为不同地理位置上的联网计算机用户提供服务的计算机通信网络。Internet 为用户提供的应用服务主要包括以下几个方面：

① 全球资源检索服务。万维网（World Wide Web，WWW）也可简称为 Web，它是把遍布全球的 Web 服务器集合在一起，利用超文本传输协议（HyperText Transfer Protocol，HTTP）为用户提供各种信息资源的查询服务，这些信息资源可以是文本、图像、影视和声音等多媒体信息。

② 电子邮件服务。电子邮件（E-mail）服务是指通过 Internet，利用简单邮件传输协议（Simple Mail Transfer Protocol，SMTP）为用户提供互换电子信件的通信服务。电子邮件中可加载的信件内容包括文本、音频、视频以及图片等。

③ 文件传输服务。文件传输服务是指连入 Internet 的用户利用文件传输协议（File Transfer Protocol，FTP）实现文件的上传或下载的一种通信服务，是 Internet 最早提供的功能服务，也是网络功能的重要组成部分。

④ 远程登录服务。远程登录服务是连入 Internet 的网络用户之间利用远程登录协议（Telnet）实现通信与信息共享的重要方式。Telnet 是 Internet 远程登录服务的一个协议，该协议定义了远程登录用户与服务器交互的方式。Telnet 允许用户在一台联网的计算机上登录到一个远程计算机系统中，然后像使用自己的计算机一样使用该远程系统。

⑤ 电子公告板服务。电子公告板（Bulletin Board System，BBS）是 Internet 上最常用的服务之一。只要用户通过某种连接手段（如远程登录）与提供电子公告板服务的主机相连，即可阅读 BBS 上公布的任何信息，用户也可以在 BBS 上发布自己的信息供别人阅读。

⑥ 电子商务应用服务。电子商务应用服务主要包括三种：市场电子商务、企业电子商务和社会电子商务。市场电子商务是指以市场为交易中心的商务活动，包括促成交易实现的各种商务活动，其中网络营销是最重要的网上商务活动；企业电子商务是指利用互联网重组企业内部经营管理活动，并与企业开展的电子商贸活动

保持协调一致，最典型的是供应链管理；社会电子商务是指整个社会经济活动都以互联网为基础，如电子政务，它包括政府利用互联网处理政府事务、进行招投标实现政府采购以及网络缴税费等。

（3）Internet 的接入方式

目前，国内有以下几种常见的 Internet 接入方式，各接入方式的比较见表 3-1。

表 3-1　　　　　　　　　　　　Internet 接入方式

接入方式		性价比	永久在线	网络传输速率（bps）	可用性
PSTN		低	否	56Kbps 以内	可靠性差，基本不用
ISDN		一般	否	128Kbps	已经淘汰
DDN		一般	是	64Kbps~155Mbps	费用较高，用于较大的企业
ADSL		高	是	上行最高3.5Mbps 下行最高 24Mbps	应用广泛，但地理范围受限，用户距离交换机不能超过 4km~6km
无线接入	WIFI	高	是	2Mbps~450Mbps	应用广泛，但受地域限制，适合城市里距离 ISP 不远的用户
	2.5G（GPRS/EDGE）	高	是	56Kbps~2Mbps	应用广泛，不受地域限制，但速率较低
	3G（WCDMA/TDS-CDMA/CDMA2000）	高	是	最高 16.6Mbps	
	4G（LTE - Advanced / WiMAX-Advanced）	高	是	上行最高500Mbps 下行最高 1Gbps	速率较高，不受地域限制，是目前主流的移动设备入网方式
	5G（NB-IoT/LTE-M）	高	是	10Gbps~20Gbps	传输速率高，有着较好的应用前景
卫星接入		较低	是	最高 3Mbps	适合偏远地区需要较大带宽的用户
Cable Modem		一般	否	上行最高 10Mbps 下行最高 40Mbps	可能在某个时间段出现速率下降
光纤接入		一般	是	2Mbps ~10Gbps	应用广泛，但必须接到大楼或住宅区
电力线网络		一般	是	最高可达500Mbps	价格较高，未正式推广

从表 3-1 中我们可以看出，从性价比、是否永久在线、网络传输速率以及可用性这几个方面来看，无线接入、Cable Modem 以及光纤接入这 3 种 Internet 接入方式是 Internet 的主流接入方式。

2.Intranet

Intranet 采用了 Internet 的技术，但它不同于国际互联的 Internet，它是一种企业的"内部网"，近几年来日益得到广泛的应用。Intranet 可以搭载于互联网上，但它只用于企业内部相互传递信息。

（1）Intranet 的定义

Intranet 是指采用 Internet 技术（软件、服务和工具），以 TCP/IP 协议作为基础，以 Web 作为核心应用，服务于企业内部事务，将企业内部作业电子化，以实现企业内部资源共享的网络。

Intranet 最大的特点是它是一个独立的网络系统，只对企业内部员工开放，任何非授权的企业外部用户都无法访问 Intranet。

（2）Intranet 的基本结构

Intranet 由服务器、客户机、物理网和防火墙四个部分组成，如图 3-4 所示，其中常见的服务器有 Web 服务器、数据库服务器、E-mail 服务器等。

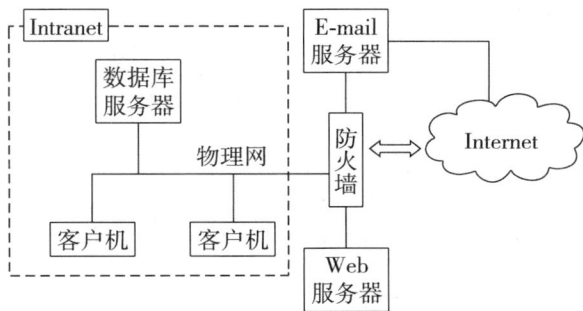

图 3-4　Intranet 的基本结构

① 服务器。Intranet 的核心系统是 Web 服务器，用于存储和管理主页，提供 Web 服务；数据库服务器存储着企业大量的信息；E-mail 服务器用于管理用户邮箱，并存储大量收发的邮件数据。

② 防火墙。防火墙是为了企业内部信息的安全而设置的。Web 服务器通过防火墙与 Internet 相连，E-mail 服务器既可以通过防火墙与 Internet 相连，也可以直接和 Internet 相连。

③ 客户机。客户机安装浏览器及其他网络应用软件，以实现网络资源的访问。

（3）Intranet 的功能

Intranet 已经成为连接企业内部各部门、事业部，并与外界交流信息的重要基础设施，它使企业的信息管理进入更高阶段。在市场经济和信息社会中，企业要增强对市场变化的适应能力，提高管理效益，就必须将 Intranet 技术引入企业管理中。一般来说，Intranet 具有以下功能：

① 发布企业内部信息。通过 Intranet，企业可以实时向员工发布企业的最新动态以及发展规划，以调动员工的工作热情，提高其对企业的忠诚度。

② 充分利用数据资源。企业各级员工均可通过 Intranet 访问企业内部数据库，了解企业各项资源的利用情况以及企业的财务收支，实现企业的透明化运作。

③ 辅助企业决策。企业内部员工能够利用 Intranet 向企业高层管理者提出建议，帮助企业决策。同时，企业高层管理者也能够随时随地利用 Intranet 了解企业产品动态，及时调整发展策略。

④ 协同工作。企业可以通过 Intranet 快速有效地交流信息，从而增强了企业内部的通信能力，提高了部门之间的协作效率。Intranet 还可以为不同地点的同一项目组的人员提供通信、讨论和共享成果的平台，这对于在不同地点都具有分支结构的大型企业来说，显得尤为重要。

3.Extranet

在当今数字化时代，企业为了生存与发展需要与供应链上下游合作企业之间保持实时通信与信息资源共享，同时又要避免竞争企业的"侵入"。此时，Intranet 显然已经满足不了企业的这种需求，于是 Extranet 应运而生。

（1）Extranet 的概念

Extranet 是企业与其合作伙伴之间的管理信息系统网络，是 Intranet 的一种延伸，它把企业以及供应链上下游合作伙伴有机地联系在一起，它还可以通过 Internet 或公司 Intranet 更新企业的数据库。Extranet 的基本结构如图3-5所示。

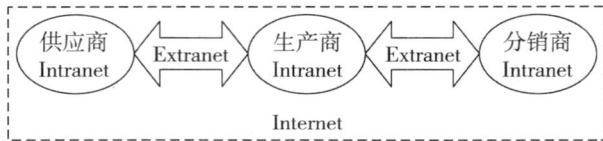

图3-5　Extranet 的基本结构

Extranet 并不局限于一个企业的内部，而是把相互合作的企业连接在了一起。在 Extranet 内部，各企业可以自由地加入到 Web 中去，很方便地查询其他企业与自己相关的数据。同时，Extranet 又隔离了外部的非法访问，从而保护了 Extranet 内部各企业数据的安全性。

（2）Extranet 的功能

Extranet 采用 Internet 技术，应用成本低，并且可以把网络连到全球的每个角落，这使得 Extranet 可以成为电子商务的重要媒介。Extranet 被广泛应用于各电子商务企业，其主要有以下功能：

① 信息资源共享。Extranet 就是为了实现相互合作的企业之间的信息资源共享而建立的，所以 Extranet 最基本也是最重要的功能就是信息资源共享。

② 业务协作处理。通过 Extranet，相互合作的企业之间能够建立业务链接，能够充分了解合作方的运营动态，从而优化企业业务结构，实现双方利润的最大化。

③ 共同开发新业务。通过 Extranet，企业可以充分利用合作方的各项资源，共同研发新的业务体系结构，拓展新市场，向新领域进军。

（3）Extranet 的实现方式

企业利用 Extranet 实现电子商务活动的方式包括公共网络、专用网络以及虚拟专用网，如图 3-6 所示，这三种实现方式的比较见表 3-2。

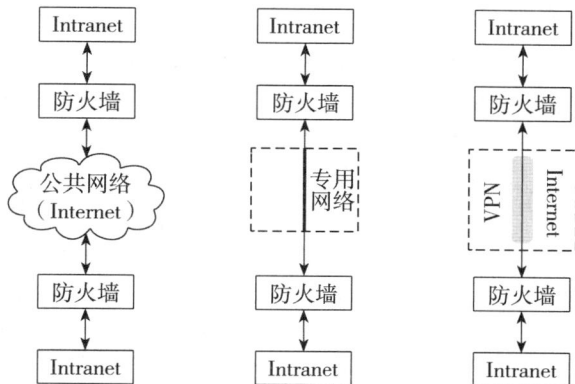

图 3-6　Extranet 的实现方式

表 3-2　　　　　　　　　　Extranet 三种实现方式的比较

比较项目	公共网络	专用网络	虚拟专用网
公开性	通过 Internet 访问	通过专线访问	通过专用通道访问
风险性	大	小	较小
安全级别	较低	高	较高
费用	低	高	较高
应用	少	较少	普遍

① 公共网络。如果一个组织允许公众通过各种公共网络访问该组织的 Intranet，或者两个及更多的企业统一用公共网络把它们的 Intranet 连在一起，这就形成了公共网络 Extranet。在这种结构中，其安全级别较低，因为公共网络不提供任何安全保护措施。而且，Intranet 一般用防火墙来检查来自 Internet 的信息包，但是防火墙也不是百分之百的安全。这种公共网络 Extranet 在实际中很少采用。

② 专用网络。专用网络是指 Extranet 通过两个企业间的专线连接。专线是两点之间永久的专用线路连接，这种连接的优点是安全。除了专用网络连接的企业，其他任何人和企业都不能进入上述专用网络，所以专用网络保证了信息流的安全性和完整性。专用网络的缺点是成本太高，因为专线非常昂贵，且每个连入专线网络的企业都需要独立的专线。

③ 虚拟专用网。虚拟专用网（Virtual Private Network，VPN）是一种特殊的网络，它采用一种叫作"IP 通道"或者"数据封装"的系统，用公共网络及其协议向贸易伙伴、顾客、供应商和雇员发送重要的数据。这种通道是 Internet 上的一种专用通道，可保证数据在 Extranet 上的企业之间安全的传输。VPN 就像高速公路上

一条单独的密封的公共汽车通道，公共汽车通道外的车辆看不到通道内的乘客。利用建立在Internet上的VPN专用通道，处于异地的企业员工可以向企业的计算机发送重要的信息。

（4）Extranet的应用模式

Extranet的应用模式不同，进入Intranet并获取企业内部资源的方式也有所不同，当然，安全级别也是有所区别的。Extranet的应用模式主要包括安全的Intranet模式、特定Extranet应用模式以及电子商务模式三种。

① 安全的Intranet模式。如图3-7所示，这种模式允许企业、顾客经由Internet或者以拨号方式进入企业内部网络，存取企业内部网络数据，实现企业对企业或者企业对顾客间的资源共享。如企业联盟厂商可以通过该企业的Intranet，使用该企业所提供的各种软件系统等。因此，这种应用模式的安全级别较高。

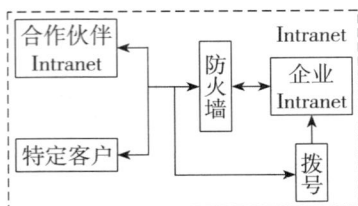

图3-7　安全的Intranet模式

② 特定Extranet应用模式。如图3-8所示，这是一种专门针对某特定厂商或者顾客所设计的Extranet应用模式。在此模式下，企业内部员工可通过Intranet存取网络数据，而企业伙伴或者客户则可通过Extranet有限度地存取网络数据，如供应商可通过Extranet在线使用报价系统，提供原料报价等。此类应用模式所需的安全级别较前一种低，业务伙伴有中等信赖程度即可满足要求。

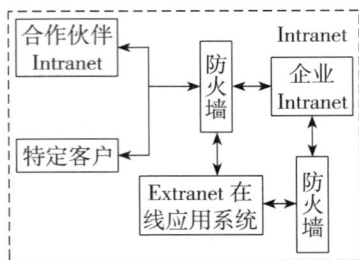

图3-8　特定Extranet应用模式

③ 电子商务模式。如图3-9所示，该模式主要使用电子商务技术为企业合作伙伴提供各种网络服务。也就是说，企业的业务伙伴可以通过网络连线，取得企业所提供的网络服务，如内部数据查询等。

总之，不论是哪种应用模式，都涉及企业与企业之间的数据存取，且Extranet是通过Internet将两个企业互联起来，因此对使用者的个人身份的鉴别非常重要。只是不同的应用模式，对网络环境的安全级别、使用者的信任度的要求有所不同而已。

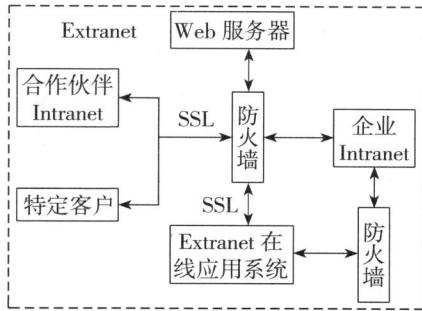

图 3-9　电子商务模式

4.Internet、Intranet 和 Extranet 之间的关系

Internet、Intranet 以及 Extranet 是当今电子商务行业的三大网络环境，三者之间既相互关联，又相互区别，如图 3-10 所示。

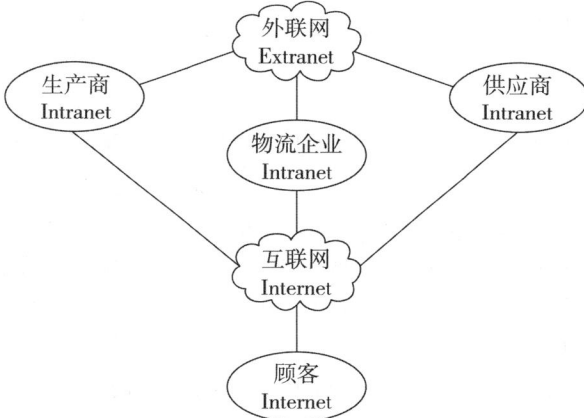

图 3-10　Internet、Intranet 及 Extranet 之间的关系

（1）三者之间的联系

Intranet 与 Extranet 都是建立在 Internet 基础之上的半公开的网络环境，且为了实现相关人员之间的信息资源共享，它们的实施与应用离不开 Internet。同样，企业利用 Internet 进行的电子商务活动也必须在 Intranet 与 Extranet 这种半公开的网络环境中进行，以便于控制对信息资源的使用。

（2）三者之间的区别

Internet 是一个全球开放的网络环境，只要是连入 Internet 的计算机用户，都可以共享 Internet 上的信息资源。

Intranet 只用于企业内部员工之间的交流沟通以及信息共享，任何企业外部人员都无法访问存放在 Intranet 上的信息资源。

Extranet 是对相互合作的企业之间进行资源共享的一个半公开的网络环境，并且合作企业只在 Extranet 上公布部分企业相关信息。

3.1.3 电子数据交换技术

提高商业文件传递速度和处理速度是所有商业人员的共同需求。现代计算机的大量普及以及功能的不断提高，已经使计算机应用从单机应用走向系统应用；同时，通信条件和技术的完善、网络的普及也为电子数据交换技术（Electronic Data Interchange，EDI）的应用奠定了坚实的基础。

1.EDI概述

EDI的应用主要是为了企业降低人工运营成本与出错率，实现企业级数据的自动交互与传输，以提高企业的业务处理效率。随着电子商务的发展，EDI的应用已逐渐融入电子商务各领域，现在很少特别提及EDI的单一应用。

（1）EDI的定义

EDI是指合作企业之间的商业文件采用统一的标准格式，通过计算机通信网络实现交换与处理的电子化手段。EDI是一种公司之间传输订单、发票等商业文件的电子化手段。

（2）EDI的特点

由EDI的定义不难看出，EDI作为企业自动化管理的工具之一，具有以下特点：

① EDI是在企业与企业之间传输商业文件数据。

② EDI传输的文件数据都采用共同的标准。

③ EDI是通过数据通信网络，一般是增值网或专用网来传输数据。

④ EDI数据的传输是从计算机到计算机的自动传输，不需要人工介入操作。

（3）EDI的发展阶段

EDI自20世纪60年代产生以来，经历了不同的发展阶段，根据应用范围的不同，可分为企业EDI阶段、行业EDI阶段、国际EDI阶段以及Internet EDI阶段。

① 企业EDI阶段。20世纪60年代，EDI还处于初级研究阶段，此时的EDI应用是点对点的，只在少数企业内部使用。

② 行业EDI阶段。20世纪70年代，随着数字通信技术对EDI技术的促进，行业性的数据传输标准与EDI逐渐建立起来，此时的EDI应用主要集中在银行业、运输业和零售业。

③ 国际EDI阶段。20世纪80年代，EDI开始迅速发展并走向国际领域。1986年欧洲和北美20多个国家代表开发了用于行政管理、商业及运输业的EDI国际标准（EDIFACT），并于1987年ISO正式通过。

④ Internet EDI阶段。随着Internet的发展与应用，20世纪90年代，EDI应用已经从专用网扩展到Internet，使中小企业也开始实现EDI应用。

2.EDI的工作过程

EDI工作过程就是用户将相关数据从自己的计算机信息系统传送到交易方的计

算机信息系统的过程，该过程因用户应用系统以及外部通信环境的差异而不同。在有 EDI 增值服务的条件下，该实现过程可分为以下几个步骤，如图 3-11 所示。

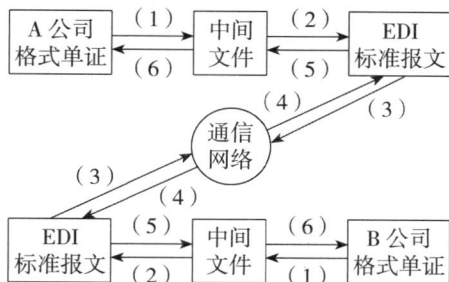

图 3-11　EDI 的工作过程

（1）发送方将要发送的数据从信息系统数据库提出，通过内部接口模块与企业 EDI 系统连接，利用格式转换模块，将普通格式的单证转换成结构化的中间文件。

（2）将经过结构化的中间文件通过报文生成与处理模块，翻译成 EDI 标准报文。

（3）利用通信模块连接到 EDI 通信网络，发送 EDI 标准报文。

（4）接收方 EDI 系统的通信模块接收发送方的 EDI 标准报文。

（5）接收到的 EDI 标准报文经过报文生成与处理模块，翻译成结构化的中间文件。

（6）结构化的中间文件经过格式转换模块转换成普通格式的单证，并通过用户接口模块传送到接收方信息系统中进行处理。

3.EDI 的应用

EDI 应用初期，其运行成本较高，所以仅有少数几家大型企业实施 EDI 应用。随着基于 Internet 的开放式 EDI 应用的产生，企业实施 EDI 系统的成本大大降低，逐渐满足了中小企业对 EDI 应用的需求，同时也扩大了 EDI 的应用范围。目前，EDI 主要应用于港口（港航 EDI 中心）、海关、银行、商检等领域，其中以电子业与航运业应用最为广泛。

3.2　电子商务网站开发技术

电子商务的实施是建立在电子商务网站运作的基础之上的，电子商务网站的开发技术所涉及的领域也非常广泛，这里主要是从客户端开发技术和服务器端开发技术两个方面来介绍电子商务网站的开发技术。

3.2.1 客户端开发技术

客户端开发技术是 Web 程序中最重要的技术之一。客户端开发技术主要用来描述及控制在浏览器中显示的页面,并与服务器进行通信。

1.多媒体实现技术

多媒体包括文本、图像、动画、音频、视频等多种格式的信息,其中文本、图像是静态网页开发的基本元素,而动画、音频、视频则多用于动态网页开发。多媒体实现技术主要是指用于 Web 站点部署多媒体内容所采用的方法。客户端开发过程中常用的多媒体实现技术见表 3-3。

表 3-3   多媒体实现技术

类型	作用	多媒体	实现技术工具	应用范围
静态	增强静态网页的显示效果	文本	Dreamweaver、Frontpage	基础静态网页设计
		图像	Fireworks、PhotoShop	
动态	增加动态网页的交互体验	动画	Flash、VRML	动画和集合模型的 3D 建模等
		音频	Audition、GoldWave、All Editor	音乐制作、格式转换等
		视频	MacroMedia、HotMedia	新闻、广告、应用系统等

2.客户端实现技术

客户端浏览器中所显示的内容多样性通常是以超文本标记语言与层叠样式表的相结合使用来实现的。

(1)超文本标记语言

超文本标记语言(HyperText Markup Language,HTML)是目前应用最广泛、构成网页文件的主要语言,目前使用最高版本为 2008 年正式发布的 HTML5。HTML 使网页制作人可以很方便地建立文本、图片、音频以及视频等相结合的复杂网页,并将这些网页存储于网络服务器中,客户端用户需通过超文本传输协议(HyperText Transfer Protocol,HTTP)向服务器申请才能够访问。

HTML 的结构包括头部(Head)和主体(Body)两大部分,其中 Head 用来定义网页的名称以及所需要的信息,Body 则是用来定义网页中要呈现给用户浏览的具体内容。

(2)层叠样式表

层叠样式表(Cascading Style Sheets,CSS)是一种设计网页样式的工具,样式中的属性应用在 HTML 文档中,并显示在浏览器中。CSS 可以对页面的布局、主体、颜色、背景等进行有效的控制,借助其强大的功能设计出精美的网页。CSS 可用四种方法将定义的样式与 HTML 文档结合,使其具有很好的易用性和扩展性。

① 嵌入样式。嵌入样式是指直接将样式定义在 HTML 中 Body 部分的任意标记中，所定义的样式只对所在的标记起作用。

② 内联样式。内联样式是指将样式定义在 HTML 中 Head 部分的 Style 标记中，所定义的样式只对所在的网页有效。

③ 外联样式。外联样式是指将样式定义在一个独立于 HTML 的外部 CSS 文件中，可以用于多个不同的网页。

④ 输入样式。输入样式是在一个 CSS 文件或 HTML 中 Head 部分的 Style 标记中使用 CSS 的 @ import 声明输入样式，适合于布局页面的模块效果。

3.客户端体系结构

根据用户界面的动态内容表现方式可将客户端体系结构分为两种：一种是通过客户端脚本语言表现动态内容的体系结构，即客户端脚本体系结构；另一种是通过客户端的应用程序来表现动态内容的体系结构，即客户端应用体系结构。

（1）客户端脚本体系结构

客户端脚本体系结构如图 3-12 所示，客户端可通过脚本语言处理不需要与服务器应用程序通信的简单逻辑，复杂的逻辑仍由服务器端执行。该体系结构可以对用户动作给出更多的响应，且与服务器通信较少，需要的服务器资源也比较少。支持该体系结构的脚本语言主要有 ECMAScript、JavaScript、JScript、VBScript 等。

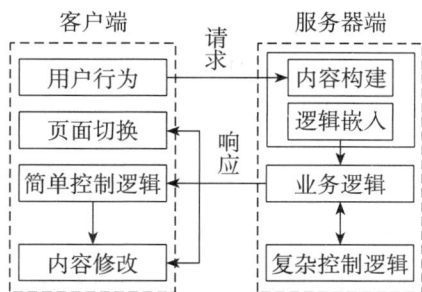

图 3-12 客户端脚本体系结构

① ECMAScript。ECMAScript 是由欧洲计算机制造商协会（European Computer Manufacturers Association，ECMA）制定的一种规范描述，它定义了脚本语言的所有属性、方法和对象。其他脚本语言的功能实现是以 ECMAScript 为基础的。

② JavaScript。JavaScript 是 Netscape 公司为了扩充 Netscape Navigator 浏览器功能而开发的一种基于对象的脚本语言。JavaScript 在 HTML 页面中以语句形式出现，可以执行相应的操作，使用它可以开发网络客户端的应用程序。

③ JScript。JScript 是微软开发的一种用于 IE 的脚本语言，使用的是基于原型的对象结构，允许在脚本内建立与执行脚本或者进行动态评价。JScript 与 JavaScript 在某种程度上很相似，因为两者都是基于 ECMAScript 语言规范的扩展

应用。

随着科技的飞速发展，浏览器的版本不断更新，浏览器对脚本语言的支持也随之发生变化。其中 JavaScript 被 Netscape、Microsoft IE 等所有主流浏览器支持，而 JScript 仅被 Microsoft IE 浏览器支持。

（2）客户端应用体系结构

客户端应用体系结构如图 3-13 所示，用户可下载一个能在客户端运行并且功能完善的应用程序，以便控制用户的交互和内容构造。该体系结构弱化了用户界面和业务逻辑的区别，支持 Web 页面离线浏览，且与服务器的通信量很少，不需要很多服务器资源。支持客户端应用体系结构的技术有 Java Applet、ActiveX、可下载的 Java 应用程序等。

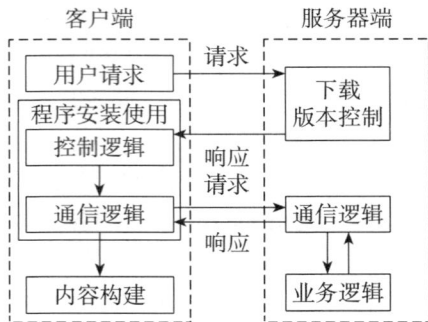

图 3-13   客户端应用体系结构

① Java Applet。Java Applet 是可以作为支持 Web 文档中的附件来分发的 Java 程序，具有很好的平台兼容性。Java 包括使 Applet 功能更加强大的标准类库。当执行一个 Java Applet 时，Java 标准类库可直接被 Java 虚拟机（JVM）解释并执行而不需要传送到客户端。

② ActiveX。微软将 ActiveX 定义为一组使得用任何语言编写的软件构件在网络环境中都能相互操作的综合技术，其中 ActiveX 控件与 Web 设计的关系最密切。ActiveX 与 Microsoft Windows 操作系统一起工作，可提供比 Java Applet 更强大的功能，但它只能在 Windows 环境下工作。

③ 可下载的 Java 应用程序。Java 应用程序是运行在客户端系统上的独立的应用程序，必须通过终端用户安装，还需要客户机上有 JVM。可下载的 Java 应用程序通常比 Applet 大得多，功能也强得多。

3.2.2　服务器端开发技术

动态网站对于 Web 开发者而言，不仅能获得用户的反馈信息，根据用户需求进行网站更新，还能够通过用户身份确认，实现信息的有偿提供，获取收益。在各种服务器端开发技术中，以 ASP 技术、JSP 技术、.NET 技术及基于 PHP 的开发技术最为常用。

1.ASP技术

对于用户，ASP能增强用户在互联网的参与度，从被动的信息接受者转变为信息的获得者，用户能根据需要，迅速从网上找到有用的信息。

（1）ASP概述

服务器端动态网页（Active Server Pages，ASP）是微软开发的服务器脚本环境。通过ASP可以与HTML、脚本语言和一些组件相结合来创建动态、交互而且高效的Web应用程序，以进行网络信息处理工作。

（2）ASP的特点

相较于其他的服务器端开发技术，ASP有其独具的特点。

① 使用VBScript、JScript等简单易懂的脚本语言，结合HTML代码，即可快速地完成网站的应用程序。

② 无须编译，容易编写，可在服务器端直接执行。

③ 与浏览器无关，用户端只要使用可执行HTML代码的浏览器，即可浏览与ASP相关的网页内容。

④ ASP的源程序，不会被传到客户浏览器，可以避免所写的源程序被他人剽窃，也提高了程序的安全性。

（3）ASP的运行环境

ASP是微软公司提供的，可在微软公司的Windows + IIS（Internet Information Service）平台上使用，其他服务器需安装了ASP组件后才能实现ASP功能。IIS是一种Web服务，主要包括WWW服务器、FTP服务器等，它使得在Internet或者Intranet上发布信息成为一件很容易的事。

（4）ASP工作原理

当浏览器向Web服务器发出请求时，服务器端的脚本便开始运行，Web服务器调用ASP处理所请求的文件，执行脚本命令，并将Web页面以HTML文件格式发送到浏览器，如图3-14所示。

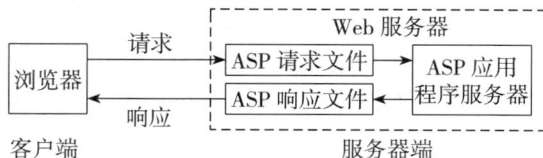

图3-14　ASP工作原理

2.JSP技术

JSP（Java Server Pages）是近年来发展最迅速、最引人注目的Web应用开发技术之一。

（1）JSP概述

JSP是一种动态网页技术标准，在动态网页的建设中有着强大而特别的功能，它主要用于创建可支持跨平台及跨Web服务器的动态网页。

作为Java技术的一部分，JSP能够快速开发出基于Web、独立于平台的应用程序。JSP把用户界面从系统内容中分离开来，使得设计人员能够在不改变底层动态内容的前提下改变整个网页布局。

（2）JSP技术特点

① 内容表达与数据生成的分离。数据的生成由服务器端的其他组件来处理，JSP主要处理内容的表达。

② 支持协作开发的MVC（Model-View-Controller）分层体系结构。在Web应用中，JSP与Servlet分工合作，业务逻辑被封装在JavaBeans组件中，Servlet处理部分控制逻辑，JSP处理动态内容的表达并把它们合并到HTML文档中。这使得开发小组中的不同人员更容易分工，即协作HTML文档的人员同时也对JSP负责，程序员负责Servlet和JavaBeans的编程，而页面协作人员通过标记来使用Servlet和JavaBeans。

③ 易用性。JSP技术建立在Java编程模型和HTML内容表达等标准的基础上，这使得很多Web应用开发者很容易学习和使用JSP技术。

④ 可移植性。通过使用Java作为脚本语言，JavaBeans作为组件体系结构，HTML作为表达内容的标准，使得JSP具有很好的跨平台性，也独立于Web服务器软件。

⑤ 基于Java。这一特性使得JSP技术继承了Java的优势，包括强类型、面向对象、模块化和很强的内存管理。

（3）JSP的运行环境

JSP是基于Java的开发技术，几乎可以运行于所有平台，如Windows、Linux、UNIX等，JSP运行的常用配置方案主要有三种，即J2SDK+Tomcat、J2SDK+Apache+Tomcat以及J2SDK+IIS+Tomcat。其中J2SDK是Java2的软件开发工具，是Java应用程序的基础，由于JSP是基于Java技术的，所以配置JSP环境之前必须要安装J2SDK。在第一种配置方案中，Tomcat同时作为JSP应用服务器与Web服务器，配置相对简单；后两种配置方案中，Apache与IIS为Web服务器；Tomcat作为JSP应用服务器。

（4）JSP的运行过程

JSP的执行必须同时具备JSP容器及JSP运行环境、Java编译器与Java虚拟机。如图3-15所示，在JSP运行过程中，首先由客户端浏览器发出请求，JSP容器接收请求后，对JSP代码进行转化及编译等操作，生成实例后返给客户端浏览器。

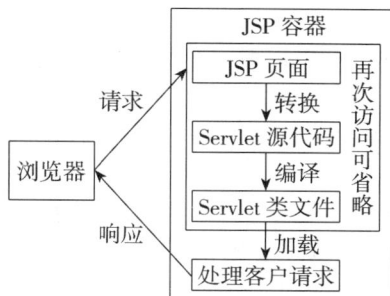

图 3-15　JSP 运行过程

3..NET 技术

微软 .NET 的核心就是 .NET Framework，.NET 应用是使用 .NET Framework 类库来编写，并运行于公共语言运行时（Common Language Runtime）之上的应用程序。如果一个应用程序跟 .NET Framework 无关，就不能叫作 .NET 程序。

（1）.NET 基本概述

.NET 是微软面向 XML Web 服务的平台，它使用一种统一的、个性化的方式将客户的信息、设备和人员紧密联系在一起。.NET 的目的是要加快产生下一代分布式计算的过程，是微软用来实现 Web Service、SOA 和敏捷性的技术。

（2）.NET 的特点

① 联通性。.NET 是让所有的事物都连接起来，不管是人、信息、系统，还是设备；不管是一个企业的内部员工、外部合作伙伴，还是客户等。在一个异构的 IT 环境里，.NET 技术能够将不同的系统连接起来。

② 编程模式一致性。.NET 开发平台强调使用一致的编程模式，改善了 Windows 中既有 DLL 函数又有 COM 对象的面向对象编程模式。

③ 跨语言重用性。.NET 为所有支持其编程方式的语言如 C++、Visual Basic 等提供了一整套通用的类型系统，使程序代码可在源码级别上跨语言重用。

④ 网页开发的前后台分离。.NET 采用将网页分成前台网页和后台代码的前后台开发方式，将页面开发和应用逻辑开发完全分离，大大提高了网页的开发效率以及组建和代理的重用。

（3）.NET 的运行环境

.NET 是一种跨平台的开发技术，微软开发的共享源码公共语言基础 .NET 实现版本与 Novell 公司主持的 Mono 项目，使 .NET 不仅可以在 Windows 上运行，还可以运行于 Linux 和 UNIX 等操作系统。在 .NET 的运行环境中，必须确保安装了 Web 服务器软件、.NET Framework SDK、Visual Studio .NET 以及 SQL Server。

（4）.NET 的三层架构

.NET 典型的应用架构是三层架构，是在客户端与数据库之间加入了一个"中间层"，也叫组件层。这里所说的三层体系，是指逻辑上的三层，即将这三个层放置到同一台机器上。

三层体系的应用程序将业务规则、数据访问、合法性校验等工作放到了中间层，即逻辑层进行处理。在通常情况下，客户端不直接与数据库进行交互，而是经由中间层与数据库进行交互。图3-16是一个基于ASP.NET的三层架构，表示层也可以是传统的Windows界面。

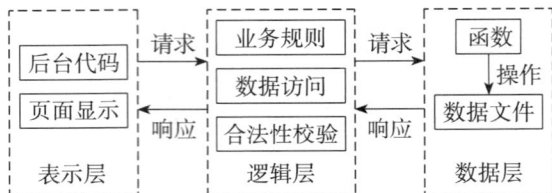

图3-16   基于ASP.NET的三层架构

4.基于PHP的开发技术

作为最普及、应用最广泛的互联网开发语言之一，PHP从1994年诞生至今，已被全球70%左右的网站作为主流开发语言使用。随着技术的日益成熟与完善，PHP已经从一种针对网络开发的计算机语言发展成为一个适用于企业级部署的技术平台。

（1）PHP概述

PHP最早是在1994年由Rasmus Lerdorf创建以用于跟踪他的在线简历的访问者，此时的PHP指的是个人主页（Personal Home Page）。随着PHP的实用性和功能的日益增强，其含义也发生了改变。现在，我们所说的PHP指的是一种用于开发动态网页的工具，即超文本预处理程序（Hypertext Preprocessor），其表示PHP在数据加载成为HTML文件之前对数据进行预处理。

（2）PHP的特点

由于PHP兼具多方面的特点，目前在国内外有数以亿计的个人和组织在以各种形式、各种语言学习、发展和完善PHP，并不断发布最新的应用和研究成果。PHP的特点见表3-4。

表3-4   PHP的特点

特点	内容
速度快	混合了C、Java、Perl的新语法，网页执行速度比CGI、Perl、ASP更快
简单易学	语法结构简单，易于入门，很多功能只需要一个函数就可以实现
具有可选择性	大多数功能可以通过多种方法实现，开发人员可以根据自身掌握知识的情况进行选择
成本低	源代码完全公开，从而使其在跨平台使用的过程中不会产生任何费用
功能全面	系面向对象的、完全跨平台的新型Web开发语言，其功能包括面向对象的设计、结构化的特性、安全编码机制等，其几乎涵盖了所有网站的功能

（3）PHP 的运行环境

PHP 技术具有良好的跨平台性，使其能够在不同操作系统中运行，只需在系统平台中事先配置好 PHP 运行所需的服务器软件、数据库与 PHP 程序库等相关组件。常见的 PHP 运行环境分为两种：一种是 WAMP，即 Windows+Apache+MySql+PHP；另一种是 LAMP，即 Linux+ Apache+MySQL+PHP。

（4）PHP 的执行过程

PHP 是一种 HTML 内嵌式的语言，其吸取了 C、Java、Perl 等语言的精华，它可比 CGI 或者 Perl 更快速地执行动态网页代码，其执行过程如图 3-17 所示。

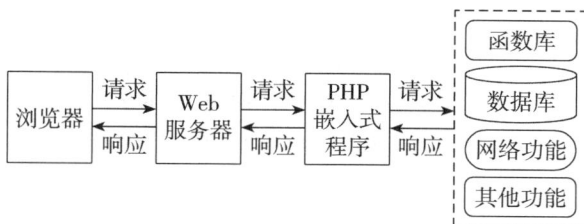

图 3-17　PHP 的执行过程

5. 服务器端开发技术的比较

ASP、JSP、.NET 与 PHP 各有千秋，都有一定数量的用户群。下面主要从应用平台、执行效率、可移植性、编译性、容错性以及数据库支持等方面来对这几种技术进行比较，见表 3-5。

表 3-5　　　　　　　　　　ASP、JSP、.NET、PHP 的比较

比较项目	ASP	JSP	.NET	PHP
应用平台	微软	所有平台	跨平台	跨平台
执行效率	较高	很高	很高	较高
可移植性	一般	很好	较好	较好
编译性	较好	较好	较好	较好
容错性	较好	很好	很好	较好
数据库支持	ODBC、ADO	JDBC、ODBC	ADO、OLE DE	多种数据库

3.3　商务智能技术

3.3.1　商务智能

随着信息化的不断发展，各种计算机应用系统的运行为企业积累了大量的历史

数据。但在很多情况下，这些海量数据在原有的作业系统中无法提炼为有用的信息以提供给业务分析人员和管理决策者。随着商务智能的产生与应用，相信这些问题都将迎刃而解。

1.商务智能的定义

商务智能是综合利用数据仓库、联机分析处理以及数据挖掘技术，从企业数据仓库中挖掘出企业决策的支持信息，以帮助企业领导者快速制定正确的战略决策的综合应用。

2.商务智能的框架结构

商务智能的框架结构描述了企业应用商务智能辅助决策制定时所需要的一般工具及其处理过程，包括可操作的数据、数据仓库建模和构造工具、数据管理、访问工具、决策支持工具、商务智能应用和元数据管理，如图3-18所示。

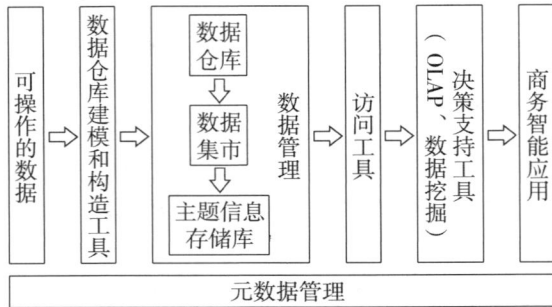

图3-18 商务智能的框架结构

（1）可操作的数据

可操作的数据是商务智能的数据源，包括内部数据和外部数据两类。内部数据来自企业的日常业务处理系统，如ERP、前台交易系统等；外部数据来自Internet、行业期刊和报告等。

（2）数据仓库建模和构造工具

数据仓库建模和构造工具被用于从数据源系统中捕捉数据，使其经过加工和转换后装入数据仓库。

（3）数据管理

数据管理是管理终端用户感兴趣的信息。其一般采用三层存储结构，即数据仓库—数据集市—主题信息存储库。数据仓库中集成企业所有的信息；数据集市中存储某个部门的信息；主题信息存储库中存储根据用户和应用需求筛选的信息。

（4）访问工具

访问工具包括应用接口和中间件服务器，使得客户能够访问和处理数据库和文件系统中的信息。

（5）决策支持工具

决策支持工具包括基本的查询和报表工具以及 OLAP 和数据挖掘工具，这些工具都支持图形用户界面，有些还可以在 Web 界面上使用。

（6）商务智能应用

商务智能应用是针对不同行业或者领域，经过处理的完整商务智能解决方案软件包。

（7）元数据管理

元数据管理用来管理与整个商务智能系统有关的元数据，包括技术元数据和商业元数据。

3.商务智能系统的组成

商务智能系统是企业对商务智能技术的具体应用，即对数据源、数据仓库管理器、企业数据仓库、数据挖掘、OLAP 以及前端工具的整合应用，其组成情况如图 3-19 所示。

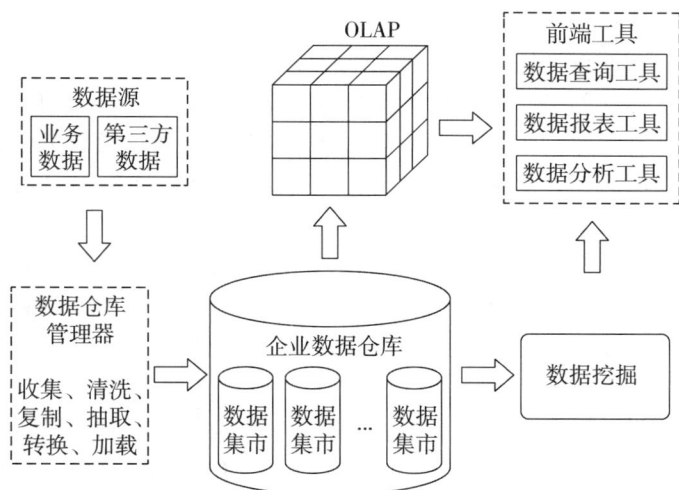

图 3-19 商务智能系统的组成

（1）数据源

数据源是企业进行商务智能活动所需要的数据来源，包括业务数据和第三方数据。业务数据是指企业内部业务运作的相关数据，第三方数据主要是指企业外部数据。

（2）数据仓库管理器

数据仓库管理器是在将数据源导入企业数据仓库之前对相关数据进行收集、清洗、复制、抽取、转换、加载等预操作的工具。

（3）企业数据仓库

企业数据仓库被用于存储经过预处理的业务数据和第三方数据，其包括多个数据集市。

（4）数据挖掘

数据挖掘是以企业数据仓库为基础对数据进行深层挖掘的工具，目的是通过数据挖掘而得出有用的信息。

（5）OLAP

OLAP是以企业数据仓库为基础对数据进行分析的工具，目的是通过对数据的分析而得出进一步处理数据所需要的信息。

（6）前端工具

前端工具是指数据查询工具、数据报表工具、数据分析工具等各种基于数据仓库或者数据集市的应用开发工具，商务智能系统的应用人员通过各种前端工具得出辅助决策的支持信息。

4.商务智能的应用

商务智能为电子商务企业解决了面对海量数据而束手无策的难题，也为企业的运营决策提供了数据支持，使企业管理人员能够准确地找到对企业有利的数据，并及时加以利用。下面以网络零售为例，介绍商务智能的应用。

（1）制定合适的网络营销策略。企业利用商务智能技术可以构建电子商务整体业务模型，确定合适的营销策略。企业在引入商务智能系统后，可将业务系统的数据整合到数据仓库后挖掘出不同客户的消费习惯，从而采取具有针对性的广告策略和促销策略，在竞争中击败对手。

（2）改善客户管理。网上商店通过OLAP和数据挖掘技术，能够处理海量的交易记录和相关的客户资料，对客户进行分类，然后针对不同类型的客户制定相应的服务策略。同时，提高客户的满意度和忠诚度，以此提高企业的决策水平，制订更合适的方案来获取更高的利润。

（3）库存分析。库存分析就是通过记录有关库存数量和销售数量之间关系的各种数据，研究企业库存效率，并分析如何在满足销售订单的同时，尽量减少库存数量。将预测得出的未来销售数量与企业现有库存数量相结合，决策者就能得出最佳库存量，从而提升企业库存效果，并通过减少库存成本来提升企业利润。

（4）增强对市场的洞察力。企业使用数据仓库技术和数据挖掘技术，根据有关顾客的购买习惯、购买数量与外部环境之间的关系等大量数据，分析预测未来的市场购买趋势，再结合企业现有库存水平作出合适的生产营销策略，以提高企业利润。

在电子商务交易过程中，需要对各种相关数据进行加工处理，此时我们需要使用一些数据处理技术。通常，我们用到的数据处理技术包括数据仓库技术、联机分析处理技术、数据挖掘技术、商务智能技术等。

3.3.2　数据仓库技术

数据仓库是进行联机分析处理和数据挖掘的基础，它从数据分析的角度将联机事务中的数据经过加工后加载到数据仓库中，这些数据在数据仓库中被合理地组织和维护，以满足联机分析处理和数据挖掘的要求。

1.数据仓库概述

数据仓库不仅包含了分析所需的数据，而且包含了处理数据所需的应用程序，这些程序既包括了将数据由外部媒体转入数据仓库的应用程序，也包括了将数据加以分析并呈现给用户的应用程序。

（1）**数据仓库的定义**

自数据仓库出现以来，不少学者从不同角度对其进行了定义。目前，我们普遍采用的是数据仓库的创始人 W.H.Inmon 对数据仓库所下的定义，即**数据仓库**是面向主题的、集成的、非易失的、随时间变化的数据集合，用以支持经营管理中的决策制定。

（2）**数据仓库的特点**

从数据仓库的定义中，我们可以看到其基本特点包括面向主题、集成性、非易失性以及时变性。

① 面向主题。传统的操作系统是围绕公司的应用构建的，数据仓库则是面向主题构建的。例如对一个保险公司来说，主题可能是顾客、保单、保费等；对于一个生产商而言，主题可能就是产品、订单、销售商等。

② 集成性。集成性是数据仓库最重要的特点。当数据被放进数据仓库时，无论方法或源应用是什么，都要一致地对其进行编码，即对所有的应用设计问题，都要考虑一致性处理问题。

③ 非易失性。数据仓库的数据非易失性是指数据仓库的用户进行分析处理时，不进行更新操作，即一旦数据被放进数据仓库，其就会保持一段相当长的时间。

④ 时变性。数据仓库的时变性是指数据仓库中的数据是随时间的变化不断增加、更新的。数据仓库记录的是系统各个时点的数据，在进行数据分析时，再将各时点的数据加以统筹考虑，从而为决策分析提供有效的依据。

2.数据仓库系统的体系结构

数据仓库是用于决策分析的，需要将企业的外部数据以及企业内部业务操作系统中的数据进行加工以用于决策分析。数据仓库系统的体系结构如图 3-20 所示。

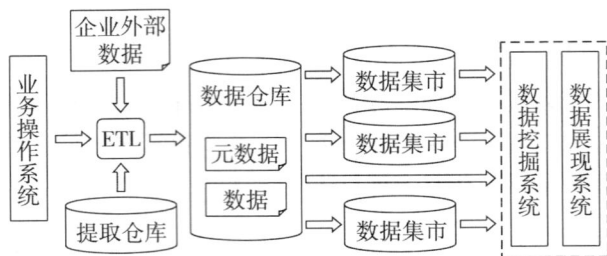

图 3-20   数据仓库系统的体系结构

3.数据仓库的相关概念

在利用数据仓库进行决策分析时，会碰到许多相关概念，这里我们介绍几个主要的相关概念。

（1）外部数据源

外部数据源就是从系统外部获取的与分析主题相关的数据。外部数据源并不局限于传统数据库，其可以是非结构化的信息，也可以是网络资源。需要注意的是，我们必须保证外部数据源的完整、准确，并且必须综合考虑系统内部和外部的相关数据。

（2）ETL

ETL（Extract Transformation Load）即进行数据抽取、转换、清洗和装载的工具。

① 数据抽取是指以主题的需求为依据，对数据源的内容进行有目的的选择的过程。

② 数据转换是指将外部数据源的格式以及所依赖的数据平台等转换成与数据仓库一致的过程。

③ 数据清洗是指在进入数据仓库之前，对外部数据源中有错误、有噪声、不一致的"脏数据"进行语义更正或者删除的过程。对数据仓库而言，数据清洗是必不可少的过程。

④ 数据装载也称数据加载，是指把经过抽取、转换、清洗的数据装入数据仓库的过程。

（3）数据仓库存储

数据仓库存储是指存放数据仓库数据以及元数据。数据仓库中存放的数据主要来源于：从业务系统中提取并经过清洗、转换的数据；根据 OLAP 分析和数据挖掘的需要，在原始数据的基础上增加的其他信息。

（4）元数据

元数据是指描述数据的数据，是关于数据仓库中数据、操作数据的进程以及应用程序的结构和意义的描述信息。元数据所描述的对象，涉及数据仓库的各个方面，是整个数据仓库的核心。

（5）数据集市

数据集市是指面向企业中的某个部门（主题）而在逻辑上或者物理位置上划分出来的数据仓库中的数据子集。也就是说，数据集市包含了用于特殊目的的数据仓库的某些数据。数据集市也可以指某个特定应用的数据仓库，其主要针对某个具有战略意义的应用或者部门级的应用，以支持用户利用已有的数据进行管理决策。

4.数据仓库与数据库的区别

数据仓库的出现，并不是要取代数据库。目前，大部分数据仓库还是用RDBMS来管理的。可以说，数据库与数据仓库相辅相成，各有千秋。数据库与数据仓库的主要区别见表3-6。

表 3-6　　　　　　　　　　　　数据库与数据仓库的区别

比较项目	数据库	数据仓库
组织方式	面向应用	面向主题
数据内容	当前数据	历史数据
数据更新	可更新	不可更新
数据冗余	非冗余	时常冗余
操作频率	比较频繁	相对不频繁
应用类型	事务处理	决策分析

5.数据仓库的应用

企业建立数据仓库，不仅能够集中存储海量的业务数据，更重要的是还能够为企业进行联机分析处理和数据挖掘提供基础服务，其具体包括提供数据来源和结果存储服务。

（1）提供数据来源

企业的海量历史数据都存储在数据仓库中，企业要进行联机分析处理和数据挖掘为企业决策提供信息支持，就需要从数据仓库中提取相关数据。

（2）结果存储服务

联机分析处理和数据挖掘仅为企业提供数据分析与信息发现功能，并不能为企业提供数据存储服务。企业进行联机分析处理与数据挖掘之后得到的结果，仍然存储于企业数据仓库中。

3.3.3　联机分析处理

在竞争激烈的信息化时代，海量信息以及组织结构的变化要求管理者能够做出迅速而明智的决策。为了在最短的时间内做出明智的决策，其必须考虑各种商业情况下可能出现的各种复杂问题。于是，联机分析处理技术便应运而生了。

1.联机分析处理的概念

目前，学术界对联机分析处理（On-Line Analytical Processing，OLAP）提出了多种不同的定义，普遍采用的是OLAP委员会给出的定义，即OLAP是使管理人员能够从多种角度对从原始数据中转化出来的、能够真正为用户所理解的、并真实反映业务维特性的信息进行快速、一致和交互的存取，从而获得对数据更深入的理解的技术。

2.联机分析处理的功能

OLAP作为以企业数据仓库为基础，帮助企业进行决策分析的技术，其主要功能如下：

（1）提供多维逻辑视图

OLAP技术采用的是多维数据分析，能够形成立体结构，从而使用户能够多角度地观察能够有助于其决策分析的数据，从而充分了解需要改善的方面。

（2）提供交互查询

OLAP通常会对数据仓库中的大量聚集数据进行预计算，以提高聚集查询的响应速度，从而达到为用户提供快速的交互查询的目的，有助于用户迅速做出决策分析。

（3）提供数据分析的建模功能

采用OLAP技术可以根据企业数据仓库建立相应的商业模型，便于对客户、供应商、产品与服务等各方面进行合理分析，帮助企业完善CRM、SCM以及企业的内部业务环境。

（4）预测、趋势分析和统计分析

企业可以利用OLAP对企业的业绩报表以及行业的市场情况进行分析，然后对可能存在的风险隐患以及企业的未来发展趋势进行分析，帮助企业完善风险预警机制以及未来的发展规划。

3.联机分析处理的相关概念

（1）变量

变量是数据度量的指标，是数据的实际意义，即描述数据"是什么"。例如，数据"370"本身并没有意义，但如果说某企业2012年第一季度东北区产品A销售量是370万件，那么"370"就代表了对产品销售量的度量。

（2）维

维是描述与业务主题相关的一组属性，单个属性或者属性集合可以构成一个维。例如，电脑配件销售量随着时间的推移而产生的变化，是从时间的角度对产品的销售量进行观察。

（3）维的层次

一个维往往可以具有多个层次，例如，时间维分为年、季度、月和日等层次。

这里的层次表示数据细化程度。

（4）维成员

若维是多层次的，则不同层次的取值构成一个维成员。部分维层次同样可以构成维成员，例如，"某年某季度""某季度某月"等都可以是时间维的成员。

（5）多维数组

多维数组用维和变量的组合来表示，一个多维数组可以表示为（维 1，维 2，…，维 n，变量），例如由（月份，地区，产品，销售额）组成的一个多维数组。

（6）数据单元

数据单元是指多维数组的取值，当多维数组中每个维都有确定的取值时，就唯一确定一个变量的值。数据单元可以表示为（维 1 成员，维 2 成员，…，维 n 成员，变量的值），例如，数据单元（2012 年第一季度，东北区，产品 A，370 万件）表示 2012 年第一季度东北区产品 A 销售量 370 万件。

（7）事实

事实是指不同维度在某一取值下的度量。例如，2012 年第一季度东北区产品 A 的销售量为 370 万件，就表示在时间、地区和产品三个维度上对企业销售事实的度量，同时在销售事实中包含时间维度的两个层次，即年度和季度。

4.联机分析处理的分类

OLAP 按照存储器中多维数据的存储方式可以分为以下几类：

（1）关系联机分析处理

关系联机分析处理（Relational OLAP，ROLAP）使用关系数据库管理系统（RDBMS）或扩充关系数据库管理系统（XRDBMS）存储和管理数据仓库，以关系表存储多维数据，有较强的可伸缩性。其中，维数据存储在维表中，而事实数据和维 ID 则存储在事实表中，维表和事实表通过主键和外键关联。

（2）多维联机分析处理

多维联机分析处理（Multi-dimensonal OLAP，MOLAP）支持数据的多维视图，采用多维数据组存储数据，它把维映射到多维数组的下标或者下标的范围，而事实数据存储在数组单元中，从而实现了多维视图到数组的映射，形成了立方体结构。

（3）混合联机分析处理

混合联机分析处理（Hybrid OLAP，HOLAP）是 ROLAP 和 MOLAP 两种技术的有机结合。其中，在 ROLAP 中存储低级别的聚集，在 MOLAP 立方体中存储高级别的聚集，使得 HOLAP 同时具有 ROLAP 的可伸缩性和 MOLAP 的快速计算等优点，能够满足用户复杂的分析需求，其性能介于 ROLAP 和 MOLAP 之间。

（4）桌面联机分析处理

桌面联机分析处理（Desktop OLAP，DOLAP）属于单层架构，它是基于桌面的客户端进行的联机分析处理。DOLAP 的主要特点是由服务器生成请求将与数据相关的立方体下载到本地，再由本地提供数据结构与报表格式重组，为用户提供多维分析，此时无须任何网络连接，灵活的存储方式方便了移动用户的需要。但DOLAP支持的数据量有限，影响了它的使用频率和范围。

5.联机分析处理的基本操作

OLAP比较常用的操作包括对多维数据的切片、切块、旋转和钻取等。

（1）切片

将选定的多维数组的一个维成员做数据分割的操作称为该维上的一个切片，被分割的维成员是多维数据组的一个二维子集。例如，企业从2005年至2012年空调、冰箱、洗衣机等电器在上海、深圳、北京等城市的多维销量数据报表中提取2005年至2012年空调、冰箱、洗衣机等电器在上海的销售数据进行分析，如图3-21所示。

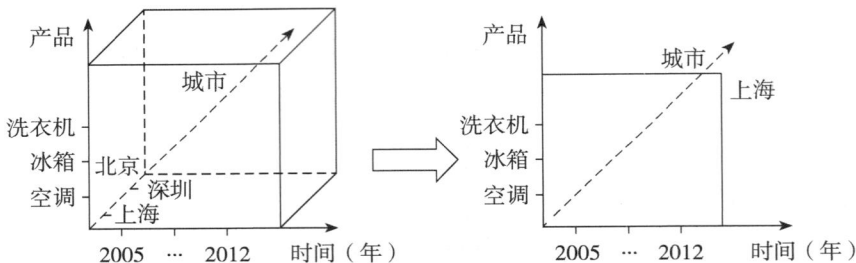

图3-21　切片

（2）切块

通常把多维数组中选定一个三维子集的操作视为切块。当某维只取一个维成员时，便得到一个切片，而切块则是某一维度取值范围下的多个切片的组合。例如，企业从2005年至2012年空调、冰箱、洗衣机等电器在上海、深圳、北京等城市的多维销量数据报表中提取2011年和2012年空调和冰箱在上海和深圳的销售数据进行分析，如图3-22所示。

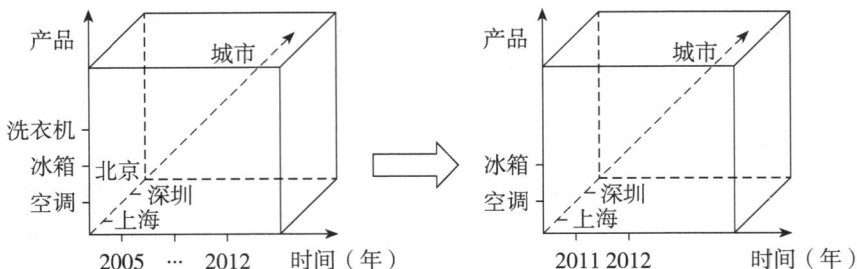

图3-22　切块

（3）旋转

旋转，又称转轴，是一种视图操作。通过旋转可改变一个报告或者页面显示的维方向，在表格中重新安排维的位置，例如行列互换，如图3-23所示。

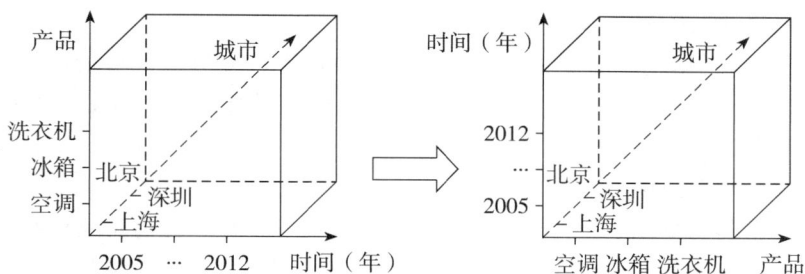

图3-23 旋转

（4）钻取

钻取能够帮助用户获得更多的细节性数据，具体包括上钻和下钻。

① 上钻。上钻又称为上卷，是指通过一个维的分层向上攀升或者通过维归约在数据立方体上进行数据汇总。例如，企业将2011年与2012年各季度的销售报告汇总，以年作为时间维的基本维成员进行分析，表3-7中的数据经过上钻之后即如表3-8所示。

表3-7　　　　　　　企业2011年与2012年各季度销售报告　　　　　单位：万件

城市	2011年				2012年			
	一季度	二季度	三季度	四季度	一季度	二季度	三季度	四季度
上海	150	100	130	130	130	120	110	130
北京	120	130	100	120	110	120	130	120
深圳	130	120	120	110	130	120	110	100

表3-8　　　　　　　企业2011年与2012年年度汇总销售报告　　　　　单位：万件

城市	2011年	2012年
上海	510	490
北京	470	480
深圳	480	460

② 下钻。下钻是上钻的逆操作，是指通过对某一汇总数据进行维层次的细分来分析数据。例如，企业将2011年与2012年的年度汇总销售报告的时间维层次细分到季度，以季度作为时间维的基本维成员进行分析，表3-8中的数据经过下钻之后即如表3-7所示。下钻使用户对数据能够获得更深入的了解，更容易发现问题的本质，从而做出正确的决策。

6.联机分析处理在电子商务中的应用

OLAP是利用企业数据仓库对企业各项数据进行分析，有助于企业高层管理者迅速做出决策的技术，其在电子商务中主要包括以下几个方面的应用：

（1）销售数据分析

OLAP可以根据企业的业务报告，对销售数据进行分析，得出企业各项产品服务的高峰时间、地点以及最优业务量，以便企业随时整改市场规划方案，控制生产，避免产量过剩或者不足。

（2）客户属性分析

企业可以利用OLAP技术对客户的消费行为进行分析，得出企业产品的最适合年龄层、职业以及地区，从而根据地区客户的行为习惯以及消费偏好推出个性化产品，促进客户关系管理。

（3）产品数据分析

企业可以通过OLAP技术分析各产品的销售情况，了解产品的各项优势及缺点，及时对产品设计做出相应的调整，投入生产，从而提升企业整体效益。

3.3.4　数据挖掘技术

传统的决策支持系统通常是在某个假设的前提下通过数据查询和分析来验证或否定这个假设，而数据挖掘技术则能够自动分析数据，进行归纳推理，从中发掘潜在的理想模式或者产生联想，建立新的业务模型以帮助决策者调整市场策略，做出正确的决策。

1.数据挖掘的定义

数据挖掘是从大型数据仓库中抽取的、事先未知的、易于理解的、可操作的、对商业决策有用的信息的过程。数据挖掘能帮助最终用户从大型数据仓库中提取有用的商业信息，再从收集的数据中寻找有用但是尚未被发现的信息。

2.数据挖掘的流程

鉴于应用需求和数据基础的不同，数据挖掘处理的步骤可能也会有所不同。通常，数据挖掘的基本步骤包括：确定任务对象、数据准备（数据选择、数据预处理、数据转换）、数据挖掘、结果分析评估、知识同化。数据挖掘流程如图3-24所示。

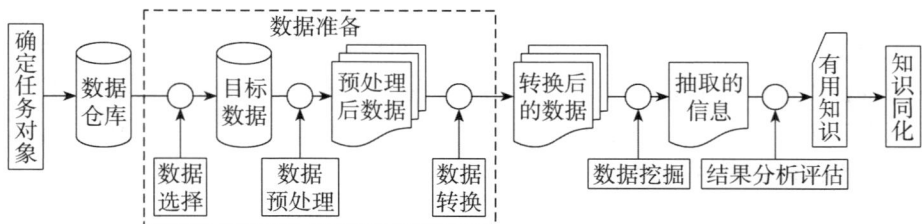

图3-24　数据挖掘流程

（1）确定任务对象

清晰地界定业务问题，明确数据挖掘的目的或者目标是成功完成任何数据挖掘项目的关键。对于分析者和决策制定者来说，能在项目开始前给出对业务、商业目的和数据挖掘目标等方面的清晰描述是至关重要的。挖掘的最后结果是不可预测的，但是要探索的问题应该是可预见的，单纯为了数据挖掘而进行数据挖掘带有盲目性，是很难成功的。

（2）数据准备

数据准备对于数据挖掘的成功至关重要，数据准备是否做好将直接影响数据挖掘的效率、准确度以及最终模式的有效性。数据准备分为以下三个步骤：

① 数据选择。数据选择是在对发现任务和数据本身内容理解的基础上，搜索与业务对象相关的数据信息，从中选择用于数据挖掘的源数据，以缩小数据规模。

② 数据预处理。数据预处理是指在数据挖掘之前研究数据的质量，进行数据的再加工，为进一步的分析做准备。

③ 数据转换。数据转换是指将数据转换成一个分析模型，该模型是针对挖掘算法建立的，是数据挖掘成功的关键。

（3）数据挖掘

数据挖掘是所有数据挖掘项目中的核心部分。一般来说，使用越多的数据挖掘技巧，就会有越多的商业问题被解决。而且，使用不同的挖掘技巧也可以对挖掘结果的质量进行比较、检验。每一种方法都可能产生不同的结果，如果多个不同方法生成的结果都相近或者相同，那么就说明挖掘结果是稳定的，其可用度非常高。

（4）结果分析评估

结果分析评估是对数据挖掘发现的模式进行解释和评价，过滤出有用的知识。数据挖掘得到的模式有可能没有实际意义或者没有实用价值，也可能不能准确反映数据的真实意义，甚至在某些情况下与事实相反，因此对于数据挖掘的结果需要进行评估，以确定数据挖掘是否存在偏差，挖掘结果是否正确，哪些是有效的、有用的模式，是否满足用户的需求。

（5）知识同化

知识同化就是将分析所得到的知识集成到业务信息系统的组织结构中去。知识同化是对数据挖掘价值的体现，使数据挖掘的结果应用于商务决策，更好地辅助管理人员和业务人员的决策。

3.数据挖掘方法分类

数据挖掘致力于从所提供的数据中发现新规则与新模式，是一个从原始数据到信息再到知识的发展过程。数据挖掘方法主要包括以下几种：

（1）关联分析

关联分析是从数据仓库中发现知识的一类重要方法。若两个或多个数据项的取值重复出现且出现概率很高时，其就存在某种关联，可以建立起这些数据项的关联规则。例如典型的"啤酒与尿布事件"，就是通过分析同时购买两种商品的顾客数量来分析这两种商品销售量之间的关联。

（2）分类

分类是找出一个类别的概念描述，它代表了这类数据的整体信息，即该类数据的内涵描述。例如，某企业在产品销量调查中，通过顾客收入水平、性别、职业等因素来分析顾客的购买行为，得出收入在 6 000 元以上的女性白领购买该企业产品的可能性较大的结果。分类是数据挖掘中应用最多的方法，一般用规则或决策树模式来表示。

（3）检测序列模式

检测序列模式就是要找到动作或时间序列。检测序列模式相当于在具有确定的时态关系的事件中，检测它们之间的关联性。例如，快餐店根据顾客在点餐的过程中先点薯条再点可乐的顺序，来确定二者销量之间的关联性。

（4）聚类

聚类是指给定的事件或项的集合可以被分割成"相似"的元素集合。例如，零售电商企业通过用户的网页浏览记录，将经常浏览图书信息的用户数据集中存储起来。聚类方法具体包括统计分析方法、机器学习方法、神经网络方法等。

（5）预测

预测是利用历史数据找出变化规律，建立模型，并用此模型来预测未来数据的种类、特征等。例如，企业通过前五年的业绩情况建立业绩增长模型，从而预测未来五年企业可能达到的业绩目标。典型的预测方法是回归分析，即利用大量的历史数据，以时间为变量建立线性或者非线性回归方程。

4.数据挖掘的应用

数据挖掘技术是以数据仓库中的海量数据为基础，为企业准确制定发展决策服务。数据挖掘在企业经营环节中的应用主要包括：

（1）**降低生产成本**

企业利用数据挖掘技术，可对生产过程中的人员配备、作息安排、原料供应等各项数据进行深层挖掘分析，从而得出能够最小化企业生产费用的人员配备、作息安排以及原料供应等规划方案，大大降低企业的生产成本。

（2）**优化物流系统**

企业利用数据挖掘技术，可通过分析企业内外部各种因素的变化，确定更加合理的物流配送方案，从而缩短运输周期，提高企业的配送效率，优化企业的物流系统。

（3）**销售方案的有效性分析**

企业利用数据挖掘工具，可通过分析比较销售方案实施期间的销售量与交易额同实施前的销售量与交易额，来确定销售方案的有效性，从而制定进一步的销售整改方案。

（4）**提高客户忠诚度**

企业利用数据挖掘技术，可根据客户的消费行为，分析客户对企业的产品购买频率及偏爱程度等，挖掘出企业的潜在客户、忠实客户以及可能流失的客户数据，从而根据不同的客户类型制订出不同的个性化服务方案，最大程度地满足客户的消费需求，提高客户忠诚度。

（5）制定健全的风险预警机制

企业利用数据挖掘技术，可通过对企业的业务环境进行合理分析，有效地识别企业潜在的风险源，并及时制定风险预防与控制措施，为企业制定一套健全的风险预警机制。

（6）维护合作双方的利益

企业利用数据挖掘技术，可及时对合作企业经营动态进行了解，并分析出合作双方共同的竞争企业的薄弱业务领域，合理利用双方的资源，共同制定有效的竞争战略，从而维护合作双方的利益，实现双方利润的最大化。

3.4　电子商务新技术

随着电子商务环境的改善以及人们已意识到电子商务所具备的巨大优势，电子商务受到了各行各业的高度重视，人们纷纷以不同形式参与到电子商务活动中。同时，云计算、物联网、智能 Agent 以及泛在网等电子商务新技术的产生与应用也进一步促进了电子商务行业的高速发展。本节主要介绍应用较为广泛的云计算与物联网技术。

3.4.1　云计算

有人说云计算是技术革命的产物，也有人说云计算只不过是已有技术的新包装，是设备厂商或软件厂商"新瓶装旧酒"的一种商业策略。但是这些说法仅仅只从技术角度来描述云计算，不够全面。事实上，云计算是社会、经济的发展和需求的推动、技术进步以及商业模式转换共同作用的结果。

1.云计算的概念

云计算是一种商业计算模型，它将计算任务分布在大量由计算机构成的资源池上，使用户能够按需获取计算能力、存储空间和信息服务。

"云"是一些可以自我维护和管理的虚拟计算资源，通常为一些大型服务器集群，包括计算服务器、存储服务器、宽带资源等。云计算将所有的计算资源集中起来，并由软件实现自动管理，无须人为参与。这使得应用提供者无须为烦琐的细节而烦恼，能够更加专注于自己的事业，也有利于创新和降低成本。

2.云计算的特点

云计算服务可以是和软件、互联网相关的服务，也可以是任意其他的服务，它具有超大规模、虚拟化、可靠、通用、可扩展、按需服务和极其廉价等特点。

（1）超大规模

"云"具有相当大的规模，Google 云计算已经拥有 100 多万台服务器，Amazon、IBM、微软、Yahoo 等"云"均拥有几十万台服务器。企业私有云一般拥有数百上千台服务器。"云"能赋予用户前所未有的计算能力。

（2）虚拟化

云计算支持用户在任意位置、使用各种终端获取应用服务。所请求的资源来自"云"而不是固定的、有形的实体。应用在"云"中某处运行，但实际上用户无须了解，也不用担心运行的具体位置。只需要一台笔记本或者一部手机，就可以通过网络服务来获得我们需要的一切，甚至包括超级计算这样的任务。

（3）可靠

"云"使用了数据多副本容错、计算节点同构可互换等措施来保证服务的可靠性，使用云计算比使用本地计算机可靠。

（4）通用

云计算不针对特定的应用，在"云"的支撑下可以构建出千变万化的应用，同一个"云"可以同时支撑不同的应用运行。

（5）可扩展

"云"的规模可以动态伸缩，以应对应用和用户规模的变化。

（6）按需服务

"云"是一个庞大的资源池，可按需购买，像自来水、电、煤气那样计费。

（7）极其廉价

由于"云"的特殊容错措施，可以采用极其廉价的节点来构成云，"云"的自动化集中式管理使大量企业无须负担日益高昂的数据中心管理成本，"云"的通用性使资源的利用率较之传统系统大幅度提升，因此用户可以充分享受"云"的低成本优势。

3. 云计算的关键技术

云计算的关键技术包括虚拟化技术、并行编程模式、数据存储和管理技术。

（1）虚拟化技术

虚拟化技术是实现云计算最重要的技术基础，其允许将服务器、存储设备和其他硬件视为一个资源池，而不是离散系统，这样就可以根据需要来分配这些资源。虚拟化技术就是将具体的技术特性加以封装隐藏，对外提供统一的逻辑接口，从而屏蔽物理设备的多样性带来的差异。通过虚拟化技术，可以提高资源的利用率，并能够根据用户业务需求的变化，快速、灵活地进行资源部署。

（2）并行编程模式

并行编程模式主要针对的是使用云计算服务进行开发的用户，它能够将用户要解决的问题进行分解，先通过映射程序将数据切割成不相关的区块，调度给大量计算机处理，达到分布式运算的效果，再通过化简程序将结果汇总输出。云计算上的并行编程模式使编程人员能够充分了解后台复杂的并行执行和任务调度情况，从而使编程人员可以将精力集中于业务逻辑。

（3）数据存储和管理技术

为保证数据的高可用性和高可靠性，云计算的数据一般采用分布式的方式来存储和管理，并采用冗余存储的方式来保证存储数据的可靠性，即为同一份数据存储多个副本。由于云计算系统需要同时满足大量用户的需求，并行地为大量用户提供服务，因此云计算的数据存储技术必须具有高吞吐率和高传输率，分布式存储正好能满足这一需求。云计算的数据存储技术主要有 Google 的非开源的体系 GFS（Google File System）和 Hadoop 团队开发的对于 GFS 的开源实现 HDFS（Hadoop Distributed File System）。

4. 云计算的融合服务模式

以往互联网的架构均是以三层（或 n 层）的模式出现的，虚拟化技术在云中应用创造出一种云计算的融合服务模式，该模式包括三层，且这些层是按照云提供的服务类型分类的，即基础设施即服务（Infrastructure as a Service，IaaS）、平台即服务（Platform as a Service，PaaS）、软件即服务（Software as a Service，SaaS）（如图3-25所示）。

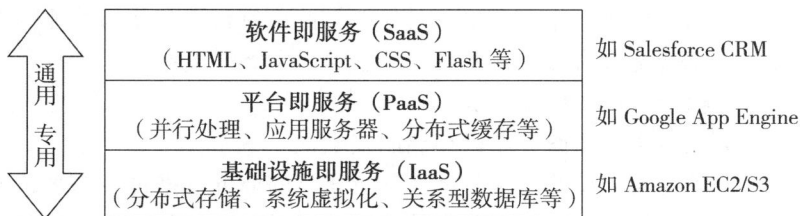

图3-25　云计算的融合服务模式

（1）SaaS 层

SaaS 层的作用是将应用主要以基于 Web 的方式提供给用户。SaaS 是最常见的，也是最先出现的云计算服务。通过这种服务模式，用户只要连上网络，就能直接通过浏览器使用在云上运行的应用。SaaS 云供应商负责维护和管理云中的软件设施，同时以免费或者按需使用的方式向用户收费，所以用户不需要顾虑类似安装、升级和防病毒等琐事，并且可免去初期高昂的硬件投入和软件许可证费用等支出。最具代表性的 SaaS 应用实例是 Salesforce CRM。

（2）PaaS 层

PaaS 层的作用是将一个应用的开发和部署平台作为服务提供给用户。PaaS 面对的用户主要是开发人员。通过 PaaS 这种服务模式，用户可以在一个提供软件开发工具包（Software Development Kit，SDK）、文档、测试环境和部署环境等在内的开发平台上非常方便地编写和部署应用，而且不论是在部署还是在运行的时候，用户都无须为服务器、操作系统、网络和存储等资源的运行及维护操心。典型的PaaS服务是Google App Engine，它在Google的基础设施上提供应用程序服务。

（3）IaaS层

IaaS层的作用是将各种底层的计算和存储等资源作为服务提供给用户。通过IaaS这种服务模式，用户可以从供应商那里获得熟悉的计算或者存储等资源来装载相关应用，并且只需为其所租用的那部分资源付费，而这些烦琐的管理工作则交给IaaS供应商来处理。典型的IaaS服务是Amazon Web服务（AWS），其中的EC2和S3分别提供基本计算和存储服务。

5.云计算对电子商务的影响

云计算融合了多种传统计算机技术的优点，它的产生与发展对全球电子商务行业产生了重要的影响。云计算对电子商务的影响主要包括以下几个方面：

（1）云计算降低了电子商务运营成本

云计算的虚拟性特点使得用户可以用最少的成本构建出最佳的电子商务运营环境，还可以将分布在不同地理位置的计算机组织成一个"超级虚拟机"，实现超强的数据处理能力，并且能够充分地利用网络上闲置的资源，从而节省企业的电子商务运营成本。

（2）云计算提高了电子商务响应性能

企业可以利用云计算构建一个服务器集群，并且每台服务器都单独对外提供服务，不需要其他服务器的辅助，便于快速获取重要数据以及并行提供大量访问服务，从而获得近似于大型主机的性能。

（3）云计算提高了电子商务数据存储的安全性

随着电子商务企业规模的不断壮大，其所积累的业务数据也会越来越多。网络的迅速发展，使企业的海量数据得到有效存储的同时，也吸引了越来越多的病毒和黑客的攻击，使企业数据存储的安全性受到严重的威胁。云计算能够将企业的海量数据安全地存储在云端，供企业随时按需取用，避免病毒和黑客的攻击，从而为企业数据存储的安全性提供了保障。

（4）云计算加强了电子商务企业合作

利用云计算并行处理能力，能够随时处理多个用户的服务请求指令，而且耗时也少于单个用户服务请求指令的处理耗时，从而使得多方合作的电子商务企业能够随时按需获取使用合作方重要的数据资源，轻松实现资源共享与业务协作。

3.4.2　物联网

随着互联网的发展，物联网也进入了人们的日常生活中。物联网的概念最早是在1999年提出的。物联网是把所有物品通过射频识别等信息传感设备与互联网连接起来，实现智能化识别和管理，是继计算机、互联网和移动通信之后又一次信息产业的革命性发展，在人类生活和生产服务中具有非常广阔的应用前景。

1.物联网的概念

物联网（Internet of Things，IOT）是指通过信息传感设备，按照约定的协议，把有关物品与互联网连接起来，进行信息交换，以实现智能化识别、定位、跟踪、监控和管理的一种网络。

物联网把新一代 IT 技术充分运用于各行各业之中，具体地说，就是把感应器嵌入电网、铁路、桥梁、隧道、公路等各种对象中，然后将物联网与现有的互联网整合起来，实现人类社会与物理系统的整合。在这个整合的网络中，存在能力超级强大的中心计算机群，其能够对整合网络内的人员、机器、设备和基础设施实施实时的管理和控制。在此基础上，人类可以更加精细和动态的方式管理生产和生活，达到"智慧"状态，提高资源利用率和生产力水平，改善人与自然的关系。

2.物联网的实质

物联网的实质是利用射频识别（Radio Frequency Identification，RFID）技术，通过计算机互联网实现物的自动识别和信息的互联与共享。物联网是在计算机互联网的基础之上，利用 RFID、无线数据通信等技术，构造的一个覆盖世界上万事万物的网络。在这个网络中，物与物能够彼此进行"交流"，而无须人的干预。

3.物联网的关键技术

物联网的关键技术是传感网技术，即利用各种信息传感设备将物品与互联网相连的技术。传感网技术涉及两个概念：第一个是传感；第二个是宽带。传感的作用是实现对物体完整信息的采集；宽带则是将所采集到的信息传送到企业服务器端或者用户浏览器的通道。目前应用较为广泛的传感网技术主要包括 RFID、激光扫描技术以及定位技术。

（1）RFID

射频识别技术，又称无线射频识别，是一种通信技术，可通过无线电信号识别特定目标并读写相关数据，而无须识别系统与特定目标之间建立机械或光学接触。RFID 技术是物联网中非常重要的技术。RFID 是 20 世纪 90 年代开始兴起的一种自动识别技术，是目前比较先进的一种非接触识别技术。以简单 RFID 系统为基础，结合已有的网络技术、数据库技术、中间件技术等，物联网成为 RFID 技术发展的趋势。

（2）**激光扫描技术**

激光扫描技术是利用激光光束对被测物体进行扫描，且在有效扫描区内，将扫描到的携带被测物体信息的光信号转换成电信号，再经过通信系统传送到服务器端进行实时处理的技术。目前广泛应用的激光扫描技术是条码技术。

（3）**定位技术**

定位技术的作用是将通过传感器采集到的所有信息与传感器的具体位置信息相

关联，以实现任何时间、任何事物、任何地点之间的连接。最典型的定位技术是全球卫星定位系统（Global Positioning System，GPS）。

4.物联网的商业模式

物联网的诞生促进了电子商务在物流、销售、客户关系管理等各方面的发展，同时也提升了企业的绩效，其商业模式主要包括客户全部自建模式、平台租赁运营模式、广告模式、政府BOT模式和移动支付模式。

（1）**客户全部自建模式**

客户全部自建模式是指客户建设业务平台、终端识读器、识读终端标识等基础设施，并租赁运营商的通信网络方式。在这种模式下，客户承担了物联网平台的全部费用，投资压力较大。典型的应用有电力行业的电力远程监控、水利行业的水文监控、环保行业的污染源监控。

（2）**平台租赁运营模式**

平台租赁运营模式是指平台运营商搭建公共平台，而客户只需承担物联网识读器和物联网识读标识的费用，并支持相关通信费用的商业模式。该模式的典型应用是GPS车辆定位、视频监控等。

（3）**广告模式**

广告模式是指由平台运营商搭建公共平台、物联网识读器和识读标识，然后租赁给广告商进行运营，广告商通过广告收入来支付物联网平台运营费用的商业模式。例如，企业通过内部物联网系统远程控制出租车与公交车的移动LED、楼宇与营业厅的移动广告机等。

（4）**政府BOT模式**

政府BOT（Build-Operate-Transfer）模式是指由政府颁布特许，允许运营商搭建公共平台，项目实施企业自行建设物联网识读器和识读标识的同时，支付给运营商相关通信费用，并通过项目的市场收入来支付相关费用的商业模式。比较典型的应用是公共停车位的收费管理。

（5）**移动支付模式**

移动支付模式是指由客户进行相关平台的建设，并自行搭建相关设备，租赁通信运营商的网络，通过佣金进行相关费用的补贴的商业模式。典型实例是银行的移动POS应用。

5.物联网在电子商务中的应用

物联网的普及具有减少业务成本、优化业务流程和智能控制等作用。下面主要从营销、支付、物流环节介绍物联网在电子商务领域中的应用：

（1）**物联网在营销环节的应用**

物联网设备提高了用户和商家之间信息交流的效率。一方面，智能设备和客户发生连接后，客户的相关行为数据会被智能设备所收集、检测和分析；另一方面，根据对物联网数据的分析可得出客户的个人画像，从而实现信息在物联网设备上的个性化推送。

（2）物联网在支付环节的应用

物联网提高了电子支付的便捷性与安全性。物联网借助 RFID 及 NFC 等感知设备，并透过手机 APP 网络感测结合 LBS（Location Based Service）技术，实时确认消费者所在位置、周边环境及自身状态，可确保支付者的资金流向、人身安全，从而降低损失或风险。

（3）物联网在物流环节的应用

物联网实现了对商品和周围环境的实时监测。比如将物联网技术应用于传统仓储中，可形成智能仓储管理系统。其能实时监控货物进出情况，提高交货准确率，完成收货入库、盘点调拨、拣货出库以及整个系统的数据查询、备份、统计、报表生产及报表管理等任务。

□ 本章小结

本章主要是从计算机网络技术、电子商务网站开发技术、数据处理技术以及电子商务新技术四个方面来介绍电子商务基础技术的。

计算机网络环境是电子商务赖以生存的基础环境，根据开放程度以及网络用户的不同，可将电子商务的网络环境分为 Internet、Intranet 和 Extranet 三种，其中，Internet 是针对全球环境开发的网络，而 Intranet 与 Extranet 则是基于 Internet 的半开放性网络。

电子商务网站开发技术为电子商务的实施提供了技术支持，主要包括客户端开发技术和服务器端开发技术。客户端的主要工作是提供丰富多彩的动态与静态网页供用户浏览访问，客户端开发技术主要包括常用的多媒体实现技术、客户端实现技术以及支持客户端体系结构的脚本语言和能够在客户端独立运行并且功能完善的应用程序等；而服务器端的主要任务则是接收客户端用户的各种应用请求，及时响应，并将处理结果返给客户端，服务器端开发技术主要包括 ASP、JSP、.NET 以及 PHP，目前应用最广泛的是 JSP 技术。

数据处理技术是为企业的决策提供服务的，主要包括数据仓库、OLAP、数据挖掘以及商务智能技术。其中，数据仓库是 OLAP 与数据挖掘的技术基础，而商务智能则是整合数据仓库、OLAP 与数据挖掘技术，为企业快速制定正确的决策提供服务的综合应用。

电子商务新技术主要包括云计算与物联网技术。其中，云计算是整合多计算机系统的应用技术，为服务器集群的运行节省了大量的时间、空间以及基础资源。云计算在电子商务领域的应用，降低了电子商务运营成本，提高了电子商务响应速度，增强了电子商务数据存储的安全性，同时也加强了电子商务企业合作；而物联网技术则是利用互联网，在传感网实现物与物实时交互的基础上，实现人与物、物与物的实时交互，使企业能够实时监控产品动态。目前，物联网被广泛应用于电子商务产业的各领域，如电子供应链、农业电子商务等。

□关键概念

计算机网络　Intranet　Extranet　EDI　层叠样式表　数据仓库　OLAP　数据挖掘　商务智能　云计算　物联网　射频识别技术

□思考题

1.TCP/IP模型分为哪几层？简述各层的作用。

2.Internet的应用服务有哪些？

3.简述Internet、Intranet和Extranet三者之间的关系。

4.简述EDI的发展阶段及应用范围。

5.简述支持客户端的脚本语言及应用程序。

6.试比较ASP、JSP、PHP以及.NET的技术特点。

7.简述数据仓库的特点。

8.数据库与数据仓库有哪些区别？

9.OLAP的相关概念有哪些？

10.数据挖掘在电子商务中有哪些应用？

11.简述数据仓库与OLAP、数据挖掘的关系。

12.商务智能在电子商务中有哪些应用？

13.简述云计算的融合服务模式。

14.云计算的应用对电子商务有什么影响？

15.简述云计算的关键技术。

16.物联网在电子商务中有哪些应用？

□本章案例

云上方舟打造"智慧购物中心"

云上方舟购物中心是贵州省首家智慧商业综合体，其以互联网为依托，将信息技术、智能技术、大数据技术与商业深度融合，从数据获取和经营决策优化两方面打造可感知、会分析、可交互、能进化、可推广的智慧商业综合体。

一、消费数据获取

一方面，其通过线上APP和微信公众号获取会员信息和大量历史消费数据；另一方面，当消费者在线下实体购物中心购物时，系统会自动采集实时销售数据、客流数据、环境数据，最终将这些数据导入商管ERP系统、会员系统、销售数据分析以及客流分析等商业智能系统，并保存到数据仓库，从而为后续决策者进行分析决策、有关人员优化服务提供数据支撑。

二．经营决策优化

其通过获取的实时店铺销售、单品销售以及实时客流数据，为购物中心里的店铺构建会员管理、客流分析以及销售数据分析等系统，提供一套完整的智慧店铺解决方案。最终，其帮助商家优化商品种类，提升服务质量，改进装修布局，提高店铺的整体经营效益。

资料来源：佚名. 贵阳：大数据助力"新零售"业态迅速崛起［EB/OL］．［2020-09-10］. http：//www.gz.xinhuanet.com/2020-09/11/c_1126483040.htm.经删减和整理。

【案例思考】

1.云上方舟的"智慧购物中心"采用的技术分别属于商务智能的哪些组成部分？

2.云上方舟的商业智能系统是如何运作的？

□参考文献

［1］陈代武. 计算机网络技术［M］．北京：北京大学出版社，2009.

［2］刘远生，关莉莉. 计算机网络基础与应用［M］．北京：北京大学出版社，2009.

［3］李跃贞. 电子商务概论［M］．北京：机械工业出版社，2010.

［4］李洪心. 电子商务概论［M］．2版．大连：东北财经大学出版社，2008.

［5］刘业政. 电子商务概论［M］．北京：高等教育出版社，2007.

［6］方真，于巧娥. 电子商务教程［M］．北京：清华大学出版社，北京交通大学出版社，2011.

［7］杨兴凯. 电子商务战略与解决方案［M］．北京：机械工业出版社，2011.

［8］陈孟建，沈美莉. ASP技术与动态网页设计［M］．北京：清华大学出版社，2007.

［9］杨俊生，唐琳. JSP开发技术［M］．北京：清华大学出版社，2011.

［10］邹天思，潘凯华. PHP网络编程标准教程：DVD视频教学版［M］．北京：人民邮电出版社，2009.

［11］明日科技，邹天思，潘凯华，等. PHP数据库系统开发完全手册［M］．北京：人民邮电出版社，2007.

［12］廖开际. 数据仓库与数据挖掘［M］．北京：北京大学出版社，2008.

［13］赵卫东. 商务智能［M］．北京：清华大学出版社，2009.

［14］马刚. 商务智能［M］．大连：东北财经大学出版社，2010.

［15］夏火松. 商务智能［M］．北京：科学出版社，2010.

［16］吴朱华. 云计算核心技术剖析［M］．北京：人民邮电出版社，2011.

［17］雷万云. 云计算：技术、平台及应用案例［M］．北京：清华大学出版社，2011.

［18］魏长宽. 物联网：后互联网时代的信息革命［M］．北京：中国经济出版社，2011.

［19］王汝传，孙力娟. 物联网技术导论［M］．北京：清华大学出版社，2011.

第4章

电子商务安全

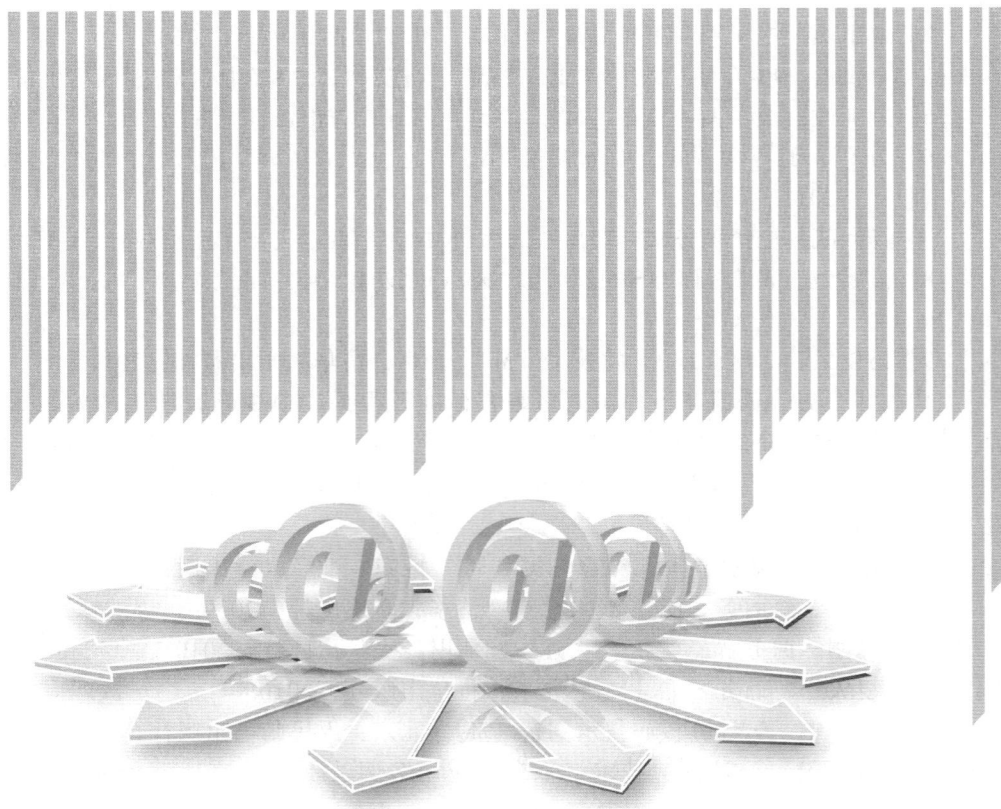

学习目标

　　通过本章的学习，理解电子商务安全的概念和体系结构；了解电子商务面临的安全问题和威胁，并理解电子商务的安全需求；掌握电子商务网络安全和交易安全的相关技术；理解公钥基础设施和认证技术的组成与原理；熟练掌握 SSL 协议与 SET 协议的原理与特点。

【案例引导】

个人信息屡遭贩卖，该如何保障信息安全？

　　随着大数据时代的来临，企业需要通过大量的消费者数据来精准地定位目标群体。但是，因为一些客观因素的限制，很多公司没有充足的数据存量。这就迫使某些公司通过一些非法渠道获取公民个人隐私数据。慢慢地，贩卖公民个人信息成为一条完整的黑色产业链。

　　2020 年 8 月，河北邯郸的马某以每日 500 元的费用租用某物流公司内部员工的系统账号，然后进入该物流系统，导出大量包含个人隐私的敏感快递信息。最终，其通过微信、QQ 等方式，以每条 1.5 元的价格将信息卖到全国及东南亚等电信诈骗高发区。

　　2019 年 4 月，南京市某计算机技术有限公司工程师熊某，在为南京市某单位进行信息系统漏洞测试时，利用系统漏洞盗取了 1 400 余万条居民社保数据，后伙同在柬埔寨的熊某在"暗网"上销售社保数据。

　　针对频繁发生的个人信息泄露案件，国家颁布了多项法律以严惩此类行为，网警部门也加强了对信息安全犯罪的侦破力度，各大企业为了维护自己的商誉，也在不断地对自己的系统进行安全性的升级。

　　资料来源：佚名. 1 天 1 000 块！邯郸一快递公司"内鬼"被抓获［EB/OL］.［2020-11-07］. https: //dy.163.com/article/FQNSIV670534C2A0.html.经删减和整理。

　　电子商务安全，不仅包括网络安全，还包括与电子商务交易有关的隐私安全、交易安全等。作为电子商务交易的重要保障，电子商务安全问题一直备受关注，更好地解决这个问题有助于推进电子商务的快速发展。电子商务安全是一个系统的概念，本章介绍了电子商务安全的概念、面临的问题和威胁，并针对这些问题和威胁，给出了电子商务安全的需求和电子商务安全的体系。本章知识图谱如图 4-1 所示。

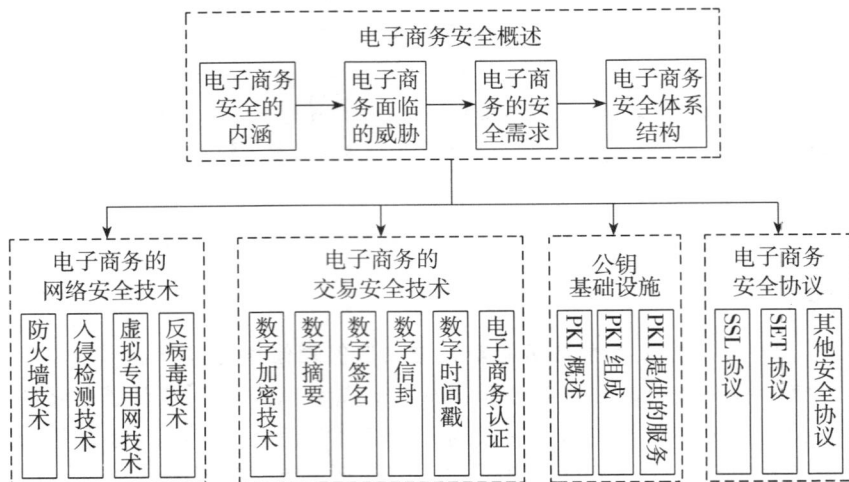

图 4-1   电子商务安全知识图谱

4.1 电子商务安全概述

安全问题需要技术、法律、道德、管理等多方面的保障。为了保障电子商务的安全，需要先搞清电子商务安全面临的问题和威胁，并提出电子商务的安全要求。

4.1.1 电子商务安全的内涵

1.电子商务安全的概念

电子商务安全是指计算机系统、通信网络、应用环境等保证电子商务实现的要素不受危害的一个多层次、多方位的动态过程。

从广义上讲，它不仅与计算机系统本身有关，还与电子商务的应用环境、人员素质和社会因素有关。这主要包括电子商务的安全技术、管理制度以及电子商务安全立法等。从狭义上讲，它是指电子商务信息的安全，主要包括两个方面，即信息存储安全和信息传输安全，如防病毒、防黑客、入侵检测等。

2.电子商务安全的特点

一般来说，电子商务安全的特点主要包括系统性、相对性、代价性、发展动态性等。

（1）系统性

电子商务安全不仅涉及技术、管理、认证等方面的问题，与社会道德、行业自律、法律法规息息相关，并且还与人们的行为模式紧密地联系在一起。所以电子商务活动的参与者必须建立立体交叉防御体系，才能全面实现电子商务的安全保障。

（2）相对性

电子商务安全是相对的，而不是绝对的。任何电子商务网站都是建立在开放的互联网上，其必然会受到各种有意或无意的、自然或人为的破坏或攻击，不出现任何安全问题是不可能的。问题是如何使电子商务通过有效控制，实现一个基本的安全保障。

（3）代价性

开展电子商务的商家要实现电子商务安全，必须考虑安全的代价和成本问题。如果只注重速度，就必定要以牺牲安全作为代价；如果要实现更高的安全性，速度就得慢一点。当然这与电子商务的具体应用有关，如果不直接涉及支付等敏感问题，对安全的要求就可以低一点。所以无论是经营者还是技术提供者，都应该综合考虑这些因素。

（4）发展动态性

电子商务安全是不断发展和动态变化的。网络的攻防犹如两军对垒，一方实力增强，另一方实力就相对减弱了，这是一个此消彼长的动态发展过程。因此，从事电子商务的商家需要不断地检查、评估和调整相关的安全防范策略。

4.1.2　电子商务面临的威胁

互联网是一个开放的网络，由于其技术并不完美，电子商务活动中的信息流和资金流在传输过程中面临着一些安全隐患。

1.我国电子商务安全现状

目前，尽管中国正努力地从互联网大国走向互联网强国，但是我国的互联网安全现状依然不容乐观，某些行业甚至形成了黑色产业链。2019年，我国境内感染计算机恶意程序的主机数量为581.88万台，被植入后门的网站数量达84 850个，安全漏洞达16 193个。另外，随着移动互联网的兴起，基于手机操作系统的恶意扣费、远程控制、隐私窃取、诱骗欺诈等行为层出不穷，危害着手机网民的财产、生命安全。2019年，新增移动互联网恶意程序279万余个。因此，构建一个和平、安全、开放、合作的网络空间，不仅能维护我国的网络安全，也能维护国际社会的共同利益。

2.电子商务面临的系统安全威胁

建设可管、可控、可信的电子商务系统是进一步发展电子商务的前提。典型的系统安全威胁主要包括黑客攻击、计算机病毒、系统漏洞。

（1）硬件系统的安全

电子商务硬件系统的安全是指在物理介质层面上对存储和传输的信息的安全保护，也就是使计算机硬件系统、网络设备及其配套措施免遭人为因素的破坏。2019

年3月，上海一施工队因操作不当，将一条主干通信光缆挖断，导致上海网络运营商光纤线路大面积故障。这次事故阻断了腾讯云的部分网络通信，使得腾讯公司的多个业务产品受到影响。

（2）黑客攻击

黑客泛指计算机信息系统的非法入侵者。黑客攻击手段可分为非破坏性攻击和破坏性攻击两类。非破坏性攻击一般是指仅扰乱系统的运行，并不盗窃系统资料，通常采用拒绝服务攻击的方式。破坏性攻击则是以侵入他人电脑系统、盗窃系统保密信息、破坏目标系统的数据为目的，通常采用口令攻击和IP地址欺骗等方式。

①拒绝服务攻击

拒绝服务攻击（Deny of Service，DOS）是使用超出目标处理能力的数据包去消耗系统的资源，最后致使网络服务器瘫痪的一种攻击手段。这种方式可以集中大量的网络服务器，对某个特定目标实施攻击，因而威力巨大，顷刻之间就可以使被攻击目标的服务器瘫痪。

②口令攻击

攻击者在入侵系统时，将破译用户的口令作为攻击的开始。攻击者会先得到某个合法用户的账号，然后再破译用户的口令，以此获得访问权，访问用户权限内的资源。如果这个用户有管理员或root用户权限，上述口令攻击是极其危险的。

③IP地址欺骗

IP地址欺骗是指黑客使用一台计算机上网，借用已与服务器建立信任关系的IP地址，从而冒充另外一台机器获取服务器的信任。

（3）计算机病毒

计算机病毒是指编制者在计算机程序中插入破坏数据，影响计算机使用并且能够自我复制的一组计算机指令或者程序代码。通过互联网植入病毒更容易，它能通过某种途径潜伏在计算机的存储介质或程序里，当达到某种条件时即被激活。病毒运行后可能损坏文件，使系统瘫痪，造成各种难以预料的后果。

随着虚拟货币价格的飙升，一种能够侵入计算机系统的挖矿病毒悄然进入人们的视野。2018年5月，酒钢数据中心服务器遭"挖矿病毒"入侵；2018年8月，2台服务器、6台计算机被黑客入侵并恶意植入"勒索病毒"；2018年11月，酒钢服务器大规模感染"挖矿蠕虫病毒"。

（4）系统漏洞

系统漏洞是指应用软件或操作系统在设计上的缺陷或错误被不法者利用，且其通过网络植入木马等方式来攻击或控制电脑，窃取电脑中重要的资料和信息，甚至破坏整个系统。

2019年2月，Check Point的研究人员发现了知名软件WinRAR的软件漏洞，该漏洞影响了自2000年以来发行的所有WinRAR版本。超过5亿个WinRAR用户面临风险，这些漏洞最终可能被网络罪犯或黑客所利用。

3.电子商务面临的交易安全威胁

除了上述系统安全威胁以外，电子商务还面临着交易安全威胁，这些安全威胁可分为以下几类（如图4-2所示）：

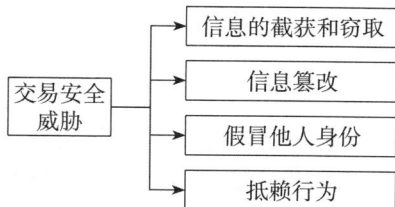

图 4-2　电子商务面临的交易安全威胁类型

（1）信息的截获和窃取

攻击者通过互联网、公共电话网、搭线或在电磁波辐射范围内安装接收装置等方式，截获传输的机密信息，或通过对信息流量、流向、通信频率和长度等参数的分析，推断出有用信息，如消费者的银行账号、密码等。

（2）信息篡改

攻击者可能从三方面破坏信息的完整性：篡改，即改变信息流的次序，更改信息的内容，如购买商品的出货地址；删除，即删除某个消息或消息的某些部分；插入，即在消息中插入某些信息，让接收方读不懂或接收错误的信息。

（3）假冒他人身份

冒充他人身份，可以欺骗系统，占用合法用户的资源。例如，冒充领导发布命令、调阅文件，冒充他人消费；冒充主机欺骗合法用户，套取或修改使用权限、密钥等信息。

（4）抵赖行为

抵赖行为包括两个方面：发信者事后否认曾经发送过某条内容，收信者事后否认曾经收到过某条消息或内容。

4.1.3　电子商务的安全需求

电子商务面临的问题和威胁引发了对电子商务安全的需求，其主要包括：有效性、保密性、完整性、可靠性、匿名性、不可抵赖性等。

1.有效性

电子商务系统应有效防止系统延迟和拒绝服务等情况的发生，要对网络故障、硬件故障、操作错误、软件错误及计算机病毒所产生的潜在威胁加以控制和预防，保证交易数据在确定的时间、地点是有效的。

2.保密性

保密性是指信息在产生、传送、处理和存储的过程中不泄露给非授权者。系统能对网络上传输的信息进行加密处理，以防止交易中的信息被非法截获或窃取，同时防止通过非法拦截获得账户的有效信息。

3.完整性

完整性是指交易信息在传送和存储过程中保持一致，不能在交易过程中被非授权者篡改、删除和插入。电子商务系统应防止交易信息的随意生成、修改和删除，同时防止数据在传输过程中的丢失和重复，并保证信息传递次序的统一。

4.可靠性

在交易前，必须首先确认对方的真实身份。在进行支付时，还需要确认对方的账号等信息的真实有效。电子商务系统应实现对用户身份的有效确认、对私有密钥和口令的有效保护，以防止有人以虚假身份在网上进行交易。

5.匿名性

电子商务系统应确保交易的匿名性，防止交易过程被跟踪，保证交易过程中的用户信息不会泄露，确保合法用户的隐私不被侵犯。

6.不可抵赖性

不可抵赖性是指信息的发送方不能否认自己发出了信息，接收方不能否认已收到信息。电子商务系统应有效防止商业欺诈行为的发生，交易各方在进行数据传输时，都必须携有自身特有的、无法被别人复制的信息，以确保交易发生纠纷时有所对证，保证商业信用和行为的不可否认性，保证交易各方对已做的交易无法抵赖。

4.1.4 电子商务安全体系结构

广义上的电子商务安全体系结构应包括安全技术保障、法律保障和管理制度保障。

1.安全技术保障

电子商务安全技术体系结构是保证电子商务数据安全的一个完整的逻辑结构（如图4-3所示）。电子商务安全技术体系结构由网络服务层、加密技术层、安全认证层、安全协议层和应用系统层等组成。其中，下层为上层提供技术支持，上层是下层的扩展与递进。各层次之间相互关联，共同构成统一的整体。其通过不同的安全控制技术，实现各个层次的安全策略，以保证电子商务活动的安全。

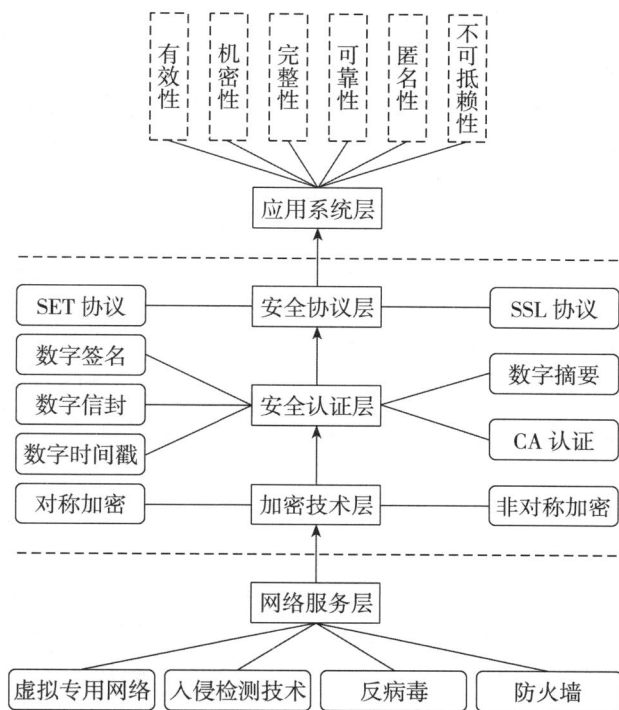

图 4-3　电子商务安全技术体系结构

（1）网络服务层

网络服务层是各种电子商务应用系统的基础。它提供信息传送的载体、用户的接入手段和安全通信服务，保证网络最基本的运行安全。网络服务层不提供服务质量的承诺，加密技术层会保证通信的可靠。这一层主要的安全技术有虚拟专用网络、入侵检测技术、反病毒和防火墙。

（2）加密技术层

加密技术是电子商务最基本的安全措施。该层是电子商务采取安全保密措施的关键，它利用技术手段把重要的数据变为密文传送，到达目的地后再用相同或不同的手段解密，以此保证电子交易的顺利进行。即使信息被非法截获，截获者也无法解读有关内容。加密技术层主要的安全技术有对称加密和非对称加密。

（3）安全认证层

安全认证层主要通过采用认证技术来保证电子商务交易的安全进行，以满足身份认证、信息完整性、不可否认和不可修改等多项网上交易的安全需求，避免交易信息的篡改、抵赖、伪造等威胁。安全认证层主要的安全技术有数字签名、数字信封、数字时间戳、数字摘要和 CA 认证。

（4）安全协议层

安全协议层为信息的安全交换提供一系列操作规则，保证了网上交易的机密性、数据的完整性和不可否认性，保障了电子交易的安全性和交易系统的可靠性。

安全协议层主要的安全技术包括 SET 协议和 SSL 协议。

（5）应用系统层

基于以上各层提供的安全措施，应用系统层便可以满足电子商务对安全的需求。应用系统层包括各类电子商务应用系统及商业解决方案。

2. 法律保障

由于电子商务各项活动涉及商品的交易，因此电子商务安全应当通过相关法律加以保护。我国有关电子商务的法律可分为基本法、实体法和程序法三大类。

（1）**电子商务相关法律的主要构成**

① 电子商务基本法是指一个国家或区域电子商务方面具有最高法律效力的法律，对整个电子商务法起统御作用，我国代表性的法律是新颁布的《中华人民共和国电子商务法》。

② 电子商务实体法是指从实际内容上规定人们之间的权利与义务的本体及其产生、变更和消灭的法律，它构成了电子商务的具体法律。比如《中华人民共和国电子签名法》、《中华人民共和国民法典》和《电子认证服务管理办法》。

③ 电子商务程序法是指保证权利和义务得以实施或职权和职责得以履行且以程序为主的有关法律。目前，电子商务领域还没有专门的程序法，涉及电子商务程序的法律有《中华人民共和国民事诉讼法》。

（2）**我国电子商务的法制环境现状**

一方面，我国对电子商务立法非常重视，已经颁布和实施了多部与互联网和电子商务相关的法规条例；另一方面，我国的电子商务立法仍然存在许多空白领域，需要尽快进行系统完善。相关部门应遵循电子商务立法的指导原则，注重与国际电子商务法律法规的接轨，加强对电子商务活动的安全保障力度，切实保障各方权益。

3. 管理制度保障

电子商务交易系统是一个人机高度综合的系统，除了安全技术外，人员的管理也是非常重要的，管理手段不到位，很多先进的安全技术无法发挥应有的效能。

（1）**安全管理制度中的主要问题**

① 安全意识不足。很多企业管理层对人员管理在信息安全中的重要性认识不足；企业对员工的信息安全教育不够，员工的信息安全意识薄弱。

② 缺少统一规划。企业没有从整体上有计划地考虑信息安全问题。企业各部门、各下属机构都存在"各自为政"的问题，缺少统一规划、设计和管理。

③ 缺少与安全管理配套的专业人才。信息安全保障工作的专业性、技术性很强，没有具备信息网络知识、信息安全技术、法律知识的专业人才，就做不好安全保障工作。

（2）完善安全管理制度的策略

针对安全管理制度中存在的主要问题，应采取以下策略：

① 提高安全防范意识，加强人员安全的管理和培训。

② 从整体上建立统一规划、统一管理的电子商务安全管理体系。

③ 重视与安全管理配套的专业人才的培养和配置。

4. 对电子商务安全体系结构的理解

对电子商务安全体系结构中安全技术保障、法律保障和管理制度保障三个方面的理解见表 4-1。

表 4-1　　　　　　　　　　**对电子商务安全体系结构各方面的理解**

安全方面		引发的需求	解决措施或对策
安全类别	具体威胁		
系统安全	黑客攻击	有效性、机密性、可靠性	防火墙、入侵检测、VPN
	计算机病毒	有效性	入侵检测、反病毒
	系统漏洞	有效性、机密性	入侵检测
交易安全	信息的截获和窃取	机密性、匿名性	数字加密、数字信封
	信息篡改	完整性	数字摘要、数字签名、数字时间戳
	假冒他人身份	可靠性	数字签名、认证技术
	抵赖行为	不可抵赖性	数字签名、认证技术
法律	电子合同	电子合同的合法性	《中华人民共和国民法典》
	电子签名	电子签名的法律效力	《中华人民共和国电子签名法》
	电子认证	电子认证的法律地位	《电子认证服务管理办法》
	电子交易	电子交易的法律规范	《中华人民共和国电子商务法》
管理制度	安全意识不足	树立安全意识	加强人员安全的管理和培训
	缺少统一规划	实行整体规划	制定电子商务安全管理体系
	缺乏专业人才	拥有大量的专业人才	培养专业人才

4.2　电子商务的网络安全技术

电子商务的网络安全技术主要包括：防火墙技术、入侵检测技术、虚拟专用网技术和反病毒技术。利用这些安全技术，可以保证交易双方的合法权益，使电子交易顺利进行。

4.2.1　防火墙技术

1.防火墙概述

（1）防火墙的概念

防火墙是指在内部网和外部网之间、专用网与公共网之间保护本地系统或网络不受攻击的软、硬件系统的集合。防火墙技术是最重要的网络安全技术，作为访问控制技术的代表，防火墙产品是目前世界上使用最多的网络安全产品之一。

（2）防火墙的工作原理

防火墙通过控制内外部网络间信息的流动来保护内部网免受外部的非法入侵，达到增强内部网络安全性的目的。防火墙可以检查进入内部网络的信息和服务请求，从而阻止对内部网络的非法访问和非授权用户的进入，同时防火墙也可以禁止特定的协议通过相应的网络。防火墙系统示意图如图4-4所示。

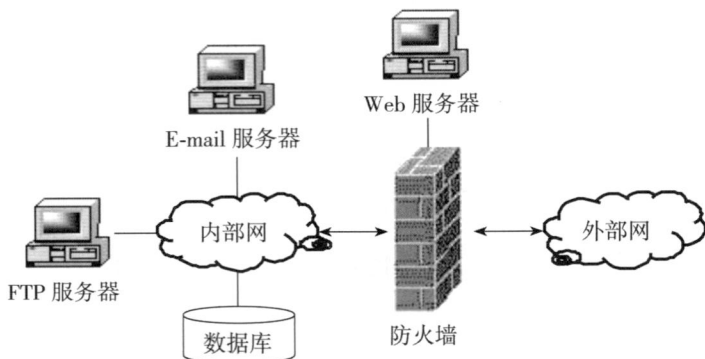

图4-4　防火墙系统示意图

在发展初期，防火墙处于网络层，只是用来负责网络之间的安全认证和传输（信息过滤）。但随着网络安全技术的整体发展和网络应用的不断变化，现代防火墙技术已经逐步走向网络层以外的其他安全技术层。它不仅要完成传统防火墙的过滤任务，同时还要为各种网络应用提供相应的安全服务。另外，还有多种防火墙产品正朝着数据安全与用户认证、防止病毒与黑客侵入等方向发展。

2.防火墙的基本类型

根据采用的防范方式和技术的不同，防火墙大致可分为包过滤型防火墙和代理服务器型防火墙和状态检测防火墙等。另外，根据实际使用的要求，还产生了一些更为细致的分类，如将防火墙分为复合型、加密路由型等。

（1）包过滤型

包过滤型防火墙的技术依据是网络中的分包传输技术。网络上的数据都是以"数据包"为单位进行传输的，数据被分割成大小一定的数据包，每一个数据包中都包含诸如数据源地址、目标地址、TCP/UDP源端口地址和目标端口地址等特定信息。防火墙就是通过读取数据包中的地址信息并通过与系统管理员制定的规则表的对比来判断这些"包"是否来自可信任的站点，自动将来自危险站点的数据包拒之门外。包过滤软件通常安装在路由器上，作为防火墙的基本功能，现在的多数路由器都提供包过滤功能。另外，在计算机上安装包过滤软件也可以作为防火墙使用。包过滤型防火墙的工作流程如图4-5所示。

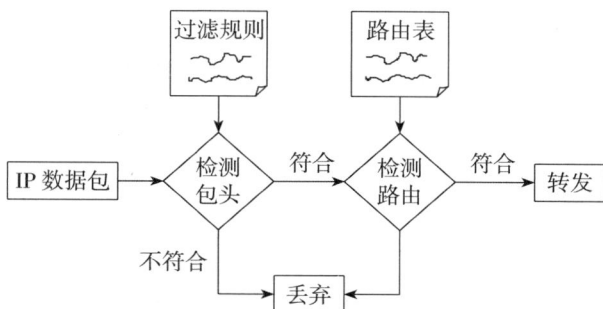

图4-5　包过滤型防火墙的工作流程

① 包过滤技术的主要优点：由于不少路由器具有数据包过滤的功能，因此逻辑简单，易于安装和使用，对用户的透明性较好，实现成本低；同时，在应用环境比较简单的情况下，能够以较小的代价在一定程度上保证系统的安全。

② 包过滤技术的主要缺点：由于包过滤技术是一种完全基于网络层的安全技术，只能根据数据包的来源、目标和端口等信息进行判断，因此无法识别基于应用层的恶意侵入。由于数据包的源地址、目标地址、端口号等信息在数据包的头部，有经验的黑客很容易通过窃听和假冒，突破包过滤型防火墙。而且，此类防火墙大多数未提供审计和报警机制，用户界面也不是很友好，管理方式不是很完善，所以对系统管理员要求很高。

（2）代理服务器型

代理服务器位于客户机和服务器之间，完全阻挡了二者之间的数据交流。对客户机来讲，代理服务器相当于一台服务器；而对服务器来讲，代理服务器又相当于一台客户机。代理服务器的工作原理是：当客户机需要使用服务器的数据时，首先将数据请求发送给代理服务器，代理服务器转发请求给服务器，得到响应后再转发响应给客户机。外部系统与内部服务器之间的连接都要通过代理服务器，因此代理服务器能对应用层的协议进行过滤和转换。代理服务器型防火墙的工作流程如图4-6所示。

① 代理服务器的优点：首先，安全性高，工作在OSI七层协议的最高层，能掌握此应用系统中可用于安全决策的全部信息；其次，能提供对协议的过滤和转换；最后，还能提供日志和审计功能。

② 代理服务器的缺点：效率较低，由于需要在服务器与客户机之间进行频繁的数据交换，它对系统的整体性能有较大的影响；复杂程度高，它必须对客户机可

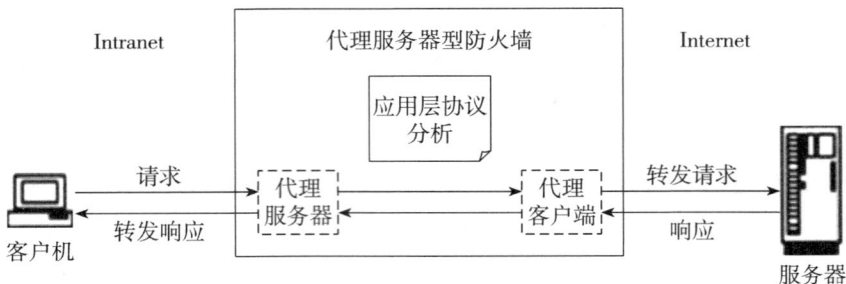

图4-6　代理服务器型防火墙的工作流程

能产生的所有应用类型逐一进行设置，从而增加了系统管理的工作量，提高了管理的复杂程度。

（3）状态检测防火墙

状态检测防火墙的工作原理是一种基于连接状态的检测机制，将属于同一连接的所有数据包组成的数据流作为一个整体看待，并建立连接状态表，通过与规则表的共同配合，对表中的各个连接进行识别，从而达到对数据流进行控制的目的。状态检测防火墙的应用过程是：检查截取到的数据包是否属于某一有效连接，若属于有效连接，则说明该包所属的数据流已通过安全规则检查，只需要检查所在数据流的状态是否正确即可。只有当数据包不属于任何有效连接时，才对其进行规则检查，从而提高防火墙的效率。状态检测防火墙的工作流程如图4-7所示。

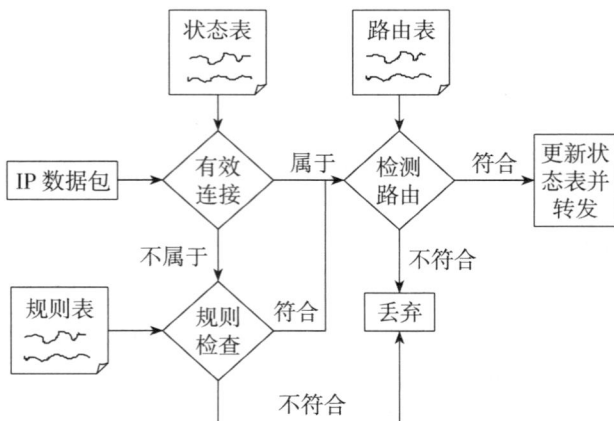

图4-7　状态检测防火墙的工作流程

① 状态检测防火墙的优点：工作高效，通过防火墙的所有数据包都在低层处理，减少了高层协议解析的开销。另外，一旦建立有效连接，就不用进行规则检查。具有动态性，当有新的连接建立时，状态检测防火墙能自动更新连接状态表，而且，状态检测防火墙对通信端口采用动态管理技术，进一步提高了防火墙的安全性。

② 状态检测防火墙的缺点：不同类型的连接需要不同的安全规则，所以状态检测防火墙的配置比较复杂，而且在处理的时候，也需要配套一定的网络速度。

（4）下一代防火墙

针对传统防火墙的不足，网络安全专家提出下一代防火墙（Next Generation Firewall））的技术构想。虽然该构想至今没有较为清晰的定义，但是却有着如下清晰的功能架构：

① 高性能基础平台。防火墙平台采用多核并发技术，使并发处理数据包无须排队等待；采用一体化安全引擎技术，统一对数据包进行基础解析，避免每个功能模块重复解析数据包。

② 智能防御与对抗。通过人工智能技术分析威胁情报，通过云端识别全网威胁样本，不断训练威胁模型，识别变种木马。

③ 全方位可视化。下一代防火墙能够提供丰富的展示方式，从应用和用户视角多层面地将网络应用的状态展现出来，包括对历史的精确还原和对各种数据的智能统计分析，使管理者清晰地认知网络运行状态。

3. 防火墙的安全策略

由于网络管理机制和安全策略不同，防火墙的安全策略也存在两种形式（见表4-2）。

表 4-2　　　　　　　　　**防火墙安全策略的两种形式的特点对比**

防火墙的安全策略	优点	缺点
一切未被允许的都是禁止的	防护增强，安全性高	便捷性降低
一切未被禁止的都是允许的	灵活性强，方便	安全性降低

（1）一切未被允许的都是禁止的

基于该准则，防火墙应封锁所有信息流，然后对希望提供的服务逐项开放。这种策略可以营造一种十分安全的环境，但用户所能使用的服务范围会受到限制。

（2）一切未被禁止的都是允许的

基于该准则，防火墙应转发所有信息，然后逐项屏蔽可能有害的内容。这种策略可为用户提供更多的服务，但网络管理人员工作量太大，很难提供可靠的安全防护。

4. 防火墙的功能和局限性

（1）防火墙的功能

① 网络安全的屏障

防火墙作为控制点能极大地提高一个内部网络的安全性，并通过过滤不安全的服务而降低风险。只有经过选择的应用协议才能通过防火墙，这样外部的攻击者就不能利用这些脆弱的协议来攻击内部网络。同时，防火墙可以保护网络免受基于路由的攻击，并能防止内部信息的外泄。

② 强化安全策略

以防火墙为中心的安全方案，能将所有安全软件，如口令、加密、身份认证、审计等配置在防火墙上，使口令系统和其他的身份认证系统不必分散在各个主机上。

③ 监控审计

防火墙能记下所有经过防火墙的访问，并做出日志记录，同时提供网络使用情况的统计数据。当出现可疑行为时，防火墙能进行适当的报警，并提供网络是否受到监测和攻击的详细信息。

（2）防火墙的局限性

防火墙是整体网络安全计划的重要组成部分，但防火墙并非万能的，它具有以下局限性：

① 防火墙不能阻止来自内部的破坏。如果攻击者已在防火墙内，那么防火墙实际上不起任何作用。

② 防火墙不能保护绕过它的连接。它可以有效地控制通过它的通信，但对不通过它的通信毫无办法。例如，某处允许通过拨号方式访问的内部系统。

③ 防火墙无法完全防止新出现的网络威胁。防火墙是为防止已知威胁而设计的，不能自动抵抗新产生的威胁。

④ 防火墙不能抵御病毒。大多数防火墙对源地址、目的地址及端口号进行检查，而不检查其中所含的数据，因此病毒防护不能依赖防火墙。

4.2.2　入侵检测技术

入侵检测通过对网络和系统的监测、审计，对入侵行为进行分析和报警。入侵检测根据入侵行为的属性，可以分为异常检测和误用检测；根据系统监测对象，可以分为基于主机和基于网络的入侵检测系统。

1. 入侵检测概述

（1）入侵检测的定义

入侵检测（Intrusion Detection）是对入侵行为的发觉，其通过对计算机网络或计算机系统中的若干关键点收集信息并对其进行分析，来检查网络或系统中是否存在违反安全策略的行为和被攻击的迹象。入侵检测系统（Intrusion Detection System，IDS）是能够执行入侵检测任务的硬件和软件组合的系统。

（2）入侵检测的功能

入侵检测的作用是对网络进行监测，从而提供针对各种威胁的实时保护。入侵检测系统在发现入侵后，将采取切断网络连接、记录事件和报警等措施。入侵检测的主要功能有：

① 监测并分析用户和系统的活动，识别违反安全策略的用户活动。

② 审计系统配置和漏洞，评估系统资源和数据的完整性。

③ 统计并分析异常行为，对攻击行为报警。

2. 入侵检测系统的分类

（1）根据入侵行为的属性分类

根据入侵行为的属性，可将入侵检测系统分为异常检测和误用检测。

① 异常检测

在异常检测中，观察到的不是已知的入侵行为，而是所研究的通信过程中的异常现象，它通过检测系统的行为或使用情况的变化来完成。在建立该模型之前，首先必须建立统计概率模型，明确所观察对象的正常情况，然后决定在何种程度上将一个行为标为"异常"，并做出具体决策。

异常检测只能识别出那些与正常过程有较大偏差的行为，而无法知道具体的入侵情况。由于对各种网络环境的适应性不强，且缺乏精确的判定准则，异常检测经常会出现虚警情况。

② 误用检测

在误用检测中，入侵过程模型及它在被观察系统中留下的踪迹是决策的基础。所以，可事先定义某些特征的行为是非法的，然后将观察对象与之进行比较以做出判别。

误用检测基于已知的系统缺陷和入侵模式，故又称特征检测。它能够准确地检测到具有某些特征的攻击，但却过度依赖事先定义好的安全策略，所以无法检测系统未知的攻击行为，从而产生漏警。

（2）根据系统监测对象分类

根据系统监测对象，可将入侵检测系统分为基于主机的入侵检测系统和基于网络的入侵检测系统。

① 基于主机的入侵检测系统

基于主机的入侵检测系统以系统日志、应用程序日志等作为数据源，也可以通过其他手段（如调用监督系统）从所在的主机收集信息进行分析，保护的一般是所在的系统。

② 基于网络的入侵检测系统

基于网络的入侵检测系统的数据源是网络上的数据包，其通常将一台机器的网卡设为混杂模式，监听所有本网段内的数据包并进行判断，担负着保护整个网段的使命。

4.2.3　虚拟专用网技术

1. 虚拟专用网概述

（1）虚拟专用网的概念

虚拟专用网（Virtual Private Network，VPN）是指在互联网中建立一个安全、专用的虚拟通道，连接异地的两个网络，通过用户认证和访问控制等技术实现与专用网络相类似的安全性能，构成逻辑上的虚拟子网，从而实现对重要信息的安全传输。通过VPN，可以使企业的信息在公共网络上传输，就像在广域网中为企业建立了一条专线，可以使企业利用互联网的资源将分散在各地的办事机构和客户等动态地连接起来。

VPN在直接访问互联网时，应用了以下技术：

① IP封装。当一个IP包中包含其他IP包时，它就被称为IP封装。

② 加密的身份认证。身份认证被用于有效地验证远程用户的身份，这样系统就可以决定这个用户的安全级别。

③ 数据有效负载加密。数据有效负载加密用来加密被封装的数据。通过加密被封装的IP包，可以保证专用网络的数据和内部信息的安全。

（2）VPN的基本原理

VPN的基本原理如图4-8所示。两个内部网都有各自的VPN设备，同时由路由器连接到公共网络。VPN采用了加密、认证、存取控制、保持数据的完整性等措施，相当于在各VPN设备间形成一些跨越Internet的虚拟通道——"隧道"，使得重要信息只有预定的接收者才能读懂，实现信息的安全传输。

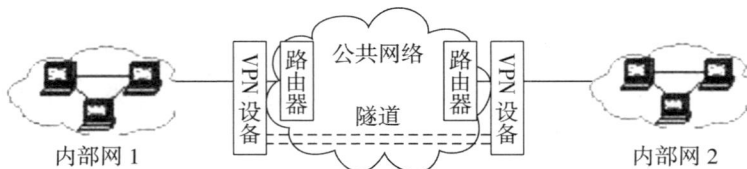

图4-8　VPN的基本原理

VPN的基本工作流程为：

① 内部网中的主机发送明文信息到VPN设备。

② VPN设备根据网络管理员设置的规则，确定应对数据进行加密传送，还是直接传送。

③ 对需要加密的数据，VPN设备将包括数据、源IP地址和目标IP地址的数据包加密并附上数字签名，加上目的地VPN设备需要的安全信息和一些初始化参数新的包头，重新封装。

④ 将封装后的数据包通过公共网络传送。

⑤ 数据包到达后，目的地VPN设备将数据包解封，核对数字签名无误后，对数据包解密。

2.虚拟专用网的类型

VPN在实际应用中有三种类型：企业内部型VPN（Intranet VPN）、企业扩展型VPN（Extranet VPN）和远程访问型VPN（Access VPN）。

（1）Intranet VPN

Intranet VPN用于连接企业总部网络与企业分部网络或多个异地分部网络，即在总部与分部之间建立安全的通信连接（如图4-9所示）。用户可以通过加密数据和认证手段实现端到端的全面安全。

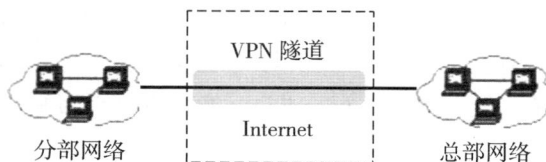

图4-9 Intranet VPN示意图

（2）Extranet VPN

Extranet VPN是对Intranet VPN的扩展，以应用于企业内部网与用户等合作伙伴的网络连接，即针对不同单位的属于互不信任的内部网络来建立连接（如图4-10所示）。它要求一个开放的基于标准的解决方案，需要应用不同的协议，以便解决企业内部网络与用户等合作伙伴的网络协同问题。在B2B电子商务模式中，主要采用Extranet VPN技术来实现安全访问服务。这种技术是通过在各个路由器之间建立VPN连接来传输用户的商用数据。Extranet用户对Extranet VPN的访问权限可以通过防火墙等手段来设置与管理。

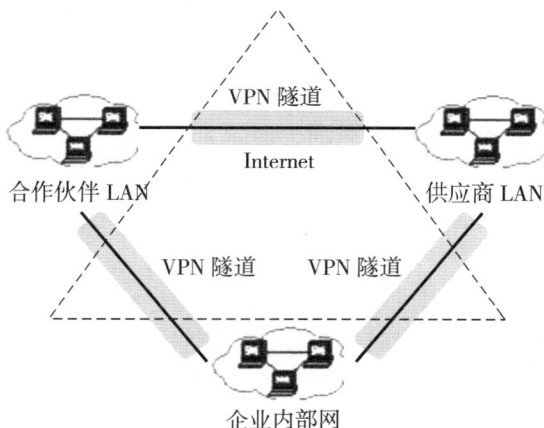

图4-10 Extranet VPN示意图

（3）Access VPN

Access VPN通过公用网络与企业的Intranet和Extranet建立私有的网络连接（如图4-11所示）。当前，随着移动办公需求的日益增多，远程用户需要及时地访问Intranet和Extranet。出差或流动员工、远程办公人员，可以通过Access VPN对企业内部网进行远程访问。

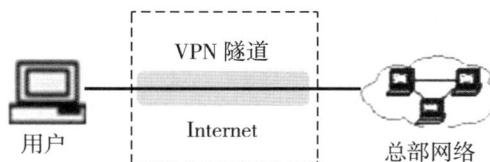

图4-11 Access VPN示意图

Access VPN 有两种类型：一种是用户发起的 VPN 连接；另一种是接入服务器发起的 VPN 连接。

用户发起的 VPN 连接的流程是：首先，远程用户通过服务提供点（POP）拨入 Internet；然后，用户通过网络隧道协议与企业网建立一条隧道（可加密）连接，从而访问企业内部网。在这种情况下，用户端必须有维护与管理发起隧道连接的协议和软件。

接入服务器发起的 VPN 连接的流程是：首先，用户通过本地号码或免费号码拨入 ISP；然后，ISP 的网络接入服务器再发起一条隧道连接到用户的企业网。在这种情况下，所建立的 VPN 连接对远端用户是透明的，构建 VPN 所需的协议及软件均由 ISP 负责管理和维护。

4.2.4　反病毒技术

随着计算机技术及互联网的发展，计算机病毒对人类的危害越来越大，这就使人类对反病毒的概念有了更深入的认识。

1.计算机病毒的特点

计算机病毒具有以下特点：

（1）**刻意编写**

计算机病毒不是偶然、自发产生的，而是人为编写、具有破坏性、严谨精巧的程序段，能与所在环境相互适应并紧密配合。有的病毒编制者为了相互交流或合作，甚至形成了专门的病毒组织。

（2）**自我复制**

自我复制也称"再生"或"传染"。是否有再生机制是判断是不是计算机病毒最重要的依据。计算机病毒会通过各种渠道从已被感染的计算机扩散到未被感染的计算机，在某些情况下造成被感染的计算机工作失常甚至瘫痪。

（3）**隐蔽性**

病毒一般是具有很高编程技巧的程序，通常附在正常程序中或磁盘较隐蔽的地方，用户不易发现。而且，大部分病毒在感染系统后不会马上发作，而是长期隐藏在系统中，只是进行传染，只有在满足特定的触发条件后才对信息或系统进行破坏。

（4）**破坏性**

任何病毒只要侵入系统，就会对系统及应用程序产生程度不同的影响。有的病毒为了达到感染、破坏系统的目的，还会取得系统的控制权。感染病毒的计算机，轻者会占用系统资源、降低工作效率，重者可导致系统崩溃。

2.计算机病毒的类型

（1）**按传染方式分为引导型、文件型和混合型病毒**

引导型病毒在系统启动时，修改系统的引导扇区，取得控制权，减少系统内存，然后在操作磁盘时进行传播。文件型病毒一般只传染磁盘上的可执行文件（如 .com、.exe 文件），在用户调用染毒的执行文件时，病毒首先运行，然后病毒驻留内存，伺机传染给其他文件或直接传染其他文件。混合型病毒兼有上两种病毒的特点，既感染引导扇区又感染文件，更容易传染。

（2）按连接方式分为源码型、入侵型、操作系统型和外壳型病毒

源码型病毒较为少见，亦难编写、传播。因为它要攻击高级语言编写的源程序，就需在源程序编译之前插入其中，并随源程序一起编译、连接成可执行文件。入侵型病毒可用自身代替正常程序中的部分模块或堆栈区，因此这类病毒只攻击某些特定程序，针对性强，一般情况下也难以发现和清除。操作系统型病毒可用其自身的一部分加入或替代操作系统的部分功能，因其直接感染操作系统，危害性也较大。外壳型病毒将自身附在正常程序的开头或结尾，相当于给正常程序加了个外壳。

（3）按破坏性可分为良性病毒和恶性病毒

良性病毒只是为了表现其存在，如只显示某项信息或播放一段音乐，对源程序不做修改，也不直接破坏计算机的软硬件，对系统的危害较小。恶性病毒则会对计算机的软件和硬件进行恶意的攻击，使系统遭到不同程度的破坏。

3. 计算机病毒的检测技术

在与病毒的对抗中，及早发现病毒可以把病毒的破坏程度降到最低。用来检测病毒的方法有特征代码法、校验和法、行为监测法和机器学习识别法等。

（1）特征代码法

特征代码法通过采集已知病毒样本实现检测。利用特征代码法来检测病毒时，只要发现被检测文件中含有病毒特征代码，便可判断被查文件中带有病毒，并可以由特征代码所对应的病毒进一步找出解除病毒的方法。特征代码法检测准确快速，误报警率低，依据检测结果可做杀毒处理。但是，特征代码法无法检测未知病毒。

（2）校验和法

校验和法是指对正常文件的内容进行定期的校验和计算，判断文件是否发生变化，进而判断文件是否被病毒感染。校验和法比较简单，能发现未知病毒，文件的细微变化也能发现。但是，这种方法不能识别病毒的名称且对隐藏性病毒无效。由于文件内容的改变也可能是由正常程序引起的，校验和法常常会有误报现象发生。

（3）行为监测法

行为监测法利用病毒的特征、行为来检测病毒。当程序运行时，监测其行为，如果发现其中含有病毒行为，则立即报警。行为监测法可以对已知病毒以及未知病毒和各种变形病毒进行检测，但是可能会出现误报现象，且不能识别病毒名称。

（4）机器学习识别法

机器学习识别法是指采用朴素贝叶斯、支持向量机等机器学习算法对计算机病毒的特征类型进行训练，归纳出计算机病毒的特性，以增强对于病毒检测的精度和速度。

4.3   电子商务的交易安全技术

电子商务的交易安全技术包括数字加密技术、数字摘要、数字签名、数字信封、数字时间戳和电子商务认证。通过这些技术来确保电子商务活动中数据的保密性、可靠性和完整性。

在图4-12中，对称加密技术、非对称加密技术和数字摘要技术是电子商务交易安全技术中的底层算法技术。数字信封由对称加密技术和非对称加密技术构成，数字签名技术由非对称加密技术和数字摘要技术组成，数字时间戳技术是在源文件上加上DTS机构的数字签名，最后是以数字证书技术为核心的电子商务认证技术。

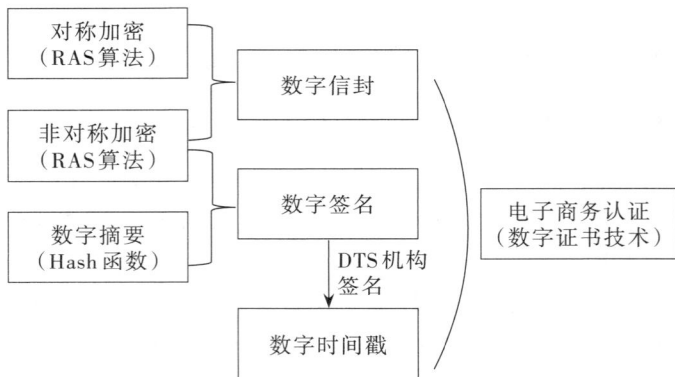

图 4-12   电子商务的交易安全技术关系图

4.3.1   数字加密技术

数字加密技术是最基本的安全技术，是实现信息保密性的一种重要手段，目的是防止合法接收者之外的人获取信息系统中的机密信息。

1.数字加密技术概述

数字加密技术是对信息进行重新编码，从而达到隐藏信息内容、使非法用户无法获得信息真实内容的一种技术手段。数字加密技术可以满足网络安全中数据完整性、保密性等要求。而基于数字加密技术的数字签名技术则可以满足防抵赖性等安全要求。可见，数字加密技术是实现网络安全的关键技术。数据加密过程如图4-13所示。其中，加密是指将原始信息重新组织，变换成难以识别的编码的过程；解密是指用户将接收的密文经过相应的逆变换还原成原始信息的过程。

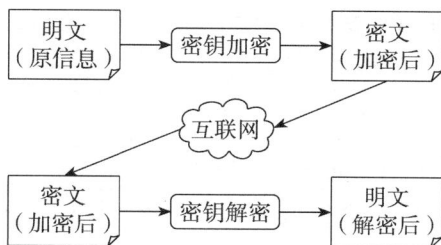

图 4-13　数据加密过程

　　数字加密技术可以简单地分为两类：对称密钥加密（私有密钥加密）技术和非对称密钥加密（公开密钥加密）技术。

2. 对称密钥加密技术

　　对称密钥加密技术就是使用同一个密钥或可以互相推导出的一对密钥对原始信息进行加密、解密的数据加密技术。这就要求通信双方都要获得这把密钥并使它不被泄露。对称密钥加密以 DES（Data Encryption Standard）算法为典型代表。其加解密过程如图 4-14 所示。

图 4-14　对称密钥加解密过程

（1）对称密钥加密技术的优点

　　对信息进行加密和解密计算量小、加密速度快、效率高，对称密钥加密技术一般广泛应用于对大量数据文件的加解密过程。

（2）对称密钥加密技术的缺点

　　① 密钥的管理复杂

　　密钥是保证通信安全的关键，如何才能把密钥安全地送到收信处，是对称密钥加密技术的关键。多人通信时密钥的组合数量会呈现爆炸性的膨胀，使密钥分发更加复杂化。n 个人进行两两通信时，总需要的密钥数为 $n(n-1)/2$。

　　② 存在局限性

　　如果发信者与收信者素不相识，就无法向对方发送秘密信息了；对称密钥体制难以解决电子商务系统中的数字签名认证问题。对开放的计算机网络来说，存在着安全隐患，不能满足网络环境邮件加密的需要。

3. 非对称密钥加密技术

　　非对称密钥的加密和解密分别由两个密钥来实现，而根据其中的一个密钥推出另一个密钥在计算上是不可能的。通常，加密密钥会公之于众，而解密密钥只有解密人自己知道，因此，非对称密钥加密也叫作公开密钥加密（如图4-15所示）。非对称密钥加密的典型代表就是RSA算法。

图4-15　非对称密钥加解密过程

（1）非对称密钥加密技术的优点

① 安全性更高

非对称密钥加密技术由于必须由两个密钥的配合使用才能完成加密和解密的全过程，因而有助于加强数据的安全性。

② 密钥管理简单

密钥少而便于管理。n个贸易方仅需产生n对密钥。不需要采用秘密的通道和复杂的协议来传送、分发密钥。可以通过非对称密钥加密技术来实现数字签名。

（2）非对称密钥加密技术的缺点

非对称密钥加密技术的加密速度慢，故不适合对大量文件信息进行加密，一般只适用于少量数据的加解密。

4.3.2　数字摘要

数字摘要是指采用单向的Hash函数将需要的明文转换成一段固定长度的密文。不同的明文生成的摘要是不同的，同样的明文摘要也必定相同。因此，数字摘要用于解决信息完整性的问题。

1.数字摘要的过程

发送方将信息和摘要一同发送，接收方收到后，用Hash函数对信息产生一个摘要，与收到的摘要相对比，若相同，则说明收到的信息是完整的，在传输过程中没有被修改，否则收到的就不是源信息。数字摘要的过程如图4-16所示。

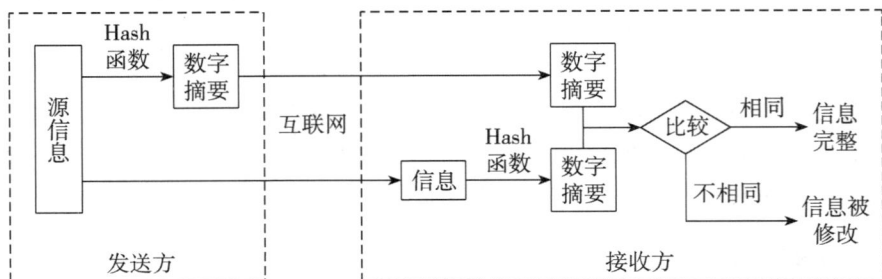

图4-16　数字摘要的过程

2.Hash函数的条件

用于数字摘要的 Hash 函数应满足以下几个条件：

① 对同一数据使用同一 Hash 函数，其运算结果应该是一样的。

② Hash 函数的结果应具有不可预见性，即从源文件的变化不能推导出摘要的变化。

③ Hash 函数具有单向性，即不能通过摘要反算出源文件的内容。

4.3.3　数字签名

在金融和商业等系统中，许多业务都要求在单据上进行签名或盖章，以证实其真实性。在用计算机网络传输报文时，我们可以采用数字签名的方法，从而替换传统签名。

1.数字签名概述

数字签名是指在数据电文中以电子形式所含、所附用于识别签名人身份并表明签名人认可其中内容的数据。数字签名能够确认信息是由签发者发送的，信息自签发后到收到为止未曾做过任何修改，能够用来防止电子商务信息作假、冒用他人名义发送信息等。

数字签名技术是在网络虚拟环境中确认身份的重要技术。数字签名是由文件摘要加密产生的，只对一份文件有效。发送方的公钥可以很方便地得到，但他的私钥则需严格保密。该认证方法普遍用于电子银行、数字合同等电子商务活动中。

2.数字签名的过程

数字签名采用了双重加密的方法来实现防伪、防抵赖，其过程如图4-17所示。

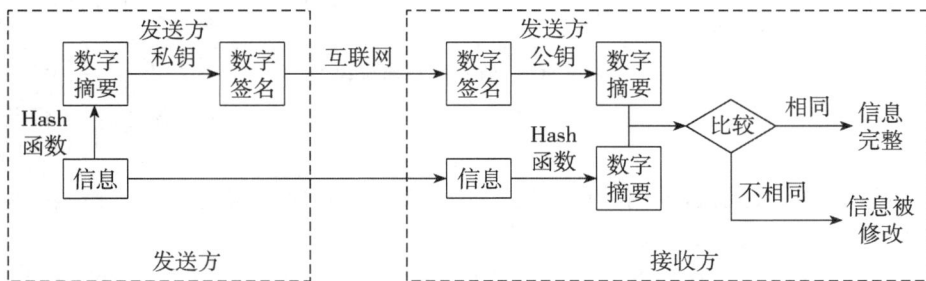

图 4-17　数字签名的过程

① 发送方首先用 Hash 函数将需要传送的内容形成数字摘要。

② 发送方采用自己的私有密钥对摘要进行加密，形成数字签名。

③ 发送方把源文和数字签名同时传送给接收方。

④ 接收方使用发送方的公共密钥对数字签名进行解密，得到发送方形成的数字摘要。

⑤ 接收方用 Hash 函数将接收到的信息转换成数字摘要，与发送方形成的摘要相比较，若相同，说明文件在传输过程中没有被破坏且发送方身份得以确认。

4.3.4　数字信封

数字信封是非对称密钥技术在实际中的一个应用，是用加密技术来保证只有特定收信人才能阅读通信内容的一种方法。

1.数字信封概述

数字信封技术用来保证只有特定的收信人才能阅读信的内容。采用数字信封技术后，即使加密文件被他人非法截获，其也不可能对文件进行解密，从而保证了数据传输的安全性。

数字信封技术结合了对称密钥加密技术和非对称密钥加密技术的优点，可解决对称密钥加密时密钥分发困难和非对称密钥加密时加密时间长的问题，使用两个层次的加密来获得对称密钥加密技术的高效和非对称密钥加密技术的灵活，从而保证信息的安全。

2.数字信封的过程

在应用中，数字信封的过程如图 4-18 所示。

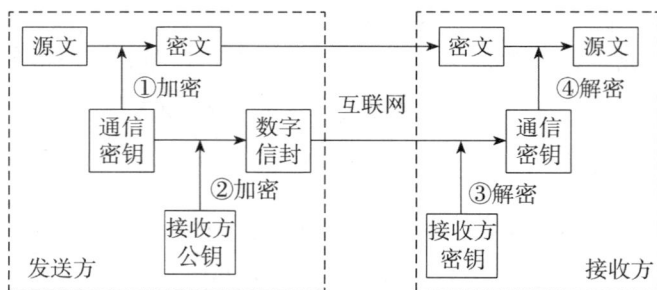

图 4-18　数字信封的过程

① 在发送文件时，发送方先产生一个通信密钥，并用通信密钥对文件进行加密。

② 发送方把通信密钥用接收方的公开密钥进行加密，将密文和密钥密文即数字信封通过网络传送给接收方。

③ 接收方用自己的私钥对密钥密文进行解密，从而得到发送方的通信密钥。

④ 接收方再用发送方的通信密钥对加密文件进行解密，从而得到文件的原文。

4.3.5　数字时间戳

在电子商务中，电子合同等交易文件的时间也是非常重要的信息，而数字时间戳（Digital Time-stamp，DTS）技术可以在时间上为其提供安全保护与认证。

1.数字时间戳概述

数字时间戳技术是一种特殊的数字签名技术。在书面合同中，文件签署的日期和签名一样，均是防止文件被伪造和篡改的关键性内容。而数字时间戳服务就能提供对电子文件发表时间的安全保护。

数字时间戳是网上安全服务项目，由专门的DTS机构提供。它是一个经过加密后形成的凭证文档，内容包括需加时间戳的文件摘要、DTS机构收到文件的时间和DTS机构的数字签名三个部分。

2.数字时间戳的产生过程

数字时间戳的产生过程如图4-19所示。

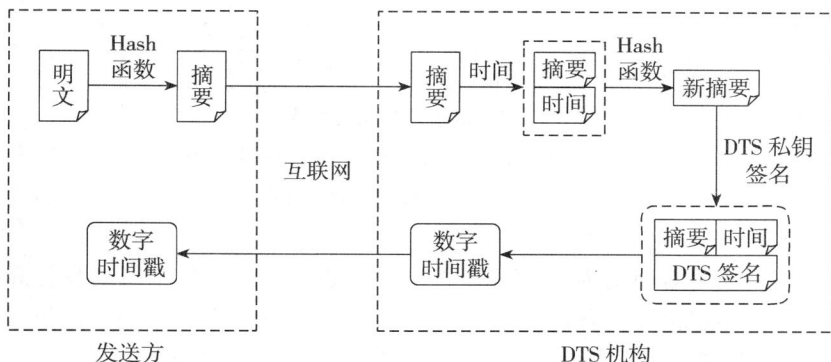

图4-19 数字时间戳的产生过程

① 用户先将需要加时间戳的文件用Hash函数形成摘要。

② 将该摘要发送到专门提供数字时间戳的DTS机构。

③ DTS机构收到摘要的时间信息后，用Hash函数生成新的摘要。

④ DTS机构用自己的私钥对新的数字摘要进行签名生成数字时间戳，这样数字时间戳中就包含了DTS机构的签名、文件摘要和收到文件的时间三部分。

⑤ 将数字时间戳发送给用户。

应特别注意的是，数字时间戳以DTS机构收到文件的时间为依据。数字时间戳可以作为电子商务交易信息的时间认证，在发生争议时作为时间凭证。数字时间戳应当保证：

① 数据文件加盖的时间戳与存储数据的物理媒体无关。

② 对已加盖时间戳的文件不能做任何改动。

③ 想对某个文件加盖与当前日期和时间不同的时间戳是不可能的。

4.3.6 电子商务认证

认证技术是保证电子商务交易安全的一项重要技术。电子商务认证可以直接满足身份认证、信息完整性、不可否认等多项电子交易的安全需求，较好地避免电子交易面临的假冒、篡改、抵赖、伪造等威胁。

1.电子商务认证的内容

电子商务认证主要涉及身份认证和信息认证两个方面的内容，如图4-20所示。

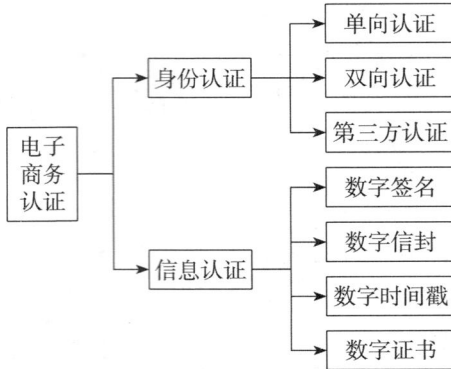

图4-20　电子商务认证的内容

① 身份认证是对通信对象的认证，用于鉴别用户的身份，包括识别和验证两个环节，即明确并区分访问者的身份和对访问者声称的身份进行确认，以实现对用户的访问控制。

② 信息认证是对通信内容的认证，用于保证通信双方的不可抵赖性和完整性等需求。信息认证的实现方式除了上面提到的数字签名、数字信封和数字时间戳以外，还有下面要讲到的数字证书。

2.身份认证

身份认证的方式可分为以下三种：

（1）单向认证（One Way Authentication）

单向认证是指在两个参与主体A和B中，只对其中的一个主体进行认证（如图4-21（a）所示）。

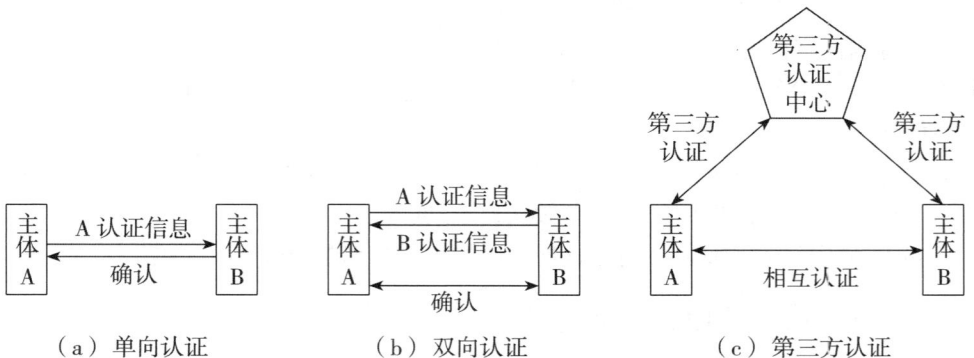

（a）单向认证　　　　　（b）双向认证　　　　　（c）第三方认证

图4-21　身份认证的三种方式

（2）双向认证（Two Way Authentication）

双向认证是一种通信双方相互认证的方式（如图4-21（b）所示）。

（3）基于可信赖的第三方的认证（Trusted Third Party Authentication）

这也是一种通信双方相互认证的方式，但必须通过一个第三方来完成，这个第三方为两者的可信任性提供担保。当双方进行通信时，首先经过第三方认证，然后才能交换密钥进行相互认证（如图4-21（c）所示）。

第三方的认证代理我们称为"认证中心"（Certificate Authority，CA）。一个认证中心是一个可信任的实体，通常是国家认定的权威机构。它的核心职责就是审查认证实体的身份，证明该实体是其所声称的实体，然后由 CA 发放实体数字证书，作为 CA 表示信任的一种证明。这样，通过第三方认证，任何信任第三方的人便可以信任这个实体。

3. 数字证书

数字证书类似于现实生活中的个人身份证。它用电子手段来证实一个用户的身份和对网络资源的访问权限，是由权威机构CA采用数字签名技术颁发给用户的，是在数字领域中证实用户身份和相关访问权限的一种凭证。证书文件还包含签发该证书的认证中心对该证书的签名。证书可以提供诸如身份认证、信息完整性、机密性和不可否认性等安全服务。证书中的公钥可用于加密数据或者验证对应私钥的签名。

（1）数字证书的内容

国际电信联盟在制定的 X.509 标准中，对数字证书进行了详细的定义。一个 X.509 国际标准格式的数字证书包含以下主要内容：

① 证书的版本信息；

② 证书发行者对证书的签名；

③ 证书拥有者的名称；

④ 证书拥有者的公共密钥；

⑤ 密钥的有效期；

⑥ 颁发数字证书的单位；

⑦ 数字证书的序列号；

⑧ 颁发数字证书单位的数字签名。

（2）数字证书的类型

① 个人数字证书。个人数字证书（Personal Digital ID）仅仅用于为用户提供凭证，一般安装在客户浏览器上，以帮助个人在网上进行安全交易。利用个人数字证书可以发送带有个人签名的电子邮件，也可以利用对方的数字证书向对方发送加密邮件。

② 企业（服务器）数字证书。企业数字证书（Server ID）用于为企业 Web 服务器提供凭证。拥有 Web 服务器的企业可以利用具有企业数字证书的互联网站点进行安全的电子交易，可以开启服务器SSL安全通道，使用户浏览器和服务器之间

的数据传送以加密的形式进行。

③ 软件（开发者）数字证书。软件数字证书（Developer ID）用于为软件开发者提供凭证，证明该软件的合法性。利用软件数字证书可以为软件做数字标识，在互联网上进行安全的传送。当用户从互联网上下载软件时，软件数字证书与微软的 Authenticode（认证码）技术共同提供他们所需要的软件信息和对该软件的信任。

在上述三种数字证书中，前两类是常用的证书，第三类则用于比较特殊的场合。大部分认证机构只提供前两类证书，能提供全部三类证书的认证机构不多。

（3）数字证书的工作原理

数字证书的工作原理如图 4-22 所示。Alice 和 Bob 都信任由政府审核授权的 CA，并都拥有 CA 颁发的数字证书。当 Alice 和 Bob 要在网络上通信时，他们互相出示数字证书，验证彼此的数字证书是有效的之后，他们便认为对方是值得信赖的。在这里，Alice 和 Bob 之间的信任关系是通过第三方认证中心 CA 建立起来的，这种第三方信任关系也就是之前提到的第三方认证。

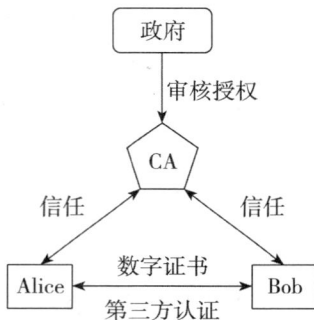

图 4-22　数字证书的工作原理

4.认证中心

（1）认证中心概述

认证中心又称证书授予机构，在电子商务交易中，承担公钥体系中公钥合法性检验的责任，提供网上认证服务，签发数字证书并能确认用户身份，是具有权威性的第三方机构。CA 解决了网上身份认证、公钥分发以及信息安全等一系列问题。

CA 的主要任务是受理数字证书的申请、签发及对数字证书进行管理，即接受注册请求，处理、批准或拒绝请求，颁发证书，更新证书，撤销证书和验证证书。

（2）认证体系结构

根据功能的不同，认证中心可划分为不同的等级（如图 4-23 所示）。由于每份数字证书都有上一级的数字签名，各级认证中心组成了可追溯的信任链。根认证中心是被严格保护的，仅在发布新的品牌认证中心时才被访问。品牌认证中心发布并维护地域认证中心、持卡人认证中心、商户认证中心和支付网关认证中心的证书。地域认证中心是考虑到特殊地区的政策因素而设定的，因此是可选的。目前，我国的国家级根 CA 为国家信任源根 CA，CFCA 属品牌 CA，北京 CA 属地域 CA，这两个

CA分别在2012年11月和2013年1月被接纳为国家信任源根CA的下级CA。支付网关认证中心、商户认证中心和持卡人认证中心分别颁发支付网关证书、商户证书和持卡人证书。

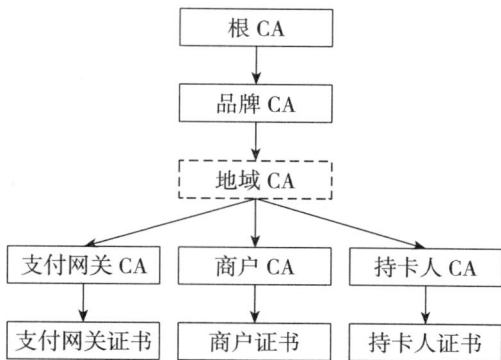

图4-23　认证中心的体系结构

　　目前，在全球处于领导地位的认证中心是美国的Verisign公司，它提供的数字证书遍及世界各地。国内常见的CA有中国数字认证网、北京数字证书认证中心、上海市数字证书认证中心、中国金融认证中心（CFCA）等。

4.3.7　安全交易的过程

　　电子商务的安全交易中为保证信息的可靠性、保密性和完整性等，通常会综合应用数字证书、数字摘要、数字签名和数字信封等技术。假设发送方是甲，接收方是乙，安全交易的过程如图4-24所示。

　　① 将要发送的信息通过Hash函数转换成数字摘要。

　　② 将数字摘要用甲方的私钥加密，生成数字签名。

　　③ 数字签名和甲方证书附着在信息上生成信息包后，用甲方的对称密钥给信息包加密。

　　④ 通过预先收到的乙方证书中的乙方公钥对甲方对称密钥进行加密，生成数字信封。

　　⑤ 加密的信息包和数字信封通过互联网传输给乙方。

　　⑥ 乙方用自己的私钥解密数字信封，得到甲方的对称密钥。

　　⑦ 用甲方的对称密钥解密信息包，得到信息、数字签名和甲方证书。

　　⑧ 用包含在甲方证书中的甲方公钥解密数字签名，得到数字摘要。

　　⑨ 将收到的信息通过Hash函数转换成数字摘要。

　　⑩ 将第8步和第9步中生成的数字摘要进行比较，确定信息完整性。

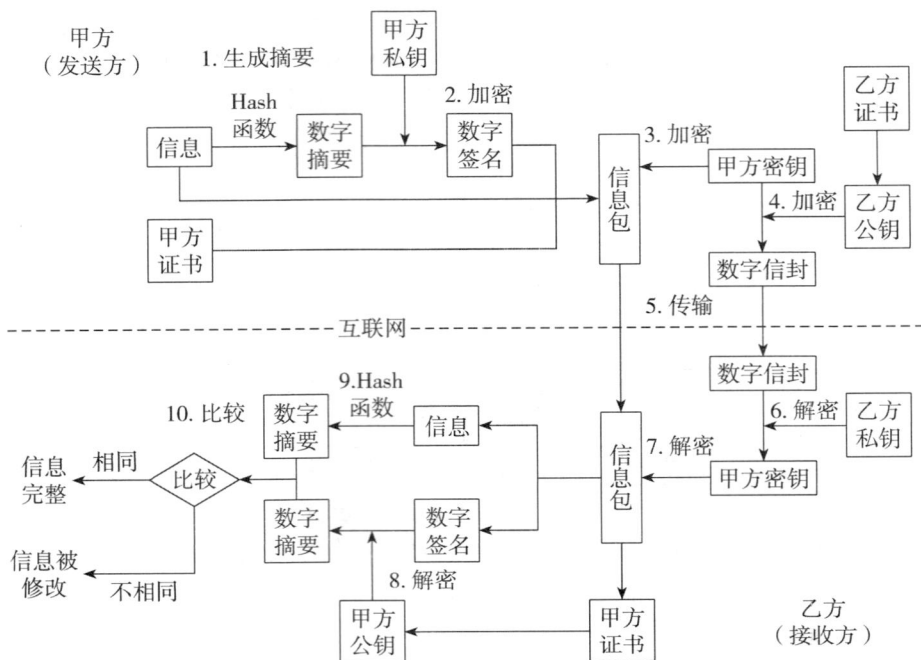

图 4-24 安全交易的过程

4.4 公钥基础设施

网络通信的实体千差万别，因此需要通用的安全基础设施来保障信息的安全传输。公钥基础设施就可以解决网络中的信任问题，确定通信主体的身份，方便用户使用数字加密、数字签名等安全服务。

4.4.1 公钥基础设施概述

公钥基础设施通过认证中心实现对通信实体的身份认证，并广泛应用于虚拟专用网、安全电子邮件、Web 安全等领域。

1. 公钥基础设施的概念

公钥基础设施（Public Key Infrastructure，PKI）是一种遵循既定标准的密钥管理平台，它利用非对称加密技术为电子商务、电子政务等所有网络应用提供一整套的通用性安全服务。它的基础是加密技术，核心是证书服务，支持集中自动的密钥管理和密钥分配，能够为所有网络应用提供加密和数字签名等密码服务及必需的密钥和证书管理。

　　PKI可以用于建立不同实体间的"信任"关系，是目前网络安全建设的基础与核心。PKI通过认证中心把用户的公钥和标识信息捆绑在一起，在互联网上验证用户的身份，提供安全可靠的信息处理。通过数字证书，对要传输的数字信息进行加密和签名，保证信息传输的机密性、真实性、完整性和不可否认性。

2.PKI的应用

　　作为一种基础设施，PKI的应用范围非常广泛，并且还在不断发展之中。下面，介绍几个比较典型的应用。

　　（1）虚拟专用网

　　虚拟专用网（VPN）是一种架构在公用通信基础设施之上的专用数据通信网络，利用网络层安全协议和建立在PKI上的加密与签名技术来获得私有性。同租用线路等方法相比，VPN既节省了开销又易于安装和使用，已经成为企业架构Intranet和Extranet的首选。

　　（2）安全电子邮件

　　电子邮件的身份认证、机密性、完整性和不可否认性都可以利用PKI来实现。用户可以用数字证书中的密钥对邮件进行签名。如果证书是由可信的第三方颁布的，收到邮件的人就可以信任该邮件。

　　（3）Web安全

　　安全套接层（Secure Socket Layer，SSL）协议是由网景公司研究制定的基于Web的安全协议。利用PKI，SSL协议可以提供客户端和服务器的身份鉴别、数据机密性和数据完整性保护。值得注意的是，SSL协议本身不能提供不可否认性，需由数字证书完成。

4.4.2　PKI的组成

　　一个完整的PKI系统由认证中心（CA）、数字证书库、密钥备份及恢复系统、证书作废系统、应用程序接口（API）等部分构成，其中认证中心是PKI的核心。

1.认证中心

　　CA负责具体的证书颁发和管理，它是PKI应用中权威、公正、可信任的第三方机构。

　　（1）CA的功能

　　CA具有如下基本功能：

　　① 签发数字证书；

　　② CA密钥的管理；

　　③ 接受证书申请，审核申请者身份；

　　④ 证书管理；

　　⑤ 提供证书和证书状态的查询。

其中，最为重要的功能是签发数字证书。CA对其签发的数字证书的全部内容，包括证书用户姓名标识、公钥信息、颁发者标识、证书有效期、签名算法标识等，进行数字签名，从而权威地证明了证书持有者和公钥的唯一匹配关系。

CA的另一项重要功能是证书查询。证书有效性的查询对安全认证也是至关重要的。由于遗失或其他原因，证书可能需要在失效期未到时就予以撤销，为此CA提供证书撤销列表（Certificate Revocation List，CRL）供用户查询。

（2）CA的组成

下面以CFCA为例介绍CA的组成（如图4-25所示）。

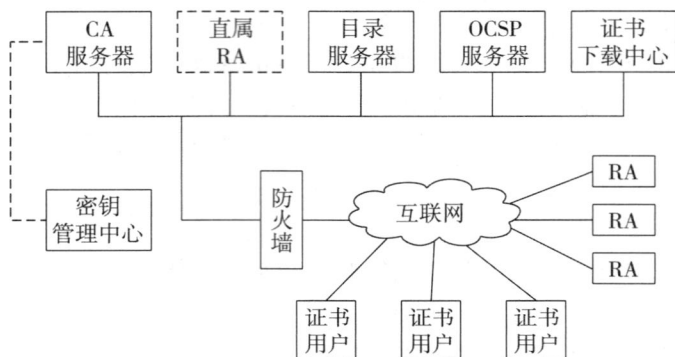

图4-25 CA的组成

① CA服务器：这是CA的核心，是数字证书生成、发放的运行实体，同时提供发放证书的管理、CRL的生成等服务。

② 证书下载中心：该中心连接在互联网上，用户通过登录CA网站访问证书下载中心，CA服务器生成的证书通过证书下载中心供用户下载。

③ 目录服务器：它的功能是提供数字证书的存储以及数字证书和CRL的查询服务。有时也把它称为"LDAP"，因为目录服务的技术标准遵循轻量级目录访问协议（Lightweight Directory Access Protocol，LDAP）。

④ OCSP服务器：在线证书状态协议（Online Certificate Status Protocol，OCSP）服务器向用户提供证书在线状态的查询服务。

⑤ 密钥管理中心（Key Management Centre，KMC）：根据国家密码管理规定，加密用私钥必须由权威、可靠的机构进行备份和保管。

⑥ 证书注册机构（Registration Authority，RA）：它负责受理证书的申请和审核。

此外，CFCA还在其所在地部署了直属RA，为一些比较零散的、不适合或者没必要建立RA的用户提供注册服务。

2.数字证书库

证书生成以后，必须存储以备后用。证书库是CA颁发证书和撤销证书的集中存放地，是网上的公共信息库，公众可进行开放式查询。证书库支持分布式存放，以提高证书的查询效率，减少向总目录的查询。实现证书库的方式有很多种，包括 X.500、轻量级目录访问协议（LDAP）、Web 服务器、FTP 服务器、数据库服务器和域名解析服务器等。

3.密钥备份及恢复系统

如果用户丢失解密密钥，则数据无法被解密，会造成合法数据丢失。为避免这种情况的发生，PKI 提供备份与恢复密钥的机制。需注意的是，密钥的备份与恢复必须由可信的机构来完成，并且密钥备份与恢复只能针对解密密钥，签名私钥为确保其唯一性不能备份。

4.证书作废系统

证书作废系统是 PKI 的一个必备组件。与日常生活中的各种身份证件一样，证书在有效期内也可能需要作废，原因可能是密钥介质丢失或用户身份变更等。要实现这一点，PKI 必须提供作废证书的一系列机制。

5.应用程序接口

PKI 的价值在于使用户能够方便地使用加密、数字签名等安全服务，因此一个完整的 PKI 必须提供良好的应用程序接口系统，使得各种各样的应用能够以安全、一致、可信的方式与 PKI 交互，确保安全网络环境的完整性和易用性。

4.4.3　PKI提供的服务

PKI 作为安全基础设施，为不同的用户提供多种安全服务，这些安全服务可以分为核心服务和支持服务两大类。

1.核心服务

（1）认证服务

认证服务就是确认实体，即自己所声明的实体。在应用程序中，有实体鉴别和数据来源鉴别两种形式。

实体鉴别是服务器对实体本身进行鉴别，产生一个明确的结果，由此允许实体进行某些操作。例如，在实体鉴别过程中产生一对密钥，可以用来加解密数据，或与其他实体建立一个安全的通信通道。实体身份一旦获得认证，就和访问控制列表中的权限关联起来，决定实体的活动。数据来源鉴别是鉴别指定的数据是否来源于特定的实体，确定被鉴别的实体与特定数据有着静态的不可分割的联系，可以支持不可否认服务。

（2）完整性服务

数据完整性服务是指数据的接收方可以确认收到的数据是否与发送方发出的数据完全一致。在电子交易中，为了保护数据，必须采用加密技术，这就要求提供数据的一方和验证完整性的一方协商合适的密码算法和密钥。PKI的完整性服务能够完全满足这样的需求，因为算法选择和密钥协商是PKI的基本工作。

（3）保密性服务

保密性服务是确保数据除了指定的实体外，无人能读。保密性可以防止被动攻击而对传送数据加以保护。这就要求所有的机密数据都应当由加密技术提供机密的保护。同完整性服务一样，保密性服务的通信双方也需要协商合适的密码算法和密钥。PKI的保密性服务是一个框架结构，通过它可以完成算法协商和密钥交换，而且对参与通信的实体是完全透明的。

2. 支持服务

（1）数字时间戳

数字时间戳就是一个可信的时间权威机构签发的能证明数据电文（电子文件）在一个时间点是已经存在的、完整的、可验证的、具备法律效力的电子凭证。任何相关的实体必须验证文档的时间戳是否真实、完整。数字时间戳使用PKI中的认证和完整性服务。一份文档上的时间戳涉及时间和文档的数字签名，所有有关的PKI实体需要知道并且信任时间戳的验证公钥，以便验证时间戳的数字签名。

（2）公证服务

PKI的公证服务是通过数字签名机制证明数据的准确性。公证服务依赖于核心服务——认证服务。通常它还需要PKI的数字时间戳服务，因为公证需要在数据公证结果中包含公证的时间。

（3）不可否认服务

不可否认通常讨论的是对数据源的不可否认（用户不能否认信息来源于他）和接收后的不可否认（用户不能否认接收了信息）。不可否认还包括很多其他类型，如创建的不可否认、传输的不可否认以及同意的不可否认等。不可否认除了依赖数字时间戳服务和公正服务外，还要求作为证据的过期证书、证书撤销列表等其他有关数据必须安全地加以保存，以便以后可以用于解决争议。

4.5　电子商务安全协议

电子商务的核心和关键是实现安全支付。电子交易的实现，需要规范和统一通信系统中的各种行为，使交易各方遵循一定的规则，以保证各方的利益和安全，这些标准和规范就是电子商务安全协议。

4.5.1　SSL协议

SSL协议最初是由Netscape公司开发制定的一种安全通信协议，是在互联网基础上能够对信用卡和个人信息提供较强保护的一种保证机密性的安全协议。

1.SSL 协议概述

SSL 协议，即安全套接层（Secure Sockets Layer，SSL）协议，是通过使用公开密钥体制和数字证书技术保护信息传输的机密性和完整性的协议，它不能保证信息的不可抵赖性，主要适用于点对点之间的信息传输，常用 Web 方式。SSL 协议是目前在电子商务中应用最广泛的安全协议之一，凡是构建在 TCP/IP 上的客户端/服务器模式需要进行安全通信时，都可以使用 SSL 协议。

SSL 协议用于浏览器/服务器方式。它基于 TCP/IP，可以让 HTTP、FTP 及 Telnet协议通过它透明地加以应用，在建立一次连接之前，首先建立 TCP/IP 连接。SSL 协议可以看成是在 TCP/IP 连接的基础上建立一个安全通道，在这一通道中，所有点对点的信息都将加密，从而确保信息在互联网上传输时，不被第三方窃取。

2.SSL 协议的内容

SSL 协议中最重要的两个协议为 SSL 握手协议和 SSL 记录协议。

（1）**SSL 握手协议**

握手协议用于数据传输之前。它可以进行服务器与用户之间的身份鉴别。同时，通过服务器和客户协商，决定采用的协议版本、加密算法，并确定加密数据所需的对称密钥，随后采用公钥加密技术产生共享机密信息（如对称密钥）。

（2）**SSL 记录协议**

SSL 记录协议用于对封装全部传输数据的 SSL 记录进行加密、解密、认证。在这一层中，将根据 SSL 记录的负载，将信息加以分割或合并，随后将所有记录信息用对称密钥加密，通过基于 TCP/IP 的连载将信息发送出去。

3.SSL 协议的过程和模式

SSL 协议在互联网上有广泛的应用，虽然它只是信道加密协议，没有应用层所需的防抵赖和防篡改能力，但是由于其简洁性、透明性和易于实现等特点，它在电子商务等领域被广泛采用。

（1）**SSL 协议的运行过程**

SSL 协议的运行包括六步（如图 4-26 所示）：

① 接通阶段，客户通过网络向服务器打招呼，服务器回应。

② 密码交换阶段，客户与服务器之间交换密钥证书以便双方互相确认。

③ 会话密码阶段，客户与服务器之间产生彼此交谈的会话密码，客户提供自己支持的所有算法清单，服务器选择它认为最有效的密钥生成算法。

④ 检验阶段，浏览器将产生的会话密钥用 Web 服务器的公钥加密后传给 Web服务器。

⑤ 客户认证阶段，Web 服务器用自己的密钥解密。

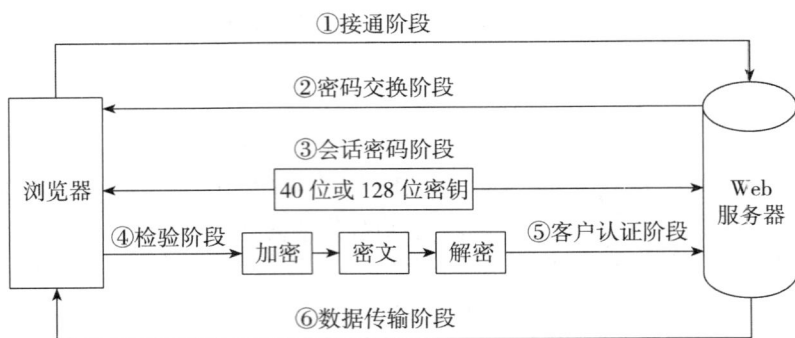

图 4-26　SSL 协议的运行步骤

⑥ 数据传输阶段，浏览器用会话密钥加密和解密，实现加密传输。

当上述运行完成之后，两者间的资料传送就会加密，等到另外一端收到资料后，再将编码后的资料还原。即使盗窃者在网络上取得编码后的资料，如果没有原先编制的密码算法，也不能获得可读的有用资料。

（2）SSL 协议的应用模式

SSL 协议的应用主要有两种模式：客户端/服务器模式和对等模式。

① 客户端/服务器模式

在这种模式中，客户端可以匿名访问，服务器不必知道客户端是谁。建立 SSL 连接时，临时生成一对密钥，用于 SSL 握手。整个会话完成后，密钥失效。

这种模式常用于一些 HTTP 服务中，保护传输内容的安全性。很多浏览器和 Web 服务器都支持这种功能。用于电子商务中时，也只能保护双方数据的加密和完整性，对用户的认证还要通过其他方式，如账号、密码等。

② 对等模式

在这种模式中，双方都既可做服务器也可做客户端。双方的通信不仅需要对通信数据加以保护，还需要双方进行身份的认证。这种模式可用于电子商务中商家和银行之间的电子支付系统，也可用于两个局域网络之间的安全网关代理，在两个局域网络之间起到类似于 VPN 的作用。

③ 电子商务中的综合应用

两种模式结合起来在电子商务中的应用如图 4-27 所示。其中，顾客可以没有数字证书，但商家和银行必须有。顾客与商家之间的通信使用客户/服务器模式，兼顾了安全性和简便性。商家与银行之间传送的是顾客的数据，相互验证对方的数字证书，使安全性进一步得到了保证。

4.SSL 协议提供的服务

SSL 协议主要提供三个方面的服务：

（1）用户和服务器的合法性认证

认证用户和服务器的合法性，使得它们能够确信数据将被发送到正确的客户机

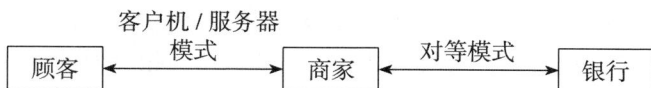

图 4-27　SSL 协议在电子商务中的综合应用

和服务器上。客户机和服务器都有各自的识别号，这些识别号由公开密钥进行编号。为了验证用户是否合法，SSL 协议要求对握手交换数据进行数字认证。

（2）加密数据

SSL 协议所采用的加密技术既有对称密钥技术，也有公开密钥技术。在客户机与服务器进行数据交换之前，交换 SSL 初始握手信息，在 SSL 握手信息中采用各种加密技术对其加密，以保证其机密性和数据的完整性，并且用数字证书进行鉴别。这样就可以防止非法用户进行破译。

（3）保护数据的完整性

SSL 协议采用 Hash 函数和机密共享的方法来提供信息的完整性服务，建立客户机与服务器之间的安全通道，使所有经过 SSL 协议处理的业务在传输过程中能全部、完整、准确无误地到达目的地。

4.5.2　SET 协议

安全电子交易（Security Electronic Transaction，SET）协议，是 1996 年由 MasterCard 和 Visa 两大国际信用卡组织与技术合作伙伴 IBM、GTE 等一批跨国公司共同开发的电子商务安全交易的一个国际标准，主要用于解决信用卡电子付款的安全保障问题。

1.SET 协议概述

SET 协议是采用对称密钥和非对称密钥体制，保证支付信息的机密、支付过程的完整、商户及持卡人的合法身份，以解决用户、商家和银行之间通过信用卡安全支付问题的协议。SET 协议是一种应用于互联网环境下的电子交易规范，把对称密钥的高效率、低成本和非对称密钥的安全可靠性结合在一起。SET 协议使用数字证书对交易各方的合法性进行验证，使用数字签名技术确保数据的完整性和不可否认性。由于 SET 提供商户和收单银行的认证，确保了交易数据的完整性和可靠性，以及交易的不可抵赖性，特别是具有保护消费者支付信息和购物信息等优点，SET 协议已成为目前公认的信用卡网上交易的国际标准。

2.SET 协议的运行目的

① 防止数据被窃取。保证信息在互联网上安全传输，防止数据被黑客或内部人员窃取。

② 保证电子商务参与者信息的相互隔离。客户的资料加密或打包后经商家到达银行，但是商家看不到客户的账户和密码信息。

③ 解决多方认证问题。SET协议不仅要对消费者的信用卡认证，而且要对在线商店的信誉程度认证，同时还有消费者、在线商店与银行间的认证。

④ 保证网上交易的实时性。所有的支付过程都是在线的。

⑤ 促进软件兼容性。效仿EDI贸易形式，规范协议和消息格式，使不同厂家开发的软件具有兼容性和互操作功能，并且可以运行在不同的硬件和操作系统平台上。

3.SET协议的安全措施

SET协议采用的安全措施，几乎全部以数据加密技术为基础，可以说没有加密技术就没有安全电子交易。SET协议把对称密钥体制和公开密钥体制完美地结合起来，体现了DES加密效率高、速度快、RSA加密安全性高、密钥管理简便的优点。下面从数据的机密性、认证性和完整性等方面介绍SET协议所采用的安全措施。

（1）通过数字信封保证信息的机密性

SET协议在一个数据信封中使用对称和非对称两种加密技术和算法来保证数据的机密性。发送方将消息用DES加密，并将DES对称密钥用接收方的公钥加密，形成消息的"数据信封"，将数字信封与DES加密后的消息一起发给接收方；接收方收到消息后，先用其密钥打开数字信封，得到发送方的DES对称密钥，再用此对称密钥去解开数据。只有用接收方的RSA密钥才能打开此数据信封，从而确保了接收方的身份。

（2）应用数字签名进行鉴别

SET协议有两种应用形式：数字签名和双重签名。数字签名采用RSA算法，数据发送方采用自己的私钥加密数据，接收方用发送方的公钥解密。由于私钥和公钥之间的严格对应性，使用其中一个只能用另一个来解密，保证了发送方不能抵赖发送过的数据。

数字签名在SET协议中一个重要的应用就是双重签名。在交易中，顾客要提供两组信息：给商家的订购信息和给银行的付款信息。但是，顾客不希望商家知道自己的支付信息，也不希望银行知道自己的购物内容。这时，顾客需要分别加密两组信息，使其中一个接收方只能解读其中的一组，而另一组只能转给第三方。这种需要完成两个数字签名的加密方式，就叫作双重签名。

持卡人一方面要避免商家窃取自己的信用卡信息，以及银行跟踪自己的行为；另一方面又不能影响商家和银行对持卡人所发信息的合理验证。SET协议用双重签名来解决这个问题。

（3）使用数字证书来提供信任

SET协议使用数字证书来提供信任。SET协议中主要的证书是持卡人证书和商家证书。除此之外，还有支付网关证书、银行证书、发卡机构证书。这些证书都可以通过CA进行验证和鉴别。

（4）应用散列函数保证数据完整性

SET 协议将散列函数和数字签名结合在一起使用，允许数据的接收方验证数据的来源和完整性，防止伪造和篡改。在 SET 协议中，一个数字签名是采用发送方私用密钥加密的 Hash 值，该 Hash 值提供传送数据的完整性。如果支付数据被修改，则 Hash 值就会不同。

4.SET 协议的运行步骤

根据 SET 协议的工作流程，可将其运行分为以下几步（如图 4-28 所示）：

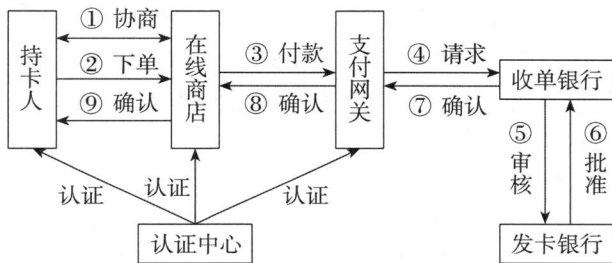

图 4-28　SET 协议的运行步骤

① 持卡人与商家协商所要购买的商品。

② 持卡人确认订单中的货物单价、应付账款、交货方式等信息。

③ 持卡人确认订单，选择付款方式，此时 SET 协议开始介入。持卡人签发付款指令，同时利用双重签名技术保证商户看不到持卡人的账号信息。商户转发付款指令，等待审核结果。

④ 支付网关将请求发送到收单银行。

⑤ 收单银行请发卡银行进行审核。

⑥ 发卡银行批准交易后，通知收单银行。

⑦ 收单银行将确认结果返还给支付网关。

⑧ 支付网关将确认结果返还给商家。

⑨ 商家将确认结果返还给持卡人，持卡人端软件可记录交易日志，以备将来查询。至此，SET 协议参与的过程结束。

⑩ 商户发送货物或提供服务，并通知收单银行将钱从持卡人的账号转移到商户账号。

在认证操作和支付操作中间一般会有一个时间间隔。如在每天的下班前请求银行结前一天的账。在处理过程中，对于通信协议、请求信息的格式、数据类型的定义等，SET 协议都有明确的规定。在操作的每一步，持卡人、商户、支付网关都通过 CA 来验证通信主体的身份，以确保通信的对方不是冒名顶替。所以，也可以简单地认为，SET 规范充分发挥了认证中心的作用，以维护在任何开放网络上的电子商务参与者所提供信息的真实性和保密性。

5.SET协议的特点

自SET协议推出以来，大量的现场实验和实施效果都获得了业界的支持，从而促进了SET协议的良好发展，但不可避免的是，它也存在一定的问题。

（1）SET协议的优点

① 认证更严格。SET协议的安全需求较高，因此所有参与SET交易的成员都必须先申请数字证书来识别身份。

② 顾客隐身更有保障。SET协议保证了商家的合法性，并且用户的信用卡卡号不会被窃取。SET协议替客户保守了更多的秘密，使其在线购物更加轻松。

③ 安全性更高。SET协议的安全性较SSL协议高，主要原因是在整个交易中，包括客户到商家、商家到支付网关再到银行都受到严密的保护，而SSL协议的安全范围只限于客户到商家的信息交流。

（2）SET协议的缺点

① SET协议没有解决交易中证据的生成和保留问题。SET协议仅解决了支付信息的认证，而没有提及在事务处理完后，如何安全地保存或销毁此类数据。虽然商家或收单银行无法解密客户的信息，但是，这些信息仍然被保留在了商户或收单银行的计算机中。这些漏洞可能会使这些数据以后受到潜在的攻击。

② SET协议过于复杂。完成一个SET协议交易过程过于复杂，成本高，效率低。如果没有对时间进行控制，可能会出现由于时间的延误而导致的纠纷。

6.SET协议与SSL协议的比较

① 在认证方面，SET协议的安全需求较高，因此所有参与SET协议交易的成员都必须先申请数字证书来识别身份；而在SSL协议中，只有商户端的服务器需要认证，客户认证则是有选择性的。

② 在安全性方面，SET协议比SSL协议的安全性高，主要原因是在整个交易过程中，包括持卡人到商家、商家到支付网关再到银行，都受到严密的保护。而SSL协议的安全范围只限于持卡人到商家的信息交流。

③ 在采用率方面，由于SET协议的设置成本较SSL协议高很多，并且进入国内市场的时间尚短，因此目前还是SSL协议的普及率高。但是，由于网上交易安全性的需求不断增加，SET协议的市场占有率将会提高。

SSL协议与SET协议的比较见表4-3。

4.5.3　其他安全协议

除了SET协议和SSL协议，还有一些其他的协议用来保证诸如电子邮件或交易信息的安全传输。

表 4-3　　　　　　　　　　　　SSL 协议与 SET 协议的比较

比较项目	SSL 协议	SET 协议
工作层次	传输层与应用层之间	应用层
浏览器支持	大部分浏览器支持	需要安装电子钱包
效率	较高	较低
安全性	较低	较高
认证机制	双方认证	多方认证
应用	主要用于信息交流	用于信用卡支付等交易环节

1.PGP 协议

PGP（Pretty Good Privacy）协议提供了机密性和身份认证服务，可以用在电子邮件和文件存储应用中。它对邮件进行加密，以防止未授权者阅读；其还能对邮件加上数字签名，从而使收信人可以确认邮件的发送者，并能确定邮件没有被篡改。

PGP 协议提供了一种安全的通信方式，事先并不需要用任何保密的渠道来传递密钥。PGP 协议采用了 RSA 公钥体制、对称加密体制、用于数字签名的邮件文摘算法、加密压缩算法，以及密钥认证管理机制等设计方法，并将这些方法集成为独立于操作系统和处理器的通用程序。PGP 协议在全世界都可以免费使用，并且适用范围非常广泛，从需要标准化方案来加密文档和消息的公司到想通过互联网或其他网络与他人安全通信的个人都适用。

2.S/MIME 协议

安全多用途互联网邮件扩展（Secure Multipurpose Internet Mail Extensions，S/MIME）协议最初是由 RSA 公司领导下的一个私人小组开发的，是一种正式的互联网电子邮件扩充标准格式，但它未提供任何安全服务功能。S/MIME 协议在 MIME 协议的基础上增加了数字签名和加密技术协议，它主要用于电子邮件或相关的业务，也可用于 Web 业务。S/MIME 协议已成为业界广泛认可的协议，如 Microsoft 公司、Novell 公司、IBM 公司等都支持该协议。

3.HTTPS 协议

安全超文本传输（HyperText Transfer Protocol over Secure Socket Layer，HTTPS）协议是以安全为目标的 HTTP 通道，通过在 HTTP 下加入 SSL 层，来实现安全的 HTTP 数据传输。简单地讲，HTTPS 协议就是 HTTP 的安全版，用于安全敏感信息的通信。

HTTPS 协议由 Netscape 开发并内置于其浏览器中。该协议在 HTTP 的基础上，充分结合并利用了对称加密算法的高效性与非对称加密算法的安全性，通过数字证书和数字签名等方式实现了客户端与服务器的双向身份认证，并保证了传输数据的机密性和完整性。

□本章小结

电子商务安全是指计算机系统、通信网络、应用环境等保证电子商务实现的要素不受危害的一个多层次、多方位的动态过程，具有系统性、相对性、代价性、发展动态性等特点。电子商务面临着系统安全威胁和交易安全威胁，为此提出了电子商务安全有效性、保密性、完整性、可靠性、匿名性、不可抵赖性等要求。电子商务安全体系结构从安全技术、法律和管理制度三个方面保障电子商务安全。安全技术主要包括网络安全技术、交易安全技术、安全协议和PKI。

网络安全技术主要包括防火墙技术、入侵检测技术、虚拟专用网技术和反病毒技术。防火墙通过控制内外部网络间信息的流动来保护内部网免受外部的非法入侵，主要包括包过滤型、代理服务器型和状态检测型三种类型。防火墙存在两种安全策略形式：一切未被允许的都是禁止的和一切未被禁止的都是允许的。入侵检测通过对网络和系统的监测、审计，对入侵行为进行分析和报警。入侵检测系统根据入侵行为可以分为异常检测和误用检测，根据监测对象可以分为基于主机型入侵检测系统和基于网络型入侵检测系统。通过VPN可以使企业的信息在公共网络上传输，在实际应用中有 Intranet VPN、Extranet VPN 和 Access VPN 三种方式。计算机病毒按传染方式分为引导型、文件型和混合型；按连接方式分为源码型、入侵型、操作系统型和外壳型；按破坏性分为良性和恶性。用来监测病毒的方法有特征代码法、校验和法和行为监测法等。

电子商务中的交易安全技术包括数字加密技术、数字摘要、数字签名、数字信封、数字时间戳和认证技术。数字加密技术可以简单地分为两类：对称加密和非对称密钥加密技术。数字摘要主要用于解决信息完整性问题。数字签名是由摘要加密产生的，可用于身份确认和完整性验证。数字信封技术用来保证只有特定的收信人才能阅读信的内容。数字时间戳技术能提供电子文件发表时间的安全保护。认证技术主要涉及身份认证和信息认证两个方面的内容。

电子商务的安全协议主要包括 SSL 协议和 SET 协议。凡是构建在 TCP/IP 上的客户端/服务器模式需要进行安全通信时，都可以使用 SSL 协议。SET 协议主要是为了解决用户、商家和银行之间的信用卡支付问题而设计的。其他的安全协议包括 PGP 协议、S/MIME 协议和 HTTPS 协议等。

PKI 系统包括认证中心、数字证书库、密钥备份及恢复系统、证书作废系统、应用程序接口等基本构成部分，可以提供核心服务和支持服务两大类安全服务。

□关键概念

电子商务安全　计算机病毒　防火墙　入侵检测　虚拟专用网　数字加密技术　数字摘要　数字签名　数字信封　数字时间戳　数字证书　公钥基础设施

SSL 协议　SET 协议

□思考题

1.电子商务安全的特点有哪些?

2.目前电子商务安全面临的威胁主要有哪些?

3.简述电子商务安全的体系结构。

4.电子商务的安全需求有哪些?

5.防火墙有哪几种类型?

6.如何理解防火墙的功能和局限性?

7.入侵检测系统可以从哪几个角度分类?

8.虚拟专用网在应用中有哪几种方式?

9.计算机病毒的特点有哪些?

10.数字加密技术包括哪两类?

11.简述数字摘要的应用过程。

12.数字签名是如何应用的?

13.简述数字信封的原理和作用。

14.数字时间戳是如何产生的?

15.电子商务认证包括哪几部分内容?

16.身份认证有哪几种方式?

17.简述数字证书原理。

18.如何理解认证体系结构?

19.PKI系统由哪几部分组成?

20.PKI可以提供哪些服务?

21.简述SSL协议的运行步骤。

22.简述SET协议的运行步骤。

23.试比较SET协议与SSL协议。

□本章案例

2019年中国互联网网络安全报告

2019年，在我国相关部门持续开展的网络安全威胁治理下，分布式拒绝服务攻击（DDoS攻击）、漏洞威胁、数据安全隐患、网络黑灰色产业链等网络安全威胁减弱，但同时也呈现出许多新的特点，带来新的风险与挑战。

（1）党政机关、关键信息基础设施等重要单位防护能力显著增强，但DDoS攻击呈现高发频发态势，其组织性和目的性更加凸显。某黑客组织2019年对我国300余个政府网站发起了1 000余次DDoS攻击，在初期其攻击可导致80.0%以上的攻击目标网站的正常服务受到不同程度的影响，但后期其攻击已无法对攻击目标网站带来实质伤害。

（2）重大安全漏洞应对能力不断强化，但事件型漏洞和高危漏洞数量有所上升，信息系统面临的漏洞威胁形势更加严峻。CNVD接收的事件型漏洞数量约为14.1万个，首次突破10万，较2018年同比增长227%。这些事件型漏洞涉及的信息系统大部分属于在线联网系统，一旦漏洞被公开或曝光，如未及时修复，易遭不法分子利用，其会进行窃取信息、植入后门和篡改网页等攻击操作，甚至形成地下黑色产业链进行非法交易。

资料来源：佚名．速读《2019年中国互联网网络安全报告》（上）［EB/OL］．［2020-09-01］. http://www.cac.gov.cn/2020-08/31/c_1600431603771050.htm. 经删减和整理。

【案例思考】

1.报告中提到了哪些电子商务安全威胁？

2.简述解决这些安全威胁的方法和途径。

□参考文献

［1］黄海滨．电子商务概论［M］．上海：上海财经大学出版社，2006.

［2］张基温．电子商务原理［M］．北京：电子工业出版社，2002.

［3］奚宪铭．电子商务安全与法律［M］．北京：经济科学出版社，中国铁道出版社，2009.

［4］姜红波．电子商务概论［M］．北京：清华大学出版社，2009.

［5］董晓华．电子商务概论［M］．重庆：重庆大学出版社，2009.

［6］李洪心．电子商务概论［M］．大连：东北财经大学出版社，2004.

［7］李洪心．电子商务安全［M］．大连：东北财经大学出版社，2008.

［8］李一军．电子商务［M］．北京：电子工业出版社，2010.

［9］肖德琴，周权，等．电子商务安全［M］．北京：高等教育出版社，2009.

［10］赵礼强，荆浩，等．电子商务理论与实务［M］．北京：清华大学出版社，2010.

［11］林中燕．电子商务概论［M］．上海：上海财经大学出版社，2008.

［12］张波，刘鹤．电子商务安全［M］．上海：华东理工大学出版社，2010.

第 5 章

网络营销

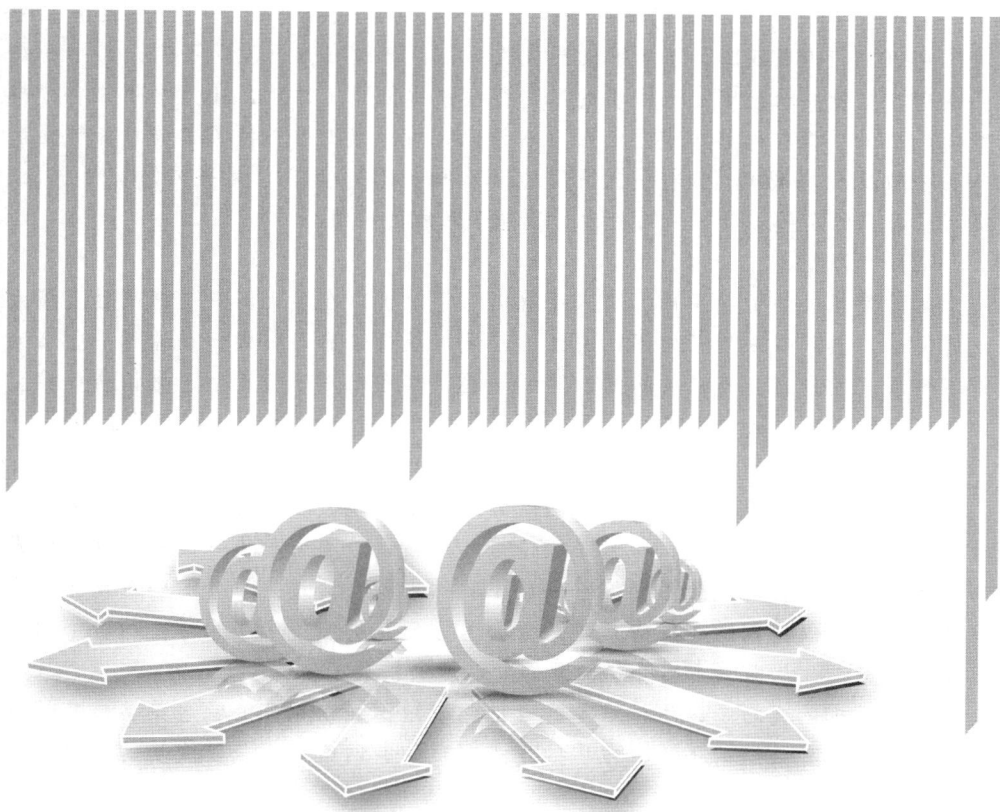

────── 学习目标 ──────

　　通过本章的学习，了解网络营销的基本知识，网络营销的内涵、特点与功能，理解网络营销与电子商务的关系，熟悉网络调研的方法、步骤，掌握网络营销的方法及策略，了解我国网络营销的发展现状及未来趋势。

【案例引导】

小米手机网络营销

　　小米手机是小米公司专为发烧友级手机控打造的一款高品质智能手机。其于2011年11月份正式上市。其主打中高端市场，重视用户体验和技术创新。小米手机以及后续迭代产品一经推出便销售火爆，曾一度因供不应求导致限量抢购。

　　（1）饥饿营销

　　在小米手机众多的营销手段中，饥饿营销可以说是小米手机的主要营销手段。在2011年9月5日，小米手机开放购买，而通过官方网站购买则是其唯一购买通道。首批成功预定小米手机的用户将根据排位顺序付款，30万名用户将分批发货。小米手机在网络渠道上开展各种活动，礼品就是小米手机F码（能够提前购买手机的优先码）。小米手机惯用的限购和一次只销售少量手机的营销手段，提高了用户的购买难度，从而极大地提高了品牌的价值。

　　（2）微博营销

　　微博是新兴的营销手段，小米手机抓住了时机，在各大门户微博平台上搞大微博促销。其不仅采用了常用的关注、转发以获得奖品等方式，还通过一些名人或者事件来促进自身产品的传播。除了这些，其还采用了微直播、微访谈等典型的微博营销方式。通过微博这个平台，小米树立了良好的企业形象和产品形象。

　　（3）网站营销

　　小米手机官网是小米手机进行网站营销的主阵地、官方发布信息最重要的平台、购买手机的唯一通道、小米手机论坛的所在地。小米手机官网集网站式的发布资源于一身，甚至包含了商城——旗下软件米聊。通过一系列的资源整合、资源集中，其不仅给网站访问者提供了极大的方便，也使关于小米手机的各个项目之间相互促进，从而大大提升了网站的知名度和扩展度。

　　小米手机的成功是以手机本身的硬件作基础，配以完美的销售策略、营销方式，以制造各种话题的手段、推广的方式实现的。网络营销是其成功的重要决定因素之一。

　　资料来源：陈佳乐，陈明. 电子商务案例分析 [M]. 北京：北京理工大学出版社，2019（经删减和整理）。

　　本章知识图谱如图5-1所示。

网络营销概述	网络市场调研	网络营销方法	网络营销策略	我国网络营销现状
网络营销的产生与发展	网络市场调研的含义与特点	网络服务营销方法	网络营销的产品策略	我国网络营销的发展现状
网络营销的定义	网络市场调研的方法	信息宣传营销方法	网络营销的定价策略	我国网络营销存在的问题
网络营销的特点与功能				
网络营销的理论基础	网络直接调研	口碑宣传营销方法	网络营销的渠道策略	我国网络营销的未来发展方向
网络营销与传统营销的关系	网络间接调研			
网络营销与电子商务的关系	网络市场调研的步骤	综合型营销方法	网络营销的促销策略	

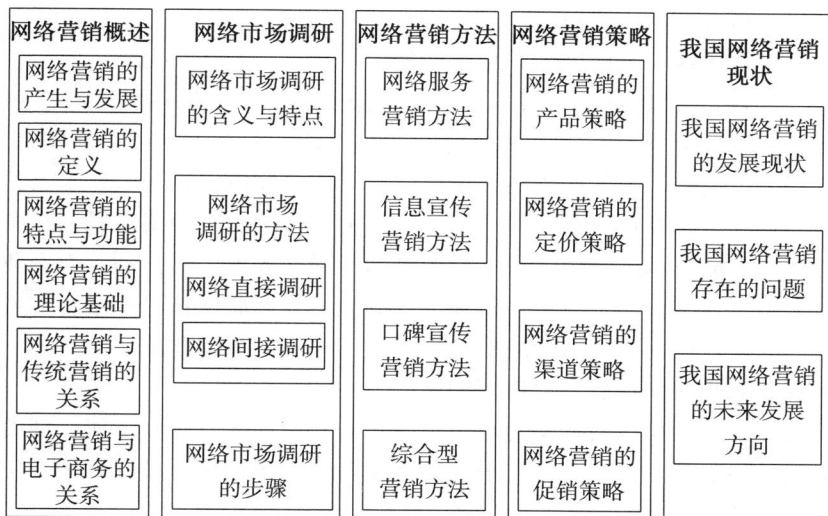

图 5-1　网络营销知识图谱

5.1　网络营销概述

互联网改变了企业所面对的消费者、虚拟市场空间、营销策略与理念以及竞争对手，电子商务基于互联网应运而生。如同传统商务离不开营销一样，网络营销同样是电子商务的重要环节之一。交易前的商品展示、广告宣传，交易后的客户沟通、咨询服务等都与网络营销有着密不可分的关系。

5.1.1　网络营销的产生与发展

互联网的产生从根本上改变了人们的生活、工作习惯，改变了企业的经营理念与方式，成为人们日常密不可分的伙伴。基于互联网与电子商务，网络营销作为一种新型营销手段应运而生。它是由科学技术的发展、消费者价值观念的变化和商业竞争等因素促成的，并伴随着信息技术的改革而不断发展与前进。

1.网络营销的产生

20世纪90年代初，Internet 的飞速发展在全球范围内掀起了互联网应用热潮，世界上许多大公司纷纷利用互联网提供信息服务和拓展公司的业务范围，并且按照互联网的特点积极改组企业内部结构和探索新的营销管理方法。1994年10月，美国 *Wired* 杂志网络版首次出现了 AT&T 公司等14家客户的旗标广告，开创了网络广告的先河，这也标志着网络营销的诞生。网络营销的产生基于在特定条件下的技术基础、观念基础和现实基础，是多种因素综合作用的结果。具体地分析其产生的根源，可以更好地理解网络营销的本质。

（1）技术基础——互联网的产生与发展

20世纪90年代，以开放、分享、价格低廉为特点的互联网技术在应用之初便受到了大力追捧。直至今日，互联网已经成为人们日常生活中密不可分的一部分，它在一定程度上改变了人们的生活、工作、学习方式，也极大地改变了人类社会信息交流的方式和企业商业运作的模式。电子商务技术的出现使得互联网具备了商业交易的性质与功能，越来越多的企业开始利用互联网开展经营活动，而企业经营过程中最重要的组成部分之一——营销环节，必然会与互联网技术相结合形成新的营销模式。因此，互联网为网络营销的产生奠定了坚实的技术基础。

（2）观念基础——消费者价值观的转变

电子商务的发展使得商品交易市场正由卖方垄断向买方垄断演变，消费者主导的营销时代已经来临。面对基于同一互联网平台的众多商品与品牌，消费者的消费价值观呈现出新的特点与趋势，具体表现为：

① 个性消费的回归。消费者以个人心理愿望为基础挑选和购买商品或服务，心理上的认同感是做出购买决策的先决条件，在纷繁复杂的商品中挑选出符合其个性化需求的商品成为社会时尚。

② 消费主动性增强。由于商品生产的日益细化和专业化，消费者购买商品的焦虑随着选择的增多而上升。消费者会主动通过各种途径获取与商品有关的信息，并进行分析比较，以减少购买失误的可能性。

③ 消费忠诚度下降。随着科技的发展、时代的进步，新鲜事物的产生速度越来越快，互联网共享与公开的特性，使得消费者均处于同一基础的平台之上，消费者心理转换的速度趋于与社会发展同步，消费者忠诚度下降，产品生命周期缩短。

（3）现实基础——交易市场竞争的日益激烈

如今的市场竞争日趋激烈，单单依靠传统营销手段已很难让企业在竞争中出奇制胜。市场竞争已不再依靠表层的营销手段，经营者迫切需要更深层次的方法和理念武装自己。

网络营销的产生给企业的经营者带来了福音，可谓一举多得。企业开展网络营销，可以节约大量的店面租金，降低商品从生产到销售的整个供应链上所占用的成本和费用，减少库存商品的资金占用，使经营规模不受场地限制，方便采集客户信息等。这些好处使得企业经营的成本和费用降低、运作周期变短，从根本上提高了企业的竞争力。

2.网络营销的发展

网络营销是伴随着互联网的发展而发展的，因此，我们将网络营销的发展历程分为三个阶段（见表5-1）：网络营销的过去——Web1.0时代，网络营销的现在——Web2.0时代，网络营销的未来——Web3.0时代。

表 5-1　　　　　　　　　　　　网络营销的发展历程

时间段	发展阶段	代表方法
1969—2004 年	网络营销的过去：Web1.0 时代	搜索引擎营销、电子邮件营销、即时通信营销、BBS 营销、病毒式营销
2005—2015 年	网络营销的现在：Web2.0 时代	博客营销、RSS 营销、口碑营销、体验营销、SNS 营销
2016 年至今	网络营销的未来：Web3.0 时代	精准营销、嵌入式营销、Widget 营销、数据库营销

（1）网络营销的过去——Web1.0 时代

Web1.0 时代是以企业为中心的时代，从模仿传统媒体开始，在最初的发展阶段中，综合性门户作为互联网普及的基本样本，以其大流量、大信息量、涉及面广、影响面大而成为互联网的主流。我们通过观察互联网发展大事记年表（见表5-2），不难发现网络营销起步的身影。

表 5-2　　　　　　　　　　互联网发展大事记年表[①]

年份	大事记
1969	美国国防部资助开发阿帕网，用于学术和军事研究
1975	第一份邮件列表用于新的计算机网络
1979	网络论坛 USENET 问世，组织在线讨论
1987	联网计算机主机达到 10 000 台，第一次与中国进行电子邮件通信
1988	出现第一个病毒，60 000 台计算机主机中的 10% 受到感染
1994	Hotwired.com 网站上出现最初的旗帜广告
1995	eBay 网站开始登载广告，使得广告业务开创了一种全新的模式
2000	Napster.com 网站出现了点对点信息传输，一些网络企业倒闭
2002	用户撰写博客成为一件时髦的事情，市场的力量从厂商转移到消费者
2007	网络用户占全球人口的 19%，工业化国家的互联网应用趋于成熟

掌握了互联网技术的厂商将信息技术与营销实践结合在一起（见表5-3），互联网的技术属性不仅使得营销战略和战术得到更加有效的实施，而且它改变了营销活动的方式。例如，信息数字化的发明彻底改变了媒体和软件的传递方式，催生了新的交易渠道。此外，人们能够平等地分享信息，所以信息的控制从原来的向厂商倾斜变成了现在的向消费者倾斜。

---

① 以下部分信息源自 Hobbes' Internet Timeline（详见 www.zakon.org）。互联网采用率源自 www.worldinternetstats.com。

表5-3 互联网技术对网络营销活动的影响

互联网属性	对营销活动的影响
传递技术由比特代替原子	数字形式的信息、产品可以实时接收、存储和传递。文字、图表、照片、音频、视频都可以数字化，但是产品不能被触摸与品尝
充当沟通的媒介	人们不管身在何地都可以聚集在一起进行商业合作。技术方便了人们进行实时的沟通、信息分享
全球化	互联网开辟了新的市场，人们可以在全球范围内合作，员工可以跨国协调，销售人员也能进行远程信息交换
网络延伸	利用自动化沟通的便利，企业可以扩展市场，消费者则可以在第一时间将自己对品牌的感受告知他人
跨时空	消费者对企业的沟通效率抱有更大的期望，希望企业的工作流程能够加快
信息对等	企业可以对信息进行规模定制，让消费者对产品和定价等信息有更多的了解
标准公开	为实现流畅的供应链管理和客户关系管理，企业可以相互获取对方的数据库信息
市场解构	非传统企业承担了许多配送渠道的工作，新的行业纷纷涌现
工作的自动化	网络的自助服务功能降低了运营成本，出现了自动交易、自动支付等功能

在互联网Web1.0时代，常用的网络营销形式有：搜索引擎营销、电子邮件营销、即时通信营销、BBS营销、病毒式营销。

（2）网络营销的现在——Web2.0时代

2001年秋天，互联网公司（dot-com）泡沫的破灭是互联网发展的一个转折点。2004年，O'Reilly和MediaLive International的经营者之间的一场头脑风暴引出了"Web2.0"的概念。那时，互联网先驱、O'Reilly的副总裁指出，鉴于令人激动的新程序和新网站间惊人的规律性，互联网不仅没有"崩溃"，甚至比以往更重要，"Web2.0"的概念由此诞生。

Web2.0是相对于Web1.0的新一类互联网应用的统称。Web1.0的主要特点在于用户可以通过浏览器获取信息。Web2.0则更注重用户的交互，即用户既是网站内容的浏览者，也是网站内容的制造者。Web2.0时代的营销环境特征如图5-2所示。

Web2.0时代重视企业与客户间双向的沟通，充分考虑客户的需求，带来了经济生活的巨大变化。消费者一改以往的弱势地位，开始通过互联网交互技术表达自己的声音，约束企业的行为。这一理念的重大转变，促使企业在网络营销过程中更多地从客户角度出发。Web2.0时代的网络营销模式主要有博客营销、RSS营销、口碑营销、体验营销、SNS营销等。

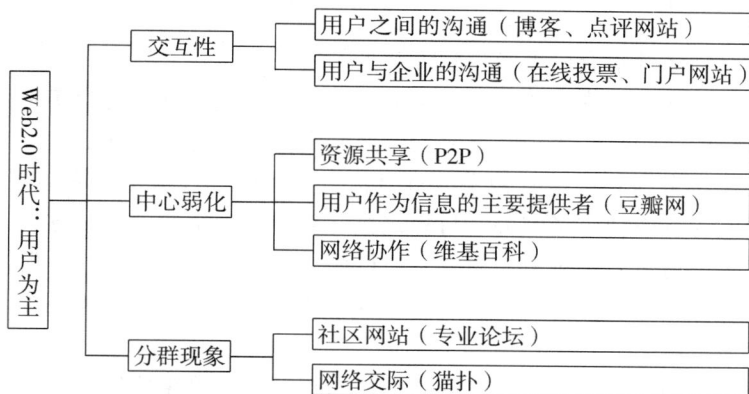

图 5-2　Web2.0 时代的营销环境特征

（3）网络营销的未来——Web3.0 时代

Web3.0 正处于孕育阶段，尽管对其没有明确的定义，但可以肯定的是 Web3.0 时代是一个个性化的时代。Web3.0 时代的网络访问速度会非常快；网站更加开放，对外提供自己的 API 将会是网络的标准配置；信息关联通过语义来实现，信息的可探索性将会达到一个新的高度。因此，Web3.0 时代是个人门户和信息聚合的时代，互联网将更具可管理性，用户可以根据自己的需求构建个性化的信息平台。

在 Web3.0 时代，个性化将成为网络营销的新特点。网络营销商要做的不再是漫无目的地乱发网络广告，其现在只需要通过搜索引擎将自己的营销网络或信息与相应的搜索词进行结合，就能轻松地进行商品推介。与现有的关键词竞价排名不同，时代的个性化搜索结果完全基于用户的自身需求，是按照用户给定的智能化代理程序进行筛选之后得到的结果，因此更容易让人接受。Web3.0 时代的网络营销模式主要有精准营销、嵌入式营销、Widget 营销、数据库营销等。

5.1.2　网络营销的定义

虽然营销传播模式和传播媒体经历了近百年的发展，但以往的发展大多只是工具、手段上的变化。互联网是一种互动式的信息传播媒体，突破了传统理论和模式的局限，网络营销基于互联网而产生，其创新与发展成为一种必然。

在国外，网络营销有多种表达方式，如 "Internet Marketing" "Web Marketing" "Cyber Marketing" "Network Marketing" "Online Marketing" "E-Marketing"。这些主要是针对不同的网络技术在不同时期的提法，最常见的还是 "E-Marketing" 和 "Online Marketing"。

与很多新兴发展学科一样，网络营销同样没有一个公认的、完善的定义。美国营销大师菲利普·科特勒将市场营销定义为 "个人和群体通过创造并同他人交换产品和价值以满足需求和欲望的一种社会管理过程"。也就是说，营销是一种满足人们欲望的过程，通过交换产品来获取价值。而网络营销实质上也是一种市场营销，从广义上讲，凡是以互联网为主要手段并达到一定营销目的的活动，都可以称为网络营销。

国内外对网络营销有以下两种较为常见的定义：

冯英健：网络营销是企业整体营销战略的一个组成部分，是为实现企业总体经营目标所进行的、以互联网为基本手段营造网上经营环境的各种活动。[①]

朱迪·施特劳斯：网络营销是通过对信息技术的广泛应用，来达到以下目标：第一，通过更为有效的市场细分、目标定位、差异化、渠道策略等方式，转换营销战略，为顾客创造更大的价值；第二，对网络营销理念、分销策略、促销策略、产品价格、服务及创意等进行更为有效的规划和实施；第三，创造满足个人和组织客户需求的交易。[②]

综合以上两种看法，本书给出如下网络营销定义：**网络营销**是以企业营销理论为基础，借助互联网、通信技术和数字交互式媒体等，提供从信息传递与沟通、商品与货币价值交换到产品运输与服务全过程的营销决策支持，最大限度地满足客户的需求，来达到开拓市场、增加盈利的目的的一个经营过程。

5.1.3　网络营销的特点与功能

电子商务的飞速发展为网络营销提供了广阔的发展空间和市场需求，同时随着安全性、保密性等问题的解决，网络营销将会有更快的发展。

1.网络营销的特点

网络营销不仅会改变传统营销方式，还会改变人们的生活和工作方式。电子商务环境下网络营销的特点主要体现在以下六个方面：

（1）全球性

网络的全球互联共享性和开放性，决定了网络信息无地域、无时间限制的全球传播性，由此也决定了网络营销效果的全球性。网络营销的全球性为国际贸易提供了方便，能帮助世界范围内的进出口商建立直接联系，出口商可以在网上发布商品信息，图文并茂地展示所供应的商品；进口商需要什么商品可通过 E-mail 与其及时取得联系并协商成交。

（2）交互性

企业可通过互联网展示商品图像和基本信息，顾客可通过搜索引擎搜索所需求的商品，可利用论坛、博客、网络营销客服软件进行产品信息交流。网络营销实现了企业与顾客之间双向的沟通与交互，使得顾客可以在产生某种产品需求的第一时间就能了解产品信息。互联网的交互性可提高企业对市场变化的反应速度。

（3）个性化

互联网上的促销是一对一的、理性的、消费者主导的、非强迫性的，并且是一

---

①　冯英健. 网络营销基础与实践 [M]. 北京：清华大学出版社，2004.
②　施特劳斯，等. 网络营销 [M]. 黄健青，华迎，译. 北京：中国人民大学出版社，2004.

种低成本与人性化的促销。企业提供的各种销售信息可以在服务器中集中存储，这样，企业可以消费者为中心处理商品信息，根据消费者的需求推销自己的产品，克服了传统促销方式缺乏针对性的缺陷。

（4）整合性

利用内联网（Intranet）与外联网（Extranet）技术，各企业可在内部信息安全的前提下共享相关数据信息、协调管理项目、增加企业协同开发新产品的机会和提高联合提供优质服务的能力。一个产品的设计和开发制造，可以由不同的企业共同完成，即可先在联网的计算机上单独完成各个部分和环节，再进行组合。互联网的这种特性使其尤其适用于技术难度大、投资大、风险大的国际合作开发项目。

（5）平等性

传统的营销活动由于地理环境、配备设施、店面大小、市场规模等因素的差别，造成了营销的不平等竞争，影响了企业的竞争实力，形成了市场垄断。而网络营销对任何厂商和消费者都是平等的，厂商可以将产品的全部信息展现在互联网上，顾客可以在网上"货比三家"，从而确定自己的购买行为。网络营销的平等性营造了相对公平的市场竞争环境。

（6）经济性

一方面，网络营销的成本较低，无论是基于互联网现有的网络营销提供商，还是投资购买服务器搭建企业电子商务网站等，企业所花的费用都比传统营销要少得多；另一方面，网络营销实际上是一种直销方式，因而可以减少商品流通的中间环节，并且可以减少库存压力，降低企业经营风险。

2.网络营销的功能

网络营销的功能包括八个方面：网络品牌、网站推广、信息发布、销售促进、销售渠道、顾客服务、顾客关系、网上调研。网络营销的功能不仅表明了网络营销的作用和网络营销工作的主要内容，同时也说明了网络营销所应实现的效果。

（1）**网络品牌**

网络营销的重要任务之一就是在互联网上建立并推广企业的品牌。知名的网络可以使企业品牌在网上迅速得到推广，提升企业整体形象。网络品牌建设以企业网站建设为基础，通过一系列的推广措施，达到顾客和公众对企业的认知和认可。在一定程度上，网络品牌的价值甚至高于企业通过网络获得的直接收益。

（2）**网站推广**

网站推广是网络营销最基本的功能之一，尤其是对于中小企业。其由于经营资金的限制，开展大规模促销活动等的宣传机会比较少，因此通过互联网手段进行网站推广显得尤为重要。网站推广的目的是让更多的用户对企业网站产生兴趣并通过访问企业网站、使用网站的服务来达到提升品牌形象、促进销售、增进顾客关系、降低顾客服务成本等目的。

（3）信息发布

网络营销的基本思想就是通过各种互联网手段，将企业营销信息高效地向目标用户、合作伙伴、公众等群体传递，因此信息发布是网络营销的方法，也是其基本功能之一。互联网为企业发布信息创造了优越的条件，其不仅可以将信息发布在企业网站上，还可以利用各种网络营销工具和网络服务商的信息发布渠道向更大的范围传播信息。

（4）销售促进

市场营销的基本目的是增加销售，网络营销也不例外。各种网络营销方法大都直接或间接地具有促进销售的效果，并且这些促销方法并不限于促进网上销售，事实上，网络营销对于促进网下销售同样很有价值。

（5）销售渠道

网上销售是企业销售渠道在网上的延伸，网上销售渠道建设并不限于建设企业网站本身，还包括建立在专业电子商务平台上的网上商店，以及开展与其他电子商务网站不同形式的合作等。

（6）顾客服务

互联网提供了更加方便的在线顾客服务手段，从形式最简单的FAQ（常见问题解答）到电子邮件、邮件列表，以及在线论坛和各种即时信息服务等，顾客服务对网络营销效果具有重要影响。

（7）顾客关系

顾客关系对于开发顾客的长期价值具有至关重要的作用，通过网络营销的交互性和良好的顾客服务手段，增进顾客关系成为网络营销取得长期效果的必要条件。

（8）网上调研

网上调研具有调查周期短、成本低的特点。它不仅为制定网络营销策略提供支持，也是整个市场研究活动的辅助手段之一。合理利用网上调研手段对于市场营销策略具有重要价值。

网络营销的各个功能之间并非相互独立，而是相互联系、相互促进的，网络营销的最终效果是各项功能共同作用的结果。只有各项功能充分协调和发挥各自的作用，才能让网络营销的整体效益最大化。

5.1.4　网络营销的理论基础

网络营销手段的变化，使得传统营销理论需要进一步发展和完善，需要对网络特性和新型消费者的需求、购买行为进行重新考虑，形成具有网络特色的营销理论。当前的网络营销理论基础主要包括：整合营销、直复营销、软营销、关系营销等。

1. 整合营销

整合营销是一种对各种营销工具和手段进行系统化整合，根据环境进行即时性的动态修正，以使交易双方在交互中实现价值增值的营销理念与方法。而建立在互联网基础上的整合营销，就称为网络整合营销。网络整合营销就是在深入研究互联网资源、熟悉网络营销方法的基础上，从企业的实际情况出发，根据不同网络营销产品的利弊，整合多种网络营销方法，为企业提供网络营销解决方案。

网络整合营销主要有三个方面的含义：①传播资讯的统一性，即企业用一个声音说话，消费者从各种媒体所获得的信息都是统一的、一致的。②互动性，即公司与消费者之间展开富有意义的交流，能够迅速、准确、个性化地获得和反馈信息。③目标营销，即企业的一切营销活动都应围绕企业目标来进行，以实现全程营销。

网络整合营销从理论上离开了在传统营销理论中占中心地位的 4P（产品（Product）策略、定价（Pricing）策略、渠道（Place）策略、促销（Promotion）策略）理论，而逐渐转向以 4C（顾客（Customer）策略、成本（Cost）策略、沟通（Communication）策略、便捷（Convenience）策略）理论为基础和前提。网络整合营销把消费者的需求放到了首位，企业利润和产品定价应符合消费者的意愿，产品的分销应考虑消费者的便利性，促销形式应达到企业和消费者真诚有效的双向沟通。

2. 直复营销

美国直复营销协会（Direct Marketing Association，DMA）为直复营销下的定义为：直复营销是一种为了在任何地方产生可度量的反应和达成交易而使用一种或多种广告载体并使其交互作用的市场营销体系。简单地说，直复营销就是任何与消费者或企业直接进行沟通，希望能直接产生回应的营销方式。直复营销中的"直"是指不通过中间分销渠道而直接通过媒体连接消费者，"复"是指企业和消费者的信息交互，包括企业和消费者的产品信息、交易信息和支付信息的交互等。

网络直复营销是指营销者借助互联网和数字交互式媒体进行的营销活动。互联网作为一种交互式的可以双向沟通的渠道和媒体，更符合直复营销的理念。网络直复营销具有以下四方面的特点：

（1）信息交流双向性

直复营销强调企业与目标顾客之间的"双向信息交流"，互联网作为开放、自由的双向式信息沟通网络，可以实现直接的一对一的信息交流和沟通。企业可以根据目标顾客的需求进行生产和营销决策，在最大限度满足顾客需求的同时，提高营销决策的效率和效用。

（2）沟通反馈及时性

互联网为顾客提供方便的平台，使其可以直接向企业提出建议和购买需求，也可以直接获取企业的售后服务。企业从顾客的建议、需求和要求的服务中，也能找出自身的不足，按照顾客的需求进行经营管理，减少营销费用。

（3）全球性与持续性

互联网全球性和持续性的特性，使得顾客可以在任何时间、任何地点直接向企业提出要求和反映问题，企业也可以利用互联网突破空间和时间限制与顾客保持交流。

（4）结果可测性

企业与顾客通过互联网进行沟通后，可以利用数据库技术和网络控制技术，方便地处理每一个顾客的订单和需求，大大减少了企业的营销成本。互联网在以最低成本最大限度地满足顾客需求的同时，还可以细分目标市场，提高企业的营销效率和效用。

3.软营销

软营销是针对工业经济时代以大规模生产为主要特征的"强势营销"提出的新理论，它强调企业进行市场营销活动的同时，必须尊重消费者的感受和想法，让消费者能乐于主动接受企业。软营销的特征主要体现在"遵守网络礼仪的同时，通过对网络礼仪的巧妙运用从而获得一种微妙的营销效果"。

软营销与"强势营销"的一个根本区别在于：软营销的主动方是消费者，而"强势营销"的主动方是企业。网络营销从消费者的体验和需求出发，采用拉式策略吸引消费者关注企业，以达到营销效果。个性化消费需求的回归也使消费者在心理上要求自己成为主动方。消费者不欢迎不请自来的广告，但他们会在某种个性化需求的驱动下自己到网上寻找相关信息。

4.关系营销

关系营销是把营销活动看成一个企业与消费者、供应商、分销商、竞争者、政府机构及其他公众互动作用的过程。其核心是建立和发展与这些公众的良好关系。关系营销的本质特征可以概括为以下几个方面：

（1）双向沟通

在关系营销中，沟通应该是双向而非单向的。只有实行广泛的信息交流和共享，才能使企业赢得各个利益相关者的支持与合作。

（2）合作

关系一般有两种状态：对立与合作。只有合作才能实现协同，因此合作是双赢的基础。

（3）双赢

关系营销旨在通过合作增加关系各方的利益，而不是通过损害其中一方或多方的利益来增加其他各方的利益。

（4）控制

关系营销要求建立专门的部门，了解顾客、分销商、供应商及营销系统中其他参与者的态度，由此了解各方关系的动态变化，及时采取应对措施。

关系营销的核心是维护顾客，为顾客提供能使其高度满意的产品和服务，通过加强与顾客的联系，提供有效的顾客服务，保持与顾客的长期关系。并在此基础上开展营销活动，实现企业的营销目标。实施关系营销并不是以损害企业利益为代价的，根据研究，争取一个新顾客的营销费用是维护一个老顾客费用的五倍，因此加强与顾客的联系并提高顾客的忠诚度，是可以为企业带来长远利益的。关系营销提倡的是企业与顾客的双赢。

5.1.5　网络营销与传统营销的关系

网络营销作为一种新兴的营销方式，并非要取代传统营销，而且也不可能取代传统营销。事实上，两者之间存在一定的联系与区别。

1.网络营销与传统营销的联系

网络营销虽然以新的媒体、新的方式、方法和理念实施营销活动，但它脱胎于传统营销，是对传统营销的继承、发展与创新，两者有着不可分割的联系，具体表现在：

（1）**两者的目标相同**

无论是网络营销还是传统营销，其营销理念是一致的，都是要通过各种手段与渠道，使顾客的需要和欲望得到满足，使企业的产品得到很好的宣传与销售。

（2）**网络营销以传统营销为理论基础**

网络营销的实质依旧是企业的市场营销，是借助了互联网这个新兴的技术形式，以传统营销为理论基础发展起来的，其无论如何发展都摆脱不了营销的本质。

（3）**两者无法相互取代**

网络营销与传统营销并行不悖，谁也无法取代谁，而且往往两者相互配合，网络营销手段可为传统商务服务，传统营销手段也可为电子商务服务。

2.网络营销与传统营销的区别

网络营销基于互联网与电子商务发展起来，必然与传统营销存在差异，并且这种差异对传统营销产生了不小的冲击。网络营销与传统营销的区别见表5-4。

表5-4　　　　　　　　　　　　网络营销与传统营销的区别

比较项目	传统营销	网络营销
营销载体	除网络以外的所有市场	互联网
沟通方式	单向沟通，消费者处于被动地位	交互式沟通，消费者处于主动地位
营销理念	以市场为导向	以顾客需求为导向，强调个性化需求
营销公平性	不平等竞争	相对平等的竞争

（1）营销载体

营销载体的不同是显而易见的，传统营销的载体是除网络以外的所有市场，其主要针对传统的实体市场，而网络营销的载体是互联网，体现的是虚拟性。

（2）沟通方式

网络营销使得传统的单向沟通模式转变为交互式沟通模式。传统营销手段使消费者处于被动地位，企业将产品信息单向传递给消费者，很难及时得到消费者的反馈。而网络营销是直接面对消费者的，消费者处于主动地位，企业与消费者通过网络进行交互，最大限度地促进了企业与现实消费者和潜在消费者之间的信息沟通。

（3）营销理念

虽然网络营销是在传统营销的理念和背景下发展起来的，但是网络营销理念与传统营销理念有很大的不同。网络营销特别强调以消费者需求为导向，从生产到销售都以消费者的需求为出发点，而且非常注重个性化消费者的需求，使消费者的需求在最大限度上得到满足。

（4）营销公平性

传统的营销活动由于地理环境、配备设施、店面大小、市场规模等因素的差别，造成了企业间的不平等竞争，影响了企业的竞争实力，形成了市场垄断。而网络营销对任何企业都是平等的，网络时代的市场竞争是透明的，人人都可以选择适合的营销方法参与到竞争中来，而胜负的关键则是企业如何利用共享、平等的信息，来研究、制定优秀的营销策略，最终赢得顾客的喜爱。

5.1.6 网络营销与电子商务的关系

电子商务与网络营销既紧密相关，又有明显区别。对于初次涉足网络营销领域者，两个概念很容易造成混淆。比如，企业建一个普通网站就认为是开展电子商务，或者将网上销售商品称为网络营销等，这些都是不确切的说法。下面分析一下电子商务和网络营销的联系与区别。

1.网络营销和电子商务的联系

（1）网络营销是电子商务的组成部分

电子商务主要是指交易方式的电子化，它是利用Internet进行各种商务活动。具体来说，电子商务包括网络营销、线上支付、线下物流等各个环节。而在整个电子商务的环节中，最为基础和核心的环节就是网络营销。

（2）开展网络营销是实现电子商务的前提

电子商务可以被看作网络营销的高级阶段，一个企业在完全开展电子商务之前，通常都会开展不同层次的网络营销活动，并以此为基础最终实现一个完整的电子交易过程。

2.网络营销和电子商务的区别

（1）网络营销与电子商务研究的范围不同

电子商务的内涵很广，核心是电子化交易，网络营销注重的是以互联网为主要手段的营销活动。网络营销和电子商务的关系表明，发生在电子交易过程中的网上支付和交易之后的商品配送等并不是网络营销所能包含的内容；同样，电子商务体系中涉及的安全、法律等问题也不适合全部包括在网络营销中。

（2）网络营销与电子商务的侧重点不同

网络营销的重点是在交易前阶段的宣传和推广。它主要是为促成交易提供支持，尤其在交易发生之前，网络营销发挥着主要的信息传递和推广作用。电子商务完成的标志是实现了电子化交易。从定义来看，它强调的是交易行为和交易方式，注重的是一个完整的商业交易过程。

5.2　网络市场调研

网络市场调研是网络营销前期工作中最重要的环节之一，通过网络市场调研可以清楚地分析企业的目标市场和营销环境，为经营者细分市场、识别受众需求和确定营销目标等提供相对准确的决策依据。

5.2.1　网络市场调研的含义与特点

1.网络市场调研的含义

网络市场调研是指以科学的方法、借助于互联网、系统地、有目的地对消费者、生产者、经营者及整个市场的信息进行收集、整理、分析和研究的过程。网络市场调研的主要目的是为企业开展网络营销提供决策依据。

网络市场调研与传统市场调研相比有很多相似的地方，但互联网自身的特点又使得网络市场调研有别于传统市场调研。网络市场调研与传统市场调研的区别见表5-5。

2.网络市场调研的特点

通过网络市场调研与传统市场调研的比较，我们可以清晰地概括出网络市场调研的特点：

（1）及时性与共享性

网络上的信息传输速度快，而且能被及时传送给网络用户，传播范围广、传播周期短。网络市场调研是开放的，任何网民都可以参加投票和查看结果，保证了网

表5-5   网络市场调研与传统市场调研的区别

比较项目	传统市场调研	网络市场调研
调研费用	较高，包括问卷设计、印刷、发放、回收、培训、调查结果整理与分析	较低，主要是设计费和数据处理费，调查问卷所要支付的费用几乎为零
调研范围	受成本限制，调查地区和样本数量有限	全国乃至全世界，样本数量庞大
运作速度	慢，至少要2~6个月才能得出结论	很快，只需搭建平台，数据库能自动生成
调研的时效性	不同的受访者访问的时间不同	全天候进行
受访者的便利性	不太方便，一般要跨越空间的障碍	非常便利，可自由选择时间、地点
适用性	适合面对面的深度访谈	适合长期的大样本调查和需要迅速得出结论的情况

络信息的及时性和共享性。企业能够及时得到用户的反馈，并针对反馈在最短的时间内做出调整，制订出更适合市场的营销方案。例如，中国互联网络信息中心在进行我国互联网络发展状况调查时，从设计问卷到实施网上调查再到发布分析结果，前后只用了一个月的时间。

（2）便捷性和低成本性

传统的市场调研需要投入大量的人力与物力，由其奔走于各个市场进行调查，资料收集过程繁琐且成本高。在网上开展市场调研，只需在企业的站点上发出电子调查问卷，提供相关的信息，同时对于反馈的数据，可以直接形成数据库，利用计算机进行快速的智能分析，企业即刻可以查看阶段性调查成果。整个过程不受时间和地点的限制，并且能大大降低成本。

（3）交互性

交互性在网络市场调研中体现在两个方面：一是在进行网上调查时，受访者可及时就问卷中的相关问题提出看法和意见，可减少问卷设计不合理而导致的调查结论出现偏差等问题；二是受访者可自由地在网上发表看法，不受时间和空间的限制。

（4）可检查性和可控制性

利用网络进行问卷调查时，可以在以下方面有效地对采集信息的质量实施系统的检验和控制：一是网上调查问卷可以附加全面规范的指标解释，有利于消除因对指标理解不清或调查员解释不一致而造成的调查偏差；二是问卷的复核检验由计算机依据设定的检验条件和控制措施自动实施，可以有效地保证对调查问卷的复核检验；三是被调查者的身份验证技术可以有效地防止信息采集过程中的舞弊行为。

5.2.2 网络市场调研的方法

互联网上存在着丰富的信息资源，汇集了海量的信息。尽管有些传统的市场调研方法可以延伸到互联网，但同时，网络市场调研也需要结合互联网的特性进行创新。网络市场调研有两种方法：一种是利用网络以直接进行问卷调查等方式收集第一手资料，称为网络直接调研；另一种是利用网络的媒体功能，收集网络信息源上的二手资料，称为网络间接调研。具体方法如图 5-3 所示。

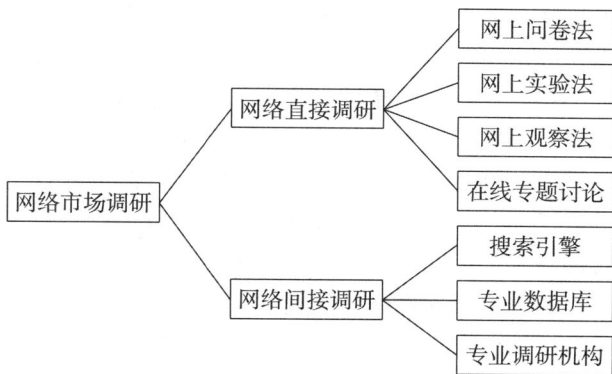

```
                              ┌─ 网上问卷法
                              │
                  ┌─ 网络直接调研 ─┼─ 网上实验法
                  │           │
                  │           ├─ 网上观察法
                  │           │
                  │           └─ 在线专题讨论
  网络市场调研 ─────┤
                  │           ┌─ 搜索引擎
                  │           │
                  └─ 网络间接调研 ─┼─ 专业数据库
                              │
                              └─ 专业调研机构
```

图 5-3　网络市场调研的方法

1.网络直接调研

网络直接调研一般适用于针对特定问题进行的专项调查。与网络间接调研相比，网络直接调研的资料收集往往更难，成本也更高，但是网络直接调研得到的一手数据时效性好，且针对性强，具有较高的价值。根据调查方法的不同，网络直接调研分为网上问卷法、网上实验法、网上观察法、在线专题讨论等四种。

（1）网上问卷法

网上问卷法是将问卷在网上发布，由调查对象通过互联网直接完成问卷的方法。网上问卷调查一般有两种途径：一种是将问卷直接发布在互联网上，等待访问者访问时填写问卷。这种方式的好处是填写者一般是自愿的，缺点是无法核对问卷调查者的真实情况。另一种是通过 E-mail 的方式向用户发出参加问卷调查的邀请。这种方式的优点是可以有选择性地控制被调查者，缺点是要花费一定的时间进行被调查者的前期筛选，并且可能会遭到被调查者的反感。

网上问卷调查的使用频率最高，正在迅速地被大众所接受，传统电话访问或人员访问等方式的使用频率正在逐渐降低。表 5-6 对网上问卷调查、人员访问、电话访问这三种方式进行了比较，通过比较我们可以清楚地看到网上问卷调查的优势。

表 5-6　　　　　　　　　网上问卷调查、人员访问、电话访问的比较

对比特性	网上问卷调查	人员访问	电话访问
成本	非常低	非常高	中等
应答速度	快	即时	即时
应答率	高	非常高	中等
调查范围	广	有限	中等
分发问卷时间	短	长	中等

（2）网上实验法

网上实验法是一种由调研人员控制一个或多个实验变量（如产品特征、价格水平、广告水平或广告类别等），来衡量对一个或多个相关的因变量（如销售和产品偏好情况）产生效果的研究方法。简单来说，就是通过开展实验的方式研究发掘促进消费的刺激因素。

例如，企业将新产品或改进产品放到预先选定的市场当中，来测试它们实际的市场反应。网络软件、网络游戏等产品比较适合采用这种实验方式。在软件和游戏产品正式推向市场之前，企业先在小范围内进行测试版商品的试用，征集测试用户的体验、感受以及改进意见，作为厂商改进产品的参考。

（3）网上观察法

网上观察法是由调查人员通过网页设置或软件分析工具，观察消费者的行为并加以记录，从而获取营销信息的一种方法。如通过监控在线用户的消费行为，分析其消费对象、消费时间、消费金额、消费地区等，从而进一步掌握用户的消费信息。

网上观察可采用以下几种方法：① 设置计数器。网站可以在后台设置流量计数器，通过对流量的分析不仅可以掌握消费者的情况，还可以了解市场趋势。② 利用cookie技术。作为一种可以跟踪来访者的程序，许多网站都利用cookie技术来识别老顾客并发现新顾客。例如，美国著名的广告公司 Double Click 就运用含有 cookie 技术的监控软件来跟踪浏览者，当用户访问与该公司签约的商业网站时，就会被赋予一个私人账号，属于该账号的个人资料也被记录保存。当用户在网上活动时，他的活动会被完全记录下来，该公司就可以精确地掌握其消费偏好。

（4）在线专题讨论

在线专题讨论属于定性市场调研法，是传统的小组讨论在互联网上的应用。专题讨论小组主要通过访谈来收集定性数据，参加活动的人员包括一个受过训练的主持人和一些自愿报名的参与者，其通常围绕一个大家都感兴趣的话题而展开讨论。随着网络的普及，这种专题讨论活动开始在网上通过网络社区、社交媒体与即时通信软件等开展。随着网络技术的发展，在线专题讨论除了以文本的形式交流之外，声音和视频的交流方式也逐渐成为主流。

2.网络间接调研

网络间接调研就是指企业利用互联网发掘和了解顾客需求、市场机会、竞争对手、行业潮流、分销渠道以及战略合作伙伴等方面的情况，针对特定营销环境进行简单调查、收集资料和初步分析的活动，即企业利用互联网收集、整理与企业经营相关的二手信息资料的方法。网络间接调研主要通过搜索引擎、专业数据库、专业调研机构三种方式进行。

（1）搜索引擎

搜索引擎是互联网上使用最普遍的信息检索工具，利用搜索引擎强大的搜索功能，可以获得大量的一手和二手资料。搜索引擎使用自动索引软件来发现、收集并标引网页，建立数据库，以 Web 形式提供给用户一个检索界面，供用户以关键词、词组或短语等检索项查询与提问相匹配的记录。

搜索引擎按搜索内容的不同，可分为综合搜索引擎和专业搜索引擎两种。国内外综合搜索引擎很多，国内主要有百度、360搜索、新搜狗、有道（网易）等，国外主要有 Google、Bing（MSN）、Overture、Yahoo、AlltheWeb、HotBot 等，具体介绍见表5-7。这些网站提供的功能基本相同，但在高级搜索功能、特色服务等方面存在一定差异。

表5-7　　　　　　　　　　　**国内外综合搜索引擎介绍**

	搜索引擎	介绍
国内	百度	国内最大的中文搜索引擎，2000年1月创立于北京中关村。百度的使命是让人们最便捷地获取信息，找到所求。百度的核心价值观是"简单可依赖"
	360搜索	2012年，360公司推出的综合搜索引擎——360搜索是基于机器学习技术的第三代搜索引擎，具备"自学习、自进化"和发现用户最需要的搜索结果等功能
	新搜狗	新搜狗是搜狐公司的子公司，于2004年8月3日创立，目的是增强搜狐网的搜索功能，主要经营搜狐公司的搜索业务
	搜搜	搜搜是腾讯旗下的搜索网站，于2006年3月正式发布并开始运营，主要为网民提供实用便捷的搜索服务，同时承担腾讯全部搜索业务
国外	Google	Google目前被公认为全球最大的搜索引擎，提供简单易用的免费服务，公司的口号是打造完美的搜索引擎，Don't be evil
	Bing	Bing（必应）是微软公司推出的全新搜索品牌，集成了搜索首页图片设计、崭新的搜索结果导航、创新的分类搜索和相关搜索用户体验、视频搜索结果无须点击直接预览播放、图片搜索结果无须翻页等功能
	Yahoo	Yahoo收购了可与Google匹敌的5家国际知名搜索服务商：Inktomi、Overture、Fast、AltaVista、Kelkoo，用1年多的时间打造出了独特的雅虎搜索技术（YST技术）
	Yandex	Yandex是俄罗斯重要网络服务门户之一,提供的服务包括搜索、新闻、地图和百科、电子信箱、电子商务、互联网广告等

专业搜索引擎的种类也比较多，如专利、IT、数据库、人才、商机、行业、金融等专业搜索引擎。其使用的技术和方法与常用的综合搜索引擎基本相同。但是专业搜索引擎网站的信息具有较强的针对性，检索的结果有明显的相关性。因此，专业搜索引擎对网络营销调研更具实际价值。

（2）**专业数据库**

互联网上有许多专业数据库，可以为企业或者个人提供专业的数据支持。这些专业数据库有付费和免费两种类型。若想获得最新的市场动态调查信息，企业一般需要支付数据费用。我国的网络数据库大多是文献信息型数据库，但是也存在类似于年鉴网站这样的数据库检索网站。表5-8是目前国内外影响较大的数据库检索网站。

表5-8   目前国内外影响较大的数据库检索网站

名称	简介
中国知网（CNKI） www.cnki.net	全球领先的数字出版平台，是一家致力于为海内外各行各业提供知识与情报服务的专业网站。其建成了世界上全文信息量规模最大的"CNKI数字图书馆"，并正式启动建设"中国知识资源总库"及CNKI网格资源共享平台
万方数据 www.wanfangdata.com.cn	万方数据知识服务平台集成了万方数据资源系统、中国学术会议论文全文库、中国学位论文全文库等多个数据库。其资源类型包括全文信息资源、文摘信息资源和动态信息资源等
国研网 www.drcnet.com.cn	国研网以国务院发展研究中心丰富的信息资源和强大的专家阵容为依托，与海内外众多著名的经济研究机构和经济资讯提供商紧密合作，为中国各级政府部门和企业提供关于中国经济政策和经济发展的深入分析及权威预测
EBSCO Publishing www.ebscohost.com	EBSCO Publishing是目前世界上最大的提供学术文献专业服务的公司之一，主要提供数据库、期刊、文献定购及出版等服务，在线数据库有150多个，其中最有名的是EBSCO学术研究大全数据库和EBSCO企业资料大全数据库
Science Direct www.sciencedirect.com	Science Direct数据库由Elsevier Science公司建立，其出版的期刊是世界上公认的高品位学术期刊，且大多数为核心期刊，Science Direct数据库收录了2 000多种期刊，其中约1 400种为ISI收录期刊
DIALOG www.dialog.com	DIALOG系统是目前世界上最大的国际联机情报检索系统，覆盖各行业的900多个数据库，信息总量约15TB，共有14亿条记录。其中，各种类型的商业数据库多达400个

（3）专业调研机构

互联网上除了许多提供数据库的网站外，还存在一些专业的网络调研机构，专门从事各行各业的数据调研、市场预测、行业研究等。此类网站一般拥有专业的调查团队以及海量的数据资源，企业可以从此类网站购买相关调查报告。表5-9介绍了一些国内知名的专业调查机构网站。

5.2.3 网络市场调研的步骤

网络市场调研与传统市场调研一样，需要遵循一定的方法、步骤，以保证调研过程的质量。网络市场调研一般包括以下几个步骤（如图5-4所示）：

表 5-9 国内知名的专业调查机构网站

名称	简介
艾瑞网（iResearch） www.iresearch.cn	艾瑞网（iResearch）是一家专注于网络媒体、电子商务、网络游戏、无线增值等新经济领域，深入研究和了解消费者行为，并为网络相关行业客户及传统行业客户提供市场调查研究和咨询服务的专业研究机构
赛迪网 www.ccidnet.com	赛迪网——工业和信息化融合的网络服务平台，是中国最老牌、最具权威的 IT 门户网站，是工信部直属的最大科研机构——中国电子信息产业发展研究院（赛迪集团）旗下最大且最具影响力的网络服务平台
艺恩网 www.entgroup.cn	艺恩网是中国领先的娱乐产业研究机构，提供数据信息、市场调查、行业研究咨询、媒体会务等服务
睿商在线 www.spn.com.cn	睿商在线是业内公认的专业深度、资源实力和业界影响均第一的 IT 渠道门户，提供领袖媒体的专业资讯、深度解析、原创视频等独家内容以及 10 余年积累的海量数据、官方商会信用评估、营销商机互动支持等服务
ChinaVenture www.chinaventure.com.cn	ChinaVenture（投资中国集团）是一家中国领先的投资市场信息咨询机构，为活跃于中国市场的投资机构、投资银行与企业等提供专业的第三方信息咨询服务，包括研究数据产品、行业投资报告、定制研究咨询等
Nielsen http：//www.nielsen. com/us/en.html	Nielsen 是全球著名的市场调研公司，根据客户的具体需求来定制调查方案。对于一般性的调查需求，Nielsen 拥有一套在全球范围内得到认可的专有调查产品和方法，为客户提供最有力的可比性标准化数据
Gartner Group http：//www.gartner. com/technology/home.jsp	Gartner Group 公司成立于 1979 年，是第一家信息技术研究和分析公司。它为有需要的技术用户提供专门的服务。其研究范围覆盖全部 IT 产业，就 IT 的研究、发展、评估、应用、市场等，为客户提供客观、公正的论证报告及市场调研报告，协助客户进行市场分析、技术选择、项目论证、投资决策

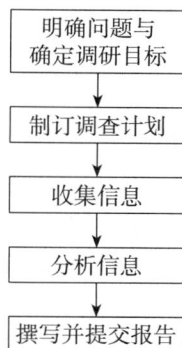

明确问题与
确定调研目标

↓

制订调查计划

↓

收集信息

↓

分析信息

↓

撰写并提交报告

图 5-4　网络市场调研步骤

1.明确问题与确定调研目标

明确问题与确定调研目标对使用网上搜索的方式来说尤为重要，是整个网络市场调研的起点。在调查开始之初，首先要明确所要调查的问题及调查对象，并对问题的结果有预期的设想。一般企业进行网上调研的目的无外乎以下几种：为开发新产品而有针对性地对市场前景或用户群体进行访问；了解市场竞争者的相关情况；通过顾客的潜在购买欲望发现市场机会；通过顾客的意见改善目前企业经营效果、降低经营风险等。只有明确了调查目的，才能使后续的调查有的放矢。

2.制订调查计划

网络市场调研的第二个步骤是要制订出最为有效的信息搜索计划。具体来说，需要确定资料来源、调查方法、调查手段、抽样方案和联系方法。

（1）资料来源

确定收集的是二手资料还是一手资料（原始资料）。

（2）调查方法

网络市场调研可以使用在线专题讨论、网上问卷法和网上实验法等。

（3）调查手段

① 网上问卷，其特色是制作简单、分发迅速、回收方便，但要注意问卷的设计水平；

② 交互式电脑辅助电话访谈系统，是利用一种软件程序在交互式电脑辅助电话访谈系统上设计问卷结构并在网上传输；

③ 互联网服务器直接与数据库连接，对收集的受访者的回答直接进行储存；

④ 网络调研软件系统，是专门为网络调研设计的问卷链接及传输软件，包括整体问卷设计、网络服务器、数据库和数据传输程序。

（4）抽样方案

要确定抽样单位、样本规模和抽样程序。

（5）联系方法

采取网上交流的形式，如发送电子邮件问卷、参加网上论坛等。

3.收集信息

互联网的发展使得收集资料变得越来越方便，并且由于互联网没有地域与时空的限制，使得信息来源更广泛。调查网站等工具可以收集到一手资料和二手资料。一手资料的获得需要借助调查程序，编写调查问卷，确定收集目标群体，发布问卷，最后存储反馈的调查信息；二手资料可以在互联网上通过搜索、跟踪调查实体、访问相关站点等途径获得。

4.分析信息

信息收集来之后，企业需要对其进行分析与处理。信息分析就是以定性和定量研究方法为手段，通过对收集的各种相关信息进行调整、鉴别、评价、分析、综合等系列化的加工，形成新的、增值的信息，最终为不同层次的管理决策服务的一项具有科研性质的智能活动。信息技术的发展使得信息不再需要单纯的人工分析，可以借助于统计软件或智能分析技术，在很短的时间内，汇总出企业所需的信息。

5.撰写并提交报告

调研报告的撰写是整个调研活动的最后一个阶段。报告不是数据和资料的简单堆砌，调研人员不能把大量的数字和复杂的统计技术扔到管理人员面前，这样就失去了调研的价值。网络市场调研报告是调查研究成果的集中体现，营销人员需要对所调研的信息进行科学的加工处理，然后汇总出一份图文并茂的规范的市场调研报告，以直观地反映市场的动态，并提出具有建设性的意见，供有关决策者参考。

5.3 网络营销方法

网络营销方法可以按照应用目的划分为四种模式，分别是网络服务营销方法、信息宣传营销方法、口碑宣传营销方法和综合型营销方法，见表5-10。

表 5-10　　　　　　　　　**电子商务网络营销方法**

名称	网络服务营销方法	信息宣传营销方法	口碑宣传营销方法	综合型营销方法
内容	邮件列表营销 IM营销 RSS营销 数据库营销 会员制营销	搜索引擎营销 Wiki营销 企业博客营销 交换链接营销 网络广告营销 电子书营销 微信营销 直播营销	网络社区营销 病毒式营销 微博营销	网络活动营销 网络事件营销 网络视频营销 网络软文营销

5.3.1 网络服务营销方法

就网络服务营销方法而言，其主要是企业通过网络为用户提供服务，以增强用户的黏性，实现营销效果的一种营销方法。一般而言，其可以通过以下几个方面为用户提供服务：

1.邮件列表营销

邮件列表营销是许可E-mail营销的一种具体表现形式，是指在用户自愿加入的前提下，为用户提供有价值的信息，同时附带一定数量的商业信息，实现网络营销的目的。亚马逊网上书店就运用邮件列表营销策略，用户只要告诉网站对哪个作者的新书感兴趣，只要该作者有新书到货，用户就会收到亚马逊网上书店发来的通知。这种服务对提高客户忠诚度和保持企业长期利益具有良好效果。

2.IM营销

IM营销又叫即时通信（Instant Messaging）营销，是通过即时工具IM帮助企业推广产品和品牌的一种手段。企业以网络为中介，以专业知识为基础，运用心理学方法和技术，帮助用户发现问题并解决问题，通过回复用户的咨询，打造企业的良好口碑，为企业树立良好的形象，实现口碑营销的效果。即时通信技术如QQ、微信、Skype、阿里旺旺、电子邮件等应用形式，为网络咨询服务提供了方便的沟通平台，能在企业与用户之间建立即时、便捷的网络咨询通道，方便企业进行网络咨询服务。

3.RSS营销

RSS营销是指企业在开发网站时，可利用XML技术添加RSS订阅功能，这样用户在访问网站时就可以点击或订阅企业新闻，当网站有新内容发布时，用户的RSS阅读器就会接收并显示链接。因此，不断更新新闻内容是RSS营销的关键，可对订阅者进行跟踪分析，收集用户的点击信息，分析用户的爱好、阅读习惯等，为制定网络营销策略提供数据基础。例如，亚马逊就勇于尝试，几乎将所有种类的商品（图书、电子产品、音像制品、玩具、服装等）都打包成相应的"RSS频道"，向用户终端的阅读器定期发送。通过RSS频道，亚马逊每当有新商品上市，发布新促销信息和重大新闻时，都能快速及时地将信息推向其用户，不仅给用户提供了方便，而且大大提高了这些信息的普及性，从而获得了大量的商机和收入。

4.数据库营销

数据库营销（Database Marketing Service，DMS）是在IT、Internet与Database技术发展的基础上逐渐兴起和成熟起来的一种市场营销推广手段，是企业通过收集和积累会员（用户或消费者）信息，经过分析、筛选后有针对性地使用电子邮件、短信、电话、信件等方式进行客户深度挖掘与关系维护的营销方式。数据库营销的核心是数据挖掘，通过对用户数据的分析，准确地预测市场反应，进而实现精准营销的目的。电子邮件营销和短信营销都是以数据库营销为基础发展起来的。德国宝马汽车公司就选择了数据库营销，对公司会员数据库进行分析，选择持有信用卡金卡及优质卡的社会上层人士推广其公司定位高档的新款车型，由于目标客户的定位准确，每次的新车推广都取得了非常好的收益。

5.会员制营销

会员制营销就是企业通过发展会员，提供差异化的服务和精准营销，提高顾客忠诚度，长期增加企业利润。如今，网络会员制已经成为电子商务网站推广的主要手段，该营销方法在一定程度上保留住了企业的部分固定客源，同时可以通过老会员的宣传与推广，不断吸引新会员加入。此外，企业的会员大多享受企业的一些福利待遇，又因为人们大多数是自愿成为企业会员的，所以企业通过向会员发布推广、宣传等信息，消费者的接受程度更高。

5.3.2　信息宣传营销方法

信息宣传营销方法是指通过在网络上提供相关企业介绍的信息，让客户了解企业文化、经营理念、服务项目等，增强客户对企业的认识，加深客户对企业的整体印象，实现营销的目的。

1.搜索引擎营销

搜索引擎营销（Search Engine Marketing，SEM），是根据用户使用搜索引擎的方式，利用用户检索信息的机会尽可能将营销信息传递给目标用户。冯英健（2004）提出了搜索引擎营销目标层次的原理，认为在不同的发展阶段，搜索引擎营销具有不同的目标，最终的目标在于将浏览者转化为真正的顾客，从而实现销售收入的增加。搜索引擎营销目标层次如图5-5所示。

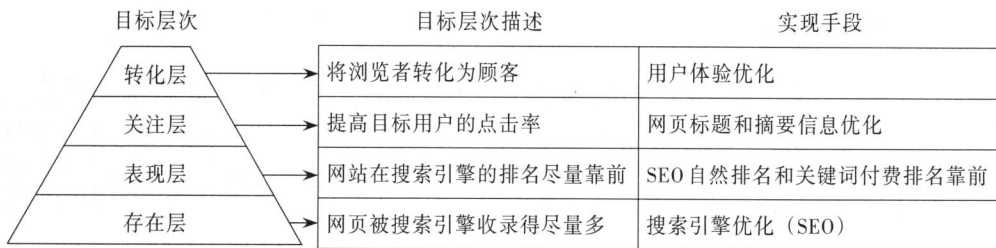

目标层次	目标层次描述	实现手段
转化层	将浏览者转化为顾客	用户体验优化
关注层	提高目标用户的点击率	网页标题和摘要信息优化
表现层	网站在搜索引擎的排名尽量靠前	SEO自然排名和关键词付费排名靠前
存在层	网页被搜索引擎收录得尽量多	搜索引擎优化（SEO）

图5-5　搜索引擎营销目标层次

常用的搜索引擎营销方式主要有竞价排名、分类目录登录、搜索引擎优化、关键词广告、网页内容定位广告等。通过优化，企业产品的信息能够出现在搜索引擎靠前的位置，从而吸引浏览者的目光。如凡客诚品公司利用搜索引擎营销进行网站宣传，分别在百度、谷歌、雅虎等各大搜索类网站进行竞价排名且搜索排名都是第一位，力求抓住每个搜索凡客诚品的潜在客户。

2.Wiki营销

Wiki营销是一种建立在Wiki这种多人写作工具基础上的新型营销手段。它以关键字为主，将关键字作为入口，建立产品或公司品牌的相关链接，面向的人群更加精确，提供更好的广告环境。著名的Wiki平台有百度百科、维基百科、互动百科、搜搜百科等，企业可以利用Wiki平台进行企业介绍，有助于客户进一步了解企业。

3.企业博客营销

企业博客营销是指企业通过博客这种网络应用平台进行企业或产品宣传、企业信息发布、品牌营销等，以达到企业营销、宣传的目的。企业博客营销大大降低了营销成本，与搜索引擎营销无缝对接，并且容易吸引年轻受众的注意力，提升了企业的宣传力度。博文的篇幅不受限制，因此具有深入分析事物前因后果、全面介绍产品或品牌的能力，这有助于实现精细化营销，提高受众的忠诚度和营销传播的效果。

例如，伊利舒化"活力宝贝"世界杯博客营销。世界杯期间，伊利营养舒化奶与新浪博客深度合作，在"我的世界杯"模块中，网友可以在新浪博客上为球队呐喊助威。其将伊利舒化产品的特点，与世界杯足球赛流行元素相结合，借此打响品牌知名度，让球迷产生深刻的印象。本次博客营销活动让球迷活力与营养舒化奶有机联系在一起，让关注世界杯的人都关注到营养舒化奶，将营养舒化奶为中国球迷的世界杯生活注入健康活力的信息传递出去。

4.交换链接营销

交换链接营销，也称为友情链接营销、互惠链接、互换链接营销等，是具有一定资源互补优势的网站之间的简单合作形式，即分别在自己的网站上放置对方网站的Logo或网站名称，并设置对方网站的超级链接，使得用户可以从合作网站中发现自己的网站，达到互相推广的目的。

例如，中国的传统老字号品牌——百雀羚。在竞争日益激烈的市场中，为进一步提高品牌知名度，百雀羚花费大量精力，走进人们的生活。其与实施网络广告的女性网站及实行电子营销的大网站进行友情链接，推广企业网址。其还同百度推广建立链接，制作flash动画宣传片作为网络广告，同时还利用多种渠道，增加进入人们视线的频率，提升品牌关注度，对其产品进行大力宣传，以扩大百雀羚在行业中的影响力，使其受到更多消费者的信赖及青睐。

5.网络广告营销

网络广告就是在网络上做的广告。**网络广告营销**是利用网站上的广告横幅、文本链接、多媒体等方法刊登或发布广告，通过网络传递给互联网用户的一种高科技广告运作方式。网络广告营销是企业进行网络营销的最简便且有效的途径，网络广告不仅成本低且宣传范围广泛，企业可以通过发布网络广告进行品牌推广、产品促销、在线调研、信息发布等。

6.电子书营销

电子书营销就是某一主体（个人或企业）以电子信息技术为基础，借助电子书这种媒介和手段进行营销活动的一种网络营销形式。企业或者站长、网店主可以通过制作实用电子书并嵌入广告内容，然后发布供人免费下载来传递产品或者网站信息。电子书以其方便性、永久性的特点成为新一代的阅读工具。企业利用电子书进行网络营销比软文营销的时效性长，由于读者会经常阅读，因此营销效果会更好。

阿里巴巴是最擅长使用电子书营销的中国企业，自从通过成功发布《外贸网络营销手册》和《阿里巴巴：让天下没有难做的生意》尝到了甜头之后，阿里巴巴陆续制作了大量电子书。目前发行的有《外贸操作手册》、《如何识别真正的买家》、《与外商沟通33招》和《电子商务写作教程》等。其网页上虽名为电子杂志，实为不定期更新的实用电子书。

7.微信营销

"未来的营销不需要太多渠道，只要让你的产品进入消费者的手机，就是最好的营销。"营销大师克里曼特·斯通这样评价互联网。现已占据用户大部分时间的微信，是目前企业产品进入移动互联网的入口。2011年1月21日，腾讯推出即时通信应用微信，支持发送语音短信、视频、图片和文字，还可以群聊。据中国互联网协会的统计，截至2020年11月，微信日均登录人数达到12.1亿人，是目前国内用户最多的网络社交平台。

正是由于微信的迅速发展，许多商家在此看到了无限的商机，微信营销便应运而生。微信营销是网络经济时代企业对营销模式的创新，微信不存在距离的限制，用户注册微信后，可与周围同样注册的"朋友"形成一种联系，用户可订阅自己所需的信息，商家通过提供用户需要的信息推广自己的产品，是一种点对点的营销方式。

作为"小程序+电商"模式的先行者，蘑菇街投入了1亿多元人民币用了1年的时间打造自己的电商小程序。（1）蘑菇街通过公众号发布符合品牌调性的推送文章，并在文章内容中插入相应想拼的小程序卡片，用户看到喜欢的商品可以直接下单。（2）通过服务号面向老客户发布促销优惠信息，向购买过商品但未关注服务号的用户推送最新商品信息，提醒和刺激他们再次消费。微信营销给蘑菇街带来了立竿见影的效果，截至2017年8月，上线仅两个月的"蘑菇街女装精选"小程序的新客户便净增300万人。

8.直播营销

网络直播是指利用互联网和流媒体技术进行的视频直播，其融合了图像、文字、声音等丰富元素，声形并茂，效果极佳，逐渐成为互联网的主流信息表达方式。直播营销是指在现场随着事件的发生、发展进程同时制作和播出节目时，开展的营销活动，以企业获得品牌的提升或者销量增长为目的。

随着5G网络技术的更新以及智能手机的普及，网络直播具备了生长的基础条件。一方面，主播可以随时随地通过手机高清摄像功能录制视频；另一方面，消费者可以在任意地点随时观看。目前国内直播平台非常多，比如：抖音直播、快手直播、微谷直播、斗鱼TV、虎牙直播、花椒直播等。

直播营销是一种营销形式上的重要创新，十分凸显互联网视频特色。对于广告用户而言，直播营销具有用户群的精准性、与用户的实时互动、直播内容的新闻效应更明显等优势，营销效果非常好。

5.3.3　口碑宣传营销方法

口碑宣传营销方法是指用户通过体验或者了解之后，以相互转告、相互推荐的方式进行营销。这种营销方式需要企业为用户提供一定的利益，或者企业在用户之间树立了良好的口碑，使得用户愿意主动为企业进行宣传。

1.网络社区营销

网络社区营销就是把具有共同兴趣的访问者或互相熟悉的人群集中到一个虚拟空间，达到成员相互沟通、资源互相分享的目的，进而达到商品的营销效果。其主要形式有论坛、聊天室、讨论组、贴吧、QQ群、社会性网络服务（Social Networking Services，SNS）等。

网络社区营销一方面可以由企业发起，组建论坛或讨论组等，不仅增进企业和访问者或客户之间的关系，也能直接促进网上销售。例如，用户通过戴尔公司建立的戴尔论坛，可以查看戴尔公司最新的产品信息、互相沟通产品心得或寻求专业人士解答技术难题等，戴尔论坛的建立既给用户带来了方便，又使戴尔公司第一时间了解了用户需求，不断完善企业的发展目标。

另一方面，网络社区营销可以通过用户自发组织或利用第三方平台进行组织，其中社会性网络服务是当下发展较为迅速的一种新的网络社区营销模式。SNS是指帮助人们建立社会性网络的互联网应用服务，通过病毒式传播的手段，企业用户向其他用户进行宣传，既减少了用户对一般广告的厌恶感，通过熟人进行沟通，也增强了产品的可信度，提升了企业形象。

例如，小红书作为分享社区，亦是电商平台，蕴含巨大的消费吸引力。大型"种草"社区小红书在电商方面有着区别于其他平台的内容和用户优势。带着独特的社区基因，小红书在29个国家建立海外仓库，以品牌授权和品牌直营并行直接面向消费者。这种自营社区电商的模式保证了信息链和货物链的完整性。以用户为中心,体现于如下两大板块:一是分享购物笔记的生活方式社区;二是自建供应链的跨境电商平台。小红书主营的上述两大板块在社区内完成了商业的闭环运营。普通用户是小红书利用内容打造口碑的受众主体。

2."病毒式"营销

"病毒式"营销是通过用户的口碑宣传,使信息像病毒一样传播和扩散,利用快速复制的方式传向数以千计、数以百万计的受众。一旦用户对企业的产品和服务满意了,就会主动为企业进行宣传,从而在用户之间迅速扩大企业的影响力。我们经常看到的免费邮箱、免费空间、免费域名等,都采取了"病毒式"营销。比尔·盖茨撇开小利,其操作系统病毒式地占领了中国操作系统市场,而占领市场份额比当前的获利要重要得多。

3.微博营销

微博,即微博客的简称,是一个基于用户关系的信息分享、传播以及获取的平台,用户可以通过Web、WAP以及各种客户端组建个人社区,以大约140个文字更新信息,并实现即时分享。尽管微博是从博客的基础上发展起来的,但是微博绝对不是缩小版的博客。二者的本质区别是:微博更多地需要依赖社会网络资源的广泛传播,更注重时效性与趣味性。由于微博的传播力度很强,因此成了很多企业进行网络营销的新宠儿。企业以微博为营销平台,向每一位"粉丝"(潜在营销对象)传播企业、产品的信息,树立良好的企业形象和产品形象。

海尔,通过互联网最大微博平台成为了"新晋网红"。对于网友创建的选豆浆机的微博话题,海尔与九阳开展了微博评论对战,此次互动让企业的曝光度大大提升。有企业认为,企业在微博红利期高峰已过,海尔却不断更新微博,在各大微博红人区抢热门评论,抢回复,与网友互动。海尔打破传统,在微博上去官方化,致力于趣味化、年轻化,成为更完善、更友好、更强大的存在,并进一步增强了用户的交互体验。

5.3.4　综合型营销方法

综合型营销方法,即企业以互联网为传播平台,通过策划活动、借助新闻事件,以视频、图片、新闻等形式,间接地宣传企业。与以往硬性的宣传方式不同,综合型营销方法通常为隐形的,潜移默化地影响着人们的观念。

1.网络活动营销

网络活动营销是指通过精心策划的、具有鲜明主题、能够引起轰动效应、具有强烈新闻价值的单一或是系列性组合的营销活动,达到更有效的品牌传播和销售促进的目的。网络活动营销以其不受空间限制、互动性、经济性、大众性、延伸性以及创新性的特点，帮助企业塑造网络品牌、发布产品信息、促进网络销售、培养客户忠诚度，以提升企业核心竞争力。

洽洽在2014年的足球世界杯营销大战中，成功用创意活动杀出重围，成为当时的营销黑马。作为瓜子界中的经典品牌，洽洽利用瓜子这一大众喜爱的食品和世界杯联系起来，发起了"猜胜负，赢大奖"的活动，创意性地将产品变成了"赌球"的筹码。洽洽设置了一场精准的营销活动，让品牌同时获得了口碑和销量上的提升。

2. 网络事件营销

网络事件营销是指企业、组织主要以网络为传播平台，通过精心策划、实施可以让公众直接参与并享受乐趣的事件，达到吸引或转移公众注意力，改善、增进与公众的关系，塑造企业、组织良好形象的目的，以谋求企业的长久、持续发展。

在2018年的足球世界杯期间，厨卫电器品牌华帝借助这一重大赛事，推出了"夺冠套餐"，并制造出一个具有"赌局"性质的噱头"法国队夺冠，华帝退全款"，用以吸引关注和消费。这一"赌局"立刻吸引了大众的注意，并很快成为了热搜话题。人们对其议论的兴趣不仅在于其与世界杯相关，更在于这一"赌局"的风险性和其中的利益点。这一话题成功成为当时的大热门，令华帝品牌很快拥有了巨大的知名度。

3. 网络视频营销

网络视频营销指的是通过数码技术将产品营销现场实时视频图像信号和企业形象视频信号传输至Internet上。企业将各种视频短片以各种形式放到互联网上，能达到一定的宣传目的。网络视频广告的形式类似于电视视频短片，平台却在互联网上。"视频"与"互联网"的结合，让这种创新营销形式具备了两者的优点。

近些年来，视频营销成为新趋势，企业开始重视短视频营销。短视频是指一种视频长度以秒计数，并且主要依托移动智能终端实现快速拍摄和美化编辑，可在社交媒体平台上实时分享和无缝对接的一种新型视频形式。短视频营销是具有直观性、软件植入、内容灵活、互动性强以及更加丰富多元化的特点的一种营销服务。

魅族手机在2016年2月8日将其投放在央视上的15秒广告投放到微博，虽只有15秒，却完美阐释了魅族团队的工匠精神。借助微博视频广告的展现形式，该视频获得了3 000万次的播放量，从而增加了用户对品牌的了解，提升了品牌的影响力。

4. 网络软文营销

网络软文营销又叫网络新闻营销，是通过网络上的门户网站、地方或行业网站等平台传播一些具有阐述性、新闻性和宣传性的文章，包括网络新闻通稿、深度报道、案例分析等，把企业、品牌、人物、产品、服务、活动项目等相关信息以新闻报道的方式，及时、全面、有效、经济地向社会公众广泛传播的新型营销方式。网络软文营销通常从吸引人的题目入手，抓住浏览者的眼球，并通过贴近生活的故事让读者坚持浏览，在文章或新闻中的某些片段穿插进企业或产品的信息，使读者在不知不觉中了解企业及产品。例如，茅台企业通过撰写和发表《茅台酒与健康》《世界上顶级的蒸馏酒》《告诉你一个真实的陈年茅台酒》《国酒茅台，民族之魂》等文章，不仅详细介绍了茅台酒的历史、制作过程、特点、好处等，更宣传了茅台产品，达到了网络软文营销的目的。

5.4 网络营销策略

5.4.1 网络营销的产品策略

网络营销时不能看到实际商品，而且不是所有的商品都适合在网络上销售，因此，网络产品营销比传统产品营销更难，更需要注重营销策略。

1.网络营销产品概述

（1）网络营销产品的概念

网络营销产品是指企业在网络营销过程中为满足网络消费者的某种欲望和需要而提供给他们的企业网站、相关资讯、企业生产的产品与服务的总和。在网络营销中，产品的整体概念可分为五个层次，如图5-6所示。

① 核心产品。核心产品是能够提供给消费者基本效用或益处的产品，是消费者真正想要购买的产品。如消费者购买电脑是出于学习、休闲、上网等需要。由于网络营销是一种以顾客为中心的营销策略，企业在设计和开发产品时要从顾客的角度出发，要根据之前的营销效果来进一步设计、开发。

② 有形产品。有形产品是指产品在市场上出现时的具体物质形态。对物质产品来说，首先，产品品质必须得到保障；其次，必须注重产品品牌，品牌对于网络产品十分重要，由于网络产品的品质不能直接检查，品牌就成了产品质量的重要衡量标准；再次，应注意产品的包装，网络产品需要经过配送到达顾客手中，产品包装是产品给予顾客的第一印象，第一印象的好坏直接关系到顾客对产品的感受；最后，在产品式样和特征方面，要根据不同地区的亚文化来进行针对性加工。

③ 期望产品。在网络营销中，顾客处于主导地位，消费呈现出个性化特征，因此产品的设计和开发必须满足顾客个性化的消费需求。顾客在购买前对质量、使用方便程度、特点等有期望值的产品就是期望产品。

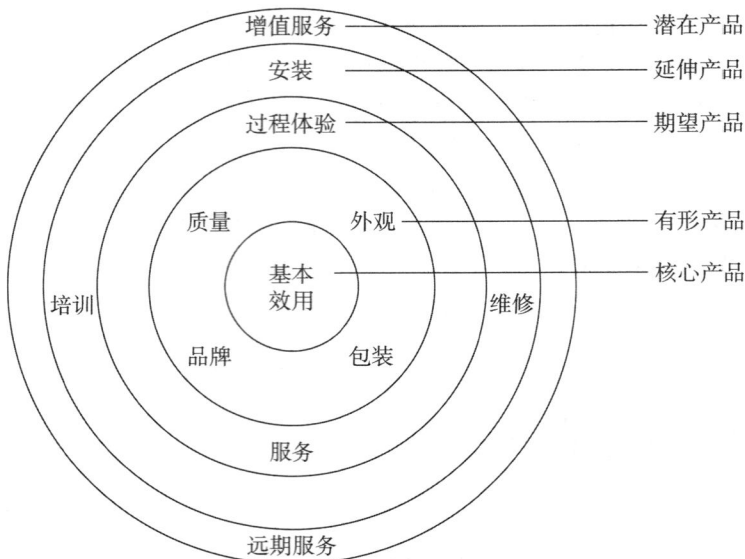

图5-6　网络营销产品层次图

④ 延伸产品。延伸产品是指顾客购买产品和服务所得到的附加服务，主要是指帮助用户更好地使用核心产品的服务。就网络营销产品而言，产品的配送、安装、维修、售后服务等都是延伸产品。

⑤ 潜在产品。潜在产品是由企业提供的能够满足顾客潜在需求的产品，是核心产品的一种增值服务。潜在产品的目的不仅是让顾客满意，更是让顾客愉悦，使其产生对核心产品的依赖。

（2）网络营销产品的特性

目前，适合在互联网上销售的产品通常具有以下特性：

① 产品性质。网上用户在初期对技术有一定要求，因此网络营销初期大多与网络等技术相关，与技术或计算机、网络有关的产品起初销售较好，如美国 Intel 公司、Cisco 公司、Dell 公司的产品。但是随着人们对电子商务认识的逐渐加深，越来越多的产品出现在互联网上。总体来说，适合网上营销的产品主要为知识型产品（如计算机软件、图书等）、受众范围较为宽泛的产品（如食品、服装等）、能被普遍接受的标准化产品（如电子产品等）。

② 产品质量。网络的虚拟性使顾客可以突破时间和空间的限制，实现远程购物和在网上直接订购，这使得网络购物者在购买前无法体验或只能通过网络图片及评论来评估产品的质量。因此顾客对网络产品的质量尤为重视，产品质量是网络营销发展的重要支撑。

③ 产品式样。网络的全球性使得产品在网上销售面对的是全球性市场，因此，通过互联网对全世界各个国家和地区进行营销的产品要符合相关国家或地区的风俗习惯、宗教信仰。同时，由于网上消费者的个性化需求，网络营销产品的式样还必须满足这种需求。

④ 产品品牌。在网络营销中,生产商与经营商的品牌同样重要。首先,明确、醒目的产品品牌是在浩瀚的网络市场中吸引顾客注意力的重要工具;其次,由于网上购买者面对很多选择,同时网上的销售无法进行购物体验,购买者对品牌会产生较强的依赖。

⑤ 目标市场。网上市场是以网络用户为主要目标的市场,在网上销售的产品要适合覆盖广阔的地理范围。如果产品的目标市场比较狭窄,可以采用传统营销策略。

⑥ 产品价格。在网上销售产品一般采用低价位定价策略,这是因为互联网作为信息传递工具,一方面,在初期是采用共享和免费策略发展起来的,网络用户比较认同网上产品价格低廉的特性;另一方面,由于通过互联网进行销售的成本低于其他渠道,因此网络营销的产品一般采取低价策略。

(3) 网络营销产品的分类

随着科学技术的发展和进步,越来越多的产品在网上销售。按照产品的特性可将网络营销产品划分为两大类:实体产品和虚拟产品。实体产品是指有具体物理形状的物质形态产品,很难通过网络直接交货,需要利用传统渠道运送。虚拟产品是无形的,即使表现出一定形态也是通过其载体体现出来的,如计算机软件。虚拟产品又可进一步划分为软件和在线服务。在线服务又可以划分为信息咨询服务、互助式服务和网络预约服务,详见表5-11。虚拟产品可以跨越时空限制进行快捷的交易,可以直接在网络上完成交易。

表 5-11　　　　　　　　　　　网络营销产品的分类

产品形态	产品品种	产品	
实体产品	普通产品	消费品、工业品、旧货等	
虚拟产品	软件	计算机软件、电子游戏等	
	在线服务	信息咨询服务	法律咨询、医药咨询、股市行情分析、金融咨询、数据库检索等
		互助式服务	网络交友、远程医疗、远程教育
		网络预约服务	预订机票、车票、入场券、电影票等

2.网络营销产品策略的内容

根据网络营销产品的不同,网络营销产品策略分为网络实体产品的营销策略和网络虚拟产品的营销策略,如图5-7所示。

(1) 网络实体产品的营销策略

① 开发策略。网络在创意形成、概念测试、产品开发以及市场检验等环节,可以有效帮助企业开发适销对路的产品。通过互联网,企业可以实现宽范围、低成本、交互式的市场调研,通过设置讨论区、留言板以及开展有奖竞赛等方式,发现

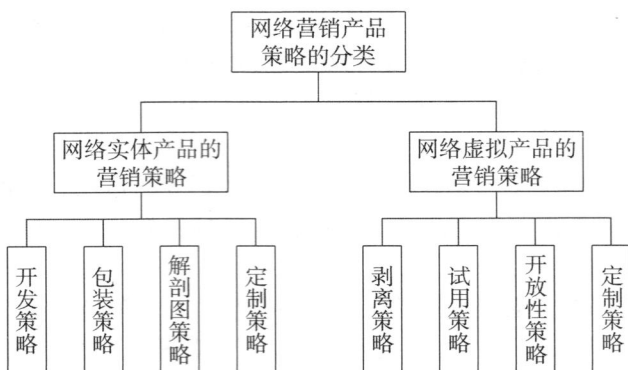

图 5-7　网络营销产品策略的内容

顾客的现实需求和潜在需求，形成原始创意，从而形成产品构思。此外，互联网也为企业快速跟踪科技前沿、掌握竞争者动向、加强与供应商和经销商的联系、收集各种信息提供了极大的方便。

② 包装策略。对于网络实体产品的包装，不仅仅体现在货物实体运输时的包装上，还体现为在展示商品时充分利用网络和多媒体技术，即通过图片、动画、音响、交互工具等整合化的信息载体给消费者带来强烈的视觉冲击和心灵震撼，强化消费认同，刺激购买欲望。即使消费者不会购买，其也会对这些产品形成一定的认同。

③ 解剖图策略。利用网页引人入胜的图形界面和多媒体特性，企业可以全方位地将产品的外观、性能、品质以及内部结构层层解剖展示，使消费者对产品有一个客观、不受外界干扰的理性了解。

④ 定制策略。满足顾客的个性化需求是网络营销的特点之一，企业应该充分利用网络技术的多媒体展示、交互性等特点，了解消费者的个性化需求，为企业的新产品开发和产品延伸提供思路。

（2）网络虚拟产品的营销策略

① 剥离策略。网络并不只是实体产品的分销渠道，网络营销本质上还是一种服务营销。其配合企业的实体产品销售，将企业的附加信息与核心产品分开，为用户提供售前、售中、售后全方位的信息服务，是网络营销产品策略的重要内容。

② 试用策略。利用网络虚拟产品的特点，可以对有关软件、游戏等产品实行短期免费试用策略，使顾客在一定期限内能够享受产品带来的全方位服务，让顾客对产品的性能、特点、用途等进行全面细致的了解，在短期内培养顾客对产品的依赖。此外，顾客可以针对产品的不足提出改进建议，方便企业对产品进行进一步的改进。

③ 开放性策略。虚拟产品开放性策略是指利用互联网，提供给网络消费者一个开放性的平台使其进行信息交流和互动的一种策略。这样一方面提高了企业与顾客的互动性，另一方面将网站建设者从资讯的完全提供者的角色中解放出来，一定

程度上减少了网站管理的人力成本。

④ 定制策略。网络虚拟产品的提供者应针对顾客的需求，将大规模营销改进为小众甚至一对一的营销，为消费者提供个性化的产品。个性化会加深顾客对企业产品的依赖程度，对提高用户忠诚度、信任度起着重要的作用。

戴尔公司是应用网络营销产品策略最为成功的公司之一。戴尔公司利用网络平台，向用户提供个性化的定制服务，使得用户可以自己配置个性化的电脑设备，在吸引顾客的同时，又大大减少了企业的库存量，降低了企业成本。

5.4.2　网络营销的定价策略

1.网络营销定价概述

价格是市场的杠杆，是古典经济学中"看不见的手"，是营销策略中最活跃的因素。无论是传统营销还是网络营销，价格策略都是最富有灵活性、艺术性、竞争性的策略，是企业营销组合策略的重要组成部分。网络营销中定价的内涵、特点以及定价策略等均不同于传统营销。

（1）网络营销定价的定义

网络营销定价是指给网上营销的产品和服务制定价格。网络营销定价与网络营销价格的定义不同，网络营销价格是指企业在网络营销过程中买卖双方成交的价格。由于网络交易的透明度较高，影响和制约价格的因素较多，因此如何定好产品的价格成为一门学问。

（2）网络营销定价的特点

网络营销定价主要有全球性定价、低价位定价和顾客主导定价三大特点。

① 全球性定价。网络营销面对的是开放和全球化的市场，用户可以在世界各地直接通过网站进行购买，这种模式打破了传统交易市场受地理位置限制的局限性，因此网络营销定价必须考虑目标市场范围变化带来的影响。

由于产品来源地和销售目的地与传统市场差距很大，企业不能再运用统一的定价策略来面对差异极大的全球性市场，应该根据不同国家的具体国情，采用全球化与本地化相结合的原则，制定适应当地市场消费者需求的产品价格。

如果 Amazon 网上商店的产品来自美国，购买者也是美国人，那么产品可以按照原定价方法进行折扣定价，相对比较简单。如果购买者是其他国家的消费者，那么采用针对美国本土的定价方法就很难面对全球化市场。为解决这个问题，可采用本地化方法，在不同市场建立地区性网站，以满足当地市场消费者的需求。

② 低价位定价。互联网是从科学研究应用发展而来的，其使用者的主导观念是网上的信息产品均是免费的、开放的、自由的。在早期互联网开展商业应用时，许多网站都采用收费方式想直接从互联网上盈利，结果都失败了。而雅虎公司从为网上用户提供免费的检索服务起步，逐步拓展为门户网站，现在拓展到电子商务领域，逐步取得了成功。它成功的主要原因是遵循了互联网的免费原则和间接受益原则。

　　网上产品定价较传统定价低还有一个原因是其成本费用的降低，互联网可以从诸多方面来帮助企业降低成本费用，使企业有更大的降价空间。因此，定价过高或者降价空间有限的产品，不宜在网上销售。当然，如果网上顾客对产品价格不太敏感，主要考虑是否方便、新潮，则企业不一定要采用低价位定价策略。

　　③ 顾客主导定价。所谓顾客主导定价，是指顾客通过充分了解市场信息来选择购买或者定制生产自己喜欢的产品或服务，同时以最小代价（产品价格、购买费用等）获得这些产品或服务。简单地说，就是使顾客的价值最大化，顾客以最小成本获得最大收益。

　　顾客主导定价的策略主要有：顾客定制生产定价和拍卖市场定价。根据调查分析，由顾客主导定价并不比企业主导定价使企业获取的利润低。根据国外拍卖网站eBay.com的统计分析，在网上拍卖定价产品，只有20%的产品拍卖价格低于卖者的预期，50%的产品拍卖价格略高于卖者的预期，剩下30%的产品拍卖价格与卖者的预期相接近，且在所有拍卖成交产品中，有95%的产品成交价格卖主比较满意。因此，顾客主导定价是一种双赢的定价策略，既能较好地满足顾客的需求，同时企业的收益也不受影响。

2.网络营销的几种定价策略

　　定价策略是企业营销策略中最富有灵活性的策略之一，基于网络营销定价的全球性、低价位性和顾客主导性三大特点，网络产品的价格对消费者的购买有着重要影响。在网络营销中，定价策略一般有以下几种（如图5-8所示）：

图5-8　网络营销定价策略的分类

（1）免费价格策略

　　免费价格策略是市场营销中常用的定价策略，它主要用于促销和推广产品。具体来说，免费价格策略就是将企业的产品或服务以零价格或近乎零价格的方式提供给顾客使用，满足其需求。对网络营销来说，免费不仅是一种促销策略，更是一种长期且行之有效的企业定价策略。免费价格策略的分类见表5-12。

　　企业实施免费价格策略并不代表企业损耗自身利益，将商品或服务白白地赠送给消费者，其大多是通过免费价格策略占领市场，然后发掘后续的商业价值。如"同花顺"采用完全免费的策略，将其行情系统免费提供给所有用户。"同花顺"免费行情软件以安全、快速享誉业界，其行情软件有着强大的资讯和简便的操作方式，进一步增强了用户的黏性和忠诚度。"同花顺"免费服务的商业模式，为其带来了极高的广告收入等回报。

表 5-12　　　　　　　　　　　　免费价格策略的分类

完全免费	产品（服务）从购买、使用到售后服务所有环节都免费
限制免费	产品或服务实行限制免费，即产品（服务）可以被有限次使用，超过一定期限或者次数后，取消这种免费服务
第三方付费	也称第三方营销，第三方是指能帮助企业降低顾客直接购买产品价格的人、物或企业。企业通过第三方的参与，降低提供产品或服务的成本
捆绑式免费	购买某产品或服务时赠送其他产品或服务

（2）新产品定价策略

借助互联网实现新产品的市场开拓是越来越多企业的重要营销策略，而要使新产品尽快打开市场、占领市场并获得满意的利润，有效的产品策略是重要决定因素。另外，价格、促销、渠道等策略也是不可或缺的，其中新产品定价策略尤其重要。渗透与撇脂定价等经典策略的实现方式随着网络营销技术工具和手段的发展而不断创新。

① 渗透定价。该策略将新产品价格定得相对较低，以吸引客户，刺激需求，提高市场占有率，阻止竞争对手的进入及向其所占据的市场渗透。此定价策略需要一定的实施条件：a.产品的市场规模较大，企业具有较强的竞争潜力；b.产品的需求弹性大，顾客对其的价格较敏感。纵观互联网的发展历程，具有网络效应的产品，如第三方支付、网约车、共享单车等，为达到市场垄断，均通过低价甚至免费策略来抢占市场。这类渗透定价不具普适性。企业应根据客户是否为价格敏感型来决定是否采用渗透定价策略。

② 撇脂定价。与渗透定价相反，撇脂定价将产品的价格定得很高，以使企业获得最大利润。该策略一般用于定位于高端市场的产品，其利用消费者求新、求异的心理，通过高价来提升新产品的声望，以利于企业获取高利润，尽快收回投资，还有利于企业掌握降价的主动权。但定价高没有定价低那么容易被客户接受，尤其在互联网环境下，撇脂定价的实施效果被弱化。所以，当产品具有独特性、差异性较大、顾客的价格敏感性小且竞争对手少时，采用撇脂定价效果较好。

（3）折扣定价策略

折扣是价目表上价格的变化，是由卖主为放弃一些营销功能的购买者提供的降低一定比例价格的价格优惠。"双十一"这个中国的网购狂欢节，吸引越来越多的网民，并屡创销售额新高的最大亮点就是"折扣"。"折扣"在国外零售业中早已司空见惯，如"血拼"的黑色星期五、圣诞购物季等。如今，利用互联网开展诸如打折、发放优惠券、特价等促销活动是各国零售商的家常便饭。

网络营销除继续应用传统营销的策略外，数量折扣、时间折扣等策略方法也得到了创新性的应用。

① 数量折扣。该策略有累计数量折扣和非累计数量折扣两种方式。累计数量

折扣是指当顾客一次性购买商品的金额或数量达到一定标准时，按其总量的多少给予不同的折扣。目前，众多电商平台为鼓励顾客重复购买自己的产品，纷纷采用消费积分的方式，实际上其采用的是非累计数量折扣的策略。

② 时间折扣。这是在特定的时刻或时间段实施的一种价格减让策略。如在业务淡季提供的季节折扣，以鼓励中间商淡季进货或消费者购买过季商品；在某一天的特定时间实行"一小时特价""限时特卖""秒杀"等，以刺激消费者购买。

（4）心理定价策略

心理定价策略，就是根据不同消费者的心理特征来确定产品定价。价格与质量、价值和支付能力之间有着千丝万缕的联系，使消费者在长期的消费实践中逐渐形成了多种与商品价格密切相关的心理特征。如无法凭直觉鉴别商品的内在质量时，其易出现"价高质必优"的按价论质心理；寻求"物美价廉"的商品时，易出现满意消费心理；追求时尚新潮时，易出现"高价消费"心理；在快速消费品市场中，易出现"习惯价格"心理等。诸如常用的声望定价、以"8""9"等数字组成的尾数定价、以某几款商品的超低价格或惊爆价来吸引顾客的招徕定价等，都是市场上普遍使用的定价技巧。

（5）动态定价策略

亦称定价变更策略，即基于不同因素或模型对产品进行实时定价。该策略运用的关键是要找出客户的需求欲望、实际购买力与企业收益之间的平衡点，即实现价格的优化。在网络市场环境中，影响价格调整的因素更多、更复杂，与此同时，随着各种数据的获取越来越容易，以及大数据分析、机器学习等技术的持续发展，以价格优化为核心的动态定价策略得到越来越广泛的应用。

① 定制定价。针对不同客户指定不同的产品价格。互联网为这种以满足客户个性化需求为前提的定制定价提供了创新应用的环境。如之前家居行业推出的"降低单价，做大规模，从而减少边际成本，追求边际效益"的全屋定制套餐的营销模式；欧派、索菲亚、好莱客等推出的全屋"19800""16800"套餐等，主打的则是"性价比高"的定制家居套餐的营销模式。

② 使用定价。其是指顾客通过互联网进行注册后，获得在线直接使用企业的产品或享用其提供服务的权利，企业按照顾客使用产品或服务的次数（或时长）进行计费。此种方式适用于互联网传输，可以实现远程调用的软件、音像影视、电子书刊等数字化产品，以及共享单车、房屋短租等O2O服务。

③ 自动调价。互联网使自动调价机制的实现成为可能，数据挖掘与分析不仅可以获得某件商品对每位客户所具有的"独特价值"，掌握市场的需求情况，还可以确定该商品的最优价格，同时还能使经营者获得该定价在市场上的反应。如携程旅行在"携程旅行酒店机票火车票"小程序中推出了酒店分享"砍价"活动，参与的用户在订单确认后即可邀请好友一起"砍价"，最多可砍至5折。

以上几种定价策略是企业在利用网络拓展市场时可以考虑的比较有效的策略，并不是所有的产品和服务都可以采用上述定价方法，企业应根据产品的特性和网上市场发展的状况来进行定价策略的选择。

5.4.3　网络营销的渠道策略

在传统的营销体系中，成功的渠道建设通常意味着更低的成本、更高的存货周转率、更大的市场占有率。从一定意义上讲，由于网络本身的天然优势，网络营销的实施是营销管理领域的一次革命，是对传统营销渠道的彻底变革。在网络营销中，公共网络的建立迫使企业对市场机会做出快速反应，而强大的信息沟通共享能力大大提高了企业的反应速度，同时改善了营销渠道的产销关系。

1.网络营销渠道概述

（1）网络营销渠道的概念

狭义上讲，**网络营销渠道**就是借助互联网将产品从生产者转移到消费者手中的中间环节，包括利用网络进行订货、结算与配送。广义上讲，企业与消费者之间、企业与协作厂商之间形成了企业的外部网络营销渠道，企业各生产环节形成了企业的内部网络营销渠道，通过互联网，内外营销渠道相互连接，构成了一个全方位的信息沟通、资金流通的企业网络营销渠道。

（2）网络营销渠道的功能

网络营销渠道在实现产品转移的过程中，具有以下四大功能：

① 订货系统。它为消费者提供产品信息，同时方便厂家获取消费者的需求信息，以求达到供求平衡。一个完善的订货系统，可以最大限度地降低库存，减少销售费用。如联想集团网上订货系统开通第一天，订货额就高达 8 500 万元人民币。

② 结算系统。消费者在网上购买产品后，可以有多种方式方便地进行付款，因此厂家（商家）应有多种结算方式。目前国外流行的几种结算方式是信用卡、电子货币、网上划款等。而国内常用的结算方式主要有邮局汇款、货到付款、信用卡支付等。

③ 配送系统。无论是有形产品还是无形产品，都需要借助网络营销渠道实现产品或服务从生产者向消费者的转移。无形产品如服务、软件、音乐等可以直接通过网络进行配送；有形产品的配送需要借助专业的物流配送体系来完成。如美国联邦快递公司，它以开展履盖全球的专递服务而闻名，以至于从事网上直销的 Dell 公司都将全美货物的配送业务交给它。

④ 服务系统。提供各种服务是许多渠道成员的责任，这不仅是履行对生产商的承诺，也是渠道成员获得利益和吸引客户的重要营销方式。网络环境下渠道成员的分工更为精细，其渠道的服务功能有了新的拓展，除第三方物流、提供支付结算服务的第三方支付外，还有帮助供求各方在网上发布相关信息、提供交易信息传播和网站建设与运营的 ISP、社会化媒体营销提供商以及各类电子商务应用服务商，如通用搜索引擎百度、Google、阿里巴巴、淘宝等电商交易平台，258 这样的企业互联网一站式服务平台等。

（3）网络营销渠道与传统营销渠道的区别

在传统营销渠道中，中间商是重要组成部分。按照有无中间商，传统营销渠道可分为直接分销渠道和间接分销渠道，如图5-9所示。

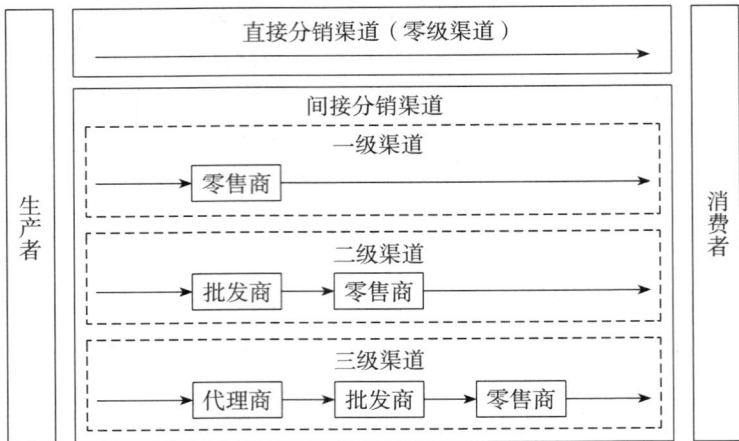

图 5-9　传统营销渠道的结构

直接分销渠道是指由生产者直接把商品卖给用户的营销渠道。间接分销渠道是指至少包括一个或一个以上的中间商的销售渠道。根据中间商的多少可以把营销渠道分为一级、二级、三级甚至更多级。

网络营销渠道也可以分为直接分销渠道和间接分销渠道。但与传统营销渠道相比，其间接分销渠道的结构要简单得多，如图5-10所示。

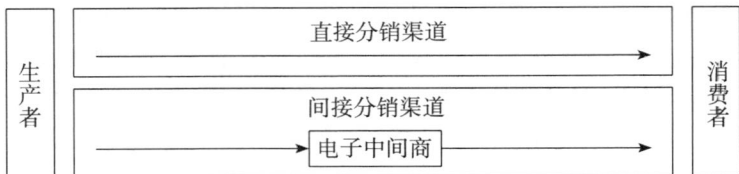

图 5-10　网络营销渠道的结构

网络的直接分销渠道和传统的直接分销渠道都是零级分销渠道，结构上大致相同。而就间接分销渠道而言，网络营销中只有一级分销渠道，即只有一个信息中介商（电子中间商）来沟通买卖双方的信息，而不存在多个批发商和零售商的情况。

2.网络营销渠道策略的内容

网络营销渠道可分为直接分销渠道和间接分销渠道。与之相对应，网络营销的渠道策略可分为直接渠道策略、间接渠道策略，以及直接渠道和间接渠道并用的双道策略（又称双道法）。

（1）直接渠道策略

网络直接销售是指厂家通过网络分销渠道直接销售产品，没有任何形式的网络中间商介入其中。网络直销渠道与传统直销渠道的区别是：① 订货功能。生产企业可以通过建设网络营销网站，让顾客直接从网站进行订货。② 支付功能。通过与一些电子商务服务机构如网上银行合作，用户可以通过网站直接支付结算，解决了过去资金流转的问题。③ 配送功能。网络直销渠道可以利用互联网技术来构造有效的物流系统，也可以通过互联网与一些专业物流公司进行合作，建立有效的物流体系。具体的网络直销渠道结构如图 5-11 所示。

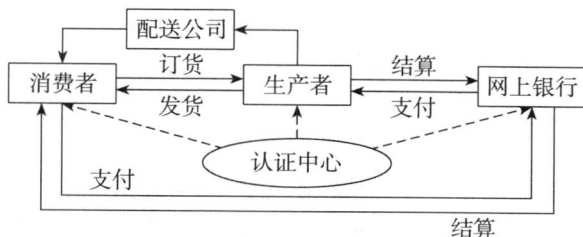

图 5-11　网络直销渠道结构图

与传统直销渠道相比，网络直销渠道更具竞争优势的地方在于：

第一，利用互联网的交互特性，网络直销渠道从过去的单向信息沟通变成直接的双向信息沟通，增强了生产者与消费者的联系。

第二，网络直销渠道可以提供更加便捷的相关服务。一是生产者可以通过互联网提供支付服务，顾客可以直接在网上订货和付款，在家等待送货上门，从而大大方便了顾客。二是生产者可以通过网络直销渠道为客户提供售后服务和技术支持，特别是对于一些技术性比较强的行业如 IT 业，其可提供网上远程技术支持和培训服务，既方便顾客，同时生产者又可以最小的成本为顾客服务。

第三，网络直销渠道的高效性，可以大大减少过去传统分销渠道中的流通环节，有效降低成本。对于网络直销渠道，生产者可以根据顾客的订单按需生产，做到零库存，并大大减少传统渠道依靠推销员上门推销的销售费用，最大限度地控制营销成本。

作为国内家电领域的龙头制造企业，格力电器近年来在继续完善线下传统零售渠道的同时，积极开拓直接面向消费者的网络直销渠道。截至 2018 年底，格力在国内拥有 26 家区域性销售公司，线下销售网点有 4 万多家；同时，通过自建格力网上商城以及在天猫和京东平台开设官方旗舰店进行直销，仅 2018 年"双十一"期间，格力空调全网实现销售额 12.59 亿元，市场占比 28.1%。2019 年"双十一"，格力电器线上渠道更为发力，当天全网全品类销售额超 41 亿元，同比增长超 200%。

（2）间接渠道策略

由于越来越多的企业和商家在网上建站，消费者反而处于被动的尴尬境地，面对大量分散的域名，消费者很难有耐心地逐个访问，尤其是那些不知名的中小企业网站。鉴于网络直销的缺点，网络商品交易的中介机构应运而生。网络间接分销渠道是指商品从生产领域转移至消费者或用户手中，要经过的中间商的分销渠道。网络间接分销渠道的结构如图 5-12 所示。

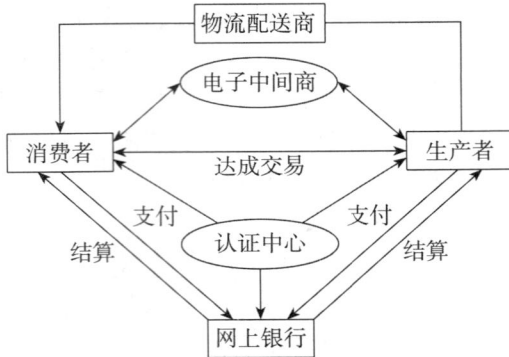

图 5-12　网络间接分销渠道结构图

目前，出现的许多基于 Internet 提供信息服务中介功能的新型中间商，可称为电子中间商。与传统中间商一样，电子中间商起着连接生产者和消费者的桥梁作用，帮助消费者做出购买决策并满足其需求，帮助生产者掌握产品销售状况，降低生产者为达成与消费者的交易所支付的成本费用。在互联网上出现的新型电子中间商主要有以下 10 种，见表 5-13。

（3）双道策略

所谓双道策略，是指企业在进行网络分销决策时，同时使用网络直销渠道和网络间接分销渠道，以达到销售量最大的目的。

企业在互联网上建立自己的网站，一方面为自己打开了一个对外宣传的窗口，另一方面也建立了自己的网络直销渠道。国外 Amazon、国内海尔集团、苏宁电器网上商场的实践，充分说明企业网上建站大有可为。一旦企业的网页与信息服务相链接，其宣传作用不可估量，不仅可以覆盖全国，而且可以传播到全世界，这种优势是任何传统的广告宣传都无法比拟的。如优衣库、好乐买等网站都拥有自身的专门站点，并且与天猫、腾讯等大型网站合作，建立链接，扩大宣传。

有着酿造葡萄酒悠久历史的张裕集团近年来也开始发展自身的网上订购业务，张裕旗下的张裕直供网（http：//changyuonline.com）已经投入运营，同时其在天猫网站也设立了旗舰店，在酿酒行业率先开展网上订购业务。张裕直供网是专门经营张裕产品的网站，网站针对高端客户、大批量客户和需要个性化定制的客户，提供了全面的在线订购服务，网络营销渠道为类似于张裕集团的大型传统企业开辟了新的发展空间。

5.4.4　网络营销的促销策略

促销是企业市场营销活动的基本策略之一，是指企业以各种有效的方式向目标市场传递有关信息，以启发、推动对企业产品和服务的需求，并引发购买欲望和购买行为的综合性活动。促销在企业营销活动中是不可缺少的组成部分，在网络营销中更是起着重要的作用。

表 5-13　　　　　　　　　　　　　　　新型电子中间商的类型

类型	解释	分类或举例
虚拟商业街	在一个站点内连接两个或两个以上的商业站点。站点主要收入来源于其他商业站点对它的租用	天猫、QQ 商城
网上商店	专业性，定位于某类产品，它们直接从生产者手中进货或自己就是生产者，然后将其折价销售给消费者	京东商城、好乐买
虚拟集市	消费者可以在站点中任意选择和购买，站点主持者收取一定的管理费用	淘宝、中国商品交易市场、拼多多
互联网内容提供商	在互联网上向目标群体提供所需信息的服务提供者	新浪、腾讯、网易
目录服务	利用 Internet 上目录化的 Web 站点提供的菜单驱动进行搜索	① 综合性目录服务。可以对各种不同站点进行检索，所包含的站点分类按层次组织在一起，如 Yahoo
		② 商业性目录服务。提供各种商业 Web 站点的索引，类似于印刷出版的工业指南，如 Internet 商店目录
		③ 专业性目录服务。针对某个领域或主题建立 Web 站点。目录服务的收入主要来源于为客户提供 Internet 广告服务
搜索服务	为用户提供基于关键词的检索服务，站点利用大型数据库分类存储各种站点介绍和页面内容	Baidu、360 搜索
电子支付	实现买方、卖方之间的授权支付	支付宝、财付通、网上银行、信用卡、云闪付
网络统计	提供互联网统计数据	Forrester、A.C.、CNNIC、艾瑞
站点评估	对站点进行评级与估计	站长创投网站价值评估系统、比比看网站评估系统
智能代理	根据消费者的偏好和要求预先为其自动筛选网站，优化搜索标准	分为比较购物代理、比较购物引擎、购物机器人，如中华比价网、一淘网、淘伴

1.网络促销概述

（1）网络促销的概念及特点

网络促销是指利用现代化的网络技术向虚拟市场传递有关产品和服务的信息，以启发需求，引起消费者的购买欲望和购买行为的各种活动。其具有以下两大明显特点：

① 网络促销是通过网络技术传递产品和服务的存在、性能、功效及特征等信息的。它是建立在现代计算机与通信技术基础之上的，并且随着计算机和网络技术的不断发展而演进。因此，网络促销不仅需要掌握传统的营销技能，还需要掌握计算机和信息技术知识。

② 网络促销是在Internet虚拟市场上进行的。作为一个连接世界各国的大型网络，Internet聚集了全球的消费者，融合了多种生活和消费理念。网络营销者必须突破传统实体市场的局限性，采用虚拟市场全新的思维方法，调整自己的促销策略和实施方案。

（2）网络促销与传统促销的区别

传统促销与网络促销都是让消费者认识产品，激发消费者的注意与兴趣以及购买欲望，最终实现购买行为。但是互联网自身强大的通信能力和覆盖范围使得网络促销与传统促销相比，在时空观念、信息传播方式、消费群体和消费者行为以及促销手段等方面都发生了较大的变化。网络促销与传统促销的区别见表5-14：

表5-14　　　　　　　　　　　　**网络促销与传统促销的区别**

	传统促销	网络促销
时空观念的变化	传统促销具有时间与空间的限制	基于互联网，打破了时间与空间的限制
信息传播方式的变化	依靠促销人员或企业散发传单进行产品促销，传播方式苍白无力	基于多媒体信息技术，使得网络信息传递变得丰富、快捷、及时
消费群体和消费者行为的变化	一般消费群体	特殊消费群体，直接参与生产和商业的循环，通常大范围地选择和理性购买
促销手段的变化	广告、传单、人员推销、公共关系	一方面依赖现代信息技术，另一方面吸收传统促销方式的精髓

2.网络促销的主要形式

网络促销的形式主要有四种：网络广告促销、站点推广促销、销售促进和网络关系营销。其中，网络广告促销和站点推广促销是网络促销的主要形式。

（1）网络广告促销

网络广告是指利用网站上的广告横幅、文本链接、多媒体等，在互联网上刊登或发布广告，通过网络传递给互联网用户的一种高科技广告运作方式。简而言之，网络广告促销就是企业利用互联网通过广告的形式发布促销信息的行为。网络广告促销主要实施"推"战略，如图5-13所示。其主要功能是将企业的产品推向市场，获得广大消费者的认可。一般来说，日用消费品，如化妆品、食品饮料、医药制品、家用电器，网络广告促销的效果比较好。

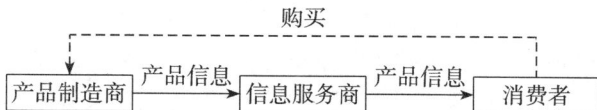

图5-13 网络广告促销的"推"战略

（2）站点推广促销

站点推广促销就是利用网络营销策略扩大站点的知名度，吸引网上流量，起到宣传和推广企业以及企业产品的效果。站点推广促销主要是实施"拉"战略，如图5-14所示。其主要功能是将顾客吸引过来，保持稳定的市场份额。通常，大型机械产品、专用品采用站点推广促销的方法比较有效。

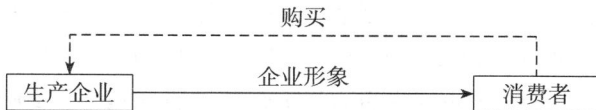

图5-14 站点推广促销的"拉"战略

站点推广促销常用的方法有搜索引擎推广、电子邮件推广、资源合作推广、信息发布推广、病毒性营销、网络广告推广等。

（3）销售促进

销售促进又称营业推广，主要用来进行短期性的刺激销售。网络销售促进就是企业在其网络营销站点采用一些销售促进方法，如价格折扣、有奖销售、拍卖销售等，宣传和推广产品，达到促进企业产品或服务销售的目的。

对于工业品，可采取网上论坛、软性文章、案例分析、网上咨询等促销方式。对于消费品，网上销售促进主要有以下几种方法：

① 网上折价促销。折价亦称打折、折扣，是目前网上最常用的一种促销方式。由于网上销售商品不能给人全面、直观的印象，也不能试用、触摸，再加上配送成本和付款方式的复杂性，使网上购物具有一定的劣势。因而，幅度比较大的折扣可以促使消费者进行网上购物的尝试并做出购买决定。目前，大部分网上销售的商品都有不同程度的价格折扣。

② 网上赠品促销。在新产品推出试用、产品更新、对抗竞争品牌、开辟新市场等情况下，企业一般会采用赠品促销策略。赠品促销的优点为：可以提升品牌和网站的知名度，鼓励人们经常访问网站以获得更多的优惠信息，企业能根据消费者索取赠品的热情程度总结、分析营销效果和对产品的反应情况等。

③ 网上抽奖促销。抽奖促销是网上应用较广泛的促销形式之一。它是以一个人或数人获得超出参加活动成本的奖品为手段进行的商品或服务的促销，网上抽奖活动主要用于调查、产品销售、扩大用户群、庆典、推广某项活动等。消费者或访问者通过填写问卷、注册、购买产品或参加网上活动等方式获得抽奖机会。

④ 网上积分促销。积分促销在网络上的应用比传统营销方式简单、易操作。积分促销一般设置价值较高的奖品，消费者通过多次购买或多次参加某项活动来增加积分以获得奖品。积分促销可以增加上网者访问网站和参加某项活动的次数，可以提高上网者对网站的忠诚度，可以提高活动的知名度等。

⑤ 网上联合促销。由不同商家联合进行的促销称为联合促销，联合促销的产品或服务可以起到一定的优势互补、互相提升价值等效应。如果应用得当，联合促销可起到相当好的效果，如网络公司可以和传统商家联合，以提供在网络上无法实现的服务。

（4）网络关系营销

网络公共关系是指企业为了塑造形象、赢得消费者信任并取得竞争优势，通过网络沟通工具来影响与各类相关公众的关系。网络关系营销就是借助互联网的交互功能吸引用户与企业保持密切联系，培养顾客忠诚度，提高企业的收益。

说到网络促销策略，不得不提阿里巴巴的"双十一"购物狂欢节活动。其"双十一"活动自 2009 年开始启动，阿里巴巴旗下天猫、淘宝、聚划算网站中所有参与活动的商家，基本上都采取所有商品 5 折包邮的折扣策略。2020 年的"双十一"活动中，仅天猫总销售额就达 4 982 亿元，天猫、京东总成交额超 7 000 亿元。"双十一"已成为全球最大的购物节。

5.5 我国网络营销现状

5.5.1 我国网络营销的发展现状

网络营销是在互联网发展、普及的基础上产生的，没有互联网的发展壮大，就没有网络营销。相对于发达国家，我国的网络营销起步较晚，大致可分为三个阶段：探索阶段、萌芽阶段、发展阶段。

1.我国网络营销的探索阶段（1997 年之前）

自 1994 年美国利用互联网技术，通过 E-mail 发布广告的形式赚得第一桶金以来，网络营销风起云涌，一时间充斥各类市场。但这一现象对当时的中国人来说，还只是一个传奇。1994 年 4 月 20 日，中国国际互联网正式开通，网络广告的诞生以及基于互联网的知名搜索引擎——Yahoo、Infoseek、Lycos 等的出现，被认为是中国网络营销职业发展的开端。

但在 1997 年之前，我国的网络营销一直处于一种"神秘"的状态，由于公众、企业对网络营销的概念及方法的不明确，当时我国的网上营销离网络营销的实质还相差甚远。在早期有关网络营销的文章中，经常会看到某个企业在网上发布商品供应信息，而后接到大量订单的故事，并将网络营销的作用人为地加以夸大。现在看来，即使这些故事真实可信，也只是在互联网信息很不丰富的时代发生的传奇罢了。

2.我国网络营销的萌芽阶段（1997—2005 年）

1997 年之后，互联网以远远超过人们预期的速度，迅速发展成为真正的全球化网络。发生在这一年前后的部分事件，如全球最大的网络书店——亚马逊的成立、网络广告和 E-mail 营销在中国的诞生以及电子商务网站建设的兴起等，都标志着中国网络营销进入了萌芽时期，"山东农民网上卖大蒜"的具体实践，更是我国网络营销萌芽的例证。

到 1999 年，以阿里巴巴为代表的一批 B2B 网站不仅让企业间电子商务的概念深入人心，也为中小企业开展网络营销提供了广阔的空间。电子商务的另一个重要分支——网上零售（B2C、C2C）的发展也为网络营销概念起到了积极的推动作用。1999 年之后，中国电子商务开始迅速发展。这些都为网络营销概念的传播起到了一定的作用。

2005 年，中国网络营销市场的规模继续快速增长，总收入达到 56.3 亿元，同比增长 42.7%，其中，网络广告占网络营销总收入的 40.3%；商务平台营销、搜索引擎营销、在线网络营销和 E-mail 营销的规模占比分别为 31.5%、21.0%、4.6% 和 1.2%。

3.我国网络营销的发展阶段（2006 年至今）

2006 年，网络营销服务大部分还集中在基础应用和搜索引擎推广领域，随着传统企业对网络营销需求的不断增大，企业网络营销的应用逐渐成熟，网络营销开始出现多元化需求。此时，网络营销进入高速发展时期。从 2007 年开始，网络营销进入井喷的时代，搜索广告、B2B 平台、广告联盟、社区营销都开始以更快的速度蓬勃发展，营销效果的可控性、精准性也越来越强。这一时期，企业对网络营销的认识也开始趋于理性化，网络营销进入稳定的发展时期。

至此，网络营销技术进入得到广泛应用的阶段，网络营销的产品和服务也初步形成市场，大中型企业的网站迅速开展一体化建设，企业不断创新网络广告形式，网络营销的方法和手段更是层出不穷。中国互联网协会发布的《中国互联网发展报告（2019）》称，截至 2018 年底，我国网民人数达到 8.29 亿人，超过全球平均水平（57%）3.8 个百分点。网络营销活动的种类也在逐年丰富，不断推陈出新。网络营销已经逐渐成为企业在销售中的主打营销模式。

网络广告作为网络营销的主要方法之一，越来越受到我国各类企业的喜爱。我国网络广告市场增长情况如图 5-15 所示。

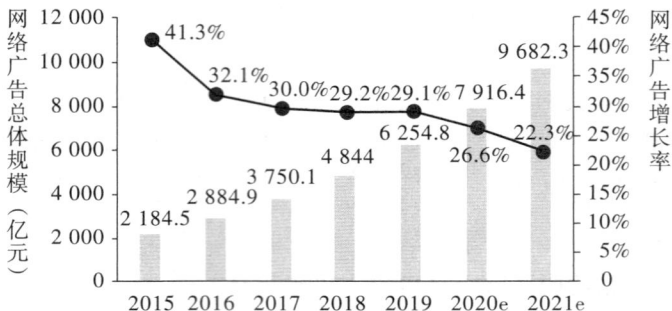

图 5-15　2015—2021 年中国网络广告市场规模及预测图

注：1.互联网广告市场规模以媒体收入作为统计依据，不包括渠道代理商收入；2.此次统计数据包含搜索联盟的联盟广告收入，也包含搜索联盟其他媒体网站的广告分成收入。

资料来源　艾瑞咨询，2019年中国网络广告市场年度监测报告。

随着市场成熟度的不断提高，未来几年，国内网络广告市场将放缓增速，平稳发展。未来网络广告的发展主要体现在：核心企业不断扩大自身实力，布局各类终端及服务器，提高影响力，创新营收模式；广告技术不断革新，RTB 产业链逐渐完善，ADX 与 DSP 平台纷纷涌现；注重用户数据挖掘与内容创意的原生广告等新兴网络营销形式将进一步挖掘网络媒体的营销价值等。

5.5.2　我国网络营销存在的问题

尽管我国网络营销正如火如荼地开展，但是其依旧处于发展时期。与传统的营销模式相比，新兴的网络营销因高速、即时、互动、全球性等特点无疑具有明显的优势。但与此同时，由于网络的虚拟性，它也不可避免地在实践中存在着一定的不足。

1.网络营销理论研究不足

目前，国外的网络营销理论研究不够系统，国内的研究亦比较欠缺。从现有的学术期刊、商业杂志、著作等出版物以及网络媒体来看，与网络营销相关的议题虽然不少，但是真正对网络营销进行系统的理论研究，或者在某些方面有独到研究的内容却很少，许多理论的实践性也不强。

2.对网络营销的观念意识不强

尽管近几年网络营销是一个热门词汇，但越是热门的词汇大家往往对其概念、实质的理解就越是不到位。受传统营销观念的影响，人们往往对那些看不到、摸不着地打着网络广告的商品不信任，并且由于网络营销的方便性，一些营销手段已"恶化"为垃圾营销模式。当人们看到随处刊登的网络广告时，反而会对产品产生厌烦的心理。人们对网络营销的认识不足、意识不强，很大程度上阻碍了网络营销的发展。

3.网络法制建设有待健全

网络欺诈是互联网出现后的新型诈骗方式，由于网络的虚拟性，网络营销面临着产品质量保证问题、信息安全和保密问题、消费者隐私保护问题等。倘若没有健全的法制对违法行为进行打击，虚拟市场的秩序将很难维持，网络道德风险问题将日益严重，从而阻碍网络营销的实施和电子商务的发展。

4.企业网络营销缺乏策略

由于我国的网络营销正处于起步阶段，尽管网络营销的方法众多，但尚未形成完整的体系。许多企业并不完全理解网络营销，以为只要在网上发布信息、建立电子商务网站，或者是投资制作网络广告便实施了网络营销，致使我国网络营销市场规模虽不断扩大，但发展趋势并不明朗。

5.5.3　我国网络营销的未来发展方向

1.移动互联网营销

移动互联网的机会有多大？摩根·士丹利的报告认为其可能是互联网产业规模的10倍。截至2019年底，中国移动互联网用户规模达13.19亿人，占据全球网民总规模的32.17%；4G基站达到544万个，占据全球4G基站总量的一半以上。4G时代改变了移动互联网、大数据营销与视频营销，引发了一场大数据的革命。传统移动广告平台一直以Banner广告为核心形式，但受制于图文表现力、广告尺寸和互动方式，其价值空间被长期制约。随着5G产业带来的移动互联网营销价值的"核裂变"，表现力更强的视频广告将成为整个行业角逐的焦点。

2.大数据营销

随着大数据时代的来临，营销已受技术、商业、艺术的三轮驱动，以数据和技术来驱动的广告变得越来越重要。大数据时代要求企业从大量数据中寻求对客户新的洞察和对市场新的分析，开拓新的营销模式，以满足企业精准营销的需求。在大数据时代，基于实时的数据挖掘技术，广告公司可以不断更换创意，必要时，甚至可以投放上百个有着不同创意的广告，如针对单独的受众投放定向广告。新的规则出现，新的可能性得以实现，传统的营销模式到了必须要做出改变的时候了。既熟悉网络媒体特性，又懂得技术和数据挖掘，并且在此基础上提供内容创意，将是传统广告公司的转型方向。

3.直播营销

网络直播是随着移动互联网和智能终端的发展产生的一种新的媒体变革，并催生了一种新的营销模式——直播营销。一些品牌和平台还以"网红直播"为突破口进行直播营销的探索，更多的企业和品牌开始利用网络直播重构自己的品牌营销策略。品牌视频化、视频网络化、广告内容化，成为信息时代营销传播的发展趋势。2022年以来，直播行业迎来发展新机遇，直播卖货一度火爆。据CNNIC统计，截至2022年12月，电商直播用户规模达5.15亿人，较2021年12月增长5 105万人，规模增速达10.99%，其占网购用户的48.27%，占直播用户的68.58%，电商直播业态日趋成熟。

直播行业发展模式，由单一的用户付费，向"直播+"模式过渡，"直播+"让行业的价值进一步释放。各大直播平台积极推动"直播+"布局，与电竞、综艺、文化、旅游、教育等产业相结合，努力构建多元化、差异化、高品质的直播生态体系，成为行业发展的主要动力。例如，YY直播开拓二次元、情感、户外、美食、旅游等内容品类，尝试多种类型自制节目，通过引入PGC机构、线上线下模式结合、跨次元合作等方式进行内容生产。

"直播+"模式推动直播平台向产业链各端渗透，促进平台内容创新和产品创新，有利于增加用户粘性，"直播+"纵深发展为直播平台及合作行业带来双赢机会。未来，5G环境可叠加AI、短视频、虚拟主播、全息影像等，电商直播行业或许会迎来更多突破想象的新玩法、新业态、新模式。

4.微营销

在未来，品牌不再仅出现在广告牌上，而是活跃在粉丝的心目中。微营销不再简单指微信、微博、微视频营销，而是更加关注个体的回归与个性的释放。微营销对应的是消费者通过微渠道将口碑、体验充分释放，将品牌弱化与碎片化。因此产品、体验式营销和口碑营销越来越重要，售后营销服务将变得跟售前及售中服务同等或者更加重要。纵观微营销，我们可以发现，未来微营销将呈现以下7种趋势：掌握智能服务平台、移动安全支付、自媒体与内容营销、Mini站点或者应用代替方案、通过视觉营销触发病毒营销、智能的客户数据管理系统、微视频应用工具。

5.全域营销

全域营销是包含地面营销、传统营销、互联网营销、移动互联网营销的全渠道的营销方式。在购物时，消费者会使用移动设备去查询相关信息，如商店的具体位置、商品信息、价格对比、优惠和促销活动等。而在移动互联网庞大且精准的数据支持下，通过人群定向、网站定向、关键词定向、行为定向等方式，就能准确寻找到目标客户。这在避免为消费者带来诸多不必要的广告困扰的同时，也让商业整体的运营效率得到提高。通过移动互联网，可以实现线上、线下信息的实时沟通，消费者也可以自由地进行购买行为线上、线下的转换。尽管实现全域营销还需要较长时间的探索，但其将会发展成一场革命。

□ 本章小结

网络营销是以企业营销理论为基础，借助互联网、通信技术和数字交互式媒体等，提供从信息传递与沟通、商品与货币价值交换到产品运输与服务全过程的营销决策支持，最大限度地满足客户的需求，来达到开拓市场、增加盈利的目的的一个营销活动。网络营销具有全球性、交互性、个性化、整合性、平等性、经济性等六大特点。网络营销的职能包括网络品牌、网站推广、信息发布、销售促进、销售渠道、顾客服务、顾客关系、网上调研。

网络市场调研是网络营销前期工作中最重要的环节之一，通过网络营销调研可以清楚地分析企业的目标市场和营销环境，为经营者细分市场、识别受众需求和确定营销目的等提供相对准确的决策依据。

网络营销方法可以按照应用目的划分为四种模式，分别是网络服务营销方法、信息宣传营销方法、口碑宣传营销方法和综合型营销方法。其中网络服务营销方法的代表有：邮件列表营销、IM 营销、RSS 营销、数据库营销、会员制营销；信息宣传营销方法的代表有：搜索引擎营销、Wiki 营销、企业博客营销、交换链接营销、网络广告营销、电子书营销、微信营销；口碑宣传营销方法的代表有：网络社区营销、病毒式营销、微博营销；综合型营销方法的代表有：网络活动营销、网络事件营销、网络视频营销、网络软文营销。

网络营销的成功离不开好的营销策略，网络营销策略分为：网络营销产品策略、网络营销定价策略、网络营销渠道策略和网络营销促销策略。网络营销产品是指企业在网络营销过程中为满足网络消费者的某种欲望和需求而提供给他们的企业网站信息、相关资讯、企业生产的产品与服务的总和。网络营销定价是指给网上营销的产品和服务制定价格。网络营销渠道狭义上讲，就是借助互联网将产品从生产者转移到消费者手中的中间环节，包括利用网络进行订货、结算与配送。网络促销是指利用现代化的网络技术向虚拟市场传递有关产品和服务的信息，以催生需求，引起消费者的购买欲望和购买行为的各种活动。

我国网络营销尚处于发展时期，虽然存在一些不足，但今后，网络营销必定是企业进行宣传、推广的必要手段之一。

□ 关键概念

网络营销　整合营销　网络直复营销　软营销　关系营销　网络市场调研　邮件列表营销　IM营销　RSS营销　数据库营销　会员制营销　搜索引擎营销　Wiki营销　企业博客营销　交换链接营销　网络广告营销　电子书营销　网络社区营销　"病毒式"营销　微博　网络活动营销　网络事件营销　网络视频营销　网络软文营销　网络营销产品　网络营销定价　网络营销渠道　网络促销

□思考题

1.网络营销的含义是什么？其有什么特点？
2.简述网络营销与电子商务的关系。
3.网络营销调研的步骤有哪些？
4.简述网络营销的方法。
5.网络营销的策略有哪些？

□本章案例

三只松鼠的网络营销

1.企业介绍

三只松鼠成立于2012年，是中国定位于纯互联网食品品牌的企业，也是当前中国销售规模最大的食品电商企业。它主要以互联网技术为依托，利用B2C平台实行线上销售，从而开创了一个快速的新型食品零售模式。

2.网络营销战略的实施

（1）微博营销

三只松鼠与很多大牌、IP合作，客户只要转发微博就能获得抽奖资格，从而吸引了很多吃瓜粉，且其自身亦获得了更多的关注。另外，其微博经常会有放送福利的促销活动，比如满减优惠，某些食品多买多送等。一些回购的和尝新的客户会因为觉得实惠而经常保持关注并互动。

（2）口碑营销

在这个消费者体验为王的时代，网络的口碑建设将会起到重要的作用，而要达到口碑营销的效果，就需要"在每个细节上都超越用户期望，创造让月户尖叫的服务，这才是企业的核心竞争力"。三只松鼠发现消费者购买坚果，肯定需要一个垃圾袋。于是，三只松鼠就在包装盒里添加了一个价值0.18元的袋子，虽然其增加了额外的成本，但是用户却会被三只松鼠的细心关怀所打动，从而增加了客户忠诚度。

（3）电视广告植入，营销炒作

在一些热播剧中经常能看到三只松鼠的身影，其或是以零食的形式出现，或是以玩具公仔的形式出现，广告总是植入得恰到好处，让人印象深刻。这些网络热播剧本身就极具吸睛效果，能让三只松鼠的传播效应进一步放大，而且围绕热播剧做的品牌曝光很值得，从投资回报率上看，这是一般硬广所不能企及的。

（4）打造品牌IP，出同名动画

2018年，三只松鼠出了同名3D动画《三只松鼠》，当年播放量就超过1亿次，可见其火爆程度。出动画可以布局三只松鼠的IP，使其品牌娱乐化，让品牌给用户带去更多的欢声笑语。在打造IP的同时，也能为品牌带来更多的关注度。单从《三只松鼠》这部动画就能看出，1亿次的播放量带来的潜在客户将是无法估量的。这样做既维护了老客户，又开发了新客户，可谓一举两得。

3.三只松鼠网络营销的作用

从以上的分析来看，网络营销对三只松鼠最大的促进体现在以下三方面：①降低营销成本；②大幅度提高品牌占领市场的速度；③消费者通过互联网对潜在消费者进行口碑宣传。三只松鼠的成功并不是偶然事件，它在独特品牌定位的基础上，大量利用网络营销这一手段，以较低的成本为企业带来了较高的收益，这就是网络营销的魅力所在。

【案例思考】

1.三只松鼠运用了哪些网络营销手段，其效果如何？

2.企业应如何有效运用网络营销手段进行营销？

□参考文献

［1］潘小毅，孙晶．Web2.0时代的网络营销［J］．电子商务，2008（5）：57-60．

［2］杨学成．网络营销［M］．北京：中国人民大学出版社，2011．

［3］邓少灵．网络营销［M］．广州：中山大学出版社，2009．

［4］魏兆连，刘占军．网络营销［M］．北京：机械工业出版社，2010．

［5］段杨．电子商务［M］．成都：西南财经大学出版社，2010．

［6］刘兴发．决胜网络营销［M］．北京：人民邮电出版社，2010：96-98．

［7］赵丽霞．我国网络营销的现状与发展趋势研究［J］．开发研究，2012（4）：153-156．

［8］张传玲，甄小虎．电子商务基础与实务［M］．北京：人民邮电出版社，2012．

［9］刘新燕，陈志浩．网络营销［M］．武汉：华中科技大学出版社，2020．

第 6 章

电子支付与网络银行

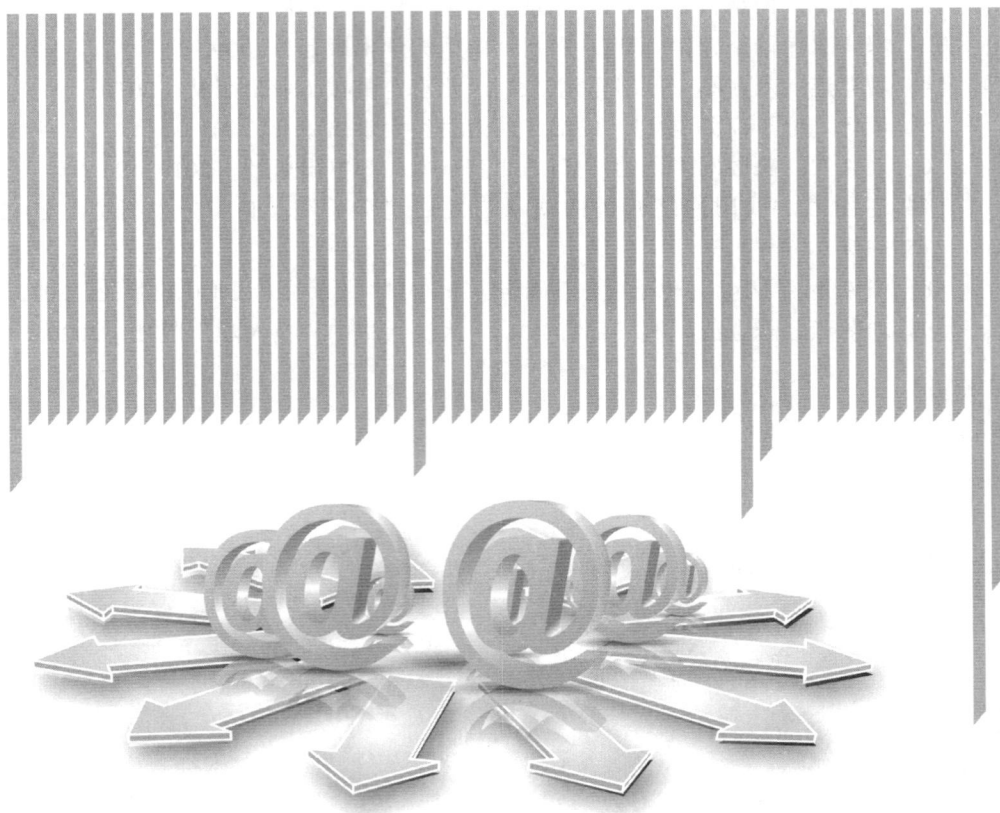

学习目标

　　通过本章的学习，理解电子商务中的交易与支付，掌握电子货币的特点和支付过程；掌握第三方支付的定义、特点，并熟练掌握第三方支付流程；了解移动支付的概念和相关技术，理解其业务模式和所面临的风险及监管问题；了解电子商务支付系统的概念，掌握国际电子支付系统、中国现代化支付系统和中国金融认证中心；掌握网络银行的概念和优势，了解网络银行的业务、功能和运作模式，理解网络银行的欺诈与防范。

【案例引导】

云闪付APP支持北京地铁与市区公交全线"刷码乘车"

　　2020年9月18日，《电商报》获悉，云闪付APP"刷码乘车"功能再次于北京地区更新上线。

　　据悉，用户在乘坐北京地铁时，打开云闪付APP，即可在北京地铁全线近13 000台闸机直接刷码进出站，同时享受地铁累计优惠。乘坐市区公交时，使用云闪付APP，可在近26 000台公交车上直接刷码乘车。

　　截至目前，北京市区公交全线均支持银联闪付乘车，北京地铁也支持云闪付APP购票及补票、过闸等全方位乘车。

　　此外，银联还将联合北京地铁陆续推出银联闪付过闸、人脸支付过闸等，以升级用户出行体验。

　　据《电商报》报道，近年来，中国银联不断联合全国各地公共交通行业升级乘车服务。目前，中国银联已经在全国36个城市推出覆盖地铁出行的银联移动支付产品，并在超过1 700个市县推出支持公交出行的云闪付APP刷码或银联闪付，以方便用户乘车出行。

　　资料来源：佚名. 云闪付APP支持北京地铁与市区公交全线"刷码乘车"[EB/OL]. [2020-09-18]. https://www.dsb.cn/127724.html.

　　与传统的商贸活动一样，货币与银行在电子商务活动中也是不可或缺的。因此，为真正实现商务全过程的电子化，货币必须实现支付过程的电子化和支付手段的电子化，即电子货币和电子支付。随着互联网技术和移动通信技术的普及，网络银行和移动支付已经走进人们的生活。我们在享受高科技带来的便利的同时，也要小心其中的欺诈和风险问题。本章知识图谱如图6-1所示。

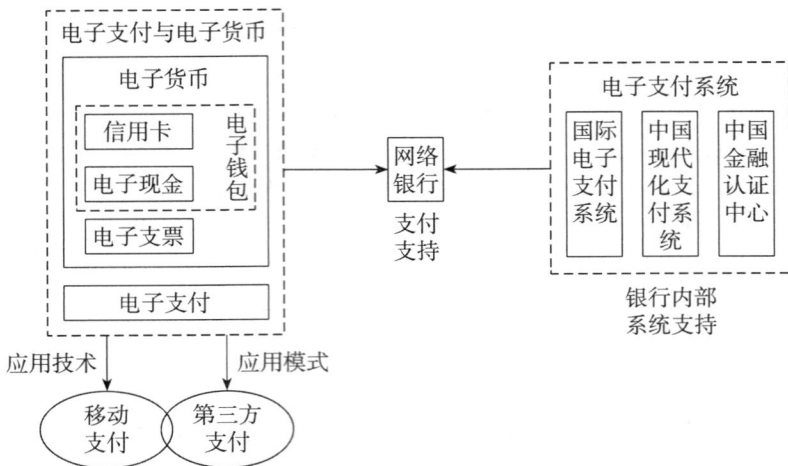

图6-1　电子支付与网络银行知识图谱

6.1　电子支付与电子货币

目前，以互联网为主要平台的电子支付方式在许多国家逐渐投入使用，应用面也越来越广，已经形成一定的理论与应用体系，并处在不断发展和完善之中。本节主要从理论角度阐述电子支付与电子货币的产生、定义和分类等内容。

6.1.1　传统的交易支付

传统的交易支付历经几个阶段的发展，已成为商务活动中主要的支付手段，但是，其仍然存在着种种局限性。

1.传统支付方式的发展

（1）物物交换

在货币产生以前以物易物的社会中，物物交换既是一种原始的商品交换行为，也是一种结清债权、债务的行为，可以从广义上把这种行为称为最原始意义上的结算，其中采用的支付手段是"以物易物"。例如，原始社会里以马换食品就是一种物物交换。

（2）货币支付

物物交换的支付结算方式受到物的很大限制，因为并不是一方就一定具有对方所愿意接受的物，也不容易做到等值交换。当货币作为交换的媒介物出现后，这种用货币支付来交换物品的行为才是具有现代意义的货币结算。货币曾有实物货币（如牛羊）、贵金属货币（如金银）、纸币（如美元、欧元）等不同的形式。

（3）银行转账支付结算方式

以银行信用为基础，以银行为支付结算中介的货币给付行为，称为银行转账支付结算方式。正是由于商业信用与银行信用的产生，才促进了交易环节与支付环节的分离，产生了以银行为中介的支付结算体系，它们也是商品经济社会的基础。此时的货币不仅包括现金、存款等，也包括支票、本票、汇票等。

2.传统支付方式的局限性

在信息网络时代，电子商务逐渐成为企业信息化与网络经济的核心。工业经济时代里的传统支付方式在电子商务交易中暴露出许多局限性：

（1）运作效率低且成本高

大多数传统支付方式涉及人员、部门等众多因素，牵扯许多中间环节，并且大多依靠手工处理，支付结算效率低下，成本较高，特别是邮政汇兑、支票等方式，需要设置专业柜台和人员，会造成资源浪费。

（2）具有较高的不稳定性和风险性

大多数传统支付方式在支付安全上也有问题，伪币、空头支票等现象造成支付结算的不确定性和商务风险的增加，特别是跨区域远距离的支付结算。一些传统支付方式，如现金、支票，有时还会导致人身安全方面的威胁，比如纸质现金与支票等均是病毒的高危携带者。

（3）应用不方便

传统支付结算介质五花八门，发行者众多，使用的辅助工具、处理流程与应用规则、规范均不相同，这些给用户带来了一定的困难。

（4）受时间和地域的限制

传统的支付方式为用户提供全天候、跨区域的支付结算和个性化服务并不容易。随着社会的进步和商品经济的发展，人们对随时随地进行支付结算、个性化支付的需求日益强烈。

（5）资金的滞后性

传统的支付方式特别是我国企业比较流行的纸质支票的应用并不是一种即时的结算，企业资金的回笼有一定的滞后期，因而扩大了企业的运作资金规模；现金的过多应用给企业的整体财务控制造成了一定的困难，也不利于国家控制金融风险，且给偷税漏税、违法交易提供了方便。

6.1.2　电子商务中的交易与支付

商务必定引起交易，交易必将进行支付。在电子商务不断普及的今天，电子交易与支付愈发显现其重要性。

1.电子交易概述

电子交易可以理解为狭义的电子商务，是指电子化的买卖交易，交易双方从收集信息、贸易洽谈、签订合同、货款支付到电子报关，无须当面接触，均通过网络运用电子化手段完成。电子交易主要包括支付和物流配送，相比传统交易，电子交易具有以下特征：

① 电子交易使销售渠道更加直接。在传统交易中，为了保证商品顺利到达消费者手中，渠道必须是多层次的。但在网络中，用户可以方便地找到企业并进行交易，因此不再需要多层次的渠道中间商，商品或服务从直接生产者到最终消费者之间的环节越来越少。

② 电子交易带给社会更多的便利。电子商务的迅速发展必将使传统的商务活动形式发生新的变化，借助互联网，从采购到商品销售的全过程都将电子化。客户可以进入网上商场浏览、采购各类产品，还能得到在线服务；商家们可以在网上与客户联系，利用网络进行货款结算；政府可以方便地进行电子招标、政府采购等工作。

③ 电子交易使市场运作更加高效。通过电子交易，可以在网上将经销商与供应商联系起来，从而优化交易过程；建立从客户到供应商的网络通信，从而削减库存和运输消耗，快速响应用户个性化需求；通过网上账单和支付系统改善与客户和供应商的关系。这样企业不仅赢得了客户的信任，更能提高订货效率、降低库存损耗、保持资金全部周转。

2.电子支付概述

（1）电子支付的概念

电子支付，即 E-Payment，是指通过电子信息化手段实现交易中价值与使用价值交换的过程，即完成支付结算的过程。电子交易的当事人，包括消费者、商家、金融机构等，通过计算机网络实现货币支付和资金流转。其在线支付使用银行或其他中介机构发行的数字金融工具——电子货币，如电子现金、电子支票等。

电子支付是互联网发展到一定阶段的必然产物，它以虚拟的形态、网络化的运营方式适应电子商务发展的需要。从事电子商务交易的消费者、商家和金融机构可以使用安全的电子支付手段，通过网络进行货币的支付或资金的流转。

（2）电子支付的特点

相比传统支付结算时普遍使用的"一现三票一卡"（现金、发票、本票、汇票和信用卡），以互联网为主要平台的电子支付结算方式具有更多的特点。

① 电子支付具有轻便性和低成本性。与电子货币相比，传统的货币在制造和搬运的过程中花费巨大。美国每年搬运有形货币的费用高达60亿美元，英国则需要2亿英镑，世界银行体系之间的货币结算和搬运费用占到其全部管理费的5%。电子支付通过无纸化的信息传输来完成款项的结算，可以突破时空限制，开销小，无论是个人还是企业都可从中受益。

② 电子支付具有较高的保密性和完整性。支付的保密性是指买卖双方的信息在产生、传送、处理和存储过程中不泄露给非授权者；支付的完整性是指交易信息

在传送和存储过程中保持一致，在交易过程中不被非法篡改、删除和插入。电子支付充分利用数字加密、数字签名和身份认证等安全技术，比传统支付方式更安全可靠。

③ 电子支付可以提高企业的管理水平。电子支付使支付结算从手工操作发展到电子化自动处理，提高了企业资金管理效率和交易的透明度。利用电子支付收集的数据，可以建立数据库，并用数据挖掘等方式估测市场趋势、新举措费用等，从而提高企业决策的科学性，降低经营风险。

（3）电子支付的基本构成

电子支付的主体包括客户、商家、金融机构（客户开户行、商家开户行）及认证中心，其基本构成如图6-2所示。

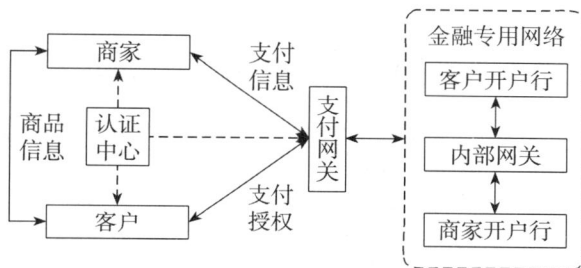

图6-2　电子支付的基本构成

① 客户。客户是指在互联网上从商家购买商品或服务，并为此支付费用的一方。客户用电子支付工具（如信用卡、电子钱包、电子支票等）来完成支付。

② 商家。商家是向客户提供商品或服务，并为此收取费用的一方。商家可以根据客户发出的支付指令向金融机构请求结算。

③ 客户开户行。客户开户行是指客户在其中拥有资金账户的银行。客户开户行在提供电子支付工具的同时，也提供一种银行信用，即保证支付工具是真实且可兑付的。

④ 商家开户行。商家开户行是商家在其中开设资金账户的银行，其账户是整个支付结算过程中资金流向的目的地。商家将收到的客户支付指令提交给其开户行后，就由商家开户行进行与客户开户行之间的清算工作。

⑤ 支付网关。支付网关是互联网公用网络平台和银行内部金融专用网络平台之间的安全接口。电子支付信息必须通过支付网关处理后才能进入银行内部的支付结算系统，进而完成支付。支付网关不能分析通过的交易信息，对支付信息只起保护与传输作用。

⑥ 金融专用网络。金融专用网络是银行内部及银行间进行通信的专用网络，不对外开放，具有很高的安全性，如中国国家金融通信网，其上面运行着中国国家现代化支付系统、中国人民银行电子联行系统等。

⑦ 认证中心。认证中心可以确认各电子商务参与者的身份和相关信息（如在银行的账户状况、与银行交往的信用记录等），因此认证过程也离不开银行的参与。

3.电子商务、电子交易和电子支付的关系

商务必定引起交易，交易必将进行支付。这句话简单地概括了商务、交易与支付的关系。相应的，在数字化网络世界中，这一关系仍然是存在的。

电子商务包含着两个方面的内容：电子化手段和商务活动。而这里的商务活动则可以再从两个角度描述：一是企业内部的业务流程，如客户关系管理、供应链管理、战略管理、财务管理等；二是企业面向外部的业务流程，即电子交易，包括企业与企业、企业与消费者、消费者与消费者之间通过互联网或者专用网进行的商务活动，如网络营销、电子支付、物流配送等。电子商务、电子交易和电子支付的关系如图6-3所示。

图6-3 电子商务、电子交易和电子支付的关系

6.1.3 电子货币

电子货币通过特定的信息来代表货币。在实际应用中，电子货币主要分为信用卡、电子现金和电子支票三种形式，而电子钱包是一种可以存放信用卡、电子现金等电子货币的软件。

1.电子货币的概念

电子货币是具有货币基本功能（价值尺度、流通手段、储藏手段、支付手段和世界货币）的电子信息，其流通手段、储藏手段和支付手段是电子信息方式实现，并通过计算机、通信网络系统、公共信息平台予以支持的。

电子货币的流通过程，即是用一定金额的现金或存款从电子货币发行处兑换并获得代表相同金额的信息，通过电子化方法将该信息直接转移给支付对象。

2.信用卡

（1）信用卡概述

信用卡是指由银行向社会发行的，具有消费信用、转账结算、存取现金与身份识别等功能的信用支付工具。

信用卡包括借记卡、贷记卡和准贷记卡。借记卡不能透支，卡内的金额按活期存款计付利息，消费或提款时资金直接从储蓄账户划出，在使用时一般需要密码。

贷记卡是指发卡银行给予持卡人一定的信用额度，持卡人可在信用额度内先消费、后还款的信用卡。准贷记卡兼具贷记卡和借记卡的部分功能，一般需要缴纳保证金或提供担保人，使用时先存款后消费，存款计付利息，持卡人购物消费时可以在发卡行核定的额度内进行小额透支，但透支金额自透支之日起计息，欠款必须一次还清，没有免息还款期和最低还款额。

信用卡的支付方式可以分为基于 SSL 协议和基于 SET 协议的信用卡支付两种。SET 协议充分发挥认证中心的作用，利用数字证书、双重签名等技术保证交易的保密性、完整性和不可否认性等。但是，基于 SET 协议的信用卡支付过程较为复杂，同时要求商家、客户和支付网关安装相应的客户端软件，目前并不普及。基于 SET 协议的信用卡支付过程将在下一章详细讲述，本章着重讲述基于 SSL 协议的信用卡支付过程。

（2）基于 SSL 协议的信用卡支付过程

目前，消费者客户端上的网络浏览器、商家的电子商务服务器等软件基本都内嵌了对 SSL 协议的支持，绝大多数银行网关以及第三方的支付网关平台也都支持 SSL 协议。图 6-4 是基于 SSL 协议的信用卡支付过程。

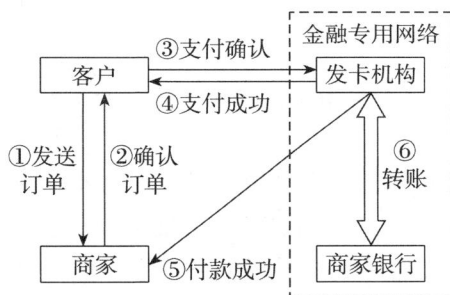

图 6-4　基于 SSL 协议的信用卡支付过程

① 持卡客户在商家网站选择商品或服务，提交订单后生成一张带有信用卡类别的订单发往商家。

② 商家向持卡客户回复订单号确认订单，同时生成相应的支付信息。

③ 持卡客户填写自己的信用卡卡号以及支付密码确认支付，在进行安全连接时，SSL 协议开始介入。

④ 发卡银行提示支付成功，持卡客户确认后离开，持卡客户与银行服务器的 SSL 连接结束。

⑤ 发卡银行发送付款成功消息给商家，商家向客户承诺发货或提供服务。

⑥ 在银行规定的统一结算时间内，发卡银行在后台通过金融专用网络把相关资金转入商家银行账户。

（3）基于 SSL 协议的信用卡支付模式的特点

① 在支付过程中，只对信用卡支付信息加密，商品信息则直接传送，以提高效率。

② 使用对称和非对称加密技术保证信息的完整性和保密性，并使用数字证书进行身份鉴别。

③ 对商家和银行验证数字证书，客户端可选，提高了支付效率。

（4）基于 SSL 协议的信用卡支付模式的应用

世界上著名的 CyberCash 公司研发的信用卡支付模式就是基于 SSL 协议的。由于基于 SSL 协议的信用卡支付模式应用方便、成本较低、安全性高、市场产品成熟，中国大型商业银行的信用卡网络支付系统大多采用这种支付模式，如中国工商银行的牡丹卡、中国银行的长城卡、中国建设银行的龙卡等。

3.电子现金

（1）电子现金的定义

电子现金，又称为数字现金，是一种以电子数据形式流通的、能被客户和商家普遍接受的、通过互联网购买商品或服务时使用的货币。电子现金是一种隐形货币，其表现为由现金数值转换而来的一系列加密的数字序列，通过这些数字序列来表示现实中各种金额的币值。电子现金比较适合个体的、小额网上消费的电子商务活动，如 C2C 电子商务的支付与结算。

（2）电子现金的优点

电子现金兼有纸质现金和数字化的优势，具有安全性、匿名性、方便性、低成本等优点。

① 安全性。电子现金融合了现代密码技术，提供加密、认证、授权等机制，只限于合法人使用，能够避免重复使用，防伪能力强。

② 匿名性。电子现金由于运用了数字签名等技术，确保了在支付时具有和纸质现金一样的匿名性和不可追踪性，维护了交易双方的隐私。

③ 方便性。电子现金完全脱离实物载体，既不用纸张也不用智能卡，使得用户在支付过程中不受时间和地点的限制，更加方便。

④ 低成本。纸币的交易费用与交易金额成正比，且随着交易量的不断增加，纸币的发行成本、运输成本和交易成本越来越高。而电子现金的发行成本和交易成本都比较低，且不需要运输成本。

（3）电子现金的支付过程

应用电子现金进行网络支付需要在客户端和商家服务器端安装电子现金软件。为了交易与支付的安全，商家与发行银行需要从认证中心申请数字证书。由于电子现金支付过程无须银行直接参与，电子现金存在伪造和重复使用的可能，因此，发行银行需要建立一个大型数据库（电子现金记录库）来存储发行的电子现金的序列号等信息。

电子现金的支付过程一般涉及三个主体（商家、客户与发行银行）、四个安全协议（初始化协议、提款协议、支付协议以及存款协议）。图 6-5 是电子现金支付过程示意图。

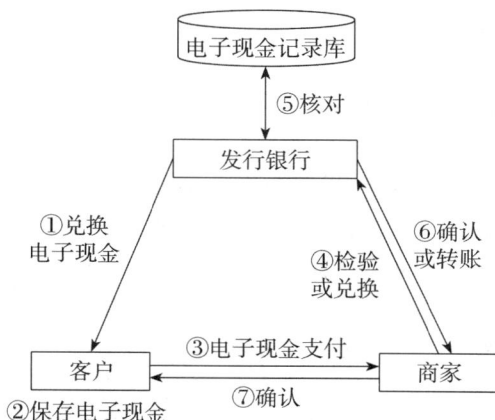

图6-5 电子现金支付过程示意图

① 客户在发行银行开设电子现金账户，并兑换一定数量的电子现金（初始化协议）。

② 客户将从发行银行兑换来的电子现金保存在电子钱包或其他软件上，以备使用（提款协议）。

③ 客户在可以接收电子现金的商家网站选择商品或服务，提交订单后用电子现金进行支付（支付协议）。

④ 商家收到电子现金后，可以直接用银行的公钥检验电子现金，也可以发送给银行检验或兑换电子现金。

⑤ 发行银行通过电子现金记录库对电子现金进行核对。

⑥ 发行银行通知商家确认结果或把相应额度的资金转到商家的账户中（存款协议）。

⑦ 商家确认客户电子现金的有效性或兑换到货款后，向客户承诺发货或提供服务。

（4）电子现金的应用与解决方案

目前，很多国际知名公司都提供电子现金的应用解决方案，如 DigiCash 的 E-Cash、CyberCash 的 Cyber Coin 等，也有很多银行支持电子现金的支付。但总体来说，有关电子现金的支付结算体系还在发展完善中，这主要是因为各个发行机构之间还没有就电子现金的应用形成统一标准。国内的各大银行和电子支付机构也开始关注电子现金。例如，中国人民银行已在北京、上海等地进行电子现金运作的试点，以期推广电子现金，满足中国庞大的小额网络支付需求。下面介绍几种国际上流行的电子现金解决方案。

① E-Cash。E-Cash 是由 DigiCash 公司开发的在线交易的无条件匿名的电子现金系统。DigiCash 公司在开发 E-Cash 系统时，为了保证 E-Cash 的匿名性，开发了盲签名系统。这一系统允许用户从银行得到电子现金，而银行却不能将用户的身份与所领取的电子现金联系起来。用户可以使用电子现金匿名在商家进行消费。银行

在收到商家的电子现金后，根据自己签发时的签名进行兑现，即使银行和商家联合起来也无法确定消费者。

② NetCash。NetCash是由南加州大学于1995年开发出来的，但现在已不再使用。虽然它是一套优秀的解决方案，但是它所要求的基础设施过于复杂，以致难以实现。NetCash是可记录的匿名电子现金支付系统，主要特点是设置分级货币服务器来验证和管理电子现金，使电子交易的安全性得到保证。

③ Cyber Coin。Cyber Coin是CyberCash公司推出的电子现金支付系统。它应用于微支付，面值从0.25到10美元不等，主要针对使用信用卡购买太小币值的情况。Cyber Coin并不要求客户将电子现金存入CyberCash公司的电子钱包，而是通过CyberCash在银行设立的代理账户对交易情况进行记录，在交易额累积到一定程度时，再进行电子支付清算。它提高了电子支付的清算效率，加速了网上货币的流通。

4.电子支票

（1）电子支票概述

电子支票（Electronic Check）是客户向收款人签发的无条件的数字化支付指令。它可以通过网络来完成传统支票的所有功能。一个账户的开户人可以在网络上生成一个电子支票，其中包括支付人的姓名、金融机构名称、支付人账户名、被支付人姓名、支票金额等。电子支票经过数字签名，使用数字证书确认支付者、被支付者和银行账户等信息后，金融机构就可以使用已经签名和认证的电子支票进行兑付和转账了。目前，典型的电子支票系统有E-check、NetBill和NetCheque等。

（2）电子支票的支付过程

用户首先要在开户银行申请电子支票。电子支票应具有银行的数字签名。用户还需要下载被称作"电子支票簿"的软件用于生成电子支票。电子支票的支付过程如图6-6所示。

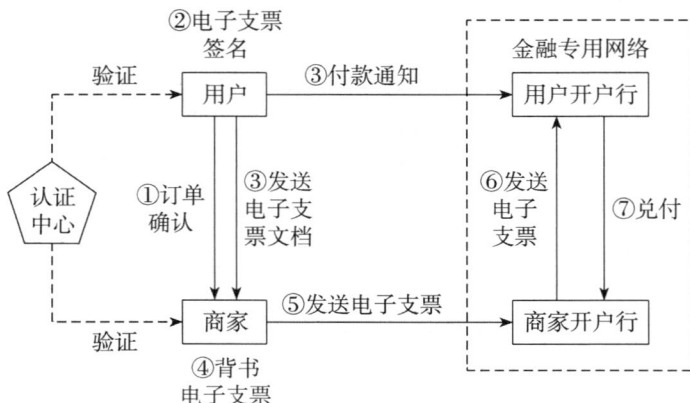

图6-6　电子支票的支付过程

① 用户在商家网站选择商品或服务，提交订单后生成带有电子支票类别的订单发往商家。

② 用户填写电子支票，并用自己的私钥在电子支票上进行数字签名，再用商家的公钥加密电子支票，形成电子支票文档。

③ 用户通过网络将电子支票文档发送至商家，同时向开户银行发出付款通知。

④ 商家收到电子支票文档后进行解密，验证付款方的数字签名，背书电子支票，填写进账单，并对进账单进行数字签名。

⑤ 商家将经过背书的电子支票及签名的进账单通过网络发给开户银行。

⑥ 商家开户银行验证用户和商家的数字签名后，将电子支票通过金融网络发给用户开户银行。

⑦ 用户开户银行验证商家开户银行和商家的数字签名后，从用户账户划出款项存入商家账户。

5.电子钱包

（1）电子钱包概述

电子钱包（Electronic Purse）是一种可以进行安全电子交易和存储交易记录的软件。电子钱包只能装入信用卡和电子现金等电子货币，账户信息和支付指令可以通过电子钱包进行加密传送和有效性的验证。其最大的特点在于保证安全交易的同时，可以管理数字证书等信息并保存交易记录。

（2）电子钱包的组成与功能

在使用电子钱包时，用户要先安装电子钱包软件。该软件主要由两部分组成：电子钱包管理器和电子交易记录器。

电子钱包管理器可以存放信用卡、电子现金、数字证书等支付所需的信息。当用户使用电子钱包支付时，它可以自动填写必要的信息。用户还可以通过电子钱包管理器更改口令，查看银行账户上的电子货币账目。电子交易记录器保存用户的购物记录。用户通过查询记录器可以查看自己的购物情况。

（3）电子钱包的应用

使用电子钱包前，一些银行会要求用户开设特定的账户。用户在使用电子钱包进行支付时，选择电子钱包中的信用卡或电子现金即可。如果银行因余额不足等原因拒绝，用户只要在电子钱包中选择另一张信用卡或另一种电子现金支付即可。

目前，最大的两家电子钱包服务系统是Visa Cash和英国National-Westminster银行的Mondex，其他的电子钱包服务系统还包括MasterCard Cash、EuroPay的Clip和比利时的Proton等。

6.2　第三方支付

根据艾瑞咨询发布的《中国第三方支付行业研究报告》，2020年我国第三方支付企业全年交易规模达到140万亿元人民币。电子商务的普及，促进了第三方支付行业的蓬勃发展。与此同时，第三方支付的一些问题也逐渐暴露出来，引起人们的关注。

6.2.1　第三方支付概述

1.第三方支付的定义

第三方支付是指在电子商务交易过程中独立于交易双方和银行之外的第三方支付机构，集成银行支付结算系统接口或其他服务通道，为交易各方提供支付清算、交易监管等服务而形成的支付模式。第三方支付机构不直接参与商品或者服务的交易，而仅仅提供支付清算和交易监督等服务。这种独立性决定了它能够中立地参与到交易当中，公平、公正地维护交易各方的合法权益。

2.第三方支付平台的特点

第三方支付平台一方面独立于交易双方和银行，另一方面与各家银行密切合作，为商户提供整合的支付服务。第三方支付平台有如下特点：

（1）信用保障

电子交易非面对面的特点使交易主体难以建立信赖关系，加之物流、资金流、信息流在时间和空间上的相对分离，导致商家和消费者之间的信息不对称，容易引起交易双方的猜疑。而第三方支付机构能够协调交易双方的信用关系，有效防止和减少交易中的欺诈行为。

（2）整合支付

第三方支付机构与众多的银行具有合作关系，可以整合多种支付方式，实现交易结算与银行之间的对接，消费者和商家无须在不同的银行开设不同的账户，就可以实现跨行转账，有效降低了消费者和商家电子交易的成本。

（3）个性化

第三方支付机构可以根据客户的需求，为客户定制个性化的支付结算服务和一些其他的增值服务。传统银行主要以大商户为服务重心，而第三方支付机构则更加注重实际应用，关注中小企业和消费者的需求，提供创新产品和服务。

3.第三方支付的流程

在提供支付结算服务的整个过程中，第三方支付机构主要提供中介服务，并提供方便、快捷的支付通道。一次成功的第三方支付包括以下流程（如图6-7所示）：

① 客户在商家网站浏览并下单，选择通过第三方平台支付；

② 第三方支付平台确认消费者账户，消费者向银行发送支付授权；

③ 客户银行将货款划拨到第三方支付平台的账户上；

④ 第三方支付平台将客户已经付款的消息通知商家，并要求商家发货；

⑤ 商家收到已划款通知，然后按照订单发货；

⑥ 消费者收到货物并验证后，通知第三方支付平台；

⑦ 第三方平台将货款拨付给商家银行。

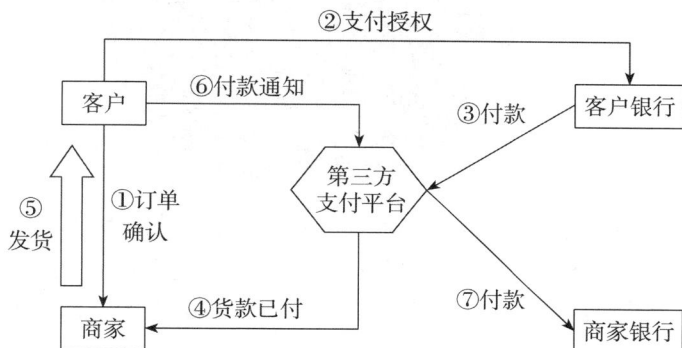

图 6-7　第三方支付流程

6.2.2　我国第三方支付的发展

我国的电子商务正处在不断普及和发展时期，电子支付额正在快速增长。网上商户为了给用户提供更好的服务，需要支持不同银行卡之间的互相支付，这就为大多数第三方支付平台创造了生存的空间。

1.我国第三方支付现状

第三方支付平台的交易规模急剧增长，艾瑞咨询的最新数据显示，截至2019年，中国第三方移动支付交易规模达226.1万亿元，同比增长18.7%；在众多支付产品所占市场份额中，支付宝仍以54.4%的份额稳居市场首位，财付通以39.4%的市场份额排名第二，壹钱包、京东支付、联动优势分别以1.5%、0.8%、0.7%的市场份额位列第三至第五位（如图6-8所示）。

2.我国主要的第三方支付企业

第三方支付平台根据支付模式可以分为以下三类：

① 虚拟账户支付模式。买卖双方在支付平台系统内建立虚拟账户，支付交易只在支付平台系统内循环，第三方支付平台承担买卖双方的担保人角色，解决在线交易的信任问题。

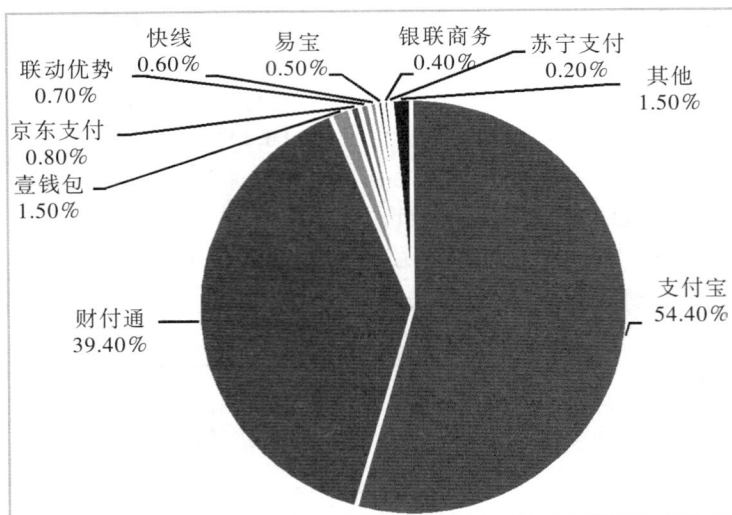

图6-8　2019年，我国第三方移动支付产品市场份额

　　② 银联电子支付模式。银联在线拥有中国银联全国统一的支付网关，覆盖全国主要商业银行的银行卡，适用于各种 B2C、C2C 以及 B2B 的电子商务支付业务。

　　③ 行业支付模式。针对航空、教育、金融、保险等行业提供个性化定制方案。

　　我国主要的第三方支付企业简介见表6-1。

表6-1　　　　　　　　　　　我国主要的第三方支付企业

类型	企业名称	平台名称	简介
银联电子支付模式	银联商务有限公司	银联在线	银联商务是专门从事银行卡受理和提供综合支付服务的机构,涵盖了银行卡收单、互联网支付、预付卡受理等支付业务类型
行业支付模式	汇付天下有限公司	汇付天下	汇付天下定位于金融级电子支付专家,聚焦金融支付和产业链支付两大方向;汇付天下已服务于基金行业、航空票务、商业流通等万余家客户
	易宝支付有限公司	易宝	易宝支付,由北京通融通信息技术有限公司创建,专注于航旅、数字娱乐等领域,是国内最大的行政考务高教培训行业支付服务商
虚拟账户支付模式	浙江支付宝网络技术有限公司	支付宝	支付宝由阿里巴巴公司创办,是国内最大的网上交易平台,业务涵盖虚拟游戏、数码通信、商业服务、机票等
	腾讯公司	财付通	财付通与拍拍网、腾讯QQ有着很好的融合,可以进行交易管理与支付、生活缴费、机票订购等业务
	快钱支付清算信息有限公司	快钱	快钱支付产品包括但不限于人民币支付、外卡支付、神州行卡支付、联通充值卡支付等众多支付产品,支持互联网、手机、电话和POS等多种终端

6.2.3　第三方支付存在的问题

从 2010 年央行《非金融机构支付服务管理办法》等相关法规的出台，到第三方支付牌照的陆续发放，再到支付清算协会的成立，外部监管、行业自律和内部控制三位一体的监管体系已初步形成。然而第三方支付与传统的商业银行相比，其监管法规、信用体系等方面的缺失也带来了一定的安全隐患。

1.沉淀资金管理不当易引发风险

从第三方支付平台的交易流程可以看出，交易在途资金和交易前后暂存在第三方支付平台上的资金，都不可避免地停留在支付公司银行账户一段时间，成为沉淀资金。2013 年 12 月在推出"余额宝"后，根据支付宝接近 8 亿的用户规模和每天数十亿元人民币的交易金额，"沉淀"在支付宝平台的资金可能多达 300 亿元人民币。截至 2020 年，取得牌照的第三方支付公司已达 237 家，依此推算，其月沉淀资金总额及活期利息的资金量将非常庞大。沉淀资金相当于吸储行为，具有很大的支付风险、信用风险和操作风险。

2.第三方支付给反洗钱体系带来冲击

客户在第三方支付机构注册虚拟账户时，支付机构难以遵守金融机构反洗钱措施中的"了解客户"的原则，也没有查证活动的内在动力和外部压力。同时，通过网络支付平台进行洗钱可以用虚拟商品交易作为幌子进行包装和掩盖，这种交易模式使得资金流转具有很强的隐蔽性和匿名性。

3.用户信息的安全性值得关注

第三方支付机构保留了客户姓名、联系方式、身份证号、银行卡卡号、资金划转路径等大量关键信息。如果第三方支付平台的信用度或者保密手段欠佳，可导致信息被不法分子利用或窃取。同时，第三方支付机构能够完全掌握实名认证客户的消费信息，可以轻易将电子现金用户和他的购买行为联系到一起。如果没有相关法规制度约束，第三方支付机构就可能出卖用户隐私信息，给客户造成经济损失。

6.3　移动支付

随着 5G 时代的到来，移动支付业务将迎来前所未有的发展机遇，成为电子支付领域新的增长点，也将成为用户对移动功能需求的热点。中国的移动支付已经拥有了坚实的用户基础，且用户的移动支付习惯也趋于稳定。移动支付巨大的用户规模、新型的终端载体、无处不在的网络、安全个性化的服务等都是对现有电子商务的创新。

6.3.1 移动支付概述

从全球来看，移动支付的发展步伐在不断加快。在我国，移动运营商也在积极推广移动支付业务。艾瑞咨询发布的《2019Q4中国第三方移动支付市场数据发布报告》显示，2019年第四季度，中国第三方移动支付市场保持平稳发展，交易规模约为59.8万亿元，同比增速为13.4%。

1.移动支付的定义

移动支付是指借助手机、平板电脑等移动通信终端和设备，通过无线方式所进行的银行转账、缴费和购物等商业交易活动。移动支付是一项跨行业的服务，是电子货币与移动通信业务的结合。移动支付不仅丰富了电子商务的内涵，也为移动运营商提供了新的增值业务。

2.移动支付的分类

移动支付按照不同的标准可以划分为不同的种类。不同的移动支付方式在成本、安全问题以及应用领域方面存在一定差异。国内外学者对移动支付的分类主要是从支付地点、交易金额和结算时间三个方面进行的，见表6-2。

表6-2 　　　　　　　　　　　　移动支付的分类

分类标准	分类	典型应用
支付地点	远距离支付	网上购物、银行业务、在线充值
	近距离支付	商店购物、公共交通
交易金额	小额支付	公共交通
	大额支付	在线购物和充值
结算时间	预支付	公共交通
	即时支付	网上购物
	离线支付	信用卡的离线支付

（1）按支付地点分类

按支付地点的远近，移动支付可以分为远距离支付和近距离支付两种。

① 远距离支付。远距离支付以短信、语音、WAP等方式提起业务请求，不受地理位置的约束，以银行账户、手机话费或虚拟预存储账户作为支付账户，开展网上购物付款、转账汇款等银行业务和缴纳水、电、燃气费等在线充值业务。

② 近距离支付。近距离支付则是利用红外线、蓝牙、射频等技术实现支付功能，满足公众在商店、公共交通、停车场等场所通过终端设备进行快捷支付的需求。

（2）按交易金额分类

按交易金额的大小，移动支付可以分为小额支付和大额支付两种。

① 小额支付。小额支付主要是指交易金额较小的业务，适用于日常生活服务等消费，例如公共交通、购买游戏等。小额支付结算快捷、操作简单且运作成本低，目前我国大多数移动支付应用的是小额支付。

② 大额支付。大额支付指的是单次交易金额较大的业务，适用于在线购物和充值等场景。为了保证交易的安全性，需要通过可信任和安全性较高的金融机构交易监督。

（3）按结算时间分类

按结算时间的差异，移动支付可以分为预支付、即时支付和离线支付三种。

① 预支付。预支付是指用户预先支付一定额度的现金来购买电子钱包或者储值卡，交易时直接从此电子钱包或者储值卡中扣除，当余额不足时则无法交易，必须补足金额后才能消费，如乘坐公共交通等。

② 即时支付。即时支付是指在消费前，使用者预先指定银行账户；在消费时，银行确认用户指定账户内有足够的余额可供扣款；当交易完成时，交易金额已经从用户账户转至商家账户，如网上购物。

③ 离线支付。离线支付是指用户消费后，消费金额不需要马上支付，而可以纳入当月的银行账单或手机账单中。如支持离线支付的信用卡，一般只需向商家提供卡号、有效期、CVV 码等，当商家向银行核对信息时，才进行转账支付。但这种支付方式风险较大，现在支付宝等机构已限制使用。

6.3.2　移动支付技术

移动支付技术是移动支付中关键的一环，直接影响交易最终能否顺利完成。移动支付技术可以按照支付地点的远近分为远距离支付技术和近距离支付技术两种（见表 6-3）。

表 6-3　　　　　　　　　　　　　移动支付技术

分类	实现技术	优点	缺点
远距离支付技术	SMS	实现简单	安全性差，操作烦琐
	WAP	浏览器方式，交互性好	耗时复杂，通信费高
	KJava/BREW	可移植性好，资源消耗小，保密性好	不同终端需要不同版本的支持
	USSD	交互速度快，安全性高，交易成本低	移动运营商的支持有地域差异
近距离支付技术	蓝牙	成本低，普及率高	传输距离有限
	RFID	技术成熟，操作简便	成本较高，无统一标准
	NFC	扩展性好，可以和其他行业共享 POS	成本高，需更换手机
	RFID-SIM	传输带宽大，不需更换手机	技术不够成熟
	SIMPass	技术成熟，不需更换手机	传输带宽较窄

1.远距离支付技术

（1）SMS

短信息服务（Short Messaging Service，SMS）是现在普及率最高的移动支付服务，在亚洲和欧洲被广泛使用。在基于 SMS 的移动电子商务的支付系统中，账户的处理是由移动运营商来完成的。SMS 的优点是使用方便，技术成熟；缺点是它面向非链接的服务，信息量少，响应时间不确定。

（2）WAP

这种方式是通过手机内嵌的 WAP（Wireless Application Protocol，WAP）浏览器访问网站，来实现移动支付的流程。WAP 2.0 实现了由 WAP 终端到 CP 计费网关（WAP 平台计费系统）之间的端到端加密，采用安全传输层协议（Transport Layer Security，TLS）作为端到端加密的算法。WAP 技术可以实现交易双方的互动，具有很强的业务能力，实时交易；缺点是需要终端和网站支持 WAP 协议，交易成本较高。

（3）KJava

KJava 是专业面向嵌入式设备的 Java 应用，J2ME 平台技术的框架和配置使得包括计算技术和应用程序安装方式、信息智能设备的灵活性等方面，得到很大的提高。Java 并不认识硬件，因此设备上都需要植入 K 虚拟机（Kilo Virtual Machine），这是把 Java 编写的程序转换为机器运行指令的一个管理者。客户下载 Java 客户端程序就可以连接到移动互联网。它的优点是可以提供清晰高质的图形化界面，互动性强，实时交互式对话，并采用 RSA 认证加密技术和三重 DES 加解密技术；缺点是需要特定的支持终端。

（4）BREW

用户通过下载无线二进制运行环境（Binary Runtime Environment for Wireless，BREW）应用软件到手机上运行，从而实现与移动互联网的连接。BREW 对各种加密算法都支持，开发商只需要直接通过 API 接口调用对称加密算法、非对称算法和 Hash 函数等，而不用再次开发。BREW 方式的优缺点同 KJava 类似，在安全性和终端表现的一致性上要优于 KJava。不过，BREW 是高通公司的专利技术，开放性不如 KJava。

（5）USSD

非结构化补充数据业务（Unstructured Supplementary Service Data，USSD）是一种基于全球移动通信系统（Global System for Mobile Communications，GSM）的实时互动的移动增值业务平台。USSD 技术单独使用或与短消息技术、通用分组无线业务（General Packet Radio Service，GPRS）技术相结合，可为客户提供种类繁多的增值业务，如移动银行、金融股票交易和收发电子邮件等。采用 USSD 对原有系统结构影响较小，但是运营商需要针对本地网络的具体情况推出功能业务。SMS 中用户完成一次查询需要进行多次会话过程。USSD 可以保持一个会话过程，每次数据发送不需要重新建立信道。

2. 近距离支付技术

（1）蓝牙

蓝牙（Bluetooth）通信技术是一项无线网络技术，它工作于 2.4GHz 频段。蓝牙支付技术最大的应用阻碍是支付交易的通信链接，它需要用户手动开启或关闭蓝牙设备，而不是自动完成的，操作略显繁琐。

（2）RFID

射频识别技术（Radio Frequency Identification，RFID）属于一种自动识别技术，即通过射频方式进行非接触双向数据通信，实现识别目标。与传统的识别方式比较起来，RFID 技术无须人工干预、无须光学可视、无须直接接触即可输入和处理信息，而且操作简便快捷，内部数据的安全保密性也很强。但是，目前 RFID 的世界统一标准还没有形成，而且 RFID 的成本也相对于其他自动识别系统较高。RFID 可以广泛应用于生产、物流和支付等领域，如图书馆的图书借还。

（3）NFC

近场通信（Near Field Communication，NFC）是由飞利浦半导体（现恩智浦半导体公司）、诺基亚和索尼于 2003 年共同研发而成的，是一种短距高频的无线电技术。NFC 在单一芯片上结合感应式读卡器、感应式卡片和点对点的功能，能在短距离内与兼容设备进行识别和数据交换。NFC 的优势体现在：NFC 与只能实现信息读取与判定的 RFID 不同，强调信息的交互；NFC 与同是短程通信技术的蓝牙相比不需要复杂的设定程序。在日韩，NFC 技术被广泛应用于日常生活：手机用户凭着配置了支付功能的手机可以实现机场登机验证、大厦的门禁钥匙、交通一卡通、信用卡、支付卡等，行遍全国。近几年，我国 NFC 的市场渗透率在迅速提高。

（4）RFID-SIM

RFID-SIM 是由国内自主研制的非接触手机支付解决方案。该方案包括 RFID-SIM 卡、RFID-SIM 读写器和 RFID-SIM 卡校准器。RFID-SIM 读写器安装在 POS 机等设备中，负责读/写 RFID-SIM 卡中的信息，并完成与结算平台的通信。RFID-SIM 卡校准器负责距离控制。RFID-SIM 卡就如同在普通 SIM 卡中植入了微电脑系统，通过安全主控芯片控制 SIM 芯片和独立的 RF 射频芯片，不仅提供额外的存储空间，更增加了 RFID-SIM 卡的安全性。RF 射频芯片的工作频率为 2.4GHz，和手机通信频率比较接近，其更大的传输带宽可以承载丰富的增值应用。

（5）SIMPass

成熟的 SIMPass 方案是一种基于 NFC 技术的非接触手机支付解决方案。SIM-Pass 是一种双界面卡，分别为接触界面和非接触界面。接触界面和普通的 SIM 卡相同，可实现电话、短信等基本的电信功能；非接触界面负责实现非接触支付等功能。另外，SIMPass 还开发了相应的后台 MePay 平台系统，用户可以在手机上实现银行账户管理、信用卡管理等。在 SIMPass 工作过程中，非接触功能和电信功能是可以同时进行的，用户可以在打电话或者发短信的同时完成非接触功能，并且该功能在手机断电时仍可以使用。

6.3.3　移动支付的商业模式

移动支付商业模式是指移动支付产业价值链的构成体系。价值链上的各个参与方之间，需要依据一定的规则协议，形成特定的商业模式，相互合作，共同为用户创造价值。

1.移动支付价值链的主要参与方

对于移动支付来说，其价值链主要由移动运营商、商家、金融机构、第三方支付机构、移动终端制造商和终端用户组成（见表6-4）。

表6-4　　　　　　　　　　**移动支付价值链的主要参与方**

参与方	职责	利益
商家	将产品或服务提供给用户	获得产品或服务费
移动运营商	为商家、用户、第三方支付机构和金融机构等提供移动网络接入服务	移动网络接入服务费 通信费
移动终端制造商	为用户提供智能终端	终端设备费
金融机构	对用户的信用卡账户进行管理 为商家提供POS机等服务	与商家、第三方支付机构和移动运营商进行收益的分成 增加了银行的客户数量
第三方支付机构	整合金融机构与商家,为用户提供统一的支付平台和信誉中介	与商家、金融机构和移动运营商进行收益的分成
终端用户	遵守移动支付中的各项规定	享受产品或服务

2.移动支付的主要商业模式

目前，移动支付业务的商业模式主要包括：移动运营商主导模式、金融机构主导模式、移动运营商和金融机构合作模式、第三方支付机构主导模式。

（1）移动运营商主导模式

该模式的价值链主要是以移动运营商为核心来管理移动支付价值链上游企业和下游用户的协调发展。在移动运营商主导模式中，客户的手机话费账户或专门的小额账户作为移动支付账户，客户所发生的移动支付交易费用全部从客户的话费账户或小额账户中扣减（如图6-9所示）。这种模式适合交易额不大的服务，如手机游戏、音乐下载等。

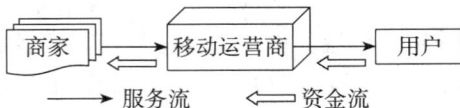

图6-9　移动运营商主导模式

移动运营商主导模式的优点包括：移动运营商具有网络资源优势，直接与客户交易，不需要金融机构的参与，交易过程简便。该模式的缺点包括：移动通信运营商需要承担部分金融机构的责任和风险，而且因为无法提供票据，所以无法操作大额支付交易。

（2）金融机构主导模式

金融机构主导模式以金融机构（主要是银行）推出的业务为核心来推动产业价值链的发展，移动运营商处于价值链的底层，只提供网络服务，不参与支付活动（如图 6-10 所示）。在该模式下，手机用户可以直接登录所在的银行账户进行交易，如通过银行账户缴纳水、电、煤气费等。金融机构需要为移动支付平台建立一套完整、灵活的安全体系，以保证客户支付过程的安全通畅，并通过专线与移动通信网络实现互联。

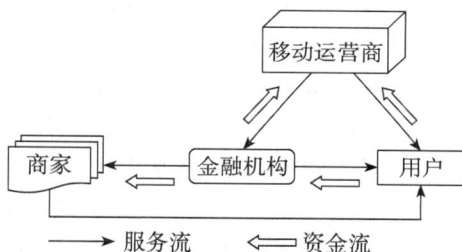

图 6-10　金融机构主导模式

金融机构主导模式的优点包括：金融机构可以发挥自己在资金管理和账户管理方面的优势，为用户提供安全的移动支付环境。该模式的缺点包括：各金融机构只能为自己的客户提供移动支付服务，金融机构之间的移动支付业务无法互联互通；各金融机构都要购置自己的设备并开发自己的系统，造成较大的资源浪费；该模式将移动运营商等其他利益相关者管道化，难以整合产业链。

（3）移动运营商和金融机构合作模式

该产业价值链的核心是金融机构和移动运营商，它们共同参与用户资金支付活动（如图 6-11 所示）。在移动运营商和金融机构合作模式中，金融机构发挥其传统的金融支付体系优势，移动运营商提供金融应用的安全载体。产业链参与方均发挥各自优势，保证移动支付技术的安全和信用管理，有助于优化产业资源配置。2016年 11 月 28 日，中国移动（和包 NFC）携手中国银联共同推出的"和闪付"产品采用的就是这种商业模式。用户可将自己具有银联标识的银行卡与符合业务要求的 NFC 手机进行绑定，直接用手机在支持闪付的 POS 机上进行消费，使手机卡秒变银行卡，且具有安全、快捷、适用范围广的特点。

移动运营商和金融机构合作模式的优点包括：产业链的各参与方将资源合理运用于各自最有经验的领域，通过优势互补来增强产业价值链的竞争力，带动相关企业健康运营。该模式的缺点包括：这种新兴模式并不成熟，在探索过程中，各参与方均面临一定风险。

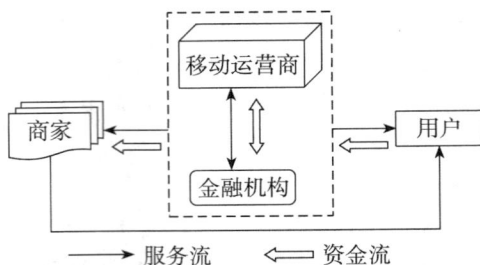

图6-11　移动运营商和金融机构合作模式

（4）第三方支付机构主导模式

第三方支付机构也是移动支付的一个运营主体，是独立于金融机构和移动运营商的第三方经济实体，通过银行卡和移动终端绑定，一方面完成用户的全部服务流程，另一方面对接移动运营商和银行机构，承担资金流的划转和结算（如图6-12所示）。第三方支付机构在充当信用中介的同时，整合移动运营商和金融机构等各方面的资源，并且能够为手机客户提供丰富的移动支付业务。典型的例子是欧洲的Paybox。无论为用户提供服务的是哪家移动运营商和金融机构，只要在Paybox登记注册后，就可以在该平台上得到移动支付服务。Paybox系统将一个特别的个人识别号码（PIN）和用户的手机号码绑定，商家通过Paybox的身份验证后，用户只需向商家提供手机号码，再用自己的PIN码确认支付，即可完成交易。

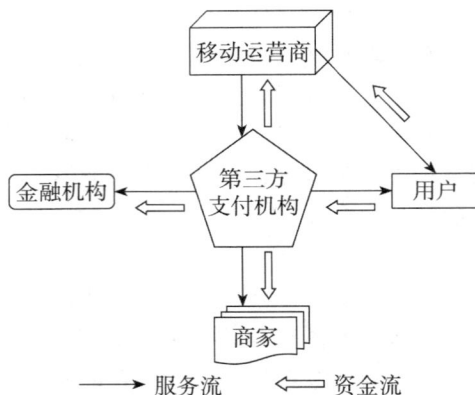

图6-12　第三方支付机构主导模式

第三方支付机构主导模式的优点包括：第三方支付机构提供统一支付平台，用户无需面对多家金融机构，价值链上各参与方分工明确。该模式的缺点包括：这种模式对第三方支付机构的资金运转能力、市场管制能力、客户管理能力等要求比较高，一旦能力没有达到，那么整个价值链有可能会处于瘫痪状态。

6.4　电子支付系统

电子支付系统是保证电子商务中资金流转的基础。具有代表性的国际电子支付系统有 SWIFT 系统和 CHIPS 系统。我国也初步建成了以中国人民银行现代化支付系统为核心的现代化支付体系。

6.4.1　电子支付系统的概念和发展

电子商务的发展要求信息流、资金流和物流三流畅通，以保证交易的速度。没有适当的支付手段相配合，电子商务的发展只能是纸上谈兵。在这种情况下，电子支付系统应运而生，它是电子商务得以顺利发展的基础条件。

1.电子支付系统的概念

电子支付系统是指消费者、商家和金融机构之间使用电子支付方式把支付信息通过网络安全地传送到银行或相应的处理机构，以实现货币支付或资金流转的支付系统。电子支付系统是传统的支付系统的电子化过程，是以网络为依托，借助计算机及其他终端设备，运用一系列的支付方式，按照既定规则及程序，来实现电子支付。电子支付方式包括电子现金、信用卡和电子支票等。

2.电子支付系统的发展

电子支付系统的发展与电子银行业务的发展密不可分。从历史的角度看，电子支付经历了5个发展阶段：

第一阶段，各金融机构之间的支付系统互联，如利用计算机处理银行之间的货币汇划、结算等业务。

第二阶段，金融机构和其他非金融机构系统互联，如代发工资等。

第三阶段，金融机构基于专用网向个人提供自助银行服务，如 ATM 系统。

第四阶段，金融机构基于互联网向商家和消费者提供支付服务，如 POS 系统。

第五阶段，金融机构基于互联网向政府、企业和个人提供支付、转账、结算等服务，形成电子商务环境。

现在，电子支付系统已经发展成一个集 Intranet、Extranet 和 Internet 于一体的广泛的系统（如图6-13所示）。

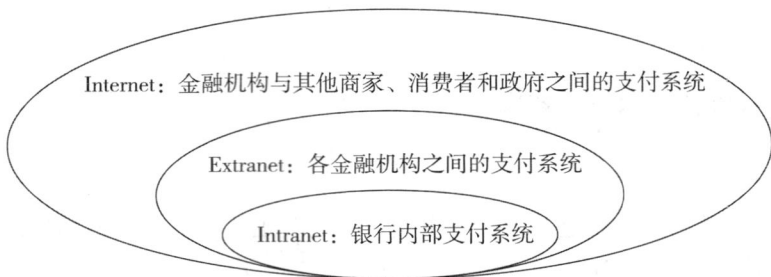

图6-13　现代电子支付系统构成图

6.4.2　中国现代化支付系统

中国现代化支付系统（China National Advanced Payment System，CNAPS）是指中国人民银行按照我国支付清算需要，并利用现代化计算机技术和通讯网络开发建设的、能够有效、安全处理各银行办理的异地、同城各种支付业务及其资金清算和货币市场交易资金清算的应用系统。我国形成了一个以中国现代化支付系统为核心，商业银行行内系统并存，辅以同城票据交换系统的中国支付体系，支持金融市场各种交易的资金清算。

1.中国现代化支付系统的参与者

中国现代化支付系统的参与者可分为直接参与者、间接参与者和特许参与者三类。支付系统直接参与者是指直接与支付系统城市处理中心连接并在中国人民银行开设清算账户的银行机构以及中国人民银行地市级（含）以上中心支行（库），例如中国工商银行大连分行。间接参与者是指未在中国人民银行开设清算账户，而委托直接参与者办理资金清算的银行和经营支付结算业务的非银行金融机构以及中国人民银行县（市）支行（库），例如安徽的无为徽银村镇银行作为大额支付系统的间接参与者，接入徽商银行大额支付系统。特许参与者是指经中国人民银行批准通过支付系统办理特定业务的机构，例如城市商业银行汇票处理系统。

2.中国现代化支付系统的组成和功能

中国现代化支付系统从功能的角度可以分为核心系统和辅助系统两部分（如图6-14所示）。核心系统包括大额实时支付系统（High Value Payment System，HVPS）和小额批量支付系统（Bulk Electronic Payment System，BEPS），这两个系统可以适应各类支付业务处理的需要。辅助系统包括清算账户管理系统（Settlement Account Processing System，SAPS）和支付管理信息系统（Payment Management Information System，PMIS）。

中国现代化支付系统

小额批量 支付系统 （BEPS）	大额实时 支付系统 （HVPS）
清算账户管理系统（SAPS）	
支付管理信息系统（PMIS）	

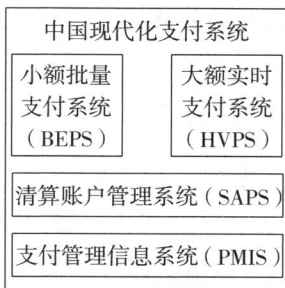

图6-14　中国现代化支付系统的组成

（1）大额实时支付系统

大额实时支付系统是一个实时全额清算系统。支付指令逐笔实时发送，全额清算资金。建立大额实时支付系统的目的是给银行和广大企事业单位以及金融市场提供快速、高效、安全的支付清算服务，防范支付风险。该系统处理同城和异地的、金额在规定起点以上的大额贷记支付业务和紧急的小额贷记支付业务。目前，中国人民银行规定的大额支付业务金额起点是5万元人民币。

（2）小额批量支付系统

小额批量支付系统是一个净额清算系统。该系统批量发送支付指令，定时净额清算资金。同城小额批量支付业务量较大，因此属于同一城市处理中心覆盖范围内的小额批量支付业务直接通过CCPC清分转发。属于跨CCPC的小额批量支付业务，由CCPC传送国家处理中心定时清分转发。使用小额批量支付系统的目的是为社会提供低成本、大业务量的支付清算服务，满足社会各种经济活动的需要。该系统主要处理同城和异地纸凭证截留的商业银行跨行之间的定期借记支付业务、每笔金额在规定起点以下的小额贷记支付业务以及中央银行会计和国库部门办理的借记支付业务等。

（3）清算账户管理系统

为加强对清算账户的集中处理，保障大额支付业务和小额批量支付业务的资金清算，以及中央银行办理现金存取、再贷款和再贴现等单边业务，中国现代化支付系统设计了清算账户管理系统。清算账户管理系统通过集中存储清算账户，处理支付业务的资金清算。通过对清算账户集中管理，可以加强中央银行对商业银行流动性的集中监管并协助商业银行对其流动性的管理；便于监测异常支付和统计采集支付清算信息；加快资金清算速度。

（4）支付管理信息系统

为保障支付系统的正常运行，便于对支付信息的管理、存储和统计监测，中国现代化支付系统还设计了支付管理信息系统，作为以上三个支付系统的辅助系统。支付管理信息系统负责集中管理支付系统的基础数据和应用软件的下载，提供支付业务的查询查复和计费服务等。同时，支付管理信息系统蕴藏的大量支付业务信息资源，可以为中央银行更好地实施货币政策，履行监管职责，防范金融风险，以及为金融机构加强资金头寸管理提供信息支持；支付管理信息系统还可以为各金融机构提供灵活、高效的支付信息统计服务。

3.中国现代化支付系统的结构

为保障支付业务和资金清算快速、安全地进行处理，中国现代化支付系统设立了两级处理中心和商业银行前置机系统。两级处理中心分别为国家处理中心（National Processing Center，NPC）和全国省会及深圳城市处理中心（Central City Processing Center，CCPC）。国家处理中心分别与各城市处理中心连接，其通信网络采用专用网络。各政策性银行、商业银行的省级分行作为直接参与者，通过行内系统连接到商业银行前置机系统（Member Bank Front End，MBFE）并实现与支付系统的连接。相关系统接入支付系统示意图如图6-15所示。

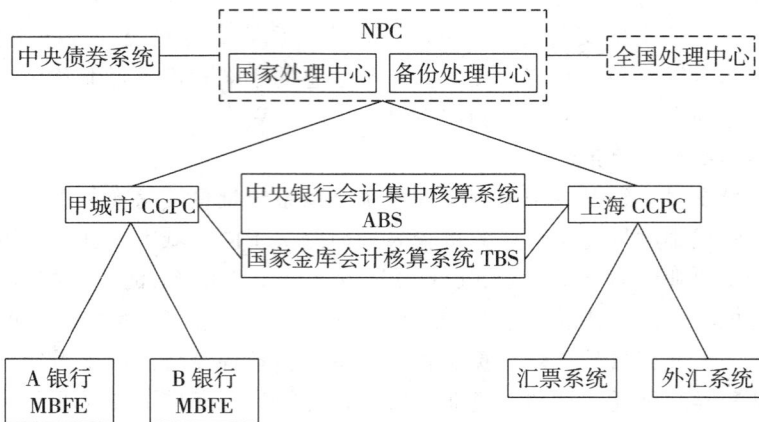

图6-15　相关系统接入支付系统示意图

中央国债登记结算有限责任公司负责运营中央债券系统。中国银联股份有限公司负责运营全国处理中心。二者作为特许参与者与NPC连接，实现了债券交易的"券款对付"清算和银联卡跨行业务的即时转账清算。

中央银行会计集中核算系统（Central Bank Centralized Accounting Book System，ABS）、国家金库会计核算系统（Central Bank Treasury Book System，TBS）分别以地市为直接参与者远程接入CCPC，ABS和TBS实施数据集中，逐步实现集中接入。

城市商业银行资金清算中心、外汇交易中心作为特许参与者与上海CCPC连接，办理城市商业银行银行汇票和外汇交易、银行间同业拆借的资金清算。

从总体上看，中国现代化支付系统呈现出三级层次结构，分别是NPC、CCPC和MBFE。NPC是支付系统的核心，负责接收、转发各城市处理中心的支付指令，并对集中开设的清算账户进行资金清算和管理。CCPC是支付系统的中间节点，负责大额支付指令、小额异地支付指令的接收和转发，小额同城支付指令的接收、轧差和转发。MBFE是商业银行接入支付系统的节点，向上连接CCPC；可以作为商业银行的最终节点运行，也可以向下连接商业银行行内系统；负责大小额支付指令的发起和接收。

6.4.3　国际电子支付系统

国际间支付结算由 SWIFT 系统和 CHIPS 系统来完成，SWIFT 完成指令信息的传递，而真正进行资金调拨的是 CHIPS，二者互相协作共同完成跨区域的国际资金支付与结算。

1.SWIFT 简介

环球银行间金融通信协会（Society for Worldwide Interbank Financial Telecommunication，SWIFT）是国际银行同业间的国际合作组织，也被称为 SWIFT 组织，这是一个国际银行间非营利性的国际合作组织，其依据全世界各成员银行相互之间的共同利益，按照工作关系将其所有成员组织起来。

我们平常所讲的 SWIFT 是指 SWIFT 网络，即 SWIFT 组织建设和管理的全球金融通信网络系统。SWIFT 系统为全球范围内各个成员银行传送金融指令与信息。

2.CHIPS 简介

纽约清算所银行同业支付系统（Clearing House Interbank Payment System，CHIPS）主要由纽约交换所的会员银行、非会员银行、美国其他地区的银行及外国银行组成，其以世界金融中心纽约为资金结算地，完成资金的调拨等业务。现在，世界上 90% 以上的外汇交易是通过 CHIPS 完成的。可以说，CHIPS 是国际贸易资金清算的桥梁，也是美元供应者进行交易的通道。

3.CHIPS 与 SWIFT 合作的国际资金调拨

应用 CHIPS 系统的资金清算处理过程并不复杂，可把整个流程分为两部分：第一部分是 CHIPS 电文的发送；第二部分是在实体银行间完成最终的资金清算。例如，美国境外的某国的银行甲（汇款银行）汇一笔美元到美国境外的另一家银行乙（收款银行），则甲行经 SWIFT 发电文指示 A 行将该款项拨付给在 B 行设有往来账户的乙行，A 行通过 CHIPS 美元清算网络将付款通知传送到 B 行，B 行通知乙行接受汇款。CHIPS 与 SWIFT 合作的国际资金调拨流程如图 6-16 所示。

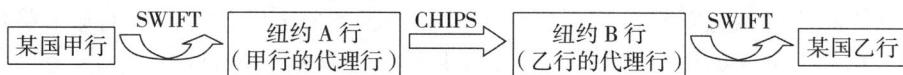

图6-16　CHIPS与SWIFT合作的国际资金调拨流程图

6.4.4　中国金融认证中心

中国金融认证中心（China Financial Certification Authority，CFCA）是 2003 年 9 月 5 日由中国人民银行牵头，联合中国工商银行、中国农业银行、中国银行、中国建设银行、交通银行等14家全国性商业银行共同建立的国家级权威金融认证机构，现已发展为所有银行参与的、国内唯一一家能够全面支持电子商务安全支付业务的第三方网上认证服务机构。

1.中国金融认证中心的概况

目前，CFCA具有覆盖全国的认证服务体系，提供多种用途的数字证书和信息安全服务，致力于满足金融领域及其他各界的应用需求，包括网上购物、网上银行、网上申报缴税、网上购销等。

（1）中国金融认证中心的功能

① 安全认证功能

中国金融认证中心负责为电子商务的各种认证需求提供数字证书，保障网上交易各方的信息安全，建立彼此信任的机制，实现电子交易的保密性、真实性、完整性和不可否认性。同时，参与制定有关网络安全的交易规则，确立相应技术规范和运作规范，提供网上支付，特别是跨行支付的相互认证。

② 证书管理功能

中国金融认证中心采用基于公钥基础设施（Public Key Infrastructure，PKI）技术的双密钥机制，具有完善的证书管理功能：审核用户的申请；为通过审核的用户发放证书的同时，将用户证书的备份归档，以备查询、更新、撤销等管理工作；维护证书撤销链表来实现对证书的撤销，并记录证书废止原因和时间；更新证书密钥和证书期限等。

（2）中国金融认证中心的特点

① 针对金融领域提供服务

中国金融认证中心的突出特点是其金融特色，CFCA证书发放前须经过金融机构审批以规避交易中可能发生的支付风险，证书申请者必须具备合格的金融资信和支付能力。此外CFCA证书实现了不同银行之间、银行与用户之间信任关系的连接与传递。

② 安全性高

CFCA作为国家金融信息安全的基础设施，拥有完全自主知识产权的PKI系统，并通过各种先进的安全信息技术实现CFCA的功能。例如，CFCA在实现了浏览器与服务器间实现双方认证的同时，将浏览器与服务器之间数据传输的加密强度由40位对称算法加密提高到128位，并且提供了改变算法的函数库。

2.中国金融认证中心的体系结构

中国金融认证中心主要由两部分组成：CA和RA。CA负责证书的发放、管理和咨询；RA即注册审批机构，负责接受用户的注册登记并进行审核。中国金融认证中心将RA建到商业银行，由银行对每一个证书的申领者进行审核，不但要审核其自然社会属性（例如是否为合法公民、合法企业等），还要审核其金融资信情况

（例如存款支付、贷款还贷情况）。对于合格者，RA 将结论信息通过网络传递给 CA，CA 将颁发证书给用户。

CFCA 建立了两大 CA 体系，即 SET CA 及 Non-SET CA 系统，其结构如下：

（1）SET CA 系统

SET CA 系统，符合 SET 标准，可以保证 B2C 类电子商务的顺利进行。SET CA 系统的认证结构适用于银行卡支付结算业务，对其他支付方式有所限制。SET CA 系统为三层结构：第一层为根 CA（Root CA，RCA）；第二层为品牌 CA（Brand CA，BCA）；第三层为终端用户 CA（End User CA，ECA）。根据证书使用者的不同，分为持卡人 CA（Cardholder CA，CCA）、商户 CA（Merchant CA，MCA）、支付网关 CA（Payment Gateway CA，PCA）。

SET CA 系统如图 6-17 所示。

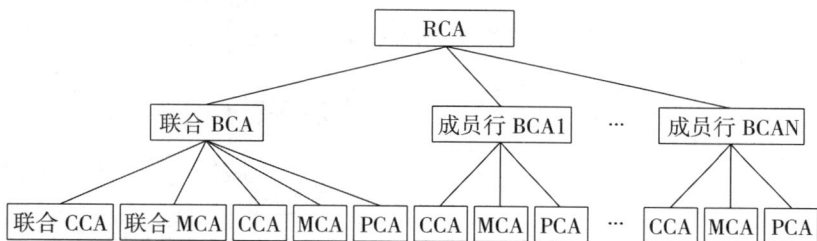

图 6-17　SET CA 系统

如果 SET 持卡人在中国工商银行申请证书，则过程如下（如图 6-18 所示）：

① 申请者向设在中国工商银行的 RA 提出申请并填写相应表格。
② RA 审批通过之后，发放密码信封给申请者。
③ RA 将审批信息提交至 CFCA。
④ 申请者安装客户端电子钱包，运行相应软件，取得密钥对等信息。
⑤ 申请者登录 CFCA 下载证书。
⑥ CFCA 将证书发放情况反馈给中国工商银行。

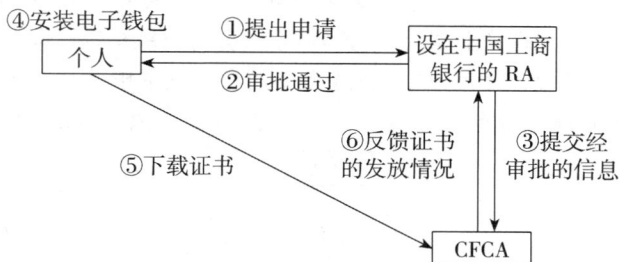

图 6-18　SET 持卡人在中国工商银行申请证书的过程

（2）Non-SET CA 系统

Non-SET CA 系统对于应用的范围没有严格的定义，主要目的是建立一个安全可信的网络环境。结合电子商务的具体应用，根据风险程度不同，可分为低风险值和高风险值这两类证书，以支持 B2C 和 B2B 模式的应用。Non-SET CA 系统分为三层结构：第一层为根 CA；第二层为政策 CA；第三层为运营 CA（Operation CA，OCA）。其中，运营 CA 直接为各商业用户发证并与 RA 连接（如图6-19所示）。

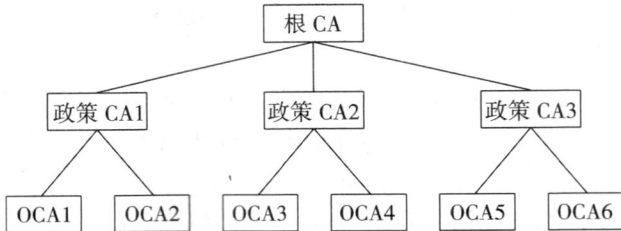

图6-19　Non-SET CA 系统

如果 Non-SET 持卡人在中国工商银行申请证书，则过程如下（如图6-20所示）：

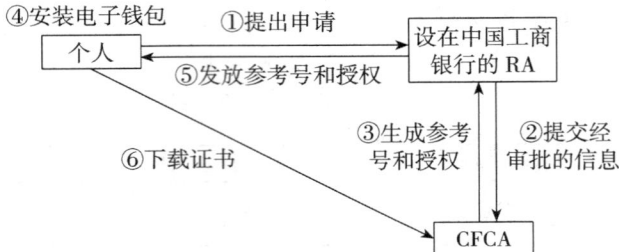

图6-20　Non-SET 持卡人在中国工商银行申请证书的过程

① 申请者向设在中国工商银行的 RA 提出申请并填写相应表格。

② RA 审批通过之后，RA 将审批信息提交至 CFCA。

③ CFCA 将生成的参考号和授权发送给中国工商银行。

④ 申请者安装客户端电子钱包，运行相应软件。

⑤ 中国工商银行再将参考号和授权发送给申请人。

⑥ 申请人登录 CFCA 下载证书。

（3）RA 系统

RA 即电子证书注册机构（Registration Authority），是 CA 的组成部分。RA 分为本地 RA 和远程 RA。RA 根据商业银行的管理体系可分为三级结构，即总行-分行-受理点（如图6-21所示）。其中，受理点本地 RA 接受用户的证书申请，并进行审批，具有录入、审核、管理及制证等功能。RA 集中各受理点的申请数据，上传给 CA 签发证书。

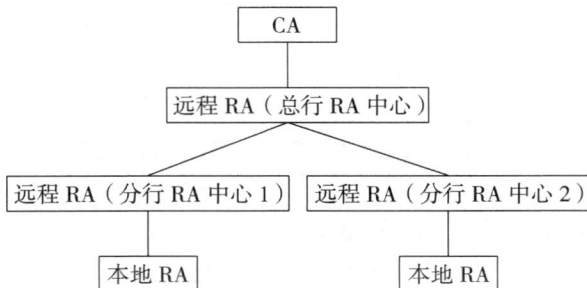

图6-21　RA 系统

3.中国金融认证中心的证书种类

除了根CA、政策CA、运营CA等各级CA的证书外，对于最终用户，按照证书的功能不同，证书有不同的分类（见表6-5）。

表6-5　　　　　　　　　　中国金融认证中心的证书种类及功能

证书种类	功能
企业高级证书	适用于企业较大金额的B2B网上交易,安全级别较高,可用于数字签名和信息加密
企业普通证书	适用于企业用户,用于SSL、S/MIME以及建立在SSL之上的应用,它的安全级别较低,建议用于金额较小的网上交易
个人高级证书	适用于个人较大金额的网上交易,安全级别较高,可用于数字签名和信息加密
个人普通证书	适用于个人用户,用于SSL、S/MIME以及建立在SSL之上的应用,它的安全级别较低,建议用于金额较小的网上银行和网上购物
Web Server证书	适用于站点服务器提供金额较小的B2C网上交易,若一个网站要提供B2B交易,应申请Direct Sever证书,并配合相应软件来保证其安全性
Direct Server证书	Direct Server证书基于CFCA的Entrust/ Direct Server产品,该产品具有安全代理功能,可以自动为客户完成身份识别、信息加密、数字签名以及证书自动更新等工作;Direct Server证书主要用于企业从事B2B交易时对Web Server的保护

6.5　网络银行

网络银行是随着互联网的发展而出现的重要的电子商务中介。网络银行可以为客户提供个人银行、企业银行等网络银行业务。网络银行拉近了客户与银行的距离，突破时间和空间的限制。网络银行将逐渐取代传统银行的储蓄点或分处理，成为银行业务的主流。

6.5.1　网络银行概述

1.网络银行的概念

网络银行又称在线银行、虚拟银行或电子银行等，是指银行依托信息技术和互联网的发展，向客户提供金融服务和产品，包括信贷服务、财务管理服务以及电子货币的支付和清算服务。网络银行作为一种金融创新手段，使银行业务范围进一步扩大，从根本上改变了传统银行的经验方法，使客户可以在任何时间和地点，通过互联网与银行进行交易，而无须在营业时间到银行的营业网点办理业务。

2.网络银行的优势

不难看出,网络银行的作用和意义已经远远超出了任何一个传统业务系统,其优势在于:

(1)不受时间和地点的限制

网络银行通过先进的信息技术可以向客户提供24小时跨地区的金融交易服务,突破了传统银行受分支机构多寡及客流量限制的弊病,大大提高了银行的服务效率。同时,网络银行可以利用互联网提供全球化的金融服务,可以快捷地进行不同语言文字之间的转换,为银行开拓国际市场创造了条件。

(2)经营成本大幅度降低

与传统银行相比,网络银行在交易成本上具有无可比拟的优势。据英国保诚集团旗下网上银行Egg的统计,银行通过各种方式完成交易所需要的成本对比见表6-6。

表6-6　　　　　　　　　　银行各种服务方式成本对比

银行服务方式	银行完成每笔交易的成本(美元)
营业点	1.07
电话银行	0.54
ATM	0.27
网络银行	0.01

从上述对比中可以看出,网络银行的服务成本最低,甚至远远低于普通营业点的成本。网络银行降低了经营成本,无限地扩大了潜在的客户范围,成为当今银行业务创新的一个重要方向。

(3)提供标准化和个性化的服务

网络银行侧重于既耗费人力又简单的标准化业务操作,如账务信息查询、转账、挂失等。虽然网上银行提供的业务比较简单,但是在保证操作简单易行的基础上,其利用信息技术对传统业务进行细化和组合,可以为客户提供更多个性化的服务。

6.5.2　网络银行的产生与发展

网络时代的到来对传统商业银行来说不仅是一个挑战,更是一个发展机遇。银行通过网络不仅能降低成本,扩大银行业务范围,还能增加收益,因此,网络银行的发展是银行业务多样化的必然趋势。

1.网络银行的发展历程

一般来说,网络银行发展经历了以下几个阶段:

第一阶段(1970—1979年),电话银行发展阶段。早在1990年,美国许多银行投入巨资研究和开发电话银行,提出了家庭银行的概念,即让客户在家里随时随地享受银行柜台式的服务。在我国，中国银行在20世纪90年代推出了部分电话服务业务。通过电话银行，客户可以查询余额、转移资金、支付账单。这种方式的缺点是客户没有视觉上的验证，语音的速度也不能控制。

第二阶段（1980—1989年），PC银行发展阶段。随着PC机的普及，银行对家庭银行的技术进行了大规模的投资。家庭银行先后出现了两种模式：一种是银行为自己的客户提供专用的银行接口软件，安装在客户家里的PC机上，客户通过调制解调器（Modem）接入银行的服务主机，客户可以在账户之间转移资金或者直接进行支付，如图6-22所示。采用这种模式的银行主要有花旗银行、大通银行和美国纽约化学银行等。

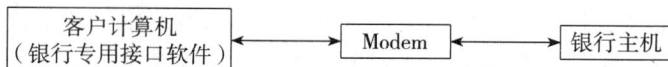

```
┌─────────────┐      ┌───────┐      ┌─────────┐
│  客户计算机  │◄────►│ Modem │◄────►│ 银行主机 │
│（银行专用接口软件）│      └───────┘      └─────────┘
└─────────────┘
```

图6-22 银行专用软件家庭银行模式

另一种模式是客户在PC机上安装软件公司提供的家庭银行软件，并通过这种软件与银行相连接，以获得银行的联机服务，如图6-23所示。较著名的商用个人财务软件是Intuit公司的Quicken、微软公司的Microsoft Money和Bank of America公司的Meca。

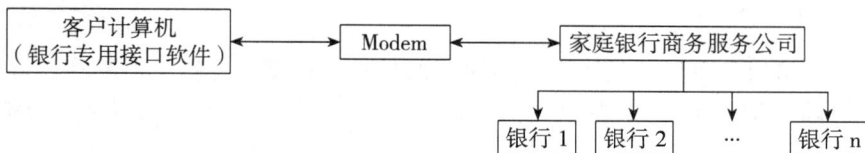

```
┌─────────────┐      ┌───────┐      ┌───────────────────┐
│  客户计算机  │◄────►│ Modem │◄────►│   家庭银行商务服务公司   │
│（银行专用接口软件）│      └───────┘      └───────────────────┘
└─────────────┘                    │    │    │       │
                              ┌────┐┌────┐     ┌────┐
                              │银行1││银行2│ … │银行n│
                              └────┘└────┘     └────┘
```

图6-23 商用软件家庭银行模式

第三阶段（1990年至今），网络银行发展阶段。20世纪90年代，随着互联网的发展，各种家庭银行模式逐渐被网络银行所取代。1995年10月，全球第一家网上银行"安全第一网上银行"（Security First Network Bank，SFNB）在美国诞生。该行在1997年存款达到4万亿美元，客户遍及全球各地，并以每月650个客户的速度增加。国内首家网络银行出现于1997年4月，深圳招商银行推出了"一网通"个人银行1.0版，随后，又在2000年推出个人银行大众版3.0版、网上企业银行3.0版和数字证书系统。

2.网络银行发展的动力与原因

IT技术的出现，彻底改变了传统银行的存在形式和服务方式，在增加经济效益与降低成本的同时，也改变了银行业务的运作模式。可以说，IT技术引发了银行业革命性的转变，网络银行发展的动力和原因在于以下两个方面：

（1）电子商务是网络银行产生和发展的原动力

电子商务的最终目的是通过网络实现网上信息流、物流和资金流的三位一体。电子商务要求商业银行能够提供便捷迅速的支付服务，减少资金在途时间。随着电子商务的发展，客户需要银行提供配套的网上支付及其他金融服务，网络银行由此应运而生。

（2）激烈的竞争迫使银行发展网络银行业务

银行面临着竞争对手的增加、员工工资成本的提高、客户要求的多样化等压力。银行只有扩大服务范围、提高服务质量，才能在激烈的竞争中立于不败之地。网络技术的广泛应用，虚拟市场的开辟，为传统银行带来了新的机遇，银行需要拓展网络银行业务。而且，网络银行不会影响银行现阶段的业务结构和盈利模式，只是增加了客户服务渠道。

6.5.3　网络银行的业务

网络银行的业务按服务对象不同，可以分为个人网络银行和企业网络银行；按服务的类型不同，可以分为基本业务和金融业务（见表6-7）。

表6-7　　　　　　　　　　　　　网络银行业务分类

对象类型	个人网络银行	企业网络银行
基本业务	个人基本业务	企业基本业务
金融业务	个人金融业务	企业金融业务

1.个人网络银行

个人网络银行主要适用于个人与家庭的日常消费支付与转账汇款等。近年来，各大银行陆续推出了个人网络银行，也有越来越多的人成为个人网络银行的注册客户。

（1）个人基本业务

个人基本业务主要是简单的信息查询和在线申请。信息查询包括账户查询和管理、交易查询、银行信息、金融市场信息等多种内容。在线申请主要包括信用卡申请和支票申请等业务。

（2）个人金融业务

① 电子支付

除了在线转账汇款外，个人网络银行提供信用卡、电子现金、电子支票等多种付款方式，满足客户网上购物的需要。个人网络银行还提供网上代收代交费用服务，为客户交纳电话费、水费、电费、煤气费等，并可以在交费完成后，通过手机短信等方式通知用户交费结果。

② 投资理财

随着信息技术的发展，网络银行所提供的投资理财产品也越来越丰富。以中国工商银行网络银行为例，目前可以在网上实现网上汇市、网上基金、网上国债、网上贵金属、网上期货、网上保险等几乎所有投资理财产品。

③ 个人信贷

客户可以在网上查询贷款利率、申请贷款和进行明细查询等。银行可以通过网络银行查询客户的信用记录，并根据以往的信用记录决定是否贷款和贷款的额度等。例如在中国工商银行的个人网络银行，客户可以在线申请住房贷款、综合消费贷款、个人信用贷款等 8 种类型的贷款，甚至提前还款、逾期还款、自动放款、自动还款等都可以在网上操作。

2. 企业网络银行

企业网络银行主要适用于企业进行资金管理。企事业单位可以通过企业网络银行实时了解企业财务运作情况，及时在组织内部调配资金，轻松处理大批量的网络支付和工资发放业务，并可处理信用证明相关业务。

（1）企业基本业务

企业基本业务包括账户信息的查询和管理、查看账户余额和历史业务情况、核对账户、了解支票使用情况、打印显示各种报告和报表（如每日资产负债表、余额汇总表、详细业务记录表）等。

（2）企业金融业务

企业金融业务主要包括结算业务、国际业务、投资理财和融资信贷 4 类（如图 6-24 所示）。

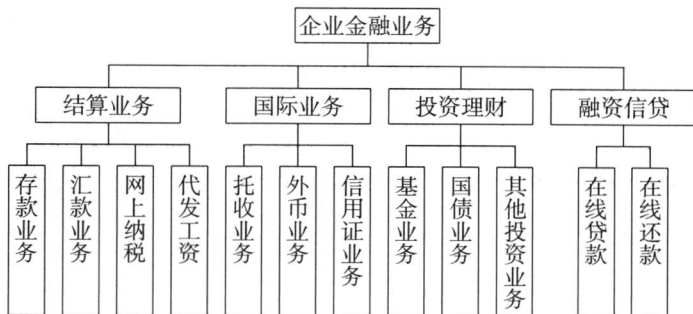

图 6-24　企业金融业务分类

① 结算业务

结算业务包括存款业务、汇款业务、网上纳税和代发工资等。存款业务为企业提供定期存款转活期存款、网上通知存款、网上协定存款等方式，使企业在保证资金流动性的同时提高存款收益。汇款业务使企业可以在线通过逐笔或批量方式向全国范围内各家银行的企业账户办理人民币转账汇款。网上纳税基于人民银行推出的国库信息处理系统，通过银行系统分别与各省级国、地税税收征管综合系统连接，在线为企业提供查询纳税、实时缴税、缴纳明细查询，以及附加法规查录、税收筹划等增值服务。代发工资（代报销）是指企业通过网上银行向员工发放工资和报销各类费用，银行对企业上送的工资文本通过计算机实时处理，工资实时入账，同时提高了私密性和安全性。

② 国际业务

国际业务包括托收业务、外币业务和信用证业务等。托收业务包括在线查询跟单进口代收业务、跟单出口托收业务、光票托收业务的详细信息。外币业务包括在线提交结汇和售汇申请，以及银行系统内的境内外汇汇款和跨境汇款等。信用证业务包括在线提交进口信用证开证申请和修改申请，进出口信用证查询、进口信用证来单查询和出口信用证交单查询等业务。

③ 投资理财

投资理财包括基金业务、国债业务和其他投资业务。基金业务包括基金的认购、赎回、设置或取消自动再投资、查询基金单位净值、查询基金账户余额、查询历史交易明细等功能。国债业务包括债券申购、债券买卖以及查询债券最新价格、债券历史价格、客户债券托管账户余额、历史成交明细等信息。其他投资业务包括代理贵金属、外汇买卖等多种理财产品。

④ 融资信贷

融资信贷业务主要包括在线贷款和在线还款。在线贷款业务向企业提供自主贷款和贷款查询的功能，并提供贷款金额、贷款余额、起息日期、到期日期、试算利息等比较详细的贷款信息。在线还款业务包括在线还款和还款查询的功能。在线还款提供提前还款，自动划款等方式，企业可以自由选择，以最大限度地节省利息。还款查询主要提供还款指令明细信息。融资信贷的具体业务种类，包括网络联保贷款、网络信用贷款、网络保证贷款、网络抵押、质押贷款和网络贸易融资等。

6.5.4　网络银行的运作模式

网络银行目前有两种模式：一种是纯网络银行，即完全依赖于互联网开展所有业务的银行；另一种是网络分支机构，即在原有商业银行的基础上开展电子服务窗口，利用互联网提供银行服务。

1.纯网络银行

纯网络银行是指没有实体分支机构，完全利用网络进行金融服务的独立的金融机构。这种银行可以拥有独立的品牌，并与传统银行展开竞争，如美国安全第一网络银行（SFNB）。

（1）纯网络银行的优缺点

① 纯网络银行的优点

纯网络银行能够大规模地削减传统银行所需的建筑和人员的成本。纯网络银行具有较高的灵活性和创新性，更能适应市场的发展和变化。纯网络银行的信息化运营也更具科学性和透明性，方便银行和监管部门对风险进行监控。

② 纯网络银行的缺点

纯网络银行不擅长开发贷款等盈利性资产业务，导致利差非常薄，最终抵消了低成本的优势。尽管共享 ATM 和信用卡等电子支付手段在逐渐普及，但不能提供办理存取现金等业务的物理网点，仍是纯网络银行不能深入大众的主要原因之一。

（2）纯网络银行的发展模式

有关纯网络银行的发展模式有两种不同的理念：全方位发展模式和特色化发展模式。

① 全方位发展模式

采用这种发展模式的网络银行并不认为纯网络银行具有局限性，如美国印第安纳州第一网络银行。它们认为随着科技的发展和网络的进一步完善，纯网络银行完全可以取代传统银行。为了吸引用户和中小企业，纯网络银行必须提供传统银行所能提供的一切金融服务。

② 特色化发展模式

持有这种观点的纯网络银行更多一些。它们承认纯网络银行具有局限性，与传统银行相比，纯网络银行提供的服务要少得多。例如，因为缺乏分支机构，它们无法为小企业提供现金管理服务，也不能为用户提供安全保管箱。这类银行的代表就是休斯敦的康普银行，该银行只提供在线存款服务。在康普银行的高级管理人员看来，纯网络银行应该专注于发展具有核心竞争力的业务。

2.网络分支机构

网络分支机构并不独立，它是传统银行网上业务的延伸，通过网络分支机构可以极大地拓展用户群、业务种类以及处理业务的渠道，并进而降低成本，提高效益。美国的国民银行（Nations Bank）、富国银行（Wells Fargo）和中国的工商银行、建设银行等大多数商业银行都采用这种模式。

网络分支机构模式的优势表现在：一方面，采用这种模式的都是大银行，在自己原有的用户群中拥有良好的信誉，有较高的品牌效应；另一方面，它们涉及的业务面较广，能不断推出适合顾客需求的金融产品，这一点非常有利于吸引潜在消费者。

网络分支机构模式的劣势表现在：这种网络银行模式会受到母体银行体制、技术的束缚，不能快速响应市场的变化，不能与原有的银行系统有效融合。

6.5.5　网络银行的欺诈与防范

客户在享受网络银行提供的便捷服务的同时，也面临着被欺诈的风险。如果欺诈者截取账户信息，那么他们也可以侵入客户账户。这就需要网络银行提供商和客户对潜在的风险保持高度的警惕。我国的网络犯罪者目前主要使用网银木马和钓鱼欺诈这两种技术手段，来获取用户信息。

1.网银木马

网银木马是针对网络银行的木马病毒，可以盗取网银用户的账号、密码，甚至安全证书。我国第一个网银木马——"网银大盗"病毒出现于2004年4月，并且随后不断地出现变种，由此引发的案件频频发生，对我国网络银行的安全构成了严重威胁。

根据当前国内网银木马所使用的技术原理，网银木马的攻击方法主要可以分为以下3类：

（1）盗录信息

盗录信息是网银木马最常用的一种技术方法。这种病毒以后台进程的方式来监控用户的浏览器窗口，当发现用户正在访问网络银行或支付页面时，就在后台记录下用户通过键盘输入的信息，或用截屏、录像等技术方法，将计算机屏幕以视频文件的形式复制下来。通常这种文件采用了高效的数据压缩技术，以便于攻击者能够快速获取，减少网络传输的时间。

（2）窃取数字证书

随着安全技术的发展，我国各大商业银行的网络银行系统都已经采用数字证书来进行身份验证，而犯罪分子则可以通过窃取数字证书来获得客户信息。由于国内大部分网络银行系统都是采用 IE 证书体系来管理文件证书，犯罪分子可以利用操作系统的 API 接口，通过远程控制受攻击的计算机导出数字证书，获取网银用户信息。

（3）劫持浏览器

犯罪分子将木马程序的部分代码嵌入浏览器中，当这些恶意代码在浏览器中被执行时，用户的账号、密码等敏感数据会在加密前被截获，造成个人信息的泄露。

2.钓鱼欺诈

钓鱼欺诈（Phishing）是在20世纪90年代中期，由黑客创造出来的词语，它原本指的是窃取美国在线（American-Online）客户的账户。**钓鱼欺诈**是指用户被诱骗在模仿合法网站的虚假网站上输入信息从而泄露账号、密码等重要的个人资料。当诈骗者获得这些数据后，他们就会非法侵入客户账户，大肆获取其他敏感信息，将客户账户上的资金非法转移到自己的账户上或者将客户的个人资料在黑市上出售。常见的钓鱼欺诈可以分为以下几类：

（1）模仿域名

钓鱼者首先建立域名和网页内容与真正的网络银行系统极为相似的网站，比如将中国工商银行网站的域名 www.icbc.com.cn 假冒成 www.1cbc.com.cn；或者利用 URL 编码技术进行伪装，例如首先制造一个 http：//google.cn.yl9mll.cn 的子域名，通过 URL 编码将得到 http：//www.google.cn%2E%79%31%39%6D%6C%31%2E%63%6E，普通用户很难识别此类网站的真实性。然后钓鱼者通过发送电子邮件等方式，诱使用户点击链接并输入账号和密码等信息。

（2）标签钓鱼

标签钓鱼（Tabnabbing）是由 Firefox 浏览器的用户界面专家 Aza Raskin 在 2010年公布的一种钓鱼欺诈。钓鱼者先通过一个 JavaScript 脚本探测用户曾经浏览过的网络银行网页的临时文件，再将用户之前打开的一个页面的内容、标签等用虚假的网络银行页面替换。用户经常会同时打开多个页面，因此很多用户不记得自己是否打开过网络银行的页面。即使用户登录过真的网络银行，因会话超时和网页过期而被要求重新登录也是常见的情况。用户在虚假的网页上输入个人信息后，网页会链接到真的网络银行页面，因此，用户在整个过程中都不易察觉。

（3）修改 Hosts 文件

Hosts 文件是 Windows 操作系统的一个系统文件，它的作用是将网址域名与对应的 IP 地址建立映射，来减少域名解析时间，加快网络访问速度。当用户在浏览器中输入需要访问的网址时，系统会自动从 Hosts 文件中寻找对应的 IP 地址。当 Hosts 文件中没有所对应的 IP 地址时，系统会将网址提交 DNS 域名解析服务器进行 IP 地址的解析。钓鱼者通过漏洞及网页脚本，可以修改 Hosts 文件中的映射表。这样即使用户正确输入网址域名，也会被浏览器转入钓鱼者事先设置的网页。

3.防范方法

尽管各大银行不断优化技术和设备以构建更为安全的网络银行系统，但防范网银木马和钓鱼欺诈等网络犯罪最有效的方法是结合银行和客户的力量，使两者进行良性互动，才能更加全面有效地防范欺诈。

（1）技术手段

网络银行可以充分利用先进的安全技术手段确保各个环节都万无一失。目前，各家银行都推出了自己的交易工具来确保网络银行的安全。

① 动态密码卡

动态密码卡在收到交易指令后，会随机产生交易动态密码，这就弥补了传统静态密码的不足。对于那些企图"推断"出密码的诈骗者来说，这种方式应该是牢不可破的。

② U 盾

U 盾即银行系统推出的客户证书 USBkey，是银行提供的办理网上银行业务的高级别安全工具。U 盾内置微型智能卡处理器，采用非对称加密算法对网上数据进行加密、解密和数字签名。为了从物理上防止黑客通过远程控制非法调用，二代 U 盾增加了"确认"和"取消"按钮，以及用来显示交易金额和交易账号的液晶显示屏，使操作更加直观和安全。

③ 客户端软件

针对网络银行面临的欺诈问题，银行可以提供客户端软件来帮助用户防范风险。例如，民生银行的网银助手实现了对网络银行运行环境的检测及管理，并提供了针对网银木马和钓鱼网站等多种欺诈手段的统一安全策略和防护方式。

（2）交易流程

网络银行提供商应该采用互动式体系，在交易前对用户进行充分训练，在交易过程中与用户及时沟通，在交易结束后，主动获取用户反馈。

① 交易前

网络银行可以通过定期发送提示资料的方式，在交易前让用户熟悉正确的交易流程和常见的欺诈手段。一旦交易中有任何异常，用户就能立刻察觉。如果用户对钓鱼欺诈和网银木马有一定了解的话，会更容易避免欺诈的袭击和损失。

② 交易中

在交易过程中，用户与网络银行进行及时有效的沟通可以有效降低欺诈的影响，甚至终止欺诈的进行。比如当账户发生资金变动时，网络银行可以通过电子邮件或者短信等多个渠道告知用户，并在用户确认后才继续交易。

③ 交易后

在交易结束后，网络银行可以定期向客户发送交易安全报告，在报告中，提供商可以详细列出交易的金额、时间，并且根据 IP 地址显示交易地址以及浏览器类型等信息。而且，客户的反馈常常会帮助银行作出许多有益的改善，因此网络银行提供商应该开设无障碍反馈通道，鼓励客户积极反馈信息。

□本章小结

由于传统支付方式运作效率低且成本高，电子交易与支付应运而生。电子商务包含企业内部的业务流程和企业面向外部的业务流程，即电子交易。电子交易中包括网络营销、电子支付和物流配送等。

电子货币是具有货币基本功能的电子信息。电子货币主要分为信用卡、电子现金和电子支票 3 种类型。信用卡包括借记卡、贷记卡和准贷记卡。电子现金具有安全性、匿名性、方便性和低成本的特点。电子支票可以通过网络来完成传统支票的所有功能。电子钱包能装入信用卡和电子现金等电子货币。

第三方支付具有信用保障、整合支付和个性化的特点。第三方支付平台根据支付模式可以分为虚拟账户支付模式、银联电子支付模式和行业支付模式 3 类。目前，第三方支付还存在着沉淀资金管理不当、给反洗钱体系带来冲击和用户信息安全等问题。

移动支付技术按照支付地点的远近可分为远距离支付技术和近距离支付技术。移动支付价值链主要由移动运营商、商家、金融机构、第三方支付机构、移动终端制造商和终端用户组成，其所形成的商业模式主要包括：移动运营商主导的商业模式、金融机构主导的商业模式、移动运营商和金融机构合作的商业模式、第三方支付机构主导的商业模式。

电子支付系统可分为中国现代化支付系统和国际间支付结算系统。中国现代化支付系统从功能的角度可以分为大额实时支付系统、小额批量支付系统、清算账户管理系统和支付管理信息系统。现代化支付系统在物理架构上呈现出三级的层次结构，分别是 NPC、CCPC 和 MBFE。国际支付结算由 SWIFT 系统和 CHIPS 系统来实现，SWIFT 完成指令信息的传递，而真正进行资金调拨的是 CHIPS。中国金融认证中心是国内唯一能够全面支持电子商务安全支付业务的第三方网上认证服务的机构，CFCA 建立了 SET CA 及 Non-SET CA 两大系统。

网络银行的业务按服务对象不同，可以分为个人网络银行和企业网络银行；按服务的类型不同，可以分为基本业务和金融业务。网络银行目前有纯网络银行和网络分支机构两种模式。网络犯罪者目前主要使用网银木马和钓鱼欺诈这两种技术手段，网络银行和用户可从技术手段和交易流程两方面来防范网银木马和钓鱼欺诈等网络犯罪。

□ 关键概念

电子交易　电子支付　电子货币　信用卡　电子现金　电子支票　电子钱包第三方支付　移动支付　电子支付系统　中国现代化支付系统　环球银行间金融通信协会　纽约清算所银行同业支付系统　中国金融认证中心　网络银行　钓鱼欺诈

□ 思考题

1. 简述电子交易的特征。
2. 画图并简述电子支付的基本构成。
3. 电子商务、电子交易和电子支付之间是什么关系？
4. 画图并简述基于 SSL 协议的信用卡支付过程。
5. 画图并简述电子现金的电子支付过程。
6. 画图并简述电子支票的支付过程。
7. 第三方支付平台的特点有哪些？
8. 画图并简述第三方支付的流程。
9. 移动支付可以如何分类？
10. 移动支付有哪几种商业模式？
11. 简述中国现代化支付系统的组成和功能。
12. 简述中国现代化支付系统的物理架构。
13. CHIPS 与 SWIFT 是如何合作完成国际电子支付运作的？
14. 中国金融认证中心有哪些功能和特点？
15. 网络银行有哪些优势？
16. 网络银行有哪些运作模式？
17. 针对网络银行主要存在哪些欺诈行为，如何进行防范？

□ 本章案例

银联为中国国际进口博览会提供可靠支付保障

"四叶草"展馆再次喜迎八方来客。在成功服务前两届中国国际进口博览会（进博会）的基础上，中国银联与进博会在支付服务方面继续合作，联合境内外商业银行等产业各方，优化银联卡受理、云闪付 APP 扫码支付、银联手机闪付等全产品支付服务,迎接来沪参展商户和观展人员。

1.安全、便捷以及优惠支付

在进博会全方位的服务场景中,银联提供的便捷移动支付助力"进博效应"最大化。目前,展馆内的进博会文创馆,周边的肯德基、麦当劳、太平洋咖啡、陈兴记、7-11便利店等餐饮、超市、文旅及自助售货场景均已实现银联移动支付的全面覆盖。在进博会文创馆,用户使用云闪付APP扫码购买进博会吉祥物"进宝"、徽章、明信片、服饰等上百款进博会周边产品时,可享六二折优惠,在展馆内部分餐饮、百货零售商户处,用云闪付APP支付亦可享受不同程度的满减优惠。

在上海市内,银联在虹桥、陆家嘴、新天地、静安寺、五角场、徐家汇等人流量较大的重点商圈升级了银联卡受理环境,使用银联卡、银联二维码、银联手机闪付、刷脸付等银联支付产品,均可以实现安全、便捷支付。创新的支付服务保障体系让来沪人员体会到上海作为"智慧城市"的魅力。

2."智慧出行"——无感支付

银联支付打造的便捷交通出行环境,为进博会顺利举行提供助力。银联围绕作为重点窗口的机场、火车站、轨道交通、公交车站等,提升移动支付"智慧出行"体验。虹桥枢纽的所有停车场已全面受理银联移动支付,覆盖约7 000个车位,车主在云闪付APP"智慧通行"板块内绑定车牌,即可开通银联无感支付停车,在虹桥枢纽停车场实现不停车直接通行。银联无感支付将此前平均30秒的车辆进出场时间缩短至4秒,显著提高了交通通行能力。

3.联合银行定制主题卡

此外,今年银联联合中国银行,发行了我国首个与国家级展会合作的卡产品——"进博会"主题卡。"进博会"主题卡为持卡人提供了丰富的专属金融服务,包括外币结汇点差优惠、跨境返现、商圈优惠和出行保险等,还配套赠送进博会纪念品、享受贵宾休息室、免费进入冰雪体验区等服务,借助银联卡向参展人员擦亮"进博"名片。

当前,我国正在推动形成以国内大循环为主体、国内国际双循环相互促进的新发展格局。银联广泛携手国内国际合作伙伴,为进博会期间的经贸结算、生活消费提供便利金融保障,以畅通支付助力举办安全、精彩、富有成效的博览会,为经贸发展注入更强信心。

资料来源:刘杨.优化银联卡受理、云闪付APP扫码支付等全产品服务 为进博会提供可靠支付保障[EB/OL].[2020-11-09].http://www.gov.cn/xinwen/2020-11-09/content_5558902.htm.经删减和整理。

【案例思考】

1.谈谈云闪付支付的优势和劣势。

2.银行是否能依靠银联"云闪付"二维码进军移动支付市场?为什么?

□参考文献

［1］陈晴光.电子商务基础与应用［M］.北京：清华大学出版社，2010.

［2］高百宁，邓辉.电子商务基础与应用教程［M］.北京：科学出版社，2005.

［3］张润彤.电子商务［M］.北京：科学出版社，2009.

［4］姜红波，韩洁平，等.电子商务概论［M］.北京：清华大学出版社，2009.

［5］杨雪雁.电子商务概论［M］.北京：北京大学出版社，2010.

［6］徐天宇.电子商务系统规划与设计［M］.北京：清华大学出版社，2010.

［7］帅青红，王宇，等.现代支付系统概论［M］.成都：西南财经大学出版社，2010.

［8］李洪心，马刚，等.银行电子商务与网络支付［M］.北京：机械工业出版社，2007.

［9］马刚，李洪心，等.电子商务支付与结算［M］.大连：东北财经大学出版社，2009.

［10］常恕恺，竺睿林.基于客户视角的网络银行安全：反钓鱼欺诈［J］.改革与战略，2008（12）.

［11］唐恒武.后牌照时代第三方支付的问题及建议［J］.清算支付，2013（2）.

第 7 章

电子商务物流管理

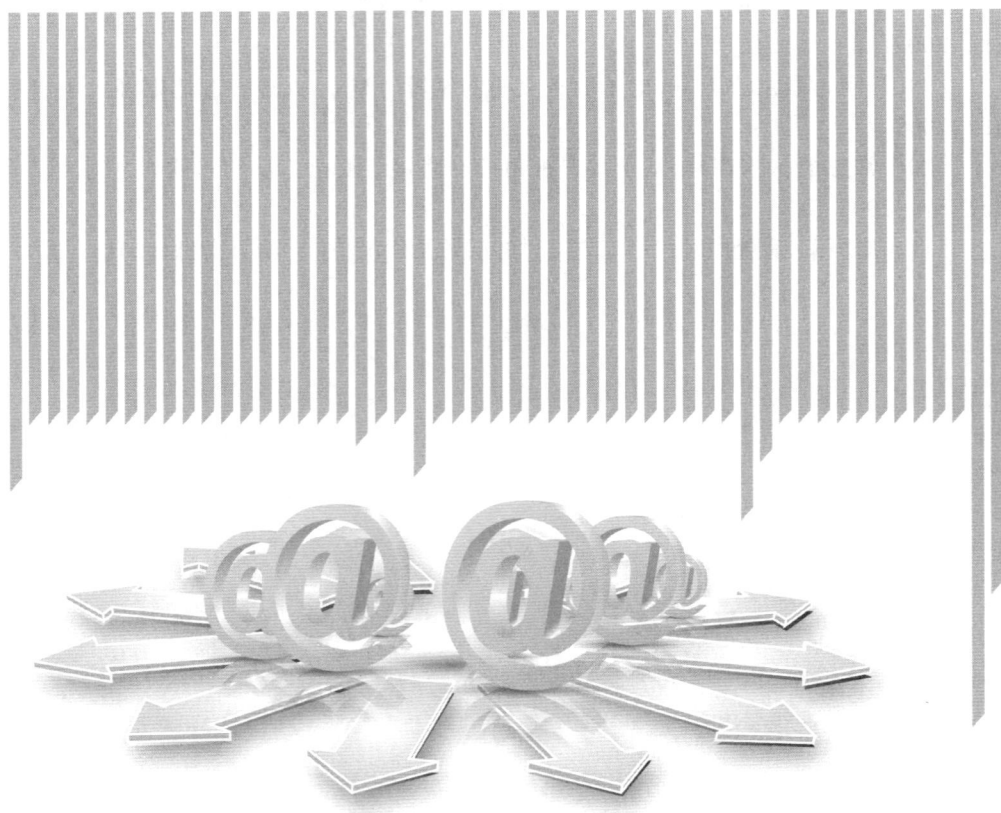

学习目标

通过本章的学习，了解物流以及电子商务物流的基本理论，掌握电子商务物流的基本概念、特点、模式，理解电子商务物流技术以及电子商务物流配送的基础知识。了解中国电子商务物流发展的现状，进而对电子商务物流的发展趋势有一个宏观的认识。

【案例引导】

沃尔玛的物流系统在业界是可圈可点的经典案例，可以说，沃尔玛所有的成功都是建立在利用信息技术整合优势资源、信息技术战略与零售业整合的基础之上。

1.沃尔玛的物流配送系统

沃尔玛的物流配送中心一般设立在100多家零售店的中央位置，运输半径基本上为320千米，配送中心的商品种类超过8万种，一个配送中心可以满足100多个周边城市销售网点的需求。沃尔玛在美国拥有60余个配送中心，服务着4 000多家商场。沃尔玛一直崇尚采用最现代化、最先进的系统，进行合理的运输安排，通过电脑系统进行配送。

2.沃尔玛的采购管理

沃尔玛的全球采购是指某个国家的店铺通过全球采购网络向其他国家的供应商进口商品，而向该国供应商采购则由沃尔玛公司的采购部门负责。全球采购总部是沃尔玛全球采购网络的核心，也是沃尔玛的全球采购最高机构，负责采购质量、包装、价格等方面均具有竞争力的优质产品，并通过顺畅、便捷的物流系统及发达的海陆空立体运输网络，为沃尔玛的采购赢得更多的时间，带来更多的便捷。

3.沃尔玛的供应链管理

沃尔玛利用信息技术有效地整合物流及其资金流资源，是基于供应链计划管理模式（Collaborative Planning Forecasting and Replenishment，CPFR）的理论和实践。在供应链运作的整个过程中，CPFR应用一系列技术模型，对供应链中的不同客户、不同节点的执行效率进行信息交互式管理和监控，对商品资源、物流资源进行集中的管理和控制。通过共同管理业务过程和共享信息来改善零售商和供应商的伙伴关系，提高采购订单的计划性、市场预测的准确度以及供应链运作的效率，控制存货周转率，并最终实现目标。

沃尔玛的成功之处在于将优秀的商业模式与先进的信息技术应用有机结合，其一整套先进、高效的物流和供应链管理系统，使全球各地的配送中心、连锁店、仓储库房、货物运输车辆、合作伙伴集中在一个系统中，进行有效的管理和优化，形成了一个灵活、高效的产品生产、配送和销售网络。

资料来源：佚名.沃尔玛零售链［EB/OL］.［2014-09-01］. http://www.wal-martchina.com/supplier/supplier.htm.经删减和整理。

随着电子商务在全球范围内的蓬勃发展，物流作为电子商务的重要环节，在电子商务的发展中起到了重要的作用，同时，电子商务理念和电子商务技术通过对传统物流的重塑，使传统物流形成了前所未有的新形式，对物流产生了深远的影响，进而形成了电子商务和物流相互促进、相互影响的螺旋上升趋势。本章的知识图谱如图7-1所示。

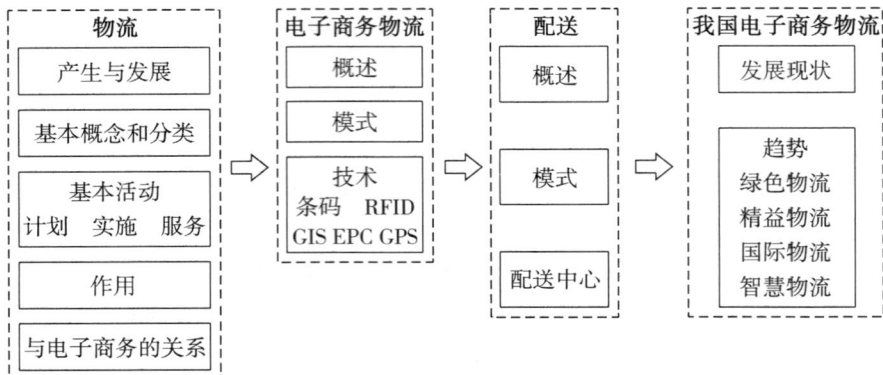

图7-1　电子商务物流管理知识图谱

7.1　物流概述

物流活动随着社会商品交换而产生。随着社会生产力的提高和技术手段的改进，对于物流的要求也逐渐增强，物流在社会生活以及经济发展中所起到的重要作用日益凸显，同时也成为企业提高自身竞争力、提升自身价值的重要渠道。

7.1.1　物流的产生与发展

由于生产和消费逐渐分离，物流成为连接二者的中间环节。物流的概念最早起源于美国，20世纪初，阿奇·萧在其著作《市场流通中的若干问题》中提出"物流"一词，指出"物流是与创造需求不同的一个问题"。1935年，美国销售协会提出了实物分配（Physical Distribution，PD）的概念，指出"实物分配是在销售过程中的物质资料和服务，在从生产场所到消费场所的流动过程中所伴随的种种经济活动"，使人们对物流的概念有了最初的认识。

随着社会分工的日益细化和商业经济的发展，物流也得到了飞速的发展，从所应用的技术角度出发，物流的发展历程可以分为传统物流、物流现代化以及电子商务物流三个阶段。

1. 传统物流阶段（20世纪初—20世纪70年代）

在传统物流阶段，物流主要是用于解决物的转移，即运输、保管、搬运等问题，尤其在第二次世界大战期间，物流为美国军队及其盟军的军事人员、物资、装备的制造、供应、配置、调运、补给、保养、维护等军事后勤活动提供了积极的保障。

2. 物流现代化阶段（20世纪70年代—20世纪90年代）

随着经济的高速发展，计算机、网络、信息等技术的创新革命，物流的发展开始进入现代化阶段。现代化物流区别于传统物流的主要特点在于其系统性、科学性、实用性、高效性以及广泛性，可以说，物流的现代化是物流与高科技的充分结合。

3. 电子商务物流阶段（20世纪90年代至今）

电子商务时代的到来，赋予了物流一系列新特点，使得物流实体和物流信息形成了网络化的体系。其中，物流企业、物流设施、交通工具和交通枢纽等组成了物流实体体系，而以互联网为核心的信息网络系统形成了物流信息网络体系。在电子商务物流阶段，电子商务和物流在一定程度上实现了连接，使物流向更广泛、更深入的趋势发展。

7.1.2　物流的基本概念和分类

1. 物流的定义

物流的概念自产生以来，众多的学者对其进行了定义，虽然在物流的定义上并没有形成一致的认识，但仍产生了一些具有代表性的定义，见表7-1。

表 7-1　　　　　　　　　　　　　　物流具有代表性的定义

美国物流管理委员会	物流是指为满足客户需要而进行的原材料、中间库存、最终产品及相关信息从起点到终点间的有效流动，以及为实现这一流动而进行的计划、管理、控制过程
日本工业标准	物流是将实物从供应者物理性移动到用户这一过程的活动，一般包括运输、保管、装卸以及与其有关的情报活动
中国《物流术语》	物流是指物品从供应地到接收地的实体流动过程。根据实际需要，将运输、储存、装卸、搬运、包装、流通加工、信息处理等基本功能实施有机结合

这里，采用中国《物流术语》中的定义，物流的概念主要包含以下三方面内容：

（1）物流的对象（既包括实物又包括信息和服务）

物流是将客户所需要的物转移的过程，而这里所说的物不仅包括生产所需要的原材料、生产过程产生的中间产品以及生产得到的最终产品，还包括物流过程中产生的信息和服务。物流的任务就是将这些标的物通过适合的方式运送到恰当的地点。

（2）物流是实物转移的一系列活动

物流并不是一个单一的、简单的活动，而是一系列活动的结合，其中包括全局的计划、管理、控制，也包括局部的运输、储存、装卸、搬运、包装、流通加工、信息处理等各部分的有机结合，这样才能使物流达到既定的目标。

（3）物流的最终目的是实现物的转移

物的转移是物流的最终目的，只有实现了物从发送者到接收者的转移，一次物流活动才实现了其运作的价值。

2.物流的分类

物流活动是指物流诸多功能的实施与管理过程。物流活动在社会经济领域中无处不在，虽然基本要素相同，但是按照不同的对象可以将物流划分为不同的类型。按照物流规模和影响层面可以将物流划分为宏观物流和微观物流；按照物流目的可以将物流划分为社会物流和企业物流；按照物流活动涉及的空间范围可以将物流划分为国际物流和区域物流。物流活动贯穿于企业运营过程中的各个环节，在企业的整个生产、销售中起着重要的作用。我们通常从企业角度研究与之有关的物流活动，主要分为以下5种不同类型的具体物流活动：

（1）供应物流

供应物流是指企业为保证其正常运转而发生在原材料、零部件以及其他物品采购环节的物流活动。供应物流发生在供应商与企业之间，主要的作用在于为企业的正常运营提供所需的各种物品，使企业的经营目标得以实现。

（2）生产物流

生产物流是指在企业的生产过程中，原材料、在制品、半成品、产成品在企业生产活动的各个流程中流动而产生的物流活动。生产物流的主要作用是将生产活动中各个环节产生的实体进行恰当的衔接，使企业完成整个生产活动。

（3）销售物流

销售物流是指在产成品生产完成后，由生产企业转移到中间商、消费者而产生的物流活动。销售物流是商品在供需双方之间的转移，具有极强的服务性。销售物流中的送货方式、包装水平、运输路线、送达时间等都将在很大程度上影响物流的质量。

（4）回收物流

回收物流主要发生在企业生产或销售之后，具体包括残次品的返修、消费者的退货、周转容器的回收以及在企业供应、生产、销售活动中所产生的废料的回收。

（5）废弃物流

废弃物流是指企业对运营过程中产生的、失去利用价值的物品进行分类、加工、搬运等处理的物流活动。废弃物流的主要作用在于避免环境污染，保证企业运营流畅，实现社会的可持续发展。

7.1.3　物流的基本活动

物流的基本活动可以划分为计划、实施和服务 3 个阶段，其主要内容如图 7-2 所示。

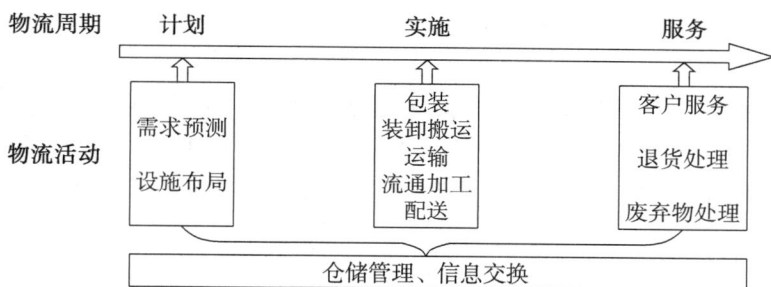

图 7-2　物流的基本活动

1.计划阶段

（1）需求预测

需求预测是指企业对其日常运营进行分析后所作出的对物流需求的预测或估计。需求预测发生在物流的计划阶段，正确的需求预测有助于物流活动的顺利实施，可以有效避免资源浪费。

（2）设施布局

设施布局活动的主要内容是根据物流合理化的需求，确定物流节点的数量和位置。其中，物流节点主要包括工厂、仓库、配送中心、销售点等。设施布局直接关系到物流网络的格局，进而影响到物流的质量和效率。

2.实施阶段

（1）包装

为保证货物在物流过程中不被损坏，要对货物进行打包、装箱等活动，即包装。包装不仅能够保护货物，而且能够使货物方便储运、促进销售，同物流的其他活动，如运输、装卸搬运、仓储等有着极其密切的关系。

（2）装卸搬运

按照我国《物流术语》中的标准，装卸是指将物品在指定地点以人力或机械装入运输设备或卸下的活动；搬运是指在同一场所内，对物品进行水平移动为主的物流作业。装卸搬运是不同运动过程之间相互转换的桥梁，主要包括装车、卸车、移动、取货、分拣等作业活动。

（3）运输

运输是指利用恰当的运输工具和运输设施，实现货物的载运及输送。运输是物流最基本的活动，主要实现货物的空间位移，是物流中所占比重最大的活动，因此，运输的合理化是提高物流效率、节省物流成本的重要环节。

（4）流通加工

流通加工是指物品在从生产地到使用地的过程中，根据需要实施包装、分割、计量、分拣、刷标志、栓标签、组装等简单作业的总称。流通加工的作用在于完善商品的使用功能，提高商品的附加值。

（5）配送

配送是指在经济合理区域范围内，根据客户要求，对物品进行拣选、组配等作业，并按时送达指定地点的物流活动。配送是物流中一种特殊、综合的活动形式，属于由末端物流节点向最终用户进行的货物运输活动，具有小批量、多品种的特点。

3.服务阶段

（1）客户服务

客户服务活动除了包括提供给客户必要的物流服务外，还应包括收集和分析客户信息，以掌握客户动态，从而根据客户的要求，为客户提供标准化程度高、及时的物流服务。

（2）退货处理

退货处理活动主要完成当货物出现质量或数量问题时，将货物退回到供货部门的任务。完善的退货处理机制有助于企业及时了解产品生产及销售情况，对于企业制订生产、销售计划，控制产品质量具有重要作用。

（3）废弃物处理

废弃物处理是指对物流活动中产生的废弃物的回收活动。物流活动中产生的废弃物是失去了原有的使用价值的商品，可根据实际需要将它们分类、搬运、储存等，并分送到专门的场所。废弃物不能直接给企业带来效益，但是非常有发展潜力。

除此之外，仓储管理和信息交换两项活动贯穿物流的整个周期。其中，仓储管理是对货物提供存放场所，对物品存取、保管和控制的过程，合理的仓储管理有助于节省物理成本，提高物流效率；信息交换活动主要实现物流中产生的货物数量、位置、状态等信息在各部门之间的传递。物流信息交换的流畅性和准确性直接影响到物流作业的效率和质量，其是物流的重要活动。

7.1.4　物流的作用

物流作为一种社会经济活动，对国家的宏观经济发展和微观企业发展都具有重要的作用，产生了巨大的价值。

1.物流的宏观作用

（1）物流是国民经济发展中的关键环节

国家的经济是由众多的产业、部门和企业组成的整体，这些组织作为国民经济的单位，分布于国家的各个地区，形成分散的节点，这些组织之间相互依赖、相互需求，而物流作为维系这种关系的重要纽带，起到了连接和支撑的作用，使整个社会成为一个有机的整体。

（2）物流有助于推动产业结构的调整和优化

随着科学技术的发展，物流在生产规模、生产能力等方面对生产发展的制约作用越来越明显，物流的进步有助于生产的社会化、专业化和规模化，其从根本上改变了产品的生产和消费条件，进而推动了产业结构的调整和优化。

2.物流的微观作用

（1）保证企业生产

生产是商品流通的根本，而生产的顺利进行，需要各类物流的支持。在生产的过程中，从原材料的采购、产品在各工艺流程之间的流转、余料的回收到最后废弃物的处理，都需要物流活动的支撑。因此，物流是生产过程中不可或缺的前提条件。

（2）降低企业成本

合理的物流活动能够优化企业的各个运营环节，从改进生产流程、缩短生产周期、优化库存结构等方面，大幅降低企业成本，减少资金积压。同时，物流有助于减少物质资料的消耗和占用，在企业物资的综合利用、节约代用、加工改制等方面起到重要作用，进而降低企业成本。

（3）提升企业形象

物流是企业实现"以客户为中心"的直接渠道，物流不仅能够实现直接的客户服务和退货处理，而且对于收集客户信息、了解客户需求具有天然的优势。优质的物流有助于企业为客户提供良好的服务，保持密切的客户关系，对树立良好的企业形象也能够起到重要的推动作用。

7.1.5　物流与电子商务的关系

物流是实现电子商务的重要组成部分，是电子商务基本流程的四流——商流、资金流、信息流、物流中的重要一环，同时，电子商务的产生和发展也为物流开辟了更先进的发展方向，二者互相影响，互相促进，形成了非常紧密的关系。

1.物流对电子商务的影响

随着物流的发展，其在电子商务中的作用日益凸显，逐渐成为电子商务能够实现的重要条件，起到了支撑电子商务活动的作用。

（1）**物流是实施电子商务的关键**

电子商务具有生产、营销、服务不受地域限制的广泛性，而在电子商务中，大多数的产品仍要依靠物理的方式进行配送，因此产生了对于产品跨地域流通的迫切需求，物流作为连接整个运营环节的关键纽带，在电子商务的实施中起到了关键的作用。

（2）**物流信息化是电子商务发展的基础**

电子商务的飞速发展对于实现手段的效率产生了越来越高的要求，从原材料的采购，产品的生产、销售到售后服务，都需要高效的物流系统作为支撑，因此，电子商务的成功与否，同物流的质量息息相关。物流的信息化表现为物流信息商品化、信息传递标准化、信息流通实时化、信息存储数字化等，这些特点能够更好地协调生产、销售、存储、运输等环节，对电子商务的发展具有十分重要的意义。

（3）**物流是保证电子商务客户服务的重要途径**

电子商务的出现满足了最终消费者足不出户购买商品的需求，而物流正是连接企业与最终消费者的重要途径，缺少了物流服务，电子商务给消费者带来的在购物方面的便捷将完全消失，而安全高效的物流也是消费者能够对电子商务产生信任的重要保证。由此可见，物流是实现"以顾客为中心"的根本方式。

2.电子商务对物流的影响

电子商务的产生和发展，使消费者对物流产生了新的需求，这些不同的需求促使物流管理者从更适合电子商务的角度考虑物流的过程。电子商务在一定程度上促进了物流的发展，电子商务对物流的影响体现在从物流的理念、系统环节、客户服务等方面推动现代物流的电子化和信息化。

（1）**电子商务对物流理念的影响**

① 物流中的信息变成了整个供应链的环境基础。网络是平台，供应链是主体，电子商务是手段。信息环境对供应链的一体化起着控制和主导的作用。

② 企业的市场竞争将更多地表现为以外联网为代表的企业联盟的竞争。在电子商务环境下，网上竞争的参与者逐步减少，更多的企业将以其商品或者服务的专业化优势参加到分工协作的物流体系中，在更大范围内建成一体化供应链。供应链体系纵向和横向扩张的无限可能性，将要求企业要么实现更广泛的联盟化，要么实现更深度的专业化。

③ 企业市场竞争将以物流系统为依托。在电子商务环境下，企业竞争的优势将不再是企业拥有的物质资源有多少，而在于它能调动、协调、整合多少社会资源来增强自己的市场竞争力。因此，企业的竞争将是以物流系统为依托的信息联盟和知识联盟的竞争。

④ 物流系统追求客户满意度最大化。物流系统面临的基本技术问题是在追求物流总成本最低的同时如何为客户提供个性化的服务，即如何在供应链成员企业之间有效地分配信息资源使得全系统的客户服务水平最高。

⑤ 物流系统由供给推动变为需求拉动。物流系统内所有方面都得到网络技术的支持，物流系统各个功能环节的成本将大大降低，客户对产品的可得性也将极大地提高。

（2）电子商务对物流系统环节的影响

① 传统物流渠道的中介逐步淡出。由于在网络环境下，客户可以直接面对制造商并可以获得个性化服务，所以传统物流渠道中的批发商和零售商等中介将逐步淡出，但是区域销售代理将受制造商委托逐步加强在市场中的地位，作为制造商产品营销和服务功能的延伸。

② 物流系统中的配送中心、设施布局等面临较大的调整。由于网上时空"零距离"的特点与现实反差增大，客户对产品可得性的心理预期加大，交货速度的压力也随之变大，因此，企业在保留若干地区的仓库后将改造更多的配送中心，扩大配送范围。

③ 物料采购成本降低。供应商积极地与制造商建立稳定的业务关系，同时，制造商也会从物流的理念出发寻求与合格的供应商建立一体化供应链。电子商务使得两者在更大范围内和更深层次上实现信息资源共享，降低了物料采购成本。

④ 增加了物流系统环节反应的灵敏度。在电子商务环境下，通过网络上的信息传递，可以有效地实现对物流的控制，实现物流的合理化。供应链各环节共用数据库，共享库存信息，增加了物流系统各环节对市场变化反应的灵敏度，可以减少库存、节约成本。

（3）电子商务对客户服务的影响

① 保证企业与客户间的即时互动。在客户咨询服务的界面上，网站主页的设计不仅要宣传和介绍产品，还要求能够在产品设计、包装、售后服务方面与客户进行一对一的交流，要求在物流系统中的每一个环节都得到即时的信息支持。

② 客户服务的个性化。在电子商务环境下，要求企业网站的主页设计个性化、企业经营的产品或服务个性化、企业对客户的追踪服务个性化。只有当企业对客户需求的响应实现了某种程度的个性化对称时，企业才能获得更多的商机。

7.2 电子商务物流

随着经济全球化和贸易自由化的逐步形成，企业信息化建设速度加快。信息产业的壮大使得物流业设备的智能化水平迅速提高，产品需求的多样化和市场一体化使得过去的规模化大批量生产与运输变为小批量多样化生产与运输，物流的重要性和对电子商务活动的影响日益明显。电子商务物流随着电子商务的产生和发展而出现，是电子商务技术和社会需求发展的必然产物。

7.2.1 电子商务物流概述

电子商务物流作为物流业的新兴概念，在电子商务高速发展的今天，为实现电子商务的真正经济价值提供了有效的手段，并且为电子商务能够高速、廉价、灵活地进行提供了坚实的基础和有效的保证。

1.电子商务物流的概念

相对于传统物流而言，**电子商务物流**是在传统物流的基础上，利用电子化的手段，尤其是利用互联网技术来完成物流全过程的协调、控制和管理，实现从网络前端到最终客户端的所有中间过程的服务，实现产品在物流环节的增值，最显著的特点就是各种软件技术与物流服务的融合应用。

（1）电子商务物流源于传统物流

传统物流是电子商务物流的基础，电子商务物流是电子商务技术对传统物流的重塑，其目的、功能、活动并没有发生改变，因此，电子商务物流是基于传统物流而发展起来的新兴物流形式。

（2）电子商务物流基于电子商务技术

电子商务技术在传统物流中的应用是电子商务物流最突出的特点，正是由于电子商务技术的应用，传统物流才达到了一个更高的发展层次，实现了传统物流无法实现的目标。

（3）电子商务物流不是电子商务技术在传统物流中的简单应用

电子商务物流是通过电子商务技术的应用，改变传统物流原有的理念、流程，实现传统物流各环节、资源、信息的优化配置和有效重组，进而从整体的高度对传统物流进行从内而外的更新和革命。

（4）电子商务物流的目的在于实现产品在物流环节的价值增值

电子商务物流通过电子商务技术达到高效率、高准确度、低库存、低成本的两高两低的目的，进而使企业能够在物流环节实现产品的价值增值，对于提高企业在行业中的竞争力具有重要的作用。

2.电子商务物流的特点

电子商务的出现为全球物流带来了新的发展机遇，赋予了物流新的特点，使物流能够在更大的程度上发挥作用。

（1）信息化

信息技术的发展促进了物流向信息化转变。条码技术、数据库技术、电子订货系统、电子数据交换、快速响应和有效客户反应、企业资源规划等技术和理念在物流中的普遍应用，使得物流信息商品化、信息收集数据库化和代码化、信息处理电子化和计算机化、信息传递标准化和实时化。可以说，信息技术的应用改变了物流信息处理的全过程，进而改变了物流的整体面貌。

（2）自动化

电子商务物流的自动化是指物流的基本活动由机器设备完成，其核心是机电一体化，外在表现是无人化。电子商务物流的自动化能够有效地将人从繁重的标准化活动中解放出来，从事非程序化的活动。可以说，自动化的电子商务物流不但在很大程度上节省了人力资源成本，而且为物流虚拟化的远程控制和自动信息网上传输提供了发展的空间。

（3）网络化

电子商务物流的网络化特点表现在两个方面：一方面，物流系统物理上的网络化，主要表现为物流活动的各节点——上游供应商、生产企业、仓库、配送中心、销售点等形成一个互相交织的物流网络；另一方面，物流信息的网络化，主要表现为物流信息通过计算机网络，在物流的各个节点上实时传递，充分共享。目前，互联网的全球应用与网络技术的普及为物流的网络化提供了良好的环境。

（4）智能化

电子商务物流的智能化是指在物流活动的进行中，通过对决策支持系统、专家系统、机器人等相关技术的应用，智能化地解决高层次的运筹与决策问题，并对物流活动过程中出现的问题进行合理的解决。

（5）柔性化

柔性化是指电子商务物流能够根据生产、销售、客户需求等因素，随时调整其物流各环节的活动，从而发展成一种适应品种多、批量小、批次多、周期短的，具有灵活性和弹性的物流，更好地实现"以顾客为中心"的理念。

3.电子商务物流的流程

在微观上，电子商务物流的一般流程和传统物流的一般流程并没有太大的差别，都是从企业的采购到配送再到客户的物流体系。在传统物流流程中，物流和商流、信息流、资金流的作业流程综合在一起，更多地围绕企业的价值链，以实现价值增值的目的安排每一个配送细节，最终消费者是从商场获得企业的产品。但是，在电子商务环境下，电子商务物流流程要求宏观的配送体系直接与用户连接起来，通过对电子商务技术的引入，能够对物流的各环节信息进行统一管理，这有利于企业提高物流效率，合理安排采购和配送路线，实现物流环节的优化。电子商务物流的流程如图7-3所示。

电子商务物流是从原材料的采购，到生产流通，再到出货，直至将货物送至最终客户手中的整个流程。其中，物流信息管理是贯穿整个流程的重要环节。

（1）采购管理

对于生产企业来说，采购管理是对生产所需的原材料进行购买的各项物流活动的管理，而对于销售企业来说，采购管理主要是对上一级生产企业的产品采购所涉及的物流活动的管理。但是，无论是原材料的采购还是产成品的采购，其物流的主要活动都是进货运输、验收和入库等。

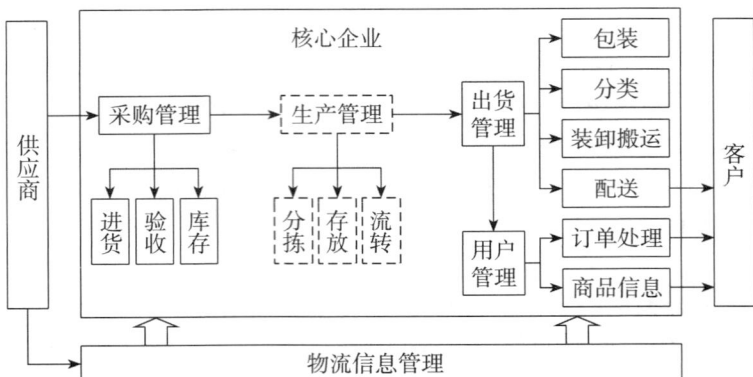

图7-3 电子商务物流的流程

（2）生产管理

生产管理并不是电子商务物流活动的必要流程，对于生产企业来说，生产管理所涉及的物流活动主要包括原材料的分拣、存放、装卸、搬运，以及产品在各生产环节之间的流转等。对于一个销售企业来说，生产管理环节是不需要的。

（3）出货管理

出货管理是对产成品进行包装、分类、装卸、搬运以及配送到不同需求的客户手中的活动，出货管理是电子商务物流和客户接触的重要环节。

（4）用户管理

用户管理主要包括订单处理和商品信息管理，主要的作用是接受客户订单并进行处理，以及对客户所需商品的信息进行管理，方便客户通过网络查询。

（5）物流信息管理

物流信息管理是贯穿整个电子商务物流流程的重要活动，通过对物流标的物在流程各环节上的状态信息进行收集、分析，进而对整个流程进行管理。

4.电子商务物流服务与传统物流服务的区别

物流服务是指物流企业或是企业的物流部门从处理客户订货开始，直至商品送至客户的过程中，为了满足客户要求，有效地完成商品供应、减轻客户物流作业负荷所进行的全部活动。传统物流服务主要包括运输、储存、装卸搬运、包装、流通加工以及物流信息处理等。

电子商务物流是在传统物流的基础上发展起来的，可以帮助企业最大限度地控制和管理库存，并且可以由具备实力的服务商来提供最大限度地满足顾客需求的服务。与传统物流服务相比，电子商务物流还可以提供增值性的物流服务，即在提供物流基本功能的基础上根据客户需求开展各种延伸业务活动。其主要包括以下几个方面：

（1）增加便利性的服务

一切能够简化手续、简化操作的服务都是增值性服务。简化是相对消费者而言的，是指为了获得某种服务，以前需要消费者自己做的事情，现在由商品或服务提供商以各种方式代替消费者做了，从而增加了商品或服务的价值。

（2）加快反应速度的服务

快速响应已经成为物流发展的动力之一。可以通过提高运输基础设施和设备的效率以及优化电子商务系统的配送中心、物流网络等设计适合电子商务的流通渠道，减少物流环节，提高物流系统的快速响应能力。

（3）降低成本的服务

发展电子商务需要寻找能够降低物流成本的方案，发掘第三利润源泉。企业可以采用适用但投资较少的物流技术和设备，也可以推行物流管理技术等，发挥企业的核心竞争优势，提高物流的效率和效益，降低物流成本。

（4）延伸性的服务

延伸性的服务向上可以延伸到市场预测、采购及订单处理，向下可以延伸到配送、物流系统设计与方案规划等。这些服务具有增值性，但也是较难提供的服务。

传统物流服务与电子商务物流服务的区别见表7-2。

表7-2　　　　　　　　传统物流服务与电子商务物流服务的区别

比较项目＼类别	传统物流服务	电子商务物流服务
运输频率	低	高
储存	大量商品储存	减少库存，降低储存成本
装卸搬运	专业化机械设备	专业化、信息化设备
包装	批量包装	个别包装，小包装
物流信息处理	传真、电话等	大量应用互联网、EDI技术
业务推动力	物质财富	IT技术
服务范围	单项物流服务（运输、仓储、包装、装卸、配送等）	综合性物流服务，同时提供范围更广的业务

7.2.2　电子商务物流的模式

电子商务的产生和发展，为物流的发展开辟了全新的方向，催生了区别于传统物流模式的新模式，形成了物流行业的新格局。从物流提供方的角度出发，电子商务物流的模式可以分为企业自营物流、第三方物流、第四方物流、物流企业联盟和物流一体化5种，具体见表7-3。

表7-3　　　　　　　　　　　电子商务物流的模式

电子商务物流模式	物流服务提供商
企业自营物流	产品提供方或需求方
第三方物流	产品提供方和需求方以外的第三方
第四方物流	供应链的集成商
物流企业联盟	参与联盟的物流企业
物流一体化	供应链的节点企业

1.企业自营物流

企业自营物流是指源于企业纵向一体化，生产企业或销售企业自备仓库、车队等物流设施，在企业内部设置专门的物流管理部门，自行安排物流活动的物流模式。在电子商务时代，企业的物流管理职能被提到战略地位，通过科学、有效的物流管理实现资源和功能的整合，进而达到产品增值。

（1）企业自营物流的类型

根据物流服务的提供方不同，企业自营物流主要分为供方物流和需方物流两类。

① 供方物流

供方物流是指由产品的提供方提供物流服务的企业自营物流模式。多数的大型产品生产企业为方便产品配送、灵活掌握产品配送时间和配送方式、降低配送成本，愿意采用自营物流这种物流模式。

海尔集团是生产企业自建供方物流的代表，它着力于物流改革，先后经历了物流资源重组、供应链管理、物流产业化3个阶段，整合了分散在28个产品事业部的采购、原材料配送及成品分拣，大幅度降低了物流的采购成本和成品运输成本。同时，提升了快速满足用户需求的能力。

② 需方物流

需方物流是指由产品的需求方提供物流服务的企业自营物流模式。这种模式多数由产品销售企业采用，目的在于合理规划采购渠道、管理采购方式、节省采购成本。产品需求方自行组建物流系统，有利于需求企业根据自身需求，选择采购的时间、地点、方式等，使企业需求能够在更大的程度上得到满足。

苏宁在2002年开始建立自己的智能配送中心，以配送中心为核心，上与供应商相连，下与连锁超市相接，并把自己纳入供应链中加以管理，合理协调产品采购中的各个活动，其前期投资在一定程度上虽然影响了目前的获利能力，但已体现出在采购管理方面的突出优势。

（2）企业自营物流的优势

① 可控程度高

企业通过自行实施物流活动能够在很大程度上对物流运作的全过程进行控制，合理规划物流的每个环节，在有效收集供应商、生产部门、销售商以及最终顾客的一手信息的同时，随时调整企业的经营战略，有利于企业把握商机，避免风险。

② 保密程度高

在企业自营物流中，从原材料的采购、产品的生产，到产成品的销售、配送，均由企业独立完成，在很大程度上避免了各个环节商业机密的泄露，对于一个专业化程度高、竞争对手较强的企业，这种优势尤为明显。

③ 有效提高品牌价值

企业自主实施物流活动，能够自行控制营销活动，因此，企业可以亲自为顾客服务到家，直接面对顾客，表现出企业在消费群体中极强的亲和力，提升企业形象。此外，企业能够在同顾客的接触中，根据客户的需求以及市场的发展及时调整战略，提高企业竞争力。

④ 信息整合便利

企业自营物流能够有效地将物流信息同企业的生产数据、财务数据、销售数据等信息进行整合，使企业能够在更大的范围内了解运营情况，在信息化时代，这种便利的信息整合能力尤为重要，是企业提升自身竞争力的有力途径。

（3）企业自营物流的劣势

① 投资成本高

由于物流体系涉及运输、仓储等多个环节，需要建立服务车队、仓库，要组织专门的部门负责等，因此，企业自营物流建设物流系统的一次性投资较大，占用资金较多，而且投资回收期长，对于规模较小的企业来说负担很重。

② 管理能力需求高

物流不仅仅是单个物流部门的工作，它涉及企业的生产、销售、财务等多个部门，企业自营物流的运营，不但需要企业工作人员具有专业化的物流管理能力，还要具有良好的协调、组织能力，平衡各方面利益，追求整体效益最大化，因此，企业自营物流对企业的管理能力要求相当高。

③ 资源配置合理性差

企业自营物流需要企业自行建设物流所必需的设备，对于整个社会来说，必定会造成资源的重复建设，不利于社会资源的合理配置，造成社会资源的浪费；而对于单个企业来说，企业自营物流只服务于企业自身，当市场状况不理想的时候，会出现大量资源闲置的情况，从而增加企业成本，使企业风险增大。

2. 第三方物流

第三方物流（Third-Party Logistics，3PL）是指由相对于"第一方"发货人和"第二方"收货人而言的第三方专业企业来承担企业物流活动的一种物流形态，又称为合同物流、契约物流或外包物流。第三方物流通过与发货人或收货人的合作，为其提供专业化的物流服务，主要包括设计物流系统、报表管理、货物集运、信息管理、仓储、咨询等。

（1）第三方物流的类型

按照不同的标准，第三方物流可以分为不同的类型，具体见表7-4。

表7-4　　　　　　　　　　　　第三方物流的类型

划分标准	类型
提供服务的种类	资产型物流
	管理型物流
	综合型物流
物流业务	专业型物流
	整合型物流

① 按照提供服务的种类，第三方物流可以分为资产型物流、管理型物流和综合型物流三种。

A.资产型物流

资产型物流主要通过运用自己的资产来提供专业的服务，其提供的服务主要是运输、仓储、物流系统设计等，以其所拥有的丰富的硬件资源，为企业解决产品配送以及储存等问题。

中铁物流集团是典型的资产型物流，其业务涵盖一体化物流、快运、仓储管理、速递、铁路运输、航空运输等，拥有丰富的硬件设施，为企业及个人提供物流服务。

B.管理型物流

管理型物流主要提供物流的规划与策划、物流管理咨询服务等，是以物流的相关软件服务见长的一种第三方物流类型。这类第三方物流以其专业的物流知识和管理水平，为企业提供整套的物流解决方案，并对物流实施过程中的问题提供解决建议。

思诺物流咨询公司是最早一批从事物流咨询策划的第三方物流企业，为企业提供全方位的物流咨询服务，主要包括物流规划与设计、物流模型咨询、物流地产咨询等，通过其专业知识和先进技术，提升企业的物流能力。

C.综合型物流

综合型物流兼具资产型物流和管理型物流的能力，既拥有必要的物流设施装备，又能够提供专业的物流管理咨询服务，能够承担各种物流业务，随着物流行业的发展，综合型物流将成为未来物流行业的发展方向。

新邦物流是综合型物流的代表，它不仅能够提供公路运输、航空运输等服务，还具有一定的物流管理能力，能够提供专业化的物流管理服务。

② 按照物流业务划分，第三方物流可以分为专业型物流和整合型物流两种。

A.专业型物流

专业型物流是指提供某一种或者几种物流服务的物流类型，如单一的运输、仓储、搬运、管理咨询等。专业型物流的特点是在其自身的服务领域具有较高的专业化程度，具有很强的竞争力。

TNT邮政集团主要从事运输、分销配给和仓储三方面的业务，为客户提供完整、综合的物流方案，包括工厂供给和零部件的境内运输交付、向终端顾客境外交付成品，以及产品修理所需的备用零件的交付和仓储，是专业型物流的代表。

B.整合型物流

整合型物流是指能够为需求企业提供运输、储存、包装、装卸、流通加工、物流信息、物流管理等各种物流业务的第三方物流类型，其主要特点是能够提供覆盖整个物流流程的全面物流服务。

宝供物流是整合型物流的代表，为国内外近百家著名企业提供商品以及原辅材料、零部件的采购、储存、分销、加工、包装、配送、信息处理、信息服务、系统规划设计等一系列的综合物流服务。

（2）第三方物流的优势

① 信息化程度高

信息技术是第三方物流发展的基础和支撑。第三方物流由于专门从事物流活动，因此，第三方物流企业具有更强的信息化开发能力，能够充分地提高其信息化水平，进而提高数据传递速度和准确度，提升物流各环节的自动化水平，使物流活动的周期更快、更准，实用性更强。

② 使企业集中精力于核心业务

物流服务的需求企业由于将物流外包于第三方物流企业，有助于企业将有限的资源集中于其擅长的主要业务，大力发展其核心业务，避免了因面面俱到所引起的顾此失彼，降低企业的竞争力。

③ 提供灵活多样的服务

第三方物流以其专业化的物流服务、健全的物流网络、先进的物流设施和出色的运作能力，能够为企业的顾客提供灵活多样的高品质服务，创造更高的顾客让渡价值。

（3）第三方物流的劣势

① 直接控制程度差

由于物流需求企业同第三方物流企业是合同或契约关系，因此，企业将物流业务外包给第三方物流企业时，就会丧失对物流各环节活动的自由控制，物流服务的质量和效率完全依赖于第三方物流企业，使物流需求企业在物流活动中处于被动地位，易遭受由于第三方物流企业的失误而带来的财产或信用方面的损失。

② 信息融合程度不足

物流服务的需求企业将物流业务外包给第三方物流企业，物流信息由第三方物流企业控制，其存储和传递标准可能同物流需求企业不同，这就会造成物流信息无法同物流需求企业信息融合，在一定程度上影响了企业对物流信息的使用，不利于企业根据物流信息提供的参考优化企业运营战略。

此外，我国第三方物流企业总体成熟度仍显不足，规模化与专业化程度还不高，在一定程度上影响了第三方物流的应用价值。

3.第四方物流

第四方物流（Forth-Party Logistics，4PL）是由美国著名的管理咨询机构埃森哲首次提出的，该公司将第四方物流定义为一个供应链的集成商，提出第四方物流能够对公司内部和具有互补性的服务提供商所拥有的资源、能力和技术进行整合和管理，提供一整套供应链解决方案。第四方物流在解决企业物流问题的同时，整合社会物流资源，实现物流信息共享，增强物流服务能力，进而提高整个物流行业的管理水平。

（1）第四方物流的类型

第四方物流理念自提出以来，无论在思想上，还是在应用上，对物流都产生了极大的影响，从第四方物流提供的服务方式来看，第四方物流主要可以分为协同运作型、方案集成型和行业创新型三种类型。

① 协同运作型

协同运作型第四方物流是以客户为核心将供应链外包，由第三方物流和第四方物流共同开发市场，第四方物流为第三方物流提供其缺少的技术和战略技能、供应链策略、进入市场的能力以及项目管理的专业能力等，并在第三方物流企业内部工作，而第三方物流作为第四方物流思想和策略的实施者，为客户提供全面的物流服务，如图7-4所示。

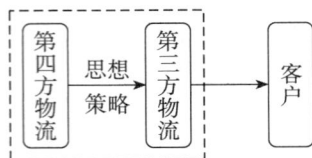

图7-4　协同运作型第四方物流

埃森哲公司和菲亚特的子公司 New Holland 成立了一个合资企业 New Holland Logistics S.P.A，由埃森哲方面投入管理人员、信息技术、运作管理和流程再造等专长，由 New Holland 投入6个国家的仓库以及775个雇员，专门经营零配件物流的计划、采购、库存、分销、运作和客户支持。

② 方案集成型

方案集成型第四方物流是联系所有第三方物流和其他供应商的一个枢纽，负责集成多个服务供应商的能力，这种类型的第四方物流为客户提供运作和管理整个供应链的解决方案，并根据其成员的资源、能力和技术等方面的特点，为客户提供全面的、集成的供应链解决方案，如图7-5所示。

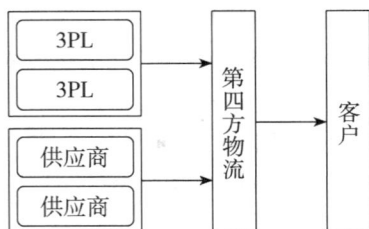

图7-5　方案集成型第四方物流

第四方物流理念的提出者埃森哲公司与泰晤士水务有限公司进行了4PL的合作，通过整合泰晤士水务公司的供应商，对其采购、订单、库存和分销进行管理，使泰晤士水务公司的供应链成本降低10%。

③ 行业创新型

行业创新型第四方物流为某一特定行业的客户提供供应链解决方案，根据行业的特殊性，领导整个行业实现供应链创新，进而提高整个行业的效率。该模式的第四方物流同第三方物流以及行业供应商集成，通过与具有互补性资源、技术和能力的服务商进行协作，实现全方位的高端服务，如图7-6所示。

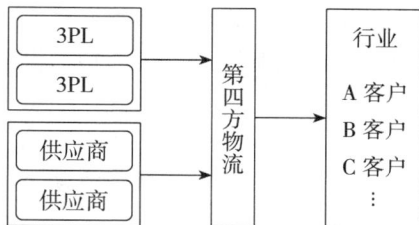

图 7-6 行业创新型第四方物流

百世物流公司以其强大的服装物流专家团队，为李宁、adidas、Zara 等多家服装品牌公司提供专业化的物流服务，包括物流网络规划、仓库选址、大型物流中心规划建设、信息系统导入、设施设备选型、物流团队培训等综合物流服务。

（2）第四方物流的优势

① 提供完善的供应链解决方案

第四方物流集成了管理咨询和第三方物流服务商的能力，不仅能够降低物流成本，而且能够通过第三方物流的基础设施、信息技术公司的先进技术和管理咨询公司的专业理念，为客户提供最佳的供应链解决方案。

② 降低物流成本和交易费用

第四方物流供应商不必有任何固定的资产投入，而是依赖于第三方物流供应商、物流技术提供商、管理顾问和其他物流增值服务供应商，提高物流效率，进而降低企业与技术、信息供应商的交易费用。

③ 更有利于提供个性化服务

第四方物流为客户提供全面的供应链管理方案，把客户的需求与物流技术、信息技术进行完美的融合，因此，第四方物流能够对整个供应链系统进行规划，促使业务流程能够有效地实施，实现人性化的服务。

（3）第四方物流的劣势

① 独立生存的能力差

第四方物流的思想在于最大程度整合社会资源，是社会物流资源的融合者和管理者，因此，第四方物流的最终实施必须依靠第三方物流的实际运作，如果没有第三方物流将第四方物流的思想落到实处，第四方物流是无法实现其价值的。

② 对信息技术的依赖程度高

在第四方物流进行资源整合的过程中，信息技术是必不可少的条件，随着第四方物流的发展，其对信息技术的要求将逐渐提高，一旦信息技术无法满足第四方物流的发展，第四方物流自身便会陷入发展的困境。

4.物流企业联盟

物流企业联盟是指若干具备专业特色与互补特征的物流组织，通过各种协议、契约而结成互相信任、优势互补、共担风险、利益共享的物流伙伴关系。简单地说，物流企业联盟就是以物流为合作基础的企业战略联盟。物流企业联盟的效益在于物流联盟内的成员能够从其他成员那里获得过剩的物流能力，或处于战略意义的市场地理位置及管理能力等。

（1）物流企业联盟的类型

从物流企业联盟的组织方式角度出发，物流企业联盟可以分为纵向一体化物流联盟、横向一体化物流联盟以及混合物流联盟。

① 纵向一体化物流联盟

纵向一体化物流联盟是指上游企业和下游企业充分发挥各自在物流方面的优势，结成物流伙伴关系，共同完成上下游企业的物流活动，从原材料采购到产品销售的全过程实施一体化合作，进而实现物流战略联盟，如图7-7所示。

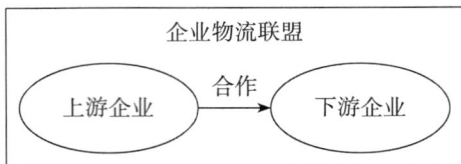

图7-7　纵向一体化物流联盟

② 横向一体化物流联盟

横向一体化物流联盟是指处于水平位置的相关企业结成物流战略联盟，发挥各自优势，共同完成采购、销售等环节发生的物流活动，以实现物流成本和费用的最小化，如图7-8所示。横向一体化物流联盟要求成员企业具有大致相同的特点，对物流的需求基本相同，否则，横向一体化物流联盟很难建立。

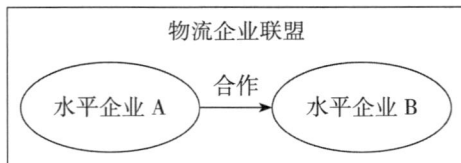

图7-8　横向一体化物流联盟

③ 混合物流联盟

混合物流联盟是纵向一体化物流联盟和横向一体化物流联盟相结合的产物，由具有共同采购需求或销售需求的多个企业，同上游供应商或下游销售商合作，共同采购、共同配送、共担风险、共享收益，进而形成集约化的物流伙伴关系，如图7-9所示。

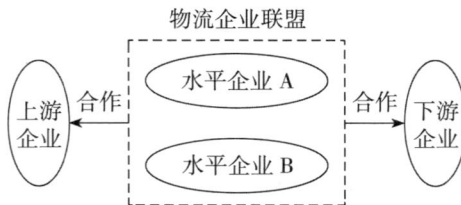

图7-9　混合物流联盟

（2）企业物流联盟的优势

① 减少相关费用

由于物流合作伙伴之间的长期沟通与合作，建立起了相互信任、相互承诺的关系，因此，合作成员的寻商费用能够大大减少，而由于信用差而产生的违约风险也会有所降低，通过长期的合作，在服务过程中产生冲突的概率也将在一定程度上有所减少。

② 利润率稳定

物流企业联盟通过在企业之间建立物流合作的桥梁，有助于企业之间分享技术、经验方面的优势，通过协作加深用户的物流需求以及供应链的联系，激励双方把共同的利润做大，获得稳定的利润率。

（3）企业物流联盟的劣势

① 协调困难

由于企业间的发展、经营理念、客户群体等可能存在一定的差异，因此，在协调各方利益的过程中要完成很多工作，甚至需要某一方或合作的多方作出一定的让步，才能使合作有效地进行。

② 商业机密易泄露

物流企业联盟要求联盟中的成员共享信息、诚信合作，这就不可避免地给保护商业机密带来一定的困难，不利于企业维护自身的商业机密。

③ 发展不成熟

物流企业联盟这种物流模式是刚刚兴起的新模式，因此，物流联盟合作的成员在技术、经验等方面都缺乏一定的基础，联盟非常脆弱，进而造成联盟关系维持困难，很容易解体，给企业造成损失。

5. 物流一体化

物流一体化是指在企业内各个部门或者各个企业之间通过在物流上进行合作，达到提高物流效率、降低物流成本，最终实现整个物流系统最优化配置的过程。物流一体化将原料、半成品和成品的生产、供应、销售结合成有机的整体，实现流通与生产的引导和促进关系。

（1）物流一体化的类型

物流一体化可以分为水平物流一体化、垂直物流一体化和物流网络一体化三种形式。目前，研究最多的是垂直物流一体化。

① 水平物流一体化

水平物流一体化是通过同一个行业中多个企业在物流方面的合作而获得的规模经济效益和物流效率。当物流范围相近，而某个时间内物流量较少时，一个企业在装运本企业商品的同时也装运其他企业的商品，降低了企业物流成本的同时也减少了社会物流过程中的重复劳动。实现水平物流一体化要有大量的企业参与并且有大量的商品存在，这样企业间的合作才能提高物流效益。

② 垂直物流一体化

垂直物流一体化要求企业将提供产品和运输服务等的供货商和用户纳入管理范围，并且作为物流管理的一项中心内容。垂直物流一体化从原材料到用户的每个过程都要进行管理。企业利用自身条件建立并发展与供货商和用户间的合作关系，形成联合力量，赢得竞争优势。

③ 物流网络一体化

物流网络一体化是水平物流一体化和垂直物流一体化的综合体。当物流一体化的每个环节同时又是其他物流一体化系统的组成部分时，以物流为联系的企业关系就会形成一个物流网络。这是一个开放的系统，企业可以自由加入或者退出。物流网络一体化使一批优势物流企业与生产企业结成联盟，共享市场，进而分享更大份额的利润。

（2）物流一体化的优势

① 有利于重建产销关系

物流一体化把生产与流通结合成为经济利益的共同体，使生产与流通相互调控。通过开拓市场引导生产，建立流通对生产的引导地位，激发商品流通各部门参与的积极性。

② 协调产供销矛盾

物流一体化把从原材料到消费者的商品流动作为整体系统进行计划与协调，促使各部门从共同利益出发，协调产供销矛盾，平衡市场供应，优化社会整体经济运作环境，有利于宏观调控。

（3）物流一体化的劣势

① 存在风险

虽然物流一体化充分考虑了整个物流过程及其影响因素，但是仍存在一定风险。过度扩张的巨大生产能力需要较高的市场需求和企业销售能力；另外，物流一体化会提高企业在物流行业中的投资，进而增加商业风险。

② 需要较高的技能和管理能力

物流一体化对商品的实物流动进行整体规划和运行，将市场、分销网、制造过程和采购活动联系起来。在不同的环节需要不同的关键因素，企业要想实现核心业务增值，必须拥有不同的技能和管理能力。

7.2.3　电子商务物流技术

电子商务物流技术是指在电子商务物流活动各环节中应用的，为实现物流目标的所有技术的总称。电子商务物流技术的出现，使得电子商务物流各环节的功能能够在最大程度上得以实现，在此主要介绍条码技术、RFID技术、EPC技术、GIS技术、GPS技术以及EDI技术。

1.条码技术

（1）条码技术的含义

条码是由宽度不同的黑色长方条以及条之间的白色空隙组成的二维图形，**条码技术**就是应用条码识读设备对这些条码进行扫描，以达到记录产品信息目的的物流技术。图7-10中展示了条码以及条码识读设备。

图7-10　条码以及条码识读设备

（2）条码技术的作用

条码技术是为实现信息的自动扫描而产生的，是实现快速、准确、可靠地采集产品相关数据的有效手段。

① 条码技术是现代技术的基础

条码技术以其自动识别功能，逐渐成为POS系统、EDI等现代技术的基础，企业可以通过条码扫描信息，随时了解产品的位置、属性等信息，并及时作出反应，实现有效的客户反应、快速响应以及自动补货等策略，提高企业的综合竞争力。

② 条码技术是信息化管理的基础

由于条码包含了大量的产品信息，因此，条码技术对于产品信息的记录、传递以及分析处理具有极大的帮助，是实现企业进货、销售、仓储管理信息化的基础，也是沟通产、购、销的纽带和桥梁，在企业信息化管理的过程中发挥了极大的推动作用。

（3）条码技术的标准

条码技术的码制标准主要包括三种：通用商品条码（EAN-13）GB/T12904-91、交叉二五码GB/T16829-97以及贸易单元128码（EAN/UCC-128）GB/T15429-94。其中，通用商品条码主要应用于单个大件商品的包装箱，交叉二五码多用于定量储运单元的包装箱，而贸易单元128码则包含大量的贸易单元信息，如产品的批号、数量、规格、有效期等。

2.RFID技术

（1）RFID技术的含义

射频识别技术（Radio Frequency Identification，RFID）是一种无线识别技术，利用射频信号通过空间耦合实现无接触信息传递，以达到识别信息的目的，可以说，射频识别技术是利用无线电波进行数据信息读写的一种自动识别技术或无线电技术在自动识别领域的应用。

（2）RFID 技术的工作原理

RFID 技术的工作原理非常简单，当存储需要识别传输信息的 RFID 标签进入磁场后，接收阅读器设备发出的射频信号，凭借感应电流获得的能量发送出产品信息，或主动发送信号，由阅读器读取信息并解码后，传送至中央信息系统进行处理。RFID 技术的工作原理如图 7-11 所示。

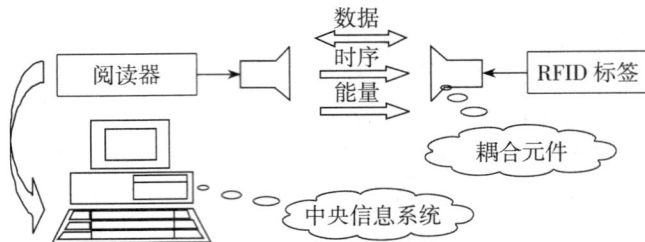

图 7-11 RFID 技术的工作原理

（3）RFID 技术在电子商务物流中的应用

① 车辆监控

通过 RFID 技术能够实现对车辆的实时跟踪，了解物流运输车辆的实时状况、位置信息，并通过交通控制中心指导车辆的运行线路，使运输车辆能够避开拥堵路段，提高运输效率，顺利完成运输任务。

② 集装箱识别

通过在集装箱上安装 RFID 标签，记录集装箱的位置、物品类别、数量等数据，借助射频识别技术能够确定集装箱在货场内的位置、状态等，当集装箱移动时，RFID 技术能够及时将移动的位置写入标签，实时更新信息。

③ 生产线自动化管理

RFID 技术能够实现生产流水线上的自动控制、监视，及时反映生产线上在产品的状态，并在遇到问题时迅速返回问题信息，有利于企业提高生产效率、改进生产方式、节约成本，进而提高企业竞争力。

3.EPC 技术

（1）EPC 技术的含义

产品电子代码（Electronic Product Code，EPC）技术是以 RFID 电子标签为载体的、借助互联网实现信息传递的新兴物流管理技术，通过为每一个实体对象分配一个全球唯一的代码，进而构建一个全球物品信息实时共享的实物互联网。EPC 技术与条码技术的最大区别在于，EPC 技术以互联网为信息资源的支撑，应用领域更加广泛。

（2）EPC 技术的工作原理

EPC 系统包括 EPC 标签、读写器、EPC 中间件、互联网、ONS 服务器、EPCIS

以及众多的数据库，读写器通过射频识别技术读出 EPC 标签中的信息参考，采用分布式的 EPC 中间件对读取的信息进行处理，而后由处理后的参考信息从互联网上找到 IP 地址并获取该地址中存放的相关物品信息。EPC 技术的工作原理如图 7-12 所示。

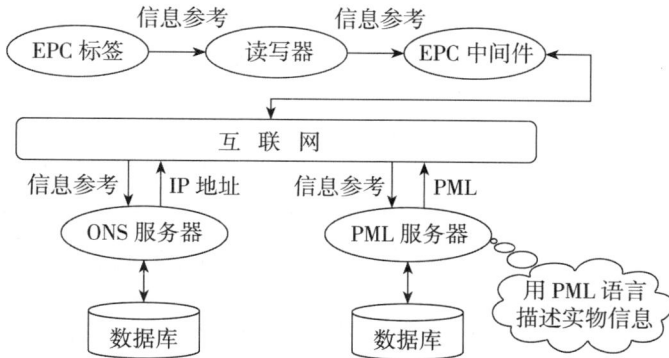

图 7-12 EPC 技术的工作原理

（3）EPC 技术的应用

EPC 技术能够应用于货物从出厂直至售出以及售后服务过程中的各个环节，实时记录产品的位置、状态，包括出厂时的批次，入库时的数量、位置，发货时间、地点、批次，物流运输过程中每个节点的信息，上架时的货架位置、缺货情况，结算时的价格、成分、出厂日期，售后服务信息等。EPC 技术的应用如图 7-13 所示。

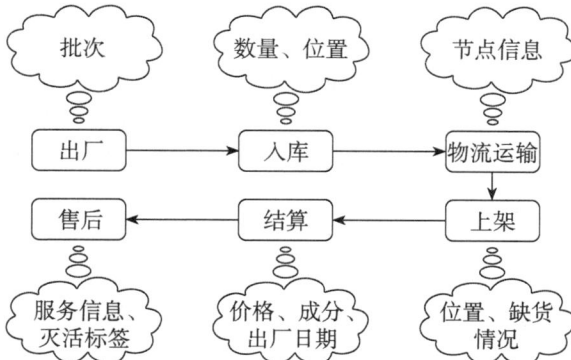

图 7-13 EPC 技术的应用

4.GIS 技术

（1）GIS 技术的含义

地理信息系统（Geographic Information System，GIS）是以地理空间数据库为基础，在计算机软硬件的支持下，运用系统工程和信息科学的理论，对空间的相关数据进行采集、管理、操作、分析、模拟和显示，科学管理而后综合分析具有空间内涵的地理数据，以提供决策所需信息的技术系统。GIS 技术的主要特点是能够将获取的表格数据信息转换为地理图形显示，为浏览、操作以及分析提供直观的显示结果。

（2）GIS的组成

GIS由硬件、软件、数据、方法和人员五部分组成。其中，硬件和软件的作用在于为GIS提供基础环境，数据是GIS处理的重要对象，方法为GIS建设提供解决方案，而人员是GIS中的关键和能动要素，是其他组成部分的核心。GIS的组成要素见表7-5。

表7-5   GIS的组成要素

组成要素	详细组成	作用
硬件	计算机、网络设备、存储设备、显示以及输入输出设备	存储数据、信息转换、通信、显示处理结果
软件	数据库管理系统、数据转换软件、应用程序	数据输入、检验、存储、管理、变换、输出和表示
数据	描述自然、社会和人文经济景观的图形、图像、文字、表格和数字等	通过GIS的处理供用户进行决策分析
方法	技术线路、解决方案	保证系统的性能、可用性和可维护性
人员	组织、管理、维护、数据更新、系统完善、程序开发人员	提取信息，为地形学研究和地理决策服务

（3）GIS技术的应用

完整的GIS物流分析软件将车辆路线模型、最短路径模型、网络物流模型、分配集合模型和设施定位模型集成在一起，实现车辆路线设计最优、运输路径最短、物流网络最完善、设备分配最充分、设施定位最合理，进而使物流分析技术更有助于提高物流效率、缩减成本。

5.GPS技术

（1）GPS技术的含义

全球定位系统（Global Positioning System，GPS）是指一种通过导航卫星进行测时和测距，并将地球上用户的位置准确地提供给需求者以帮助他们计算所处方位的定位系统。其主要特点在于定位精度高、观测时间短、操作简单、功能多、应用广泛等。

（2）GPS的组成

GPS主要包括GPS卫星星座、地面监控系统以及GPS信号接收机三个部分。其中，GPS卫星星座主要用于接收和发送导航定位信号，地面监控系统的主要作用是对GPS卫星进行控制、监测，并向卫星注入数据，而GPS信号接收机的主要作用则是获取和传输卫星观测数据。GPS的组成要素见表7-6。

表 7-6　　　　　　　　　　　GPS 的组成要素

组成要素	设备	作用
GPS 卫星星座	21 颗工作卫星和 3 颗在轨备用卫星	接收地面监控指令并调整卫星的姿态与轨道,接收、存储地面站注入的导航电文与有关信息,提供高精度的时间标准,向用户发送导航定位信号
地面监控系统	主控站	收集监测数据、编发导航电文、监控系统状态
	监测站	观测卫星至监测站的距离、气象数据、时间等,并进行处理后传送给主控站
	注入站	向卫星注入主控站传送来的导航电文和有关控制指令
GPS 信号接收机	主机、天线和电源	捕获卫星信号、跟踪卫星运行、对信号进行处理、解释导航电文

（3）GPS 技术的应用

① 车辆跟踪

利用 GPS 和电子地图可以实时监控车辆的实际位置,可以对位置图像进行任意操作,并能够实现监测图像随目标移动,使目标始终保持在观测屏幕上,进而达到对运输车辆和货物进行实时跟踪的目的。

② 完善路线规划

GPS 的一项重要辅助功能就是路线规划,其中包括自动路线规划和人工路线设计。自动路线规划是由车辆的驾驶者输入起点和终点,由 GPS 设备自动设计最佳路线,使运输路线更快、更简单,费用更少;人工路线设计是指由驾驶者自行设计路线,GPS 设备用于显示车辆的运行路径和方法。

6.EDI 技术

（1）EDI 技术的概念

电子数据交换（Electronic Data Interchange，EDI）是指一种融合现代计算机和远程通信技术为一体的信息交流技术,其将标准、协议规范化和格式化的贸易信息通过电子数据网络,在相互的计算机系统之间进行自动交换和处理。EDI 的主要特点是使用电子方法传递信息和处理数据,采用统一的标准编制数据信息,其系统会采用加密防伪手段。

（2）EDI 技术的工作原理

构成 EDI 系统的三个要素是 EDI 软硬件、通信网络及数据标准化。其工作原理为:用户在计算机上进行原始数据的编辑处理,通过 EDI 转换软件（Mapper）将原始数据格式转换为平面文件（Flat File）,平面文件是用户原始资料格式与 EDI 标准格式之间的对照性文件;再通过翻译软件（Translator）将平面文件变成 EDI 标准格式文件;然后,在文件外层加上通信信封（Envelope）,通过 EDI 系统交换中心邮件（Mailbox）发送到增值服务网络（VAN）或直接传送给对方用户,对方用户进行相反的处理,最后成为用户应用系统能够接收的文件格式。EDI 技术的工作原理如图 7-14 所示。

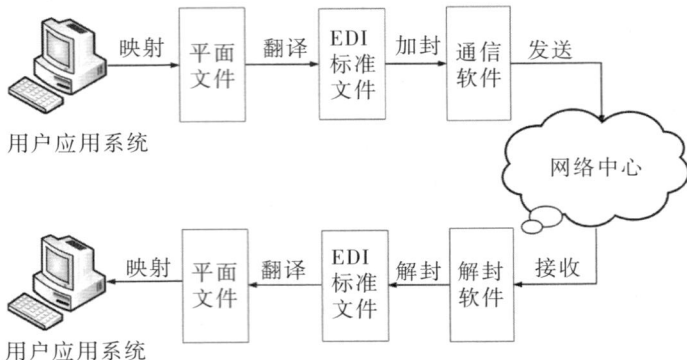

图 7-14   EDI 技术的工作原理

（3）EDI 技术的应用

① EDI 技术在物流公司中的应用

物流公司是供应商与客户之间的桥梁，它对调节产品的供需、缩短流通渠道、解决不经济的流通规模及降低流通成本等有极大的作用。EDI 技术在物流公司的应用主要有引入出货单和引入催款对账单。通过 EDI 技术可方便、快速地知道出货情况以便及时补货，并且减轻财务人员的对账工作量，降低对账错误率。

② 商业贸易领域

在商业贸易领域，通过采用 EDI 技术，可以将不同制造商、供应商、批发商和零售商等各自的生产管理、物料需求、销售管理、仓库管理、商业 POS 系统有机结合起来，从而使这些企业大幅提高经营效率，并创造出更高的利润。商贸 EDI 业务特别适用于那些具有一定规模的、具有良好计算机管理基础的制造商，采用商业 POS 系统的批发商和零售商，以及为国际著名厂商提供产品的供应商。

③ 运输领域

在运输行业，通过集装箱运输电子数据交换业务，可以将船运、空运、陆路运输、外轮代理公司、港口码头、仓库、保险公司等各自的应用系统联系在一起，从而解决传统单证传输过程中的处理时间长、效率低下等问题，可以有效提高货物运输能力，实现物流控制电子化，从而实现国际集装箱多式联运，进一步促进集装箱运输事业的发展。

另外，EDI 技术还被广泛应用于配送中心、海关部门和商检活动中。

7.3   电子商务物流配送

配送是物流活动中的重要环节，电子商务的出现刺激了物流配送的发展，使得物流配送活动具有了新的内涵、新的特点、新的流程、新的模式以及新的配送技术，与此同时，物流配送的发展反过来作用于电子商务，使二者呈现出互相影响、互相促进的紧密联系。

7.3.1　电子商务物流配送概述

电子商务物流配送是电子商务技术与物流配送活动相结合的产物，通过电子商务技术的应用，从理念与运行等多方面对物流配送活动进行优化，简化物流配送流程、强化物流配送管理，进而形成全新的电子商务物流配送。

1.电子商务物流配送的概念

随着电子商务发展水平的提高以及电子商务所具备的巨大优势，物流配送正面临一个全新的挑战和机遇，大量新技术的使用对物流配送产生了深远的影响。一方面，需要一个覆盖范围广、工作效率高的与电子商务企业相匹配的物流配送系统；另一方面，电子商务相关技术的迅猛发展在很大程度上提高了物流配送的效率。

电子商务物流配送是指物流配送组织采用网络化的计算机技术和现代化的硬件设备、软件系统及先进的管理手段，针对社会需求，严格地、守信用地按用户的订货要求，进行一系列分类、编配、整理、分工、配货等理货工作，定时、定点、定量地将货物交给各类用户，满足他们对商品的需求。

2.电子商务物流配送的特点

电子商务物流配送是在传统物流配送的基础上，融合了电子商务技术与电子商务理念而形成的新的物流配送方式，因此，电子商务物流配送除具有传统物流配送所具有的特点外，还呈现出不同于传统物流配送的新特点。

（1）配送高效化

在电子商务环境下，物流配送的效率有了显著的提高，物流配送服务的提供者对配送需求的反应速度越来越快，配送作业流程及运作也日益标准化，信息处理时间和配送时间明显缩短，物流配送呈现出明显的高效化。

（2）管理信息化

电子商务物流配送最大的特点在于配送数据能够有效地积累，充分地在物流配送的各环节共享，物流配送的管理者能够随时掌握配送过程中产生的各种数据。除此之外，电子商务物流配送的信息采集主要通过数据交换或设备反馈获取，准确率高、采集速度快、格式标准，能够有效用于决策分析。

（3）流程整体化

电子商务物流配送着重于物流配送与物流其他环节或其他商务活动的集成，主要包括物流配送与商流的集成、物流配送与生产的集成、各物流活动之间的集成，使物流配送同其他活动成为一个有机的整体。

（4）运作自动化

信息技术和现代配送技术的应用，使物流配送开始呈现出高度的自动化；条码自动识别系统、自动导向车系统、货物自动跟踪系统等的应用，使电子商务物流配送的劳动生产率大大提高，错误率明显降低，整个物流系统的管理和监控水平显著增强。

（5）成本可控化

电子商务物流配送使商品的配送过程信息化、智能化、合理化、简单化，进而通过配送周期的缩短、配送反应的加速、资金周转的加快以及人力需求的减少，减少物流配送过程中的成本需求，提高成本的可控程度。

3.电子商务物流配送的流程

电子商务物流配送总体上包括库存管理、存储管理、运输管理等环节，从货物入库前的检验、入库后的管理，直到将货物送到正确的地点为止。此外，电子商务物流配送信息管理覆盖电子商务物流配送的全过程，负责管理电子商务物流配送产生的全部信息。电子商务物流配送的流程如图7-15所示。

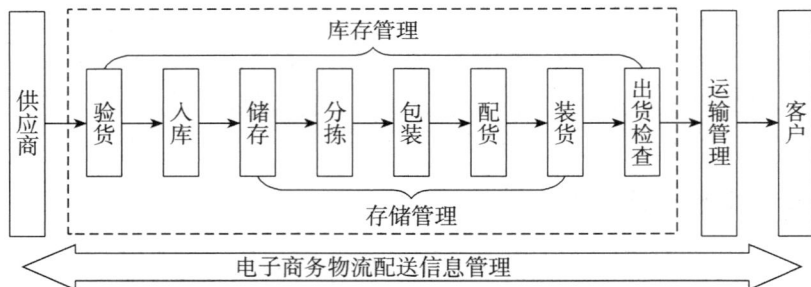

图7-15　电子商务物流配送的流程

（1）库存管理

库存管理主要负责对进入配送中心的货物进行管理，从货物入库前的检验开始，直到运输前的出货检查。库存管理的主要作用在于记录仓库中货物的属性，如货物数量、质量、包装状况、入库和出库时间等。电子商务物流配送中应用电子化的技术，如条形码、射频识别技术等，使货物属性的记录更趋于信息化。

（2）存储管理

库存管理主要负责对仓库内的货物进行管理，包括货物的存储、分拣、包装、配货、装货等，主要的作用在于货物物理状态的改变，如位置、包装方式等，主要的目的是在符合存储标准的前提下，满足各种客户对货物的需求，便于出货。在库存管理中应用现代化、自动化的分拣、包装、配货设备是电子商务物流配送的特点之一。

（3）运输管理

运输管理主要负责将货物通过各种渠道从配送中心运送到客户所在地，运输管理是配送的重要环节，也是实现配送不可或缺的环节，运输管理的质量将直接影响到物流配送的质量。目前，丰富的交通工具为配送渠道提供了更多的选择，配送中心能够根据自身情况、货物的特点以及客户的需求灵活组合，以达到成本-效益的最优化。

（4）信息管理

信息管理主要负责对电子商务物流配送全过程产生的信息进行管理，是电子商务物流配送最重要的应用，高质量的信息管理有助于管理者和客户实时了解货物位置和货物信息，实现物流配送的全程监控。

7.3.2　电子商务物流配送模式

电子商务物流配送是电子商务物流的重要环节，是完成物流活动的必要活动，其模式按照不同的标准，可以分为不同的类别，具体见表7-7。

表7-7　　　　　　　　　　　电子商务物流配送的模式

划分标准	配送模式	特点
经营主体	自主配送模式	企业根据自身需求自建配送系统
	第三方配送模式	企业将配送活动以合同的形式外包于第三方配送公司
	共同配送模式	企业间协作完成配送
	混合配送模式	小规模采用自营配送，大规模采用外包配送
产品组合方式	多品种配送模式	品种多、批量小，要求配送技术高，设备复杂
	大批量配送模式	品种少、数量多，成本低
	整体配送模式	按照客户的需求，将所需产品配备齐全后再配送
配送时间	定时配送模式	按照一定的时间配送
	应急配送模式	没有固定的配送时间，随时配送

1.按经营主体划分

按照经营主体划分，电子商务物流配送模式可以划分为自主配送模式、第三方配送模式、共同配送模式和混合配送模式。

（1）自主配送模式

自主配送模式是指企业完全依靠自身能力完成物流配送的全部活动，自身筹建物流配送所需的各种硬件设施，并自行组织管理。这种模式的优势在于企业能够根据自身的需求建立物流配送系统，更有助于企业配送信息系统的组建，以便在最大程度上满足企业自身的配送需求。其缺陷在于成本和费用偏高，规模较小的企业实现这种模式比较困难。

苏果超市配送中心是自主配送模式的代表，其自建的城南配送中心和马群配送中心负责苏果超市在全南京市各门店的配送任务。其中，马群配送中心为1 000多家苏果门店提供常温商品配送服务，服务半径超过250千米。

（2）第三方配送模式

第三方配送模式是指配送的供需双方将配送业务以合同或协议的方式委托于第三方物流配送企业完成，信息技术的发展促进了物流配送的供需双方同第三方物流配送企业的信息共享，进而加深了第三方配送模式的应用。由于第三方配送模式具有成本低、管理方便等优势，逐渐成为了中小企业甚至众多大型企业的首选配送模式。

和黄天百物流公司是超市物流的领跑者，先后同深圳百佳超市以及北京物美超市合作，为二者提供物流配送服务，通过专业的物流信息管理系统，以EDI方式成功与超市信息系统对接，消除了信息系统对人工的依赖，提高了工作效率。

（3）共同配送模式

共同配送是指物流配送的多个需求企业通力协作，进行优势互补，共同建立的物流配送模式，其目的在于实现配送合理化以及配送资源有效配置，弥补企业配送功能的缺陷，进而提高配送效率、降低配送成本。

美国哈灵顿仓储服务公司将Quaker公司、General Mills公司、Pillsbury公司以及其他公司的日用食品杂货订单整合成一个整车运输发往同一个销售商，这样就大大降低了运输成本，实现合作驱动、互利共赢。

（4）混合配送模式

混合配送模式是指企业根据自身的实际情况和需求，适当地建立小型配送系统，而其余部分仍采用外包方式完成配送的一种配送模式。在这种模式下，企业既能够根据自身的能力控制一部分配送活动，避免了配送完全不受控制的情况，又能够解决因能力不足而造成的配送规模跟不上运营规模的问题。

苏宁易购2007年宣布自建物流体系，加大自身配送的灵活度，并谨慎地选择第三方物流商补充旺季的配送力，在第三方物流服务商的成本上进行了有效的控制，更加及时、高效地保证了全部家电的有效配置。

2.按产品组合方式划分

按照产品组合的方式，电子商务物流配送模式可以划分为多品种配送模式、大批量配送模式以及整体配送模式。

（1）多品种配送模式

多品种配送模式的特点在于配送的品种多、批量小，因此，所要求的配送难度就更大，配送的技术水平方面要求也更高。现代化物流配送技术的发展、配送设备复杂度的提高，使物流配送活动更具灵活性，对于多品种配送模式的实现起到了极大的推动作用。

7-11在全球20多个国家有大约2.1万家连锁店，每个连锁店只有100~200平方米，却要提供3 000种食品，因此，7-11选择多品种配送模式，通过自建的配送中心管理整个区域的供应商，以不同的频率、不同的配送时间、不同的配送要求向不同的连锁店小批量地配送产品。

（2）大批量配送模式

大批量配送模式的特点在于配送的品种少、数量大，这种配送模式对于设备以及技术水平的要求不高，且规模性较强，便于合理安排运输和计划管理，如果管理得当，规模效益将非常明显。

大批量配送模式的适用情况一般包括两种：一种是因需求方大量需求而极易形成规模配送的商品，如服装、生产的原材料等；另一种是由于配送产品的特殊性，对设备有特殊的要求，不适合同其他产品共同配送，如冷鲜产品等。

（3）整体配送模式

整体配送模式是指按照需求企业的要求，将其所需要的多种物品配备齐全后直接送到需求方的一种配送模式，这种模式要求配送中心具有较强的分拣装箱技术，但这种模式能够方便需求企业的生产、销售等活动，受到众多企业的欢迎，得到了很好的发展。

全球最大的快餐连锁店——肯德基的配送方式就属于整体配送模式，各餐厅将订单需求报分公司配送中心，由配送中心下订单给供应商，供应商送货至配送中心后，由配送中心根据线路，将各餐厅需要的原材料集中配送至各餐厅。

3.按配送时间划分

按照配送发生的时间，电子商务物流配送模式可以划分为定时配送模式和应急配送模式。

（1）定时配送模式

定时配送是指物流配送企业同需求企业签订配送协议，按照要求的时间定时向需求企业配送所需货物的一种配送模式。定时配送的优势在于配送时间固定，有利于需求企业安排生产、销售等活动，而缺陷就在于配送时间的灵活性差，可能产生供应不足的问题，给需求企业的运营带来麻烦。

定时配送模式一般适用于需求方对于配送产品的需求具有一定的时间规律，配送中心根据对需求方需求的分析，制定配送时间以及配送频率，按时配送。例如，蒙牛就制定了"五定"原则，即"定点、定线、定时间、定价格、定编组"，一站直达，有效保证了牛奶运输的及时、准确和安全。

（2）应急配送模式

应急配送模式是指配送组织按照要求随时进行配送，这种模式对于配送组织的要求非常高，需要配送组织具有很强的组织能力和应变能力，但是，这种模式对于企业实现零库存具有很大的帮助。信息技术的发展使配送越来越趋向于这种应急配送模式，需求企业与配送组织建立广泛的联系，通过信息共享实现配送一体化，配送组织根据需求企业的生产或销售信息随时组织配送。

沃尔玛采用的就是应急配送模式，通过信息化的配送技术，实现"零库存"的越库配送以及"自动补货"功能，使商品的库存周转期缩短了2天，进而节省了大量的库存成本，为沃尔玛的"天天平价"理念打下了坚实的基础。

7.3.3　配送中心

配送中心是物流配送的重要设施，随着现代生产和经济的发展，建立现代化的配送中心是实现物流现代化的重要手段和必要条件。

1.配送中心的概念

《物流术语》中配送中心的定义是这样的：配送中心应基本符合主要为特定的用户服务、配送功能健全、辐射范围小、多品种、小批量、多批次、短周期、主要为末端客户提供配送服务的、从事配送业务并具有完善信息网络的场所或组织。我们可以将配送中心做如下的理解：

（1）配送中心为特定的用户服务。配送中心的服务对象主要是有配送需求的货物提供商或货物需求的末端客户，因此，在多数情况下，配送中心的服务对象是固定的，以合同或协议的方式约束双方履行各自的义务，完成配送活动。

（2）配送中心具有健全的配送功能。功能健全的配送中心应具有集散功能、储存功能、包装功能、送货功能、衔接功能、流通加工功能以及信息处理功能等。

（3）配送中心具有辐射范围小、多品种、小批量、多批次、短周期等特点。在电子商务和信息技术飞速发展的今天，企业对配送中心的要求越来越高，技术支持也越来越先进。

（4）配送中心具有完善的信息网络。配送中心的信息网络覆盖整个配送中心内部的各环节，在最大程度上实现信息在配送中心内部的共享，并逐渐将信息共享的范围向上游和下游延伸。

2.配送中心的分类

配送中心按照不同的标准能够分为多种类型，具体见表7-8。

表7-8　　　　　　　　　　　　配送中心的分类

分类标准	类别
货物的集散方向	集货型配送中心
	散货型配送中心
配送中心的功能	存储型配送中心
	流通型配送中心
	加工型配送中心
配送中心的灵活性	单一配送中心
	灵活配送中心

（1）按货物的集散方向分类

货物的集散方向是指货物进入配送中心的目的是货物集中还是货物分散。按照货物的集散方向，配送中心可以分为集货型配送中心和散货型配送中心。

① 集货型配送中心

集货型配送中心是指将来自不同供应商的货物在配送中心按照客户的要求进行分拣、包装等活动，之后发送给同一个客户的配送中心，如图 7-16 所示。集货型配送中心具有先进的分拣和包装技术，以满足客户的特定需求。

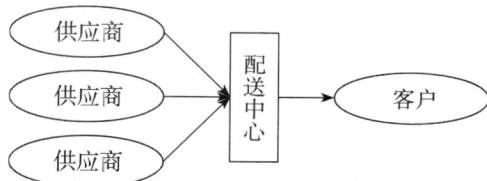

图 7-16　集货型配送中心

② 散货型配送中心

散货型配送中心是指将来自一个供应商的货物按照多个客户的不同需求进行分拣、包装等活动，并最终配送到每个客户所在地的配送中心，如图 7-17 所示。散货型配送中心所处理的货物均来自同一供应商，因此，操作对象大多为品种单一的货物。

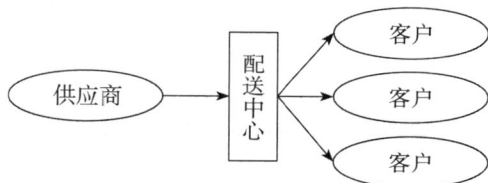

图 7-17　散货型配送中心

（2）按配送中心的功能分类

按照配送中心的功能划分，配送中心可以分为存储型配送中心、流通型配送中心以及加工型配送中心三种。

① 存储型配送中心

存储型配送中心要求具有很强的存储能力，通常拥有大容量的仓库设备，生产企业或销售企业为缩减库存成本，将原材料或产成品存储于配送中心，而配送中心则要求保持库存，以满足生产企业和销售企业的生产销售需求。

② 流通型配送中心

流通型配送中心仅有暂存功能，货物进入配送中心以后，直接进入分货机或传送带，分送至各用户的货位或直接分送到配送车，运输到客户所在地，是一种随进随出的配送中心类型，货物在配送中心只有时间很短的停滞。

③ 加工型配送中心

加工型配送中心的主要功能是将来自供应商的货物进行简单的加工，这种加工多为机械化的、单品种大批量的作业，如商品贴标签等，配送中心按照客户的要求安排加工，并将加工完成的货物配送至客户所在地。

（3）按配送中心的灵活性分类

配送中心的灵活性是指配送中心能否按照不同客户的需求，灵活组织配送活动，因此，按照配送中心的灵活性，配送中心可以分为单一配送中心和灵活配送中心两类。

① 单一配送中心

单一配送中心处理的配送作业一般围绕单一的货物或单一的领域展开，在多数情况下，这种配送中心具有较强的专业性，能够根据所配送货物的特点配置设备，如进行冷鲜食品配送的配送中心必须拥有先进的冷冻冷藏设备，能够保证货物在配送的过程中不受到损坏。

② 灵活配送中心

灵活配送中心一般不针对特定的货物或特定的领域服务，而是随时变化，对客户的需求具有很强的适应性，能够满足不同客户、不同供应商的不同需求，因此，灵活配送中心对设备以及信息处理的要求都相当高。

7.4　我国电子商务物流发展现状及趋势

7.4.1　我国电子商务物流发展现状

电子商务和信息技术的飞速发展，促进了我国物流行业的发展，物流信息化、社会化、人性化成为物流发展的必然趋势。近年来，我国电子商务物流发展迅速，经济规模持续增长，服务水平逐渐增强，基础设施和发展环境也有了明显的改善。

1.电子商务物流经济规模持续增长

根据艾瑞咨询的数据显示，2019年全国社会物流总收入为10.3万亿元人民币，同比增长2%；全国社会物流总费用为14.6万亿元人民币，同比增长9.8%，增幅比上年回落0.1个百分点。社会物流总费用与GDP的比率为14.7%，与上年基本持平。由此可见，我国物流行业经济规模呈现出持续的增长趋势，发展稳定。

2.电子商务物流服务水平逐渐增强

近年来，我国传统运输、仓储、货代企业逐渐实行功能整合和服务拓展，一批新兴的物流企业迅速成长，进而形成了物流服务模式多样化、物流服务层次多样化、物流企业所有制多样化的物流行业形态。除此之外，一些传统制造企业、销售企业开始应用物流理念和方法实行企业流程再造，推进了电子商务物流的进一步发展，促进了行业质量的提高。

3.电子商务物流基础设施日益完善

基础设施是电子商务物流发展的根本保障，近年来，我国交通设施规模逐渐扩大，物流产业园区开始起步，物流产业集群化现象日益凸显，分拣、包装、运输、配送等物流设施现代化水平不断提高，随着信息化建设的不断加强，物流信息化也有了突飞猛进的发展。物流基础设施的增强，保证了我国电子商务物流的持续稳定发展。

4.电子商务物流发展环境明显优化

近年来，国家大力支持物流业发展，2013 年国务院办公厅印发《国务院办公厅关于印发降低流通费用提高流通效率综合工作方案的通知》，扶持物流业健康稳定发展。2020 年 3 月，国家发展改革委等部门发布《关于推动物流高质量发展促进形成强大国内市场的意见》，强调物流业是支撑国民经济发展的基础性、战略性、先导性产业。2020 年 7 月，国家发展改革委会同自然资源部印发《关于开展第三批物流园区示范工作的通知》，进一步发挥示范物流园区典型带动作用，加快构建布局合理、规模适度、功能齐全、绿色高效的全国物流园区网络体系，推动物流降本、增效、提质。由此可见，国家对物流业的重视程度之高，这对于电子商务物流的发展具有强大的推动作用。

7.4.2　我国电子商务物流发展趋势

随着电子商务的发展，对于电子商务物流的要求越来越高，同时，对电子商务物流的技术支撑也越来越坚实，信息化、全球化、多功能化和一流的服务水平已经成为电子商务环境下物流企业追求的目标。电子商务环境下物流发展的新趋势主要包括绿色物流、精益物流、国际物流以及智慧物流。

1.绿色物流

（1）绿色物流的含义
我国国家标准《物流术语》中规定，绿色物流（Environmental Logistics，EL）是指在物流过程中抑制物流对环境造成危害的同时，实现对物流环境的净化，使物流资源得到最充分的利用。

（2）绿色物流的构成
根据《物流术语》对绿色物流的定义可以看出，绿色物流主要由微观层面的绿色物流和宏观层面的绿色物流构成。
① 微观层面的绿色物流
微观层面的绿色物流从物流活动的起点开始注意防止环境污染，以科学的方法和合适的管理手段，在运输、仓储、装卸、包装、配送、信息处理等环节中减少对环境的污染，进而实现盈利的目的，主要包括绿色运输、绿色装卸搬运、绿色仓储、绿色包装等。微观层面绿色物流的构成如图 7-18 所示。
② 宏观层面的绿色物流
宏观层面的绿色物流旨在通过对城市、区域甚至全国的物流产业布局进行合理规划，减少重复的物流活动，用健全的标准体系来规范物流企业的环境行为，建立

绿色物流评审制度，最终实现物流与经济、社会的协调和持续发展。宏观层面绿色物流的构成如图7-19所示。

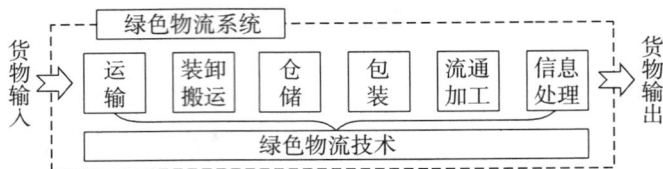

图 7-18　微观层面绿色物流的构成

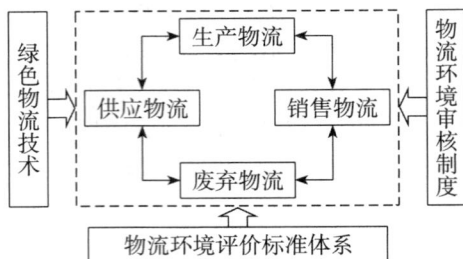

图 7-19　宏观层面绿色物流的构成

2.精益物流

（1）精益物流的含义

　　精益物流（Lean Logistics，LL）起源于精益制造，是指在生产和供应过程中消除非增值的浪费，减少备货时间，实现在满足顾客需求的同时，为客户提供满意的物流服务，并追求最小化物流服务过程中的浪费和延迟，不断提高物流服务过程中增值效益的目标。

（2）精益物流的构成

　　精益物流是典型的客户驱动流程，其主要包括以客户需求为中心、快速与准时、低成本、系统集成等目标。精益物流的构成如图7-20所示。

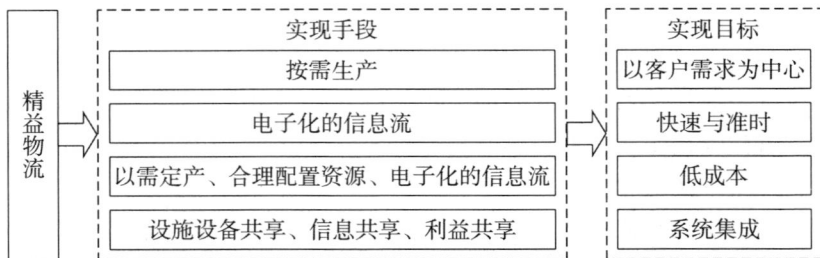

图 7-20　精益物流的构成

① 以客户需求为中心

　　以客户需求为中心是物流唯一的指令来源，按需生产的原则既保证了物流物资的稳定性，又控制了物流过程中的时间、资源成本，保证了物流系统的整体性和精准性，进而实现以客户需求为中心的目标。

② 快速与准时

精益物流要求物流系统能够对客户的需求作出快速反应，并保持快速流通，在精益物流系统中，电子化的信息流保证了信息流动的迅速以及准确无误，并能够有效减少冗余的传递，进而减少作业环节，保证物流服务准时、准确、快速。

③ 低成本

精益物流一方面通过合理配置基本资源，以需定产，充分发挥资源优势和企业实力，减少资源浪费；另一方面，电子化的信息流能够实现快速响应和准时生产，进而减少设备空耗、人员冗余等资源浪费的现象，保证物流活动在低成本的状态下运行。

④ 系统集成

信息化的物流活动通过设施设备共享、信息共享、利益共享等方式，实现整个物流系统各环节的集成，使物流管理者能够从整体的角度考虑物流活动，进而更合理地设计物流流程，形成效率更高、成本更低、柔性化程度更强的物流体系。

3.国际物流

（1）国际物流的含义

国际物流分为广义的国际物流和狭义的国际物流，**广义的国际物流**是指国际范围内一切物的流通活动，包括国际贸易物流、非贸易国际物流、国际物流投资、国际物流合作、国际物流交流等；**狭义的国际物流**主要是指广义国际物流中的国际贸易物流，即为克服生产和消费之间的空间距离和时间间隔，对货物进行位置移动的一项特殊物流活动。广义的国际物流和狭义的国际物流的关系如图7-21所示。

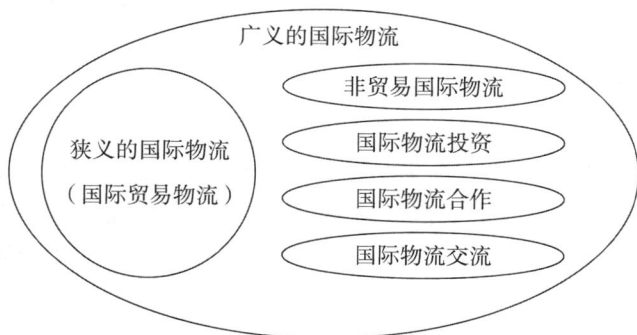

图7-21　广义的国际物流与狭义的国际物流的关系

（2）国际物流的构成

国际物流系统同普通物流系统的构成类似，都包括包装、存储、运输、流通加工等组成部分，不同之处在于国际物流涉及诸多的报关手续，因此，检验活动是国际物流的特殊组成部分，负责物流标的物的报检工作。国际物流的具体构成如图7-22所示。

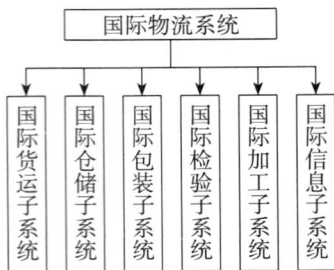

图 7-22   国际物流的构成

① 国际货运子系统

国际货运子系统通过运输作业实现货物在国际范围内的空间移动，克服商品生产地和需求地的空间距离，创造商品的空间效益。国际货运具有线路长、环节多、涉及面广、手续繁杂等特点，因此存在风险性大、时间性强等问题，在运输方式选择、运输单据处理以及投保等方面均需要特殊的考虑。

② 国际仓储子系统

在国际贸易和跨国经营中，货物从发货单位集中运送到港口，需要临时存放一段时间再装运出口，是一个集和散的活动过程，主要在各国的保税区和保税仓库进行，物流活动的管理者需要对各国的保税制度以及保税仓库的建设情况进行了解，避免出现由于信息不对称而产生的问题。

③ 国际包装子系统

国际贸易中的包装需要注意包装的特色、包装的材质、包装的重量等。其中，国际贸易中的包装除体现商品和企业的特点外，还应注意国际上对于特殊产品的包装的特定规定，如我国出口泰国的水果需在包装箱上用英文或泰文标出果园、包装厂、出口商以及"输出泰国"等信息，如果运输工具为渡轮，包装的材质还应具有一定的防水特性。

④ 国际检验子系统

国际检验子系统主要负责出口货物的报关检验活动，是国际物流区别于一般物流的最大特点，尤其当出口货物为食品、卫生用品等时，需要更为复杂的检验手续，物流活动的管理者应实时了解各国关于货物检验的规定，对货物进行合理的安排，并同生产、设计等环节的负责人定时沟通，从源头上避免无法通过检验的问题出现。

⑤ 国际加工子系统

流通加工的作用在于促进销售、提高物流效率和资源利用率，以确保进出口货物的质量达到要求，并更好地满足消费者的需要，进而达到扩大出口的目的。进出口货物的流通加工主要包括装袋、挑选、混装、刷标记，以及生产性外延加工（如剪断、打孔、改装）等。

⑥ 国际信息子系统

国际信息子系统在国际物流中起到重要的信息采集、处理和传递情报的作用，是国际物流系统的核心，主要包括进出口单证的处理，支付方式、客户资料、市场行情和供求等信息的采集、处理、传递和共享。国际物流信息子系统同一般物流信息系统的区别在于信息量大、交换频繁、时间性强以及环节复杂。目前，我国主要应用EDI完成国际贸易中的信息传递工作。

4.智慧物流

（1）智慧物流的含义

"智慧物流"是中国物流技术协会信息中心、华夏物联网以及《物流技术与应用》编辑部联合提出的概念，根据现有的研究，<u>智慧物流是一种以信息技术为支撑，在物流的运输、仓储、包装、装卸搬运、流通加工、配送、信息服务等各个环节实现系统感知、全面分析、及时处理以及自我调整的功能，实现物流智慧感知、智慧整合、智慧分析、智慧决策的现代综合性物流系统。</u>

（2）智慧物流的构成

智慧物流主要由物流信息网络、物流信息分析以及物流运作与管理三个部分组成。其中，物流信息网络负责完成物流信息的收集和传递，物流信息分析用于提供决策所需要的物流信息，而物流运作与管理则是对整个物流系统的规划与设计。智慧物流的具体构成如图7-23所示。

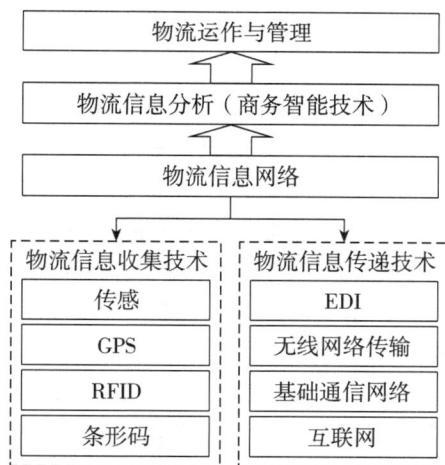

图7-23　智慧物流的构成

① 物流信息网络

物理信息网络是智慧物流的基础，智慧物流系统的信息收集、信息交换、信息共享以及指令下达都要依靠发达的信息网络，只有物流信息网络提供准确、实时的需求信息、供应信息、控制信息，智慧物流系统才能够进行后续的信息筛选、规整、分析以及物流作业的优化。实现整个智慧物流系统的最终价值。

物流信息网络主要包括物流信息收集技术和物流信息传递技术。其中，物流信息收集通过传感、GPS、RFID以及条形码等技术实现，而物流信息传递则通过

EDI、无线网络传输、基础通信网络以及互联网等技术完成。

② 物流信息分析

商务智能技术是物流信息分析的关键技术，智慧物流系统通过对海量信息进行筛选规整、分析处理，进而实现规整智慧、发现智慧，为系统的决策提供支持。商务智能技术能够自动生成解决方案供决策者参考，实现技术与人在更大程度上的结合。

③ 物流运作与管理

智慧物流的实现需要与之相匹配的物流运作和管理水平，只有良好的运作和管理同物流信息系统相结合，才能实现智慧物流的"智慧"，发挥协同、协作和协调效应。同时，智慧物流的实现需要专业的 IT 人才和熟知物流活动的管理人才共同努力，否则，智慧物流难以发挥其作用。

□本章小结

物流是随着人类社会开始商品生产而产生的，是连接生产和消费的中间环节。按照不同的划分对象可以将物流划分为不同的类型。从企业的角度出发，按照物流在企业运营中所处的环节不同，物流可以分为供应物流、生产物流、销售物流、回收物流以及废弃物流，其基本活动主要包括需求预测、设施布局、信息交换、仓储管理、包装、装卸搬运、运输、流通加工、配送、客户服务、退货处理以及废弃物处理等。

电子商务物流是在传统物流的基础上，引入高科技手段，有效地将电子商务技术融入物流的各个活动中，并对物流信息进行科学管理，从而达到物流速度更快、准确率更高、库存更少、成本更低的目的的物流活动，具有信息化、自动化、网络化、智能化、柔性化等特点。从物流提供方的角度出发，电子商务物流的模式可以分为企业自营物流、第三方物流、第四方物流、物流企业联盟和物流一体化5种，各种模式具有其自身的优势，也不可避免地具有一定的缺陷，因此，企业应根据自身情况，合理选择物流模式。

随着电子商务和信息技术的发展，电子商务物流技术水平的提高也促进了电子商务物流的进步，目前应用较为广泛的电子商务物流技术包括条码技术、RFID技术、EPC技术、GIS技术、GPS技术以及EDI技术。

电子商务物流配送是电子商务物流中的重要环节，同传统物流配送不同，电子商务物流配送具有配送高效化、管理信息化、流程整体化、运作自动化、成本可控化等特点。电子商务物流配送的流程包括库存管理、存储管理、运输管理以及信息管理。根据经营主体不同，电子商务物流配送模式可以划分为自主配送模式、第三方配送模式、共同配送模式以及混合配送模式；根据产品组合方式不同，电子商务物流配送模式可以划分为多品种配送模式、大批量配送模式以及整体配送模式；根据配送时间不同，电子商务物流配送模式可以划分为定时配送模式和应急配送模式。配送中心是电子商务物流配送中的重要角色，在电子商务物流配送中起到不可替代的作用。

在未来的发展中，物流将朝着信息化、全球化、多功能化及一流的服务水平的方向发展，绿色物流、精益物流、国际物流以及智慧物流将成为电子商务环境下物流的发展趋势。

□ 关键概念

电子商务物流　企业自营物流　第三方物流　第四方物流　企业物流联盟　物流一体化　条码技术　产品电子代码　地理信息系统　全球定位系统　电子商务物流配送　配送中心　绿色物流　精益物流　广义的国际物流　狭义的国际物流　智慧物流

□ 思考题

1.如何理解电子商务物流？

2.电子商务物流的模式有哪些？

3.电子商务物流具有哪些特点？

4.简述电子商务物流的流程。

5.简述电子商务物流配送的模式。

6.电子商务物流配送中心有哪些类型？

7.简述电子商务环境下物流的发展趋势。

□ 本章案例

京东商城物流模式分析

一、京东商城简介

1998年，京东商城成立，京东成为中国第一家采用自营物流、B2C商业模式的电子商业公司，是中国B2C市场最大的3C网购平台。B2C企业自营物流意味着企业需要在物流上投入更多的注意力，为了提高物流的效率及安全性，其所做的对策是制订合理的企业计划来降低成本。

二、京东商城物流模式

京东商城目前的物流配送模式主要以平台自建物流为主，同时也采用第三方物流。作为大型的电商平台，京东商城还吸引了众多商家的入驻。京东商城提供多元化的服务，商家可以在京东配送服务和其他第三方配送体系中自由选择。目前，京东与其商家合作的物流配送模式主要有以下四种：

1.FBP配送模式

FBP配送模式是一种全托管式的物流配送模式，由京东全权提供采购、销售和配送服务。为了保证配送的效率，缩短配送时间，平台商家需要提前备货并将货物存放在京东的配送中心。因此，商家选择这种模式，其物流配送效率基本与京东自营等同，但对商家而言，其可能会面临商品滞销或积压货物的风险，而且京东对货物存放有期限规定，超过期限会因退货而带来其他物流成本。

2.LBP 配送模式

LBP 配送模式是一种无须提前备货的配送模式。京东提供配送与客户服务，既减轻了京东的库存压力，同时对商家而言也减少了库存积压的风险。但 LBP 模式要求客户下单后，货物由商家按时配送到京东仓库，再由京东进行配送服务，因而配送周期相比京东自营和 FBP 模式会有所增加，同时也会增加整个配送运输的成本，并影响配送效率。

3.SOPL 配送模式

SOPL 配送模式与 LBP 配送模式相似，商家无须提前备货，只需根据订单按时将货物送达京东配送中心，由京东统一完成配送服务。与 LBP 模式不同的是，SOPL 模式的其他工作诸如发票的开具等都是由商家自己完成的，京东只负责为商家提供物流配送服务。与 LBP 模式相同，这种模式可以一定程度上减轻京东仓储的压力，减少物流配货过程中的配货成本。同时，由于订单的生成和发货都从商家开始，会影响货物的发货速度，降低配送效率，从而会导致客户满意度下降。

4.SOP 配送模式

SOP 配送模式是一种直接由商家发货的物流配送模式，京东只负责为商家提供一个销售平台，物流配送及其他服务都由商家自行完成，这一模式大大降低了京东的物流配送压力，也减轻了京东的库存压力。但是，由于商家选择的物流公司服务效率参差不齐，有些合作公司配送效率太低，导致客户满意度下降，会影响到整个京东平台的企业形象。

电商企业在发展的过程中也在不断进行探索，以寻求适合自身发展的物流模式。企业运营模式不同，对物流平台的要求也不一样。未来电商物流将会呈现多元化的发展特点，同时也会有越来越多的物流企业有针对性地提供个性化的物流服务，以满足电商企业个性化发展的需求，解决电商企业面临的物流痛点。电商企业也会在其发展过程中，根据不同的业务渠道进行业务扩张，最终选择合适的物流运营模式。当代的电商平台，还要加强与物流公司之间的合作，重视资源的共享与整合。

资料来源：胡芳，湛任远.关于电商企业的物流配送模式分析——以京东商城为例［J］.中国市场，2020（22）：181-182. 经删减和整理。

【案例思考】

1.京东商城采取了哪些物流模式?它们分别有哪些优势和劣势?

2.京东商城的物流模式未来应采取何种发展战略?

□参考文献

［1］杨路明.电子商务物流管理［M］.北京：机械工业出版社，2007.

［2］胡燕灵.电子商务物流管理［M］.北京：清华大学出版社，2009.

［3］吴健.电子商务物流管理［M］.北京：清华大学出版社，2009.

［4］李洪心，马刚，杨兴凯.电子商务概论［M］.3版.大连：东北财经大学出版社，2011.

［5］章合杰.智慧物流的基本内涵和实施框架研究［J］.商场现代化，2011（7）.

［6］曹昱亮，王庆军.探析第四方物流优势及发展构想［J］.中国商贸，2010（4）.

［7］向明尚，刘兴伟.EPC物联网在车辆管理系统中的应用［J］.大庆石油学院学报，2010（2）.

第 8 章

电子商务供应链管理

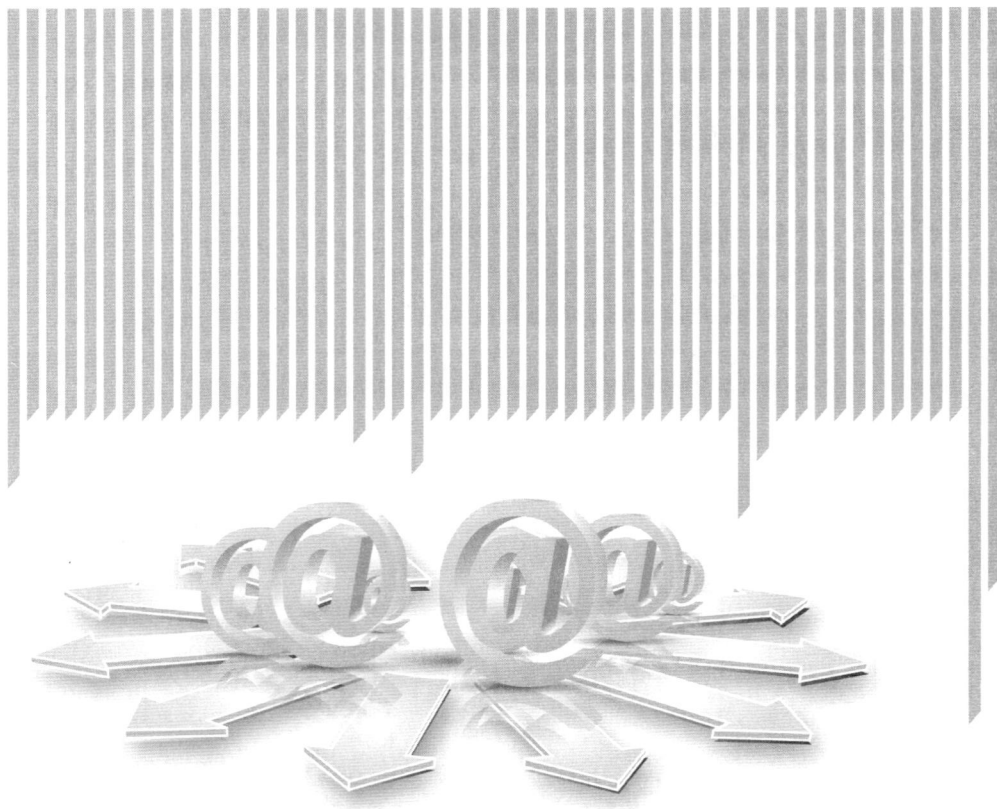

学习目标

通过本章的学习，了解供应链以及电子商务环境下供应链管理的基本理论，掌握供应链管理的定义、内容和体系结构，电子商务环境下供应链管理的概念、特点、内容以及应用模式，进而对电子商务环境下供应链管理的发展趋势有一个整体上的认识。

【案例引导】

惠普公司成立于 1939 年，惠普台式打印机于 1988 年开始进入市场，并成为惠普公司的成功产品之一。因为世界各地家用电源的电压不一样，而工厂生产打印机的电源适应一个固定的电压，这使得如何给打印机配电源成为一个关键问题。惠普公司脱离"本地化工厂"的生产方式，采取了新的供应链管理方案——分销中心本地化，即工厂发出的打印机是标准的，各国分公司则根据本地电压配电源。

在新方案中，主要生产过程仍由在温哥华的公司完成，包括印刷电路板、组装与测试、总机装配，但这里生产的是通用型打印机。通用型打印机运到欧洲和亚洲后，再由当地分销中心（代理商）匹配与所在地区需求一致的变压器、电源插头和由当地语言写成的说明书。同时，在产品设计上也作出一定的变化，电源等个性化需求的部件设计成了即插即用的组件。完成整机包装后，打印机通过经销商送交消费者。

新的供应链改变了以前由温哥华的总机装配厂生产不同型号的产品，保持大量的库存以满足不同需求的情况，将安全库存周期减少为 5 周，使库存总投资降低 18%，使公司每年节省 3 000 万美元的存储费用。另外，通用型打印机的价值低于同等数量的个性化产品，从而进一步节省了运输、关税等费用。最后，个性化使得惠普公司能够根据不同的用户需求生产不同型号的产品，保证了产品最快速地满足市场需求。

在信息技术飞速发展以及经济全球化的今天，消费者的消费水平不断提高，市场竞争日益加剧，当今的企业竞争已远远超过了单一企业的竞争，而逐渐转变为供应链与供应链之间的竞争，以核心企业为首的企业群体之间的竞争逐渐凸显，企业对供应链的管理对于强化企业竞争力至关重要。

本章的知识图谱如图 8-1 所示。

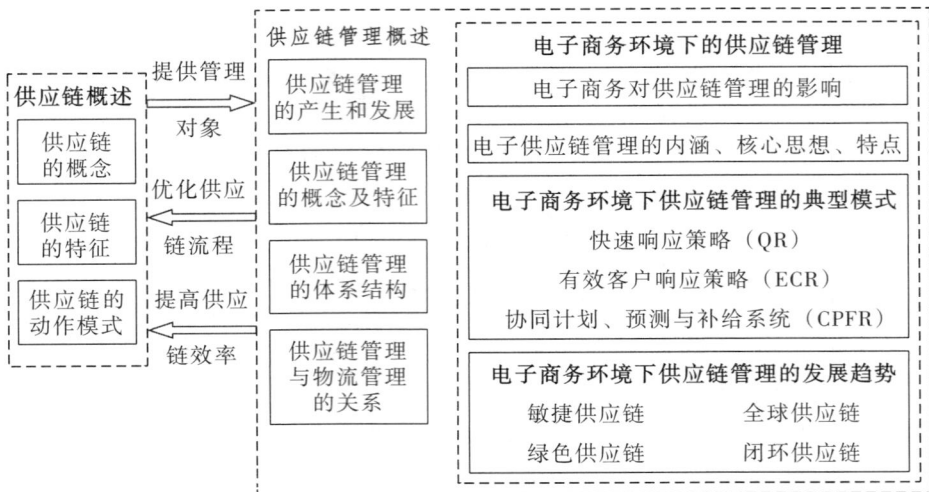

图 8-1   电子商务供应链管理知识图谱

8.1   供应链概述

消费者高质量、个性化的消费需求以及需求的不确定性日益增强，对企业的经营管理模式提出了新的要求。供应链管理作为企业继纵向一体化和横向一体化之后的又一管理模式，使企业能够在更大的系统中考虑物流、信息流与资金流的协调与配合，在更高的层次上提高企业整体的效率与效益。

8.1.1   供应链的概念

供应链是指围绕核心企业，通过对信息流、物流、资金流的控制，从采购原材料开始，制成中间产品以及最终产品，最后由销售网络把产品送到消费者手中的功能网链结构模式。供应链的概念模型如图 8-2 所示。

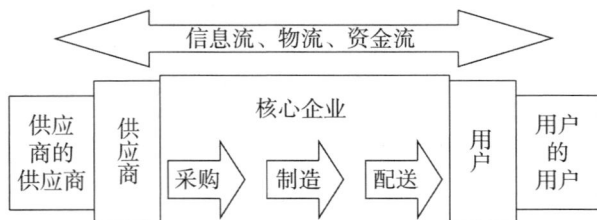

图 8-2   供应链的概念模型

我们可以从以下 4 个方面理解供应链的概念。

1.供应链由一个核心企业构建与管理

供应链中应存在一个核心企业，负责主导供应链的构建与管理。这个核心企业可以是生产企业为优化生产而同上游原材料供应商、下游销售企业，甚至供应商的供应商以及客户的客户组成的供应链系统；也可以是以销售企业为核心，同上游生产企业以及下游客户构成的供应链。也就是说，当一个供应链中的企业处于供应链的管理地位时，这个企业就是供应链的核心企业。

2.供应链是强调围绕核心企业的网链结构

从广义的角度来说，供应链应包含所有涉及提供给最终消费者产品和服务的企业；从狭义的角度来说，供应链包括整个产业链的某一段或有加盟关系的企业。这些企业和用户构成了供应链的节点，各节点具有不同的职能分工，并通过物流、资金流以及信息流，实现供应链的增值。

3.供应链是对信息流、物流和资金流的控制

供应链主要涉及供应链成员之间的原材料、半成品以及产成品的物流，资金流动以及信息共享。其中，信息流的通畅对于供应链运作一体化起着重要的推动作用，供应链上的成员企业能够根据信息共享所得到的信息，快速、及时、有序地完成自身在供应链上的任务，因此，信息流是实现供应链上价值增值的前提和基础。

4.供应链是一个动态系统

供应链是一个动态系统，供应链的每个环节都执行不同的程序，并与其他环节相互作用和影响。信息流、物流和资金流交互发生在供应链每个环节的全过程。例如，在沃尔玛（Wal-Mart）的经营过程中，它向顾客提供产品、传递产品和折扣信息，顾客向沃尔玛支付货款；沃尔玛将卖场信息和订单反馈给分销中心，分销中心为沃尔玛提供货物；随后，沃尔玛将货款转给分销商。

8.1.2　供应链的特征

供应链是一个由围绕核心企业的供应商、供应商的供应商、客户、客户的客户组成的网链结构，在供应链中的每一个企业作为一个节点，同其他企业构成供需关系。供应链具有以下特征：

1.整体性

供应链是由多个企业构成的系统，要求供应链中的企业整体合作、协调一致、环环相扣，各节点企业在一个共同的目标驱动下，通过整个供应链上各节点企业的资源共享、紧密合作，共同完成客户的需求。

2.动态性

供应链的核心企业通过筛选，在众多企业中确定合作伙伴，而非核心企业也会根据自身情况，有选择地加入供应链网络，这种双向的选择在目标、市场、服务方式、客户需求等条件变化的过程中随时处于动态调整的状态。

3.复杂性

供应链涉及众多的节点企业，而这些企业是具有独立经济利益的不同实体，在国别、类型、特点、文化、价值理念等众多方面可能存在差异，因此，具有相当程度的复杂性。有些供应链上的各节点企业可能存在竞争关系，需要在竞争中合作，平衡利弊，实现共赢。

4.交叉性

供应链的交叉性主要体现在节点企业在供应链中的地位与角色上，有的节点企业可能同时属于几个不同的供应链，且在这些供应链中的地位和角色可能都不相同，因此，协调管理的难度非常高。

5.增值性

供应链是增值的和有利可图的。对产品、服务和客户的重新分布，分送过程中的包装、加工以及销售过程中的展示，一方面能够增加正面的价值，另一方面能够减少浪费、控制成本、减少负面价值、提高顾客的满意度。

8.1.3　供应链的运作模式

供应链是一个业务过程，体现了现代企业间又竞争又合作的新型关系。供应链的运作是由供应链上的各个节点企业共同合作完成的，其主要模式包括以下两种：

1."推"式供应链

"推"式供应链运作模式又称为供应链的产品驱动模式，在这种模式下，产品的供应商是整个供应链的主体，而零售商只能根据供应商提供的商品进行销售，同样，消费者也只能根据销售商销售的产品进行消费和使用。

这种"推"式供应链重视物流和企业内部资源的管理，供应链的重点在于根据确定的产品制订生产计划，生产出好的产品并推向市场，其管理的出发点是原材料，这就不可避免地会忽略消费者的需求，造成库存成本高，对市场反应迟钝的问题。

2."拉"式供应链

"拉"式供应链运作模式又称为需求驱动模式，与"推"式供应链运作模式不同，在这种模式下，消费者是供应链的主体，而制造商根据消费者的需求组织生产。可以说，"拉"式供应链是当今剧烈竞争的市场环境下以客户满意度为中心的集中体现。

为了赢得客户和市场，企业不再靠产品获取竞争优势，而是以最大程度满足消费者需求为主要经营目标。"拉"式供应链能够将供应链上各节点高度集成，进而降低库存成本，提高边际利润。从经济发展和市场需求的角度来说，这种供应链运作模式将成为未来发展的主流。

8.2　供应链管理概述

在新的竞争环境下，企业的成功在很大程度上依赖于其对复杂业务网络进行整合管理的能力，因此，供应链管理作为处理所有业务流程的新途径，逐渐形成了一个完整的体系。供应链管理充分利用了企业内部以及企业间集成和管理的意愿，成为企业管理和供应链节点成员管理的有效渠道。

8.2.1　供应链管理的产生和发展

随着科技的进步和经济的不断发展，全球信息网络和全球化市场环境下的市场竞争日趋激烈、消费者对于产品的需求不断提高、社会环境的不确定性日益增强，给企业的管理模式以及运营技术都带来了巨大的挑战和深远的影响。

1. 供应链管理产生的背景

20世纪末，产品生命周期越来越短、顾客期望越来越高的外部条件，以合作为前提的竞争模式、信息化的企业管理模式，以及低效率、高成本的"纵向一体化"管理方式，迫使企业开始寻求更快捷、更高效的管理模式和运营模式，以提高其竞争力，供应链管理便是在这种背景下应运而生的。

（1）供应链管理是企业所面临环境变化的需求

技术的进步和需求的多样化，使产品的生命周期不断缩短，产品的品种数日益膨胀，交货期的要求持续变化，消费者对于产品和服务的需求逐渐丰富且要求越来越高，这些变化都使得企业面临的环境越发严峻，对企业处理环境不确定性的能力要求不断提高。

（2）供应链管理是企业管理模式变化的需求

随着环境的加速变化，传统管理模式的迟缓和被动已经远远无法满足消费者的需求，企业的管理模式逐渐从单一企业的管理向企业间纵向以及横向的合作过渡。而随着物料资源计划到制造资源计划、准时生产以及精细生产等生产模式的出现，完全靠单个企业是不足以完成这些生产目的的，借助其他企业资源已经成为企业的必然选择。

（3）供应链管理是解决"纵向一体化"的关键

"纵向一体化"模式在企业处于稳定的市场环境时是非常有效的管理方式，而随着环境的变化以及竞争的加剧，"纵向一体化"逐渐显现出企业负担过重、市场时机掌握不准确、企业业务不熟练、竞争对手增加以及行业风险提升等一系列问题，对企业的发展产生了极其不利的影响。

2.供应链管理的产生和发展

供应链管理产生于20世纪80年代中后期，自产生以来，无论从理论上还是应用上，都得到了长足的发展，形成了较为成熟的理论，并在企业中得到了广泛的应用。供应链的发展按照其发展程度划分，可以分为4个阶段。供应链管理的发展情况如图8-3所示。

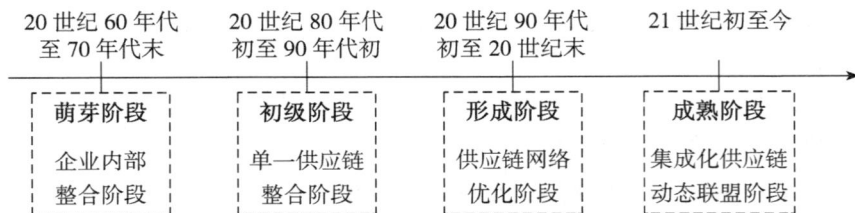

图8-3　供应链管理的发展

（1）萌芽阶段——企业内部整合阶段（20世纪60年代—70年代末）

在20世纪60年代，企业之间为了便利生产而同企业的上游供应商和下游客户合作，形成了供应链管理的雏形。但是，由于当时企业内部的管理仍处于部门间各自为政的状态，因此，企业内部信息难以统一集成，对整个供应链的标准化和数据化造成了极大的障碍，供应链管理的理念也只是一个简单的探索和尝试。

（2）初级阶段——单一供应链整合阶段（20世纪80年代初—90年代初）

20世纪80年代以后，企业的竞争重点向效率转变，组织结构和内部职能也发生了改变，而信息技术的发展和广泛应用为供应链管理的形成奠定了基础。MRPⅡ、ERP等模式和系统的引入改善了企业内部流程，并对企业上下游信息处理产生了巨大的影响，促使了供应链管理的理念在不断变化的过程中初步形成。供应链管理就是在这个阶段产生并逐渐发展起来的。

（3）形成阶段——供应链网络优化阶段（20世纪90年代初—20世纪末）

进入20世纪90年代，ERP系统在企业中广泛地传播与应用，实现了企业信息和业务的高度集成，而企业流程再造促进了企业跨职能部门团队的协作，进而推动了供应链管理从线性向网络转变。随着管理技术和信息技术的日渐成熟，需求预测、供应链计划以及生产调度逐渐被视为一个集成的业务流程来看待，供应链成员的相互协调成为供应链运作强有力的支撑。

（4）成熟阶段——集成化供应链动态联盟阶段（21世纪初至今）

随着Internet在供应链系统中的应用以及电子商务的飞速发展，供应链上物流、信息流、资金流的交互方式和实现手段得到了彻底的改变，在对供应链提出更高要求的同时，为供应链的发展提供了新的机遇和发展环境，管理技术以及物流技术的提高促使供应链管理理念向更加成熟、全面的方向发展。

8.2.2　供应链管理的概念及特征

供应链管理（Supply Chain Management，SCM）是伴随着供应链整合理念的出现而形成的，随着信息技术的发展，供应链管理以其独有的内涵和特色而日益受到企业的青睐，成为企业提升其竞争力的重要手段。

1.供应链管理的概念

对于供应链管理，不同的学者给出了不同的定义。著名学者伊文斯（Evens）认为："供应链管理是通过前馈的信息和反馈的物料流及信息流，将供应商、制造商、分销商、零售商，直到最终用户连成一个整体的管理模式。"Phillip和Wendell两位学者认为："供应链管理是一种新的管理策略，把不同企业集合起来以增加整个供应链的效率，注重企业之间的合作。"我国国家标准《物流术语》将供应链管理定义为："对供应链涉及的全部活动进行计划、组织、协调与控制。"

基于以上供应链管理的定义，本书中将供应链管理定义为：**供应链管理**是对供应链上各个环节的计划、组织、协调与控制，目的在于通过供应链上物流、信息流、资金流的高效运作，将正确的产品以正确的价格，及时、准确地送到正确的消费者手中，并实现整个过程的快速响应，并使成本最小。

根据以上定义，供应链管理包括以下内容：

（1）供应链管理是管理过程

供应链管理具有管理的四个要素，即计划、组织、协调、控制。

（2）供应链管理涉及供应链的三个重要组成部分，即物流、资金流以及信息流

随着消费者需求的不确定性增强以及市场环境的变幻莫测，对于供应链中信息流的管理逐渐成为供应链管理的关键。

（3）供应链管理追求效率最高和成本最低

供应链管理应通过对供应链的整体运作，实现快速响应以及整个系统的成本最小化，进而提升供应链上各个节点企业的竞争力。

2.供应链管理的特征

供应链管理作为一个对供应链的管理过程，要实现其既定的目标，需要具备如下特征：

（1）管理目标多元化

在传统的管理活动中，管理目标通常是根据企业所面临的问题以及解决问题的途径制定的，通常管理目标比较单一，如企业需要实现降低成本的目标，或提高效率的目标等。供应链管理的目标则较为复杂，从供应链管理的概念中可以看出，供应链管理要求价格正确、及时、反应迅速以及成本最低，因此，企业在制定供应链管理的目标时，就不能仅仅局限于单一的目标，应从多个角度考虑，综合管理。

（2）管理视角宽泛化

在供应链管理理念的基础上，企业的管理视角得到极大的放大，企业在进行供应链管理的过程中，不但要考虑到企业自身的条件，还要延伸到供应链其他节点，管理的范围扩大到相关的其他企业甚至其他行业，因此，管理视角表现出更大的开放性、全方位以及立体化，为企业的运作提供了充分的自由空间。

（3）管理元素多样化

传统的管理元素主要是指企业运作中涉及的人、财、物等，随着科技的进步，管理要素逐渐更新，各要素的重要性也相继发生改变，信息、知识、策略等管理要素不断涌现。由于供应链管理中知识含量的增加，供应链管理除了要包含传统的硬件资源外，软件要素日益重要，信息、策略和科技等要素逐渐成为供应链管理成败的决定性因素。

（4）管理系统复杂化

供应链中各项要素相互制约、各个节点密切相关、内部环境和外部环境相互交织等一系列因素使得供应链管理行为越来越复杂，越来越难以把握，供应链管理所要求的内外部资源优化整合，相互协调、相互利用使供应链管理系统的边界愈发难以确定，更增加了供应链管理的难度，使供应链管理成为一项超越企业内部技术行为的社会经济行为。

3.供应链管理的内容

供应链管理主要涉及4个领域：供应（Supply）、生产计划（Schedule Plan）、物流（Logistics）和需求（Demand）。其中，需求是最关键的要素。恰当的供应链设计取决于客户的需求及满足这些需求所涉及的环节。任何一个供应链存在的主要目的，都是满足顾客需求，并在这一过程中营利。供应链管理的领域如图8-4所示。

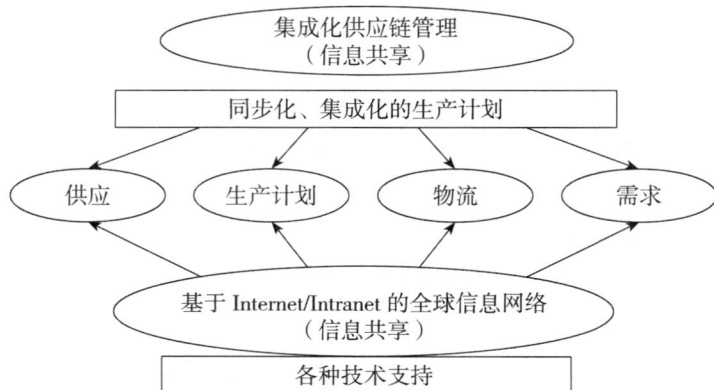

图8-4　供应链管理的领域

其中，供应链以同步化、集成化的生产计划为指导，以 Internet/Intranet 等各种技术为支撑，围绕供应、生产计划、物流和需求这四个主要领域，计划、合作与控制从供应商到用户的物料（原料、半成品、成品等）和信息，以提高用户服务水平和降低总的交易成本，并使二者达到平衡。

供应链管理注重物流成本（从原材料到最终产品的费用）与客户服务水平之间的关系，如何以需求为导向，实现四个领域中各职能的配合，以实现供应链整体利益最大化，是供应链管理需要解决的问题。关键的问题包括：

（1）**客户价值与客户服务**

在客户导向的市场上，产品或服务本身将不再被强调，客户作为供应链中的重要角色，已成为企业的重要资产，企业衡量其产品和服务的重要标准是客户满意度，进而发展到客户价值。而客户服务是提升客户价值、维持客户关系的重要因素。

（2）**采购与供应管理**

采购管理是供应链管理的重点内容之一，它在供应链企业之间的原材料和半成品的生产合作间架起一座桥梁，沟通生产需求和物资供应。在供应链管理模式下，采购工作要做到恰当的数量、恰当的时间、恰当的地点、恰当的价格和恰当的来源5个方面。

（3）**库存控制与管理**

库存管理的主要问题是维持某个特定产品的库存量。近年来，供应链理念的引入使库存管理出现了准时制（Just in Time，JIT）、供应商管理库存（Vender Managed Inventory，VMI）和联合库存管理（Jointly Managed Inventory，JMI）等新方法，它们的出现提高了供应链的系统性和集成性，提高了各节点企业的敏捷性和响应。

（4）**物流网络设计**

物流网络的好坏在很大程度上决定了供应链的绩效。物流网络的设计随着需求模式的改变、物流技术的更新等不断发生变化，包含仓库位置和容量的选取，生产批量的确定，从生产商到仓库和仓库到零售商的运输流的设置等。

（5）**供应链信息管理**

信息技术是有效供应链管理得以实现的关键。一方面，充分的数据使企业的机会增多；另一方面，数据分析可以降低企业的成本。另外，要平衡供应链各环节之间的利益冲突，也要求供应链核心企业将大量分散在各节点的信息加以收集、分析和利用。

（6）**供应链业务流程重构**

业务流程重组能够改变传统职能型组织机构的弊端，已成为企业改变流程最有效的方法之一。最重要的是，基于供应链的业务重构具有更适应供应链竞争要求、更能发挥供应链的整体优势、更具有柔性和敏捷性等优势，大大增加了获得成功的机会，降低了重构的风险。

（7）供应链财务与风险管理

供应链是以整体利益最大化为前提的，因此财务与风险管理至关重要。供应链财务管理决策中考虑的财务因素是资源利用率，特别是对于固定资本和营运资本的利用。另外，随着供应链变得更加复杂且紧密相连，供应链中风险的形式也千变万化，因此，要将财务管理与风险管理全面展开，并扩展到企业所能控制的范围之外。

（8）供应链战略管理

目前，企业的市场竞争已由原来的有形产品、服务的竞争转向供应链与供应链之间的竞争。面对用户需求的多样化以及经济不确定性的日益增加，任何一个企业都只有建立有效的供应链系统才能获取主动权。因此，供应链战略的选择对企业能否在激烈的市场竞争中取胜起着至关重要的作用。

8.2.3　供应链管理的体系结构

在供应链管理的体系结构中，包括核心企业的产品流管理、产品开发与商业化，供应商方向的供应商管理、需求管理，客户方向的客户关系管理、客户服务管理、订单配送管理以及贯穿于整个供应链体系的信息流管理等。供应链管理的体系结构如图8-5所示。

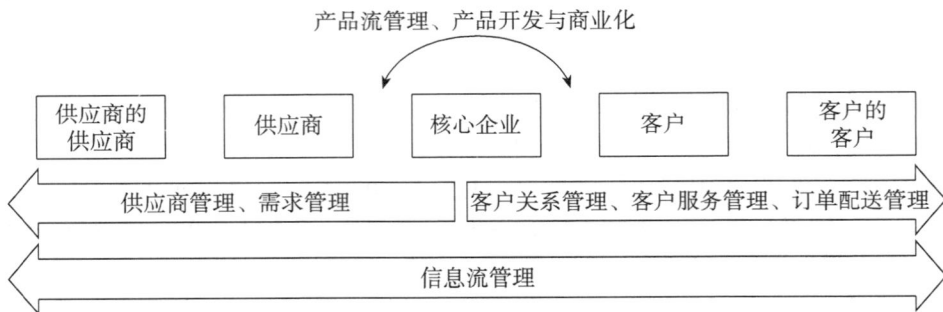

图8-5　供应链管理的体系结构

1.供应商方向

（1）供应商管理

核心企业对供应商在供应链中的角色、供应商的作用、供应商的供应方式、供应时间进行全面的管理。

（2）需求管理

核心企业根据生产或销售需要，对应由供应商所提供的资源进行管理，制订需求计划、采购计划。

2.客户方向

（1）客户关系管理

将对客户的管理纳入供应链之中，了解客户需求，发展同那些对企业的经营使命至关重要客户的合作关系。

（2）客户服务管理

通过客户服务获取客户信息，为客户提供实时、在线的产品和信息，支持客户对产品状态的查询。

（3）订单配送管理

对客户的订单进行处理，高效率地完成客户订单，并根据客户的订单情况分析有利于企业运营的信息。

3.核心企业

（1）产品流管理

供应链管理要求企业做到"按需生产"，企业要进行柔性生产以适应频繁的市场需求变化，改进生产流程，提高客户响应速度。

（2）产品开发与商业化

通过客户关系管理和供应商管理，让客户和供应商参与到新产品开发的过程中，在短期的时间内，开发出客户需要的产品并实现开发成本最小化。

4.信息流管理

信息流管理是贯穿于整个供应链管理各个环节的重要部分，在信息流管理中，核心企业、供应商和客户应在最大程度上共享信息，因此，供应链中的信息管理系统极其重要，是实现供应链价值的核心。

8.2.4　供应链管理与物流管理的关系

供应链管理和物流管理是两个既有联系又有区别的概念，虽然普遍认为供应链管理是随着物流管理的发展而提出和逐步完善的，但是发展至今，物流管理已经成为供应链管理中的重要组成部分。

1.供应链管理与物流管理的联系

（1）组成成员相同

供应链管理和物流管理都需要供应商、制造商、分销商、零售商以及消费者的共同参与，尽管随着信息技术和电子商务的发展，供应渠道和销售渠道的成员逐渐减少（比如分销商的角色逐渐弱化），但是二者基本的组成结构是相同的。

（2）手段相同

供应链管理和物流管理都是以先进的电子信息技术作为自我实现和达到目的的前提、基础和保障，尤其在电子商务技术充分发展的今天，信息技术在供应链管理和物流管理中发挥着越来越重要的作用。

（3）范围相同

供应链管理和物流管理都超越了企业自身的管理范围，涉及不同的企业，甚至是不同的国别，管理复杂程度都非常高。

2.供应链管理与物流管理的区别

（1）成员关系不同

在物流管理中，各企业之间是一种简单的供需关系，联系比较松散；而在供应链管理中，供应链上的各个企业构成了一个不可分割的整体，尽管各司其职，但并不是节点企业和技术方法的简单连接，而是采用集成的思想和方法构建了一个协调发展的有机整体，共同实现目标。

（2）业务重心不同

物流管理的重点在于物料实体在企业内部和企业间的流动，而供应链管理除关注实物的转移外，还包括合作伙伴关系管理、产品需求预测和计划、供应链结构的设计、产品设计和制造、企业资金流管理、供应链用户服务以及供应链上的信息管理等。可以说，供应链管理涵盖了物流管理的全部内容，并从更高的层次上解决物流问题。

（3）目标不同

物流管理的目标是以最低的成本提供最优质的物流服务，如果脱离供应链，物流管理是以单个企业战略目标为框架的管理活动，而供应链管理的最终目标是提升客户价值并提高客户满意度，从而在整体上提高供应链的竞争优势。因此，供应链管理相较物流管理而言，其目标更多地考虑了整体性和客户因素。

（4）管理的层次不同

物流管理是对产品的运输、仓储、配送、流通加工等功能进行的协调和管理。通过计划和管理达到降低物流成本、优化物流服务的目标，属于运作层次的管理，而供应链管理集中于企业产品的整个生命周期，属于战略层次的管理，供应链管理站在一个整体的高度，通过对业务流程的设计、整合和重构，作出战略合作伙伴关系构建、信息共享、成员协调等决策。

8.3 电子商务环境下的供应链管理

进入20世纪90年代，电子商务技术开始应用在管理的各个领域，其发展使供应链管理发生了一系列的深刻变革，产生了一系列区别于传统供应链的新模式、新手段、新方法，甚至新理念。由于电子商务技术的融入，供应链管理的发展也具有了不同于传统供应链管理的方向。

8.3.1 电子商务对供应链管理的影响

信息经济环境下，数字化的管理方式已经深入到各个企业的管理中。电子商务是信息经济的重要组成部分。企业以电子商务思想和技术为依托，迅速收集并处理大量的供应链信息，同供应商以及销售商制订切实可行的合作计划，促进信息在整个供应链的顺畅流动，进而强化供应链的组织和协调。电子商务对供应链管理的影响主要体现在以下几个方面：

1. 对客户的影响

（1）建立直接沟通的客户关系

电子商务的出现使得企业能够同客户进行直接的沟通，并与客户构筑基于信息流和知识流的新型客户关系，这种沟通方式有利于企业迅速地收集来自客户的信息，作出及时的反应，满足客户的各种需求，留住现有客户。

（2）开发了解消费者的新途径

企业可以通过全球化的网络，以及电子商务的交易流程，收集和分析同消费者相关的信息，了解消费者和市场需求，及时对企业的生产和销售作出调整，以适应消费者和市场需求的变化。

（3）丰富企业的营销渠道

企业除了能够利用丰富的网络资源拓宽自身的营销渠道外，还能够利用电子商务与其经销商合作建立订货和库存系统，通过信息系统获知有关零售商商品的销售信息，及时进行库存补充和指导，提高顾客满意度。

2. 对供应商的影响

（1）构筑企业间价值链

企业能够应用电子商务构筑企业间价值链，将每个企业的核心能力在整个供应链上共享，供应链上的供应商、物流、信息服务等组成部分均可由第三方完成，进而形成一条不断增值的价值链。

（2）实现资源配置全球化

随着市场的全球化，企业间的竞争也开始向全球化方向发展，因此，企业必须在全球范围内合理分配、利用资源。电子商务的出现使企业能够在更大范围内进行采购、制造、配送等活动，进而寻求规模效应并降低成本，提高竞争力。

8.3.2　电子供应链管理概述

电子商务的发展和逐渐成熟，不仅仅为企业的经营注入了新的理念，同时也为企业供应链管理提供了新的角度和新的渠道，电子供应链管理作为电子商务与供应链管理充分融合的产物，在很大程度上发挥了供应链和电子商务的优势，为企业增强竞争力提供了不同于传统供应链的新方法。

1. 电子供应链管理的内涵

电子供应链管理是指以电子商务等信息技术为手段，对企业的产品服务设计、销售预测、采购、库存管理、制造或生产、订单管理、物流、分销和客户满意度等组织流程进行管理和改进的思想和方法。

根据以上定义，可以从以下两个方面理解电子供应链管理的概念：

（1）电子供应链管理大量融入电子商务和信息技术

电子供应链管理中大量应用电子商务和信息技术，如信息共享技术、信息传递技术、现代物流技术等，这些技术在改进供应链流程、提升供应链效率、加快供应链反应速度以及准确率等方面起着重要的作用。

（2）电子供应链管理不是供应链管理和电子商务的简单叠加

电子供应链管理的是对供应链管理的理念、结构、内容和流程的根本改变，是应用电子商务技术和电子商务理念对供应链管理的重塑，进而形成对供应链各个内容的全新管理方式和管理理念。

2.电子供应链管理的核心思想

电子供应链是在电子商务飞速发展的环境中产生的，通过信息技术的应用，更充分地发挥供应链在企业运营中的作用。电子供应链的核心思想包括协同商务和业务外包两个方面。

（1）协同商务

协同商务的思想是将原本独立运作的企业转为一个由供应商、制造商、客户组成的三位一体的整体，企业间的关系也由单纯的竞争转为协调、竞争和合作。在协同商务中，企业信息化的重点不局限于企业内部的资源管理，而是通过建立整个供应链上的信息共享平台，将供应商、制造商、客户共同融入平台中，实现信息高效共享和业务的统一链接。

（2）业务外包

业务外包是实现电子供应链的另一个重要渠道，企业通过将相对较弱的业务外包出去，集中企业全部资源发展核心业务，以增强企业的核心竞争力。由于企业与相关领域专业性最强的企业进行外包合作，在不影响企业核心业务的同时，获得了社会上优秀的资源，进而节省了企业自身的成本，提高了效率，并增强了企业应对外界环境变化的反应能力。

3.电子供应链管理的特点

由于在供应链管理中融入电子商务理念和信息技术，电子供应链管理呈现出不同于传统供应链管理的新特点。

（1）管理对象细致化

传统形式的供应链管理是对供应链上的货物进行大批量运作或批量式管理，对货物的追踪完全通过集装箱、托盘等包装单元来进行。在电子供应链管理环境下，供应链的管理者和信息的需求者借助于各种信息技术和互联网，实现对每个顾客所需的单件商品进行追踪和管理，供应链上的各节点企业和客户在任何一个给定的时点都可以沿着供应链追踪货物的下落，进而实现更细致的管理。

（2）顾客类型不确定化

传统供应链所面对的服务对象是确定的，供应链的上级节点能够准确掌握下级客户的类型及所需的服务和产品。电子商务的出现不仅影响了企业运营的形式，也影响了终端客户的购买方式。典型的电子商务所面对的都是未知的实体，他们根据自己的愿望、需求以及便利性进行产品订购，体现了极大的不确定性，而这种不确定性从根本上影响了供应链管理，使供应链管理向更快捷、更高速、更细致的方向发展。

（3）运作模式拉动化

传统供应链是一种典型的推动运作，即将生产出的产品利用物流送达市场或客户。而电子供应链管理则体现出极大的拉动性，所有的活动都是围绕市场展开的，从商品的生产、分销到仓储、配送，都是根据顾客的订单进行，供应链管理的各项活动构成了客户服务的组成部分，并因而创造价值。

（4）管理责任全局化

在传统的供应链运作环境下，企业只是对其所承担的环节负责，而各运作环节之间往往缺少明确的责任人，供应链的经营活动是分散的，因而经常出现供应链局部最优而全局整体绩效很差的情况。电子供应链管理强调供应链管理是一种流程性管理，要求企业站在整个供应链的角度对产品的状态及相应的成本进行管理，以实现供应链全局最优化。

（5）信息流管理高效化

传统供应链管理对于信息流的处理无论从方式方法、灵活程度还是流动效率来说，都具有极大的局限性。电子供应链管理融入了先进的信息技术，使信息流管理趋于高效化，其中，电子供应链信息实时共享的特性对于提高信息流的传递效率具有重要的作用。

8.4 电子商务环境下供应链管理的模式

电子商务使供应链管理具有了不同于传统供应链管理的特征，由此出现了更加科学、高效的供应链管理模式。这些模式使供应链的反应速度加快、环节更加高效，并使得供应链管理在企业运营中所起的作用发生了本质的变化。

8.4.1 快速响应策略（QR）

随着市场环境变化的加剧，消费者对于产品的需求变幻莫测，市场对企业反映市场变化的要求不断提高，如何提升响应速度成为了企业需要深刻思考的问题。

1.QR的产生和发展

快速响应（Quick Response，QR）是随着美国纺织与服装行业的发展而发展起来的一项供应链管理模式。20世纪80年代，为长期保持美国的纺织与服装行业的竞争力，克特·萨尔蒙公司进行了供应链分析并发布研究报告，提出通过信息的共享以及生产商与零售商之间的合作，建立对消费者需求作出迅速响应的QR体制，自此，美国纺织与服装行业开始大规模开展QR运动，掀起了构筑供应链的高潮。

按照应用的广度和深度，QR的发展过程可以分为3个阶段：

（1）初级阶段——订货和付款通知

在QR的初级阶段，POS系统和EDI系统的应用成为供应链管理的重要特征。1986年，Seminole公司和Milliken公司在服装商品方面开展合作，开始建立垂直型的快速响应系统，合作的领域是订货业务和付款通知业务，通过电子数据交换系统发出订货明细清单和受理付款通知，来提高订货速度和准确性，并节约相关事务的作业成本。

（2）发展阶段——扩大化的QR

EDI系统和商品识别的标准化标志着QR开始进入发展阶段，在这一阶段，企业通过设计标准的POS数据输出格式，通过EDI系统向供应方传送，供应方根据POS数据及时了解企业的需求，调整生产计划。供应商和企业之间通过电子支付系统进行清算，节约了大量的事务性作业成本，压缩了库存，并提高了周转速度。与此同时，QR的应用范围也从初期的服装扩展到其他商品。

（3）成熟阶段——时点信息交换

此阶段的QR是一个零售商和生产厂家建立伙伴关系，通过共同管理流通中心实现双方库存的最小化，利用EDI系统等信息技术手段，进行销售时点的信息交换以及订货补充等其他经营信息的交换，实现了产业链中的信息共享。QR的发展使美国服装产业的恶劣环境得到了改善，消减了贸易赤字，成为了现代企业管理变革的重要推动力量。

2.QR的含义

QR理念的开发者——美国纺织服装联合会对QR的定义为：制造者为了在精确数量、质量和时间的条件下为客户提供产品，将订货提前期、人力、材料和库存的花费降到最小，同时，为了满足市场不断变化的要求而强调系统的柔性。

我国的《物流术语》中QR的定义是：供应链成员企业之间建立战略合作伙伴关系，利用EDI等信息技术进行信息交换与信息共享，用高频率、小批量的配送方式补货，以实现缩短交货周期、减少库存、提高顾客服务水平和企业竞争力为目标的一种供应链管理策略。

综合以上两个定义，本书将QR定义为：**快速响应策略**是指以供应链各节点建立战略合作伙伴关系为基础，以信息技术的应用为支撑，以缩短交货周期、减少库存、提高企业竞争力为目标，以为客户提供优质、准确、及时的产品为最终落脚点的柔性供应链管理策略。

我们可以从以下 3 个方面理解 QR 的含义：

（1）零售商和厂商的良好关系是 QR 成功的前提

QR 要求供应链成员企业建立战略伙伴关系，采用对双方互利的业务战略，包括即时的跨部门项目小组决策和长期的双方互利关系，实现供应链上的所有伙伴获利的提高。

（2）标准化信息技术的应用是 QR 成功的支撑

QR 要求供应链成员企业之间通过 EDI 等信息技术进行信息交换与信息共享，只有信息在整个供应链上充分共享，才能实现各成员企业根据各自所获得的供应链信息安排生产和销售计划，进而实现缩短交货周期、减少库存的目标。

（3）系统的柔性是 QR 成功的关键

随着经济的快速发展，企业的内外部环境都在时刻发生着变化，因此，企业的 QR 系统应能够根据环境的变化及时地进行调整，这就要求战略伙伴之间进行有效的沟通和接触，彼此了解对方的目标和局限，不断提高系统的柔性。

3.QR 系统的构建

QR 是所有商品制造商和中间商的标准战略行为，作为实现即时响应客户需求的 QR 系统，是 QR 策略中的关键组成部分。一般来说，QR 系统主要由信息采集与传递系统、智能补货系统、零售空间管理系统以及联合产品开发系统 4 个部分组成。QR 系统的组成如图 8-6 所示。

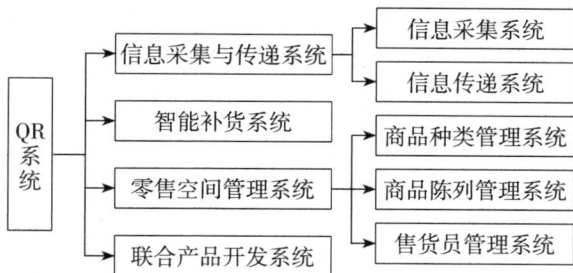

图 8-6　QR 系统的组成

（1）信息采集与传递系统

信息的采集与传递是 QR 系统的基础，是支撑整个 QR 系统运作的关键，准确的数据采集和流畅的数据传递渠道对于增加 QR 系统的有效性具有重要的作用。

① 信息采集系统

信息采集系统的主要功能在于将零售商的销售信息以电子化的手段进行收集，主要的信息采集设备包括条形码、射频识别技术等。

② 信息传递系统

信息传递系统的主要功能是将信息采集系统所采集的商品信息传递给供货商，

主要应用EDI技术，以一定的标准进行商业单证的传递，包括订单、发票、销售数据、存货数据等。

（2）智能补货系统

零售商和供应商联合建立智能补货系统，根据商品的特点设计不同的补货计划。对于基本消费商品，其需求量基本不会被潮流影响，因此，对于这类商品，其补货周期是固定的，智能补货系统可以根据零售商以往的销售情况设计供货计划，保证零售商的店铺不缺货。对于非基本消费商品，供应商应通过智能补货系统，设定一个存货量的临界点，根据零售商的实时销售情况，在保证有货和减少缺货的情况下降低库存水平，以加快库存周转，提高投资毛利率。

（3）零售空间管理系统

零售空间管理系统主要的功能在于实现零售商和供应商共同管理零售空间，即零售商店铺，包括商品种类管理系统、商品陈列管理系统以及售货员管理系统。

① 商品种类管理系统

商品种类管理系统的主要功能是通过供应商和零售商联合，根据零售店铺的位置、店铺所在位置的消费者特点、季节的特色等安排商品的种类，使商品的种类更适应店铺的特点。

② 商品陈列管理系统

商品陈列管理系统的主要功能是对零售店铺中商品的陈列位置、陈列方式进行设计，特别是在零售商进行营销活动时，商品陈列管理系统将发挥极其重要的作用。

③ 售货员管理系统

零售商店铺的售货员通常由零售商的全职售货员和供应商的兼职促销员共同构成，因此，对于售货员信息的管理以及供销双方售货员的合作管理，对于快速响应系统收集销售信息、提供销售服务能够起到很好的促进作用。

（4）联合产品开发系统

供应商和零售商根据商品的销售情况，联合开发新产品，缩短从新产品概念到新产品上市的时间，并通过店内新产品实时试销，准确收集消费动态，根据消费者的需要调整设计和生产。供应商和零售商联合开发新商品，一方面有助于优化供应商和零售商的关系，提高双方合作的意愿和效率；另一方面能够使供应商开发的新产品更适应市场的需求，减少因为销售信息不足而造成产品开发费用的浪费。

4.QR的应用案例——ZARA服装公司QR策略

（1）ZARA服装公司简介

ZARA服装公司于1975年设立于西班牙，以"快速响应"著称于服装界，被称为"服装界的标杆"。截至2019年，ZARA在98个国家设立了两千多家服装连锁店，并以其出色的反应速度在竞争激烈的服装市场中站稳了脚跟。

（2）ZARA 的快速响应策略

① 快速收集信息

ZARA 各专卖店会及时反馈当日的销售报告和顾客的需求等相关信息，同时，ZARA 会收集大量分布于酒吧、秀场等时尚场所的时尚信息，这些信息会通过信息收集通道及时传送到 ZARA 总部的数据库，为设计师提供一个实时更新的设计方向，使 ZARA 的服装款式始终紧随时尚潮流。

② 合理配置产品

在 ZARA 的快速响应体系中，频繁的商品更新是最大的特点，顾客能够看到 ZARA 紧随时尚潮流的服装款式。ZARA 并不讲求每种款式的批量生产，而更注重款式上的多样性，每个款式的服装在专卖店一般只有几件，每隔 3~4 天就会更新一次货架，每年生产的服装款式超过 12 000 种，频繁的更新速度和多样化的选择增加了 ZARA 的吸引力，使得顾客对 ZARA 的偏好和忠诚度大大提高。

③ 联合产品设计

在 ZARA，设计师们一方面核对当天各服装款式的销售数量，另一方面利用各个渠道收集到的信息开发新款式的服装或改进现有的服装款式。通过访问数据库中实时更新的信息，设计师与生产部门、运营部门共同开发服装款式，决定服装材质以及服装价格，这种联合产品设计方式使得 ZARA 从设计到销售所需要的前导时间缩短到 12 天，以保证顾客第一时间接触到最新款式的服装。

（3）总结

ZARA 的快速响应策略获利率达到 9.7%，比美国第一大服装连锁品牌 GAP 的 6.4% 高出 3.3 个百分点，在国际化竞争激烈的今天，"快而准"的运营策略成就了 ZARA 现在的商业价值和巨大的利润，成为服装界快速响应的标志性品牌。

8.4.2　有效客户响应策略（ECR）

客户是企业利润来源的最终贡献者，因此，客户对企业及其产品的态度对企业发展具有重要的影响，最大限度地满足客户需求是企业长盛不衰的关键。

1.ECR 的产生

（1）ECR 的产生背景

20 世纪 60 年代到 90 年代，零售商和生产厂商之间关系中的主导者由生产厂商转向零售商，并开始了零售商和生产厂商之间的激烈竞争，导致供应链整体的成本急剧上升。一方面，零售商开始以各种低价的方式销售商品；另一方面，生产厂商将大量技术含量低、无实质差别的新商品投入市场，造成了厂家自身利益的牺牲。对于消费者来说，这种竞争并没有满足其对于商品质量、服务的需求。

基于这样的背景，美国食品市场营销协会联合 16 家企业与流通咨询企业共同进行调查研究，并于 1993 年在行业供应链管理详细报告中提出 ECR 的概念和体系，得到了零售商和生产厂商的广泛接纳和应用。

（2）ECR产生的原因

ECR的产生是零售业生产厂商和零售商的共同需求，是一种为消除系统中不必要的成本和费用，给客户带来更大效益而进行密切合作的战略。ECR理念得到全面认可和应用的主要原因包括以下几个方面：

① 市场竞争恶化

20世纪80年代末，零售业的主要竞争包括各零售商之间的竞争、零售商同生产厂商之间的竞争、现有零售商同新型零售业态之间的竞争以及各生产厂商之间的竞争。为了在激烈的竞争中生存，零售企业开始向提高服务速度、服务差异化以及作业效率的方向发展，从而开始了对ECR的探索，并最终形成了构筑供应链的高潮。

② 费用成本激增

由于市场竞争的加剧，一方面，生产厂商被迫降低商品价格进行促销，并在此基础上大量扩充生产线，企图通过广泛的产品线弥补促销造成的损失；另一方面，零售商因为生产厂商所生产的大量无差别商品而大量耗费管理成本和进货成本，同时又要为了在竞争激烈的市场中夺取一定的份额而投入巨额的营销费用，由此导致生产厂商和零售商均承担着巨大的压力。ECR理念的提出能够避免无效商品的生产、经营，提高产销双方的效率，因而吸引了大量企业的介入。

③ 管理体系的变革

随着产销合作的呼声越来越高，战略联盟的思想日益发展，生产厂商和零售商的直接交易现象愈发普遍，批发商的概念变得越来越模糊，并有逐渐消失的态势。ECR的发展使生产厂商和零售商重新认识了批发商的重要性，通过批发商经营体系的改造和管理体系的建立，将批发商有机地纳入供应链体系中，进而保护了批发商的利益。

2.ECR的含义

有效客户响应策略（Efficient Consumer Response，ECR）是一个通过生产厂商、批发商和零售商等供应链上各节点的相互协调与合作，以及供应链上业务流程的自动化，实现提高反应能力、降低系统成本、减少库存、提升消费者满意度等目标的供应链管理策略。

我们可以从以下几个方面理解ECR的含义：

（1）ECR是由供应链上各节点的合作实现的

要实现"有效客户响应"这一概念，首先应联合供应链上涉及的所有生产厂商、批发商以及零售商，通过各节点的相互协调与合作，改善供应链的业务流程，使供应链更加合理有效。

（2）业务流程自动化是实现ECR的重要渠道

ECR的目的在于以最快的速度、最低的成本、最小的库存，最大限度地满足消费者的需求，其中，供应链的业务流程自动化是降低供应链成本和减少供应链响应时间的重要手段。同时，信息在整个供应链系统中的循环流动也是确保产品能够不间断地从生产厂商流向最终用户以满足其需求的重要保障。

3.ECR 系统的构建

ECR 系统的基本结构包括两个部分，即基础设施和管理系统。其中，基础设施包括信息系统和物流系统，管理系统包括营销管理和组织革新。ECR 系统的结构如图 8-7 所示。

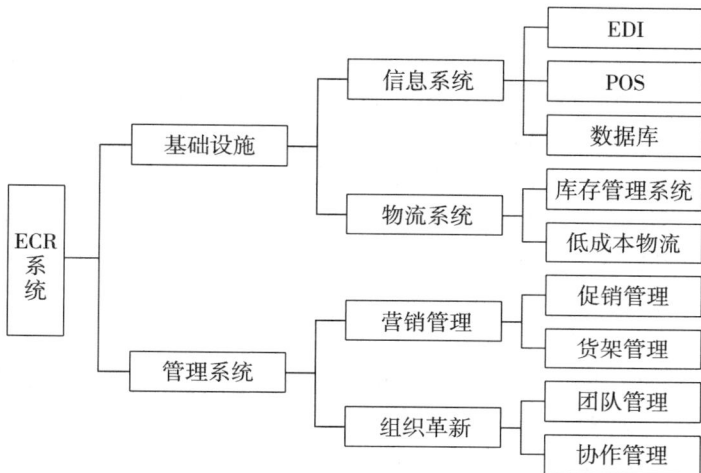

图 8-7　ECR 系统的结构

（1）信息系统

信息系统是整个 ECR 系统的支撑，为 ECR 的实现进行数据收集、数据传递以及数据存储。信息系统应用的主要技术包括 EDI 技术、POS 技术以及数据库技术。

① EDI 技术

供应链上各节点之间通过 EDI 实现交换订货清单、付款通知单等文书单据，传送价格变化信息、销售时点信息、库存信息、新产品开发信息和市场预测信息等。一方面，生产厂家可以利用销售时点信息实时了解消费者动向，灵活安排生产计划；另一方面，零售商能够利用新产品开发信息预先做好销售计划，进而提升整个供应链的效率。

② POS 技术

POS 是 ECR 的最终端节点，可以说 ECR 的所有数据都来源于 POS 终端，对于零售商而言，POS 是收集消费者信息的重要渠道，在商品管理和促销中起到关键作用；对于生产厂商而言，对 POS 数据的分析有助于生产厂商制订生产计划，开发新产品。

③ 数据库技术

数据库技术在 ECR 系统中用于存储 POS 终端收集的数据信息以及通过 EDI 传输的数据信息，通过实时更新的数据为零售商和生产厂商的数据分析提供必要的数据支持。

（2）物流系统

物流系统主要包括两个部分，即库存管理系统和低成本物流。在供应链系统中，物流系统作为整个供应链的血管，起到运输血液的关键作用，因此，物流的效率将在一定程度上影响整个供应链的效率。

① 库存管理系统

目前，应用较为广泛的库存管理方法主要有 3 种：连续库存补充计划、自动订货以及厂家管理库存。

连续库存补充计划（Continuous Replenishment Program，CRP）是利用实时的 POS 数据确定销售点所销售商品的数量，根据零售商或批发商的库存信息和预先规定的库存补充程序确定发货数量和发送时间，实现小批量、多频度的连续配送，进而提高库存周转率，减少库存，缩短交货周期。

自动订货（Computer Assisted Ordering，CAO）系统主要的功能是通过对库存信息和销售需要的分析，实现当库存下降到预先设定的节点时自动向供应商订货。自动订货系统在一定程度上减少了员工的工作量，降低了订货错误的可能性。

厂家管理库存（Vender Management Inventory，VMI）是一种由上游企业对下游企业的库存进行管理的一种策略，生产厂商基于零售商的销售、库存等信息，判断零售商的库存应该补充的数量，自行补充库存。在这种模式下，生产厂商和零售商通力合作，共同决策，实现整个供应链上的无缝连接。

② 低成本物流

降低物流成本是降低供应链成本的重要渠道，降低物流成本主要有两种方法：一是采用价格低廉的运输、装卸搬运、包装等设备，在效率不变的情况下降低物流的整体成本；二是提高物流效率，降低单位产品的物流成本，进而提高整个供应链的价值。

（3）营销管理

营销管理是供应链最靠近消费者的终端环节，因此，营销管理的成效对于提高消费者满意度具有重要的作用。

① 促销管理

促销管理是营销管理中的重要环节，是吸引消费者、扩大产品知名度、提升产品销售量的重要渠道之一，生产厂商和零售商通过对销售数据和生产数据的分析，进而计划促销活动，并在促销活动进行的过程中保证促销商品的供应，避免促销活动的失效。

② 货架管理

货架管理主要包括两个方面，即商品类别管理和店铺空间管理。商品类别是零售商根据商品的历史销售情况、销售店铺的位置特点、消费者的偏好等信息，同生产厂商共同确定销售店铺的商品类别。店铺空间管理是对店铺的空间、各类商品的展示比例以及商品在货架上的布置等进行优化管理，在 ECR 系统中，商品类别管理和店铺空间管理同时进行，相互作用，以提高单位营业面积的销售额和收益率。

（4）组织革新

ECR 系统的成功构建不仅需要供应链上的每个节点成员进行紧密的协调合作，还需要每个企业内部各部门间的通力合作，因此，供应链各节点企业应对组织的内部进行相应的革新，以保证 ECR 的有效实施。

① 团队管理

在 ECR 系统中，每个节点企业应针对某个商品或某种商品的流程设立管理团队，使组织结构呈横断形设置。在这种组织形式中，每个商品流程所组成的管理团队均具有采购、品种选择、库存补充、价格设定以及促销管理等相关权限。这种组织形式更有助于企业对特定商品的流程进行控制，便于内部交流及协调。

② 协作管理

ECR 系统要求供应链上各节点企业的组织结构均以类别为管理单位，以有助于双方的管理团队进行企业信息交换和分析，对材料采购和生产计划的设定进行分析和商讨。这种协作管理有赖于供应链上各节点企业的高层管理人员进行沟通和相互支持，进一步建立双赢的合作伙伴关系。

4.QR 和 ECR 的比较

QR 和 ECR 作为供应链管理策略，具有一定的相同点和区别，主要表现在以下几个方面：

（1）QR 和 ECR 的共同点

① QR 和 ECR 都需要建立供应商和销售商之间的紧密联系

在 QR 和 ECR 的实现过程中都需要建立供应商和销售商之间的紧密联系，通过供应链上各节点的通力合作与相互协调，共同完成整个供应链的目标。

② QR 和 ECR 的实现都需要信息技术的支持

信息技术是 QR 和 ECR 体系中必不可少的组成部分，QR 和 ECR 的实现与信息在整个供应链上的顺畅流动是密不可分的，因此，通过信息技术实现的信息收集、处理以及传递在 QR 和 ECR 的实现中起到重要的支撑作用。

（2）QR 和 ECR 的区别

① QR 和 ECR 实现的目标不同

QR 是以对消费者的需求作出快速响应为目标的，即以最快的速度满足消费者的需求，而 ECR 的目的在于通过供应商和销售商的合作缩减整个供应链上的成本，以最低的成本满足消费者的需求。

② QR 和 ECR 应用的行业不同

QR 产生于美国的服装行业，因此，QR 大部分应用于销售普通商品的零售店铺，更注重于对环境变化而产生的消费者购买状况变化作出快速的响应，而 ECR 则主要应用于以固定销售量为主、对环境变化产生反应较少的食用日杂百货业。

5.ECR的应用案例——雀巢与天猫、菜鸟"全渠道 一盘货"ECR案例

（1）**案例背景**

雀巢公司是世界上最大的食品公司之一，目前在全国范围内拥有200多家子公司，产品行销80多个国家，主要产品涉及婴幼儿食品、乳制品及营养品、饮料、冰淇淋、冷冻食品等。

天猫和菜鸟均在阿里巴巴旗下，天猫创立于2008年，致力于为消费者提供选购品牌产品的优质购物体验。多个国际和中国本地品牌及零售商已在天猫上开设店铺。菜鸟网络科技有限公司成立于2013年5月28日，是一家互联网科技公司，专注于提供物流网络平台服务。

2017年5月，雀巢与阿里巴巴共同启动了"全渠道 一盘货"战略合作探索。这场探索之路首先从线上一盘货出发，雀巢计划将品牌旗舰店、天猫超市、农村淘宝、零售通等四大平台的货物整体打通、库存共享。这样一来，雀巢在阿里系线上渠道的货物都将在一盘棋里布局。

（2）**雀巢与天猫、菜鸟"全渠道 一盘货"的运作方式**

第一，砍掉中间商。

雀巢首先将货品切入菜鸟在全国的十余个中心发货仓，再由天猫、菜鸟统一根据销售、库存等数据合理调配，满足消费者需求。

进入菜鸟仓意味着雀巢省去了货物流转的经销商环节，改由雀巢大仓直供菜鸟区域仓，这些货物存放在菜鸟位于全国各地的仓库园区，以便随时供应阿里体系中的各渠道订单。

第二，优化补货机制。

天猫与菜鸟的后台系统时刻根据销售与库存数据对商家的销售进行趋势预测，并定期提供补货计划、断货预警，雀巢会参考这些数据及时调整补货机制，优化渠道库存的配置。

第三，灵活调配库存。

根据销售数据，雀巢能感知不同地区消费者的不同喜好，将他们最喜欢的商品优先放到距他们最近的仓库，并灵活调配库存的多寡，降低跨区发货比例。这样，各地消费者最喜欢的商品不仅永远不会缺货，还能保证新鲜度。

（3）**雀巢与天猫、菜鸟ECR的效果**

雀巢和天猫、菜鸟"全渠道 一盘货"的ECR自运作以来，在具体目标方面取得了显著的成果，主要表现在雀巢目前的大部分货物均由本地仓或附近的中心仓发出，跨区域送出的商品不到10%，这使雀巢的运输成本直接下降了40%。更大的提升在于配送时效。在与菜鸟的合作中，雀巢天猫店铺的次日达比例已经提升到了60%，当日达比例也提升了1倍多，物流评分超出行业平均水准30%，遥遥领先。

资料来源：佚名. 砍掉中间商 雀巢与天猫菜鸟发起"一盘货"革命［EB/OL］.［2019-08-

13]．https：//tech.huanqiu.com/article/9CaKrnK4XuA.经删减和整理。

8.4.3 协同计划、预测与补给系统（CPFR）

供应链管理的核心理念在于将供应链上各节点进行充分整合和协同，达到提升供应链整体竞争力的目的，而这个过程的自动化和智能化也是企业追求的目标之一。

1.CPFR的产生和发展

（1）CPFR的雏形

CPFR的产生源于宝洁公司的"尿布"系统。1980年，宝洁公司为满足零售商对于自动补充Pamper尿布的要求而设计了"尿布"系统，系统取消了订货手续，只要货架上的产品卖完，新货就到，而超市只需要每月付一张货款的支票即可，自此，CPFR系统的雏形——"尿布"系统便产生了。

（2）CPFR的扩展

"尿布"系统的成功应用为宝洁公司提供了灵感，1987年，宝洁公司将"尿布"系统扩大，并同沃尔玛合作实施"连续补充"计划，形成了产销联盟，彻底打破了美国流通领域以双环节为主的多环节流通体制的统治地位。

（3）CPFR的成熟

经过多年的合作，CPFR系统改变了两家企业的运营模式，实现了双赢，一种面向供应链的策略——协同计划、预测与补给系统应运而生，并成为供应链管理的一个成熟的商业流程。CPFR降低了供应商和销售商之间昂贵的补货费用，改善了低效率的沟通方式，而CPFR理念也成为了成熟的供应链管理标准。

2.CPFR的含义

协同计划、预测与补给系统（Collaboration Planning Forecasting Replenishment，CPFR）是一套工作流程，该流程通过企业间的相互合作以及标准化信息的共享，制订计划、开展预测、管理库存，实现动态地及时补货，进而通过提高整个供应链的业绩和效率实现提高消费者价值的共同目标。

CPFR的含义包括以下4个方面：

（1）协同

根据CPFR的理念，供应链的上下游企业需要确立共同的目标，开展长期的公开沟通和信息共享。这种合作需要建立在彼此信任和承诺的基础上，通过签订保密协议、纠纷机制等方式保证协同的持续稳定。

（2）规划

为实现共同的目标，合作双方需要协同制定合作规划，其中包括品类、品牌、关键品种、促销、库存等。合理的规划有助于CPFR系统的流程控制以及价值的实现，以实现供销双方的双赢。

（3）预测

CPRF要求供销双方共同协调作出最终预测，同时需要双方共同参与对预测反馈信息的处理以及对预测模型的制定和修正，尤其是预测数据波动问题的处理，因此，系统的预测行为对相互沟通以及信息共享等有着极高的要求。

（4）补货

CPFR系统要求供应商根据需求预测和订单预测为销售商补货，在补货的过程中，协同运输计划是主要因素，对于补货过程中涉及的订单处理周期、前置时间、订单最小量等问题，需要供需双方共同协商解决。

3.CPFR的流程

CPFR是一套工作流程，其主要工作在于通过自动补货降低企业库存成本、减少运营费用、创造业务机会、提高销售额。该流程一般分为计划、预测和补货3个阶段。CPFR的工作流程如图8-8所示。

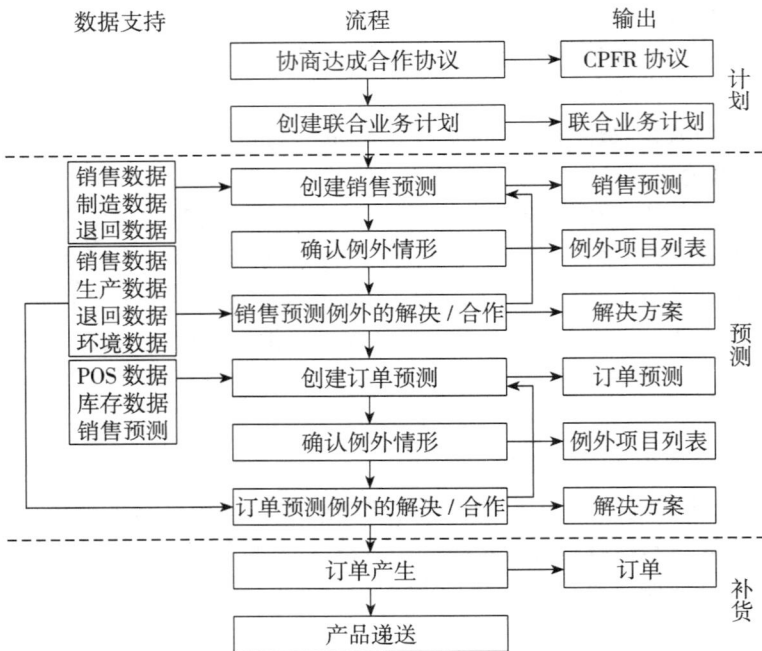

图8-8　CPFR的工作流程

（1）协商达成合作协议

供应链的合作伙伴（零售商、分销商、制造商等）就合作的目标、合作的指南、合作的规则、纠纷的解决等事项进行协商，得到CPFR协议。

（2）创建联合业务计划

供应链合作伙伴之间互相交换各自的战略和业务计划信息，就合作的细节建立计划，包括订单的最小批量、交货期和订单间隔等。

（3）创建销售预测

供应链合作伙伴根据销售商的销售数据、商品退回数据以及制造商的制造数据进行销售预测，预测未来一段时间内商品的销售情况。

（4）确认例外情形

例外情形是指在销售预测之外可能发生的情况，这些情况可能是由供应链上的节点企业引发的，也可能是由外部环境变化造成的。对于例外情形的识别更有助于供应链上的合作伙伴应对突发状况，强化其解决问题的能力。

（5）销售预测例外的解决/合作

合作伙伴之间根据第（4）步产生例外项目列表，然后针对列表中的每一个项目提出解决方案。

（6）创建订单预测

根据销售商的 POS 数据、供应商的库存数据以及第（3）步产生的销售预测创建订单预测，提出每个时间段的需求量。

（7）确认例外情形

识别在订单预测之外的情况。

（8）订单预测例外的解决/合作

针对订单例外项目列表中的项目提出联合解决方案。

（9）订单产生

将订单预测转化为订单，作为自动补货的依据。

（10）产品递送

根据第（9）步产生的订单，自动进行产品递送、入库、上架，进而完成整个 CPFR 流程。

4.CPFR 的应用案例——京东和美的 CPFR 案例

（1）案例背景

2014 年底，京东和美的达成了战略合作，双方将在物流配送、大数据分析、智能设备等方面进行深度合作，实现供应链深度协同也是战略合作的重要内容之一。2015 年 5 月 18 日，京东与美的深度协同项目（电子数据交换，简称"EDI"对接二期方案）立项；2015 年 7 月 30 日，京东和美的的"协同计划、预测及补货（CPFR）"项目上线；8 月 15 日，京东完成了首次备货计划并将订单发送给美的。

京东和美的的合作项目目标旨在计划和预测层面实现信息共享，将供应链协作延伸到生产环节，即打造京东和美的供应链的深度协同，实现京东和美的在销售计划、订单预测、物流补货等方面数据的充分共享，建立协同型供应链。

（2）案例详情

京东和美的进行的协同型计划、预测及补货（CPFR）项目，基于 EDI 电子数据交换技术能够实现数据有效及时的共享，构建了从计划到预测及补货流程的全面协同。业务流程分为三个方面：

第一，协同销售计划。

京东提前一个月向美的提交备货计划，美的接收并反馈供货计划，双方即以供货计划作为下个月的采购及供货依据。美的根据供货计划制订每周排产计划，并共享给京东。

第二，协同订单预测。

美的排产完成商品入库后，将库存数据同步发给京东。京东应用自动补货系统，以仓到仓支援关系及供应商库存等为限制因素，计算出各仓补货建议，并将补货建议共享给美的，美的根据发货要求进行调整并反馈给京东。

第三，协同订单补货。

根据美的评审后的补货建议，京东会自动生成采购单，美的接收系统自动发起仓库入库预约，收到预约号后进行发货，并向京东传送发货单，京东仓库收到货物后，向美的进行收货确认。

（3）案例的效果

第一，降低缺货风险。

通过销售计划的协同，京东可介入供应商的商品生产环节，通过有效的数据共享，将商品的销售数据、销量预测等数据实时共享给供应商，使供应商提前进行排产，降低缺货的风险。

第二，减少库存周转。

实现供应商排产计划和库存数据共享后，美的等供应商可将京东的库存单独区分开，由此可将过去大批量低频率的补货方式优化为小批量多频次的补货方式，实现库存周转的有效降低。

第三，提高数据共享效率。

京东和美的的沟通方式由过去的邮件、电话等，变革为通过系统自动实现数据共享，这一模式可减少手工操作，显著提高数据传输和共享效率。

8.5　电子商务环境下供应链管理的发展趋势

传统的供应链在响应市场变化、兼顾环境保护、面对全球市场、提供个性服务等方面表现出越来越严重的局限性，随着电子商务的飞速发展，供应链管理也在朝着更敏捷、更绿色、更全球化以及更注重服务的趋势发展。

8.5.1　敏捷供应链

在当今市场经济更为开放的环境下，传统供应链受到了越来越多的限制，在面对瞬息万变的市场环境时尤为显得力不从心，消费者需求、竞争对手策略以及政府政策的急速剧烈变化对企业反应速度和反应能力的要求越来越高，因此，供应链的敏捷化成为企业应对问题的关键途径。

1. 敏捷供应链的概念

敏捷供应链（Agile Supply Chain，ASC）是指在动态的市场环境中，企业通过对信息技术的运用，建立虚拟的供需关系网络，以达到快速反映环境变化目的的动态网链模式。

2. 敏捷供应链的特点

市场环境的变化是任何企业都要面对的现实，而供应链的敏捷性对于企业积极面对市场环境变化，发现商机或减少损失具有极其重要的作用。

（1）灵敏性

市场灵敏性是指供应链能够实时了解和响应市场的真实需求的能力。现实中，大部分企业是通过历史销售情况进行需求预测并制订生产计划的，这往往造成库存积压。通过信息技术的应用，企业能够获取销售点和客户的需求信息，从而实现对市场变化的灵敏反应。

（2）虚拟性

敏捷供应链的一大特点就是能够根据市场环境变化的需求，通过信息技术的运用，动态地建立虚拟的供应链，以满足客户需求。敏捷供应链通常是企业为满足特定市场需求而临时构建的，因此，这种供应链并不是客观存在的供应链，具有很大程度的虚拟性，并满足即用即搭、迅速结盟的要求。

（3）集成性

敏捷供应链的集成性体现在供需双方之间协同工作、联合进行产品研发、共用系统并实现信息共享上。敏捷供应链尤其注重合作伙伴的可靠性，因此，通过集成化的方式所构建的供应链能够产生联合战略决策、供需双方信息透明，有效实现供应链的敏捷性。

（4）网络性

尽管敏捷供应链具有区别于传统供应链的新特征，但是，网络性是任何一种供应链都不能摒弃的。敏捷供应链同样要求网络联盟中的合作伙伴协调运作，在以供应链总体利益为导向的前提下，发挥各自优势，以增强供应链的敏捷性。

3. 敏捷供应链和快速响应的关系

敏捷供应链和快速响应都是针对外界市场环境变化而发展起来的供应链模式，二者存在一定的相同点和区别，具体见表 8-1。

表 8-1 敏捷供应链和快速响应的关系

关系	比较项目	敏捷供应链	快速响应
相同点	出发点	针对环境变化	
	行为	作出迅速的反应	
	手段	信息技术	
	结果	抓住市场机遇或减少风险	
区别	构建方式	虚拟	现实
	持续时间	暂时性	长期性

（1）敏捷供应链和快速响应的相同点

① 出发点相同

二者的出发点都是积极面对环境变化，解决因环境变化而带来的问题，或者识别因环境变化而呈现出的商机，以作出相应的行动。

② 行为相同

敏捷供应链和快速响应的行为都是根据环境的变化迅速地作出反应，以减少损失或者抓住商机。

③ 手段相同

无论是敏捷供应链还是快速响应，实现目标的基础都是信息技术，通过对信息传递技术和信息共享技术的应用，实现信息在整个供应链上的充分共享。

④ 结果相同

敏捷供应链和快速响应的结果都是通过供应链上各节点的通力合作，降低环境变化可能产生的风险，或者抓住环境变化所产生的商机。

（2）敏捷供应链和快速响应的区别

① 构建方式不同

敏捷供应链是以虚拟供应链的方式构建的，其构建的核心是一条信息链，而快速响应是在一条现实的供应链上进行的，实现的基础是已经构建完成的供应链。

② 持续时间不同

敏捷供应链的构建是暂时性的，只有当环境变化发生时才会建立，而当这种环境变化不明显或者环境稳定以后，敏捷供应链就会解散，供应链的节点继续各自为政。快速响应是基于既有供应链的一种策略，因此，这个供应链是长期存在的，不会因为环境的稳定而消失。

4.敏捷供应链应用案例——家家悦集团敏捷供应链

（1）案例背景

家家悦集团是以超市连锁为主业，集物流配送、食品加工和农产品批发于一体的大型连锁企业，其原有的供应链管理是采用网站方式为供应商服务，供应商定期登录网站查询订单、销售等业务数据，由于网站仅具有显示数据的功能，供应商仍需要以电话、传真、邮件等方式进行沟通，供应链效率仍然很低。

（2）家家悦集团敏捷供应链的构建

家家悦集团根据自身需求，选择了供应宝电子商务平台作为其构建敏捷供应链的基础，在企业和供应商之间构建了一套高效、安全、灵活、规范的供应链协同及快速响应体系，通过供应宝平台，家家悦集团与供应商能够在线进行业务交互、数据共享，实现从商品引进到供应商结算的全电子化流程。

（3）敏捷供应链的实施效果

① 订单处理实时快捷

家家悦集团通过供应宝平台能够将订单在审核后的 15 分钟内发送至供应商，单据送达供应商以后，供应宝客户端会立即弹出待办事宜提醒，通知供应商业务人员查看并安排处理订单。

② 电子结算准确可靠

家家悦集团与供应商通过系统进行实时在线对账，整个付款流程不需要人工录入，完全由系统自动处理，降低了差错率。

③ 销售库存数据共享

家家悦集团每日将销售及库存数据共享给供应商，供应商能够及时了解和分析商品的库存情况，并向家家悦提出采购建议。同样，供应商通过分析商品的销售趋势，能够及时调整生产计划及促销计划，改善商品的销售效果。

8.5.2　绿色供应链

人类社会在飞速发展的同时，也引发了资源枯竭、环境恶化、生态失衡等问题，给全球的可持续发展带来了一定程度的威胁，因此，在企业发展和环境保护之间找到一个平衡点成为企业应当思考的关键问题，寻求一个与保护环境、合理利用资源相适应的"绿色"供应链管理途径成为供应链管理的重要发展方向。

1.绿色供应链的概念

绿色供应链（Green Supply Chain，GSC）是指在整个供应链的建设过程中，综合考虑各节点对环境的影响以及资源的利用率，使得产品的整个生命周期所涉及的各个环节对环境的影响最小而资源利用率最高的供应链网络。

2.绿色供应链的内容

绿色供应链要求从社会和企业的可持续发展角度出发，通过对供应链整体进行生态设计以及供应链各节点内部和节点之间的紧密合作，达到供应链在环境管理方面的协调统一和系统的统一化。

从产品的生命周期来看，绿色供应链的内容主要包括生产前、生产中和生产后3 个方面。绿色供应链的内容如图 8-9 所示。

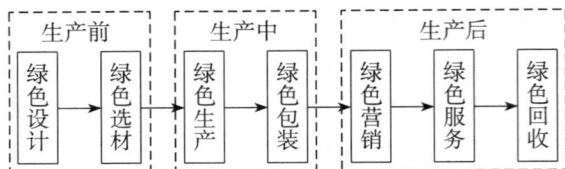

图8-9　绿色供应链的内容

（1）绿色设计

绿色设计是指企业在产品设计的过程中，从可持续发展的角度审视产品的整个生命周期，在保证产品质量、性能、成本和开发周期的同时，优化产品的设计，使产品在未来的生产、使用，甚至报废的过程中对环境的影响最小。

与传统设计只关注产品不同，绿色设计充分考虑了产品的整个生命周期，以可持续发展的角度将产品的生命周期延长到"产品使用后的回收再利用处理"，保证产品能够以最小的环境影响、最大的资源利用率，发挥最多的功能。

（2）绿色选材

产品生产材料的选择是供应链管理中的重要环节，绿色选材就是企业在产品材料选择的过程中，在保证产品功能不受影响的前提下，尽量选择环境污染小、能源消耗少的原材料，以达到绿色可持续的目的。

绿色材料选择的标准包括材料本身的先进性、生产过程的安全性、材料使用的合理性以及材料处理的科学性等。其中，材料本身的先进性是指材料优质且生产能耗低；生产过程的安全性是指材料在生产过程中无污染、无噪音；材料使用的合理性是指材料的利用率高、浪费少且可回收；材料处理的科学性是指产品使用过后能够重复利用，或使用后产生的废物不含对环境产生污染的物质。

（3）绿色生产

绿色生产是指企业在生产工艺和生产方案的设计过程中，尽量选择物料及能源消耗少、废弃物少、对环境污染少的途径，并要求在生产过程中尽可能减少排放的废物或使排放的废物对环境的污染最小。

（4）绿色包装

产品产生的污染在很大程度上来源于产品的包装，因此，包装物材料的选择是实现绿色供应链的重要因素。绿色包装是指企业在设计产品包装时，选择对环境污染少并能够重复利用的材料。适度的包装能够减少生产企业成本，也能够减少采购商拆装和处理包装物垃圾的费用。

（5）绿色营销

绿色营销是指企业在整个营销的过程中，以维持生态平衡、重视环保的绿色原则为指导，使企业的营销理念同环境的可持续发展保持一致。

网络营销的出现为绿色营销的实现提供了新的途径和更大的可能性，企业通过网络进行市场调查和营销信息的传播，在一定程度上减少了传统营销过程中营销材料对环境的污染以及对资源的浪费，同时也减少了企业营销的费用。

（6）绿色服务

产品的售后服务是企业面对消费者、保持消费者忠诚度、提高企业形象的重要渠道，企业在售后服务的过程中同样应注重对环境的保护以及对资源的节约，尽量选择在线服务、自助服务等方式代替人力服务，在提升服务质量和服务反应效率的同时，减少资源浪费。

（7）绿色回收

产品回收是企业产品生产消费的最后环节。企业通过对消费者使用过的产品进行回收，一方面，能够减少废弃物对环境的影响；另一方面，企业能够对回收产品的部分零部件再利用，从而减低企业生产成本，提升企业效益。

3.绿色供应链的实现途径

绿色供应链的实施需要供应链上各节点的通力合作，一方面，从供应链的总体理念上融入绿色环保意识；另一方面，在供应链的各环节以绿色环保为标准，全面实现绿色供应链。

（1）加强核心企业管理

核心企业是绿色供应链实现的重要环节，因此，加强核心企业管理，将整个绿色供应链理念全面植入企业供应链管理的各个环节，从产品的设计、生产到营销、售后服务始终贯穿绿色供应链理念。领导层要首先转变经营理念和经营目标，把经营目标、环境目标和社会目标恰当地融合到供应链中，进而有效地减少资源浪费和环境污染。

（2）优化供应链源头管理

供应商是供应链的源头节点，绿色供应链要求供应商综合考虑制造企业情况、资源情况以及环境情况，并对所供应原材料进行适当的调整。供应商企业应同制造商企业拥有共同或至少相似的环保态度，以从源头上提高绿色供应链实现的可能性。

（3）深化供应链终端环境保护意识

消费者是供应链的终端，而消费者的绿色消费意识也是绿色供应链得以实现的重要环节。深化消费者的环境保护意识，能够遏制生产者粗放式的生产经营，并在一定程度上有利于促进绿色回收的发展。因此，通过消费者观念和行为的转变，提高消费者对环保、绿色消费和可持续发展的认识，对于实现绿色供应链具有重要的意义。

4.绿色供应链应用案例——王朝公司绿色供应链

（1）案例背景

中法合营王朝葡萄酒酿酒有限公司是我国生产葡萄酒的重要厂家之一，在葡萄酒的生产过程中，会有大量废渣、废液、废水和废气产生，造成环境污染和浪费。王朝公司依据生态经济和可持续发展理论，构建了绿色供应链体系。

（2）王朝公司绿色供应链的实施

① 绿色采购

王朝公司在宁夏、河北、天津、山东等地开发了3万亩无公害、无污染、无病害的绿色葡萄种植基地，并就地构建现代化发酵站，保证年产量3万吨的原料供给。

② 绿色制造

王朝公司所应用的气囊式压榨机、不锈钢低温发酵罐、Bertolaso生产线以及环保型冷冻机均具有的共同特点就是高效、解决人力、耗电量低，在减少污染物排放的同时获得了很好的经济效益和社会效益。

③ 绿色交付

王朝公司采用网络、电视等方式进行直销，并在选择分销商时采取就近原则，不仅缩短了运输距离，也节约了交通运输所用的能源。

（3）绿色供应链的实施效果

王朝公司将原有的采购、生产和供应等网络逐步升级为绿色供应链，不仅在产品质量上有所提高、产生的废弃物急剧减少，而且通过了ISO14000系列认证，产品信誉度和市场占有率大幅增长。

8.5.3　全球供应链

随着经济全球化发展进程的加速，全球化的市场给企业带来了前所未有的竞争压力，因此，要求企业以更为广泛的视角和更为战略的眼光，打破原有生产经营的局限性，与全球合作伙伴形成一个共存共荣的跨区性虚拟市场。

1.全球供应链的概念

全球供应链（Global Supply Chain，GSC）又称全球网络供应链，是指各节点成员由全球范围内企业构成，使供应链中生产资源和信息资源的获取、产品生产的组织、货物的流动和销售等职能均在全球范围内进行的供应链网络。

2.全球供应链的内容

尽管全球供应链网络较为复杂，但是在一般情况下，全球供应链的主要内容仍以供应链的职能为主。

（1）全球化需求和供给

全球供应链要求根据全球范围内的市场和客户的各种商业信息进行预测和需求分析，在全球市场环境下掌握市场动向，进而制订合理的需求计划。由于市场范围的扩大，企业需要更多地考虑全球性因素，分析和制订计划过程的难度也会加大，风险程度也就越高。在配备资源方面，企业也应从全球的高度进行考虑，在充分考虑自身资源的基础上，制订合理的供给计划。

（2）全球化产品研发

在全球化市场环境下，产品的销售和使用也是在全球范围内进行的，因此，在进行产品研发的过程中，一方面要清楚产品自身的市场定位，针对不同的地域市场开发相应的产品，以满足当地消费者的使用习惯和消费需求；另一方面要合理利用全球范围内的研发资源，包括研发人才、供应商能力、销售商推广能力等，以减少研发成本、提高研发质量、提升研发速度、缩短研发周期。

（3）全球化采购

互联网技术和电子商务理念的出现为全球化采购提供了实现的可能性，在一定程度上缩短了供需双方的空间距离以及时间差异，为企业在全球范围内寻找最合适的资源并进行集中采购创造了前所未有的空间，进一步提升了企业采购资源的质量以及企业讨价还价的能力。通过全球化的供应链网络，企业能够实现同上游供应商和下游客户的协同运作，及时了解供应商生产情况和客户需求情况，增强企业的反应能力和市场竞争力。

（4）全球化生产

全球供应链要求企业根据地域的特点和企业自身需要，选择合适的生产地点和生产计划，并对分布在不同地区的众多生产工厂进行整体的集成和协调，使得每一个生产点都能够充分发挥其最大效用，并根据订单情况优化配置，满足客户的需求。对于一个复杂的供应链来说，各生产企业间可能存在供需关系，因此，各工厂间的紧密衔接也是实现低耗能、高效率生产的必要条件。

（5）全球化配送

为了确保全球范围内的每一个订单、每一笔交易都能按时、按质、按量、准确地递交到客户手中，使全球客户可以像在本地供应链上订货一样方便地拿到所需产品，必须利用集中式的订单履行方式，通过将自己和外包服务商的资源进行整合，科学合理地设计配送网络以及配送方式，并对整个配送过程进行实时监控，及时反映例外事件，保证配送的质量和配送的效率。

（6）全球化服务

服务是体现企业综合素质的重要环节，也是供应链上直接面对客户的接触点。全球化供应链要求企业在客户分布于全球的情况下，从整体上设计客户服务位置和客户服务人员，充分利用客户当地资源，减少沟通成本并增强解决问题的能力、提高解决问题效率，以维持良好的企业形象。

3.全球供应链的实现途径

全球供应链管理涉及不同的国家，是跨区域性的行为，其运营范围覆盖全世界，因此，全球供应链是一个庞大的系统，情况较一般供应链相比而言更为复杂。

（1）充分理解各国政策

全球供应链所面对的是全球化市场，这就不可避免地会涉及不同国家的政策和法律法规，因此，在全球化供应链构建的过程中，必须充分理解各国的法规政策，并加以合理利用，制定相应的供应链发展战略和企业经营战略，以免引发因法律法规问题而产生的国际纠纷，对供应链的正常运作产生不利的影响。

（2）柔性化的供应链管理

柔性化策略是消除外界环境产生不确定性的一种重要手段，国际市场环境变幻莫测，供应链各节点企业的不确定性是客观存在的，因此，全球供应链应具备应对由这种不确定性所引起的风险的能力，并拥有随时应对市场环境变化的策略，将环境变化的风险控制到最小，甚至在环境变化中发现新的商机并迅速转移到新的市场中去。

（3）构建灵活的信息共享机制

在供应链的运作过程中，信息传递手段越健全、信息反馈越丰富、信息整合和分散能力越强，供应链所面临的风险越小，因此，构建灵活的信息共享机制是实现全球供应链的重要途径。一方面，应加强供应链各节点成员之间的信息交流与共享，增强信任与沟通，通过供应链透明化管理减少信息失真；另一方面，建立平等安全的电子信息管理系统，降低整个联盟商业机密泄露的概率，进一步规避风险。

（4）建立战略合作关系

供应链相关企业应结成战略伙伴关系，以信任、合作、开放性的沟通方式，建立一种一损俱损、一荣俱荣的长期关系，利益共享、风险共担。企业还需要发展多地域的供应渠道，根据全球市场环境的变化，及时调整供应链战略，以实现全球供应链的建设。

4.全球供应链应用案例——福特汽车公司全球供应链

（1）案例背景

福特汽车公司是国际领先的轿车和卡车制造商之一，目前，福特汽车公司大约有60%的成本是用在原材料的采购和零部件的采购上。

（2）福特汽车公司全球供应链实施

① 全球范围内选择供应商

福特汽车公司主要在加拿大、日本、墨西哥、德国、巴西和其他一些国家进行原材料和零部件的采购，注重在全球范围内评价供应商，以获得质量一流、成本最低、技术最先进的原材料和零部件提供者。

② 紧密的供应商关系

福特汽车公司与供应商保持紧密的合作，并在适当的时候为供应商提供一定的技术培训，尤其对于不发达地区的供应商，福特汽车公司会提供更多的技术支持。正是由于这种在工程、设计等方面的良好关系，全球供应商之间的技术交流困难得到了很大程度的缓和。

（3）全球供应链的实施效果

福特汽车公司全球供应链能够从全球范围内获取资源，一方面，降低了企业的生产成本；另一方面，汇集了全球最优质的资源，提升了产品的品质，从销售利润和企业形象等多方面提升了企业的市场竞争力。

8.5.4　闭环供应链

随着消费品品种的增多，产品的生命周期逐渐缩短，废旧产品的数量急剧增加，在造成环境污染的同时产生了巨大的资源浪费。因此，在社会环保意识、环保法律法规、企业自身利益的驱动下，以产品供应为目标的前向供应链和以废旧产品回收为目标的逆向供应链共同构成的闭环供应链应运而生。

1.闭环供应链的概念

闭环供应链是在传统供应链的基础上，同考虑到社会资源环境要求和企业自身经济利益的逆向供应链紧密结合，构成一个环状的供需关系网链，以实现资源的循环利用，进而最大限度地节约资源、减少废弃物排放的一种供应链模式。

2.闭环供应链的结构

闭环供应链通过对产品正向供应和逆向回收的融合，实现了资源流动从"资源—生产—消费—废弃"过渡到"资源—生产—消费—再资源"的闭环循环过程。闭环供应链的结构如图 8-10 所示。

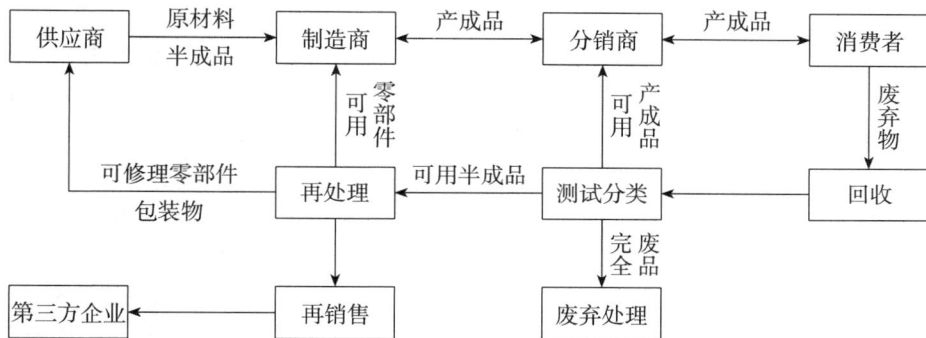

图 8-10　闭环供应链的结构

闭环供应链中逆向的部分主要包括 5 个环节：

（1）回收

回收环节是将消费者产生的废旧物品集中运送到某一特定场所的过程，这个过程是逆向供应链收集"原材料"的过程，是前向供应链与逆向供应链相结合的衔接点。

（2）测试分类

测试分类是对回收环节集中的废旧物品进行价值的评判，并将废旧物品分为可用产成品、可用半成品和完全废品，进而确定废旧物品的流向。测试分类可以通过人工进行，通过对物品的观察，按照物品的型号、品牌、损坏程度进行分类，也可以通过机器对物品进行检测，判断其是否能够重新利用。

（3）再处理

再处理环节的目的在于恢复废旧产品、零部件的实用价值，通过对废旧产品的转换，实现资源再利用。再处理的方式包括清洗、拆卸、维修以及翻新、再制造和拼修等。

（4）再销售

再销售是指将以各种途径恢复价值的产品重新投入市场的过程。再销售包括3个渠道，首先是产品市场，比如库存积压的产品、反季的产品以及无故障退货的产品等，这些产品可以直接通过某些方式投入市场，此外，通过维修、翻新等方式处理的产品也可以投入相同的产品市场或二手市场。其次是零部件市场，将从废旧物品上拆卸下来的零部件再利用，用于售后服务或加入新的生产线；最后是原材料市场，无法再利用的零件或产品可以通过切割、粉碎等处理，转化成为新的原材料，进行再利用。

（5）废弃处理

由于技术无法达到处理废弃物的要求，或者再利用废弃物在经济上是不可行的，有些废弃物无法进行再利用，对于这些废弃物，企业应通过机械处理、掩埋或焚烧等环保方式进行销毁。

3.闭环供应链的作用

闭环供应链将前向供应链和逆向供应链紧密地结合在一起，将消费者产生的废弃物品进行再利用，起到保护环境、节约资源、节约企业生产成本以及提升企业形象的作用。

（1）保护环境

企业将废弃物品进行回收再利用，减少人类社会向自然环境投放的废弃物，直接降低对自然环境的污染程度，为可持续发展提供进一步的可能性。

（2）节约资源

部分废弃物品的回收再利用，在一定程度上补充了制造商所需要的原材料，进而减少原材料提供商对自然资源的开采和利用，这对于节约资源起到了一定的辅助作用。

（3）节约企业生产成本

相对于使用新的原材料进行生产，使用回收的原材料能够减少企业生产的成本，并让利于消费者，起到提升企业市场竞争力的作用。

（4）提升企业形象

企业通过废弃物品回收再利用，能够在保护环境和节约资源方面作出贡献，进而维护企业在社会上的良好形象，对于企业树立品牌能够起到一定的帮助作用。

4.闭环供应链应用案例——施乐公司闭环供应链

（1）案例背景

将报废的电子产品用到新的产品和零部件的生产中是施乐公司于20世纪90年

代初开创的，公司通过建立回收寿命终止产品、实施旧产品再利用的工程，实现了整个供应链的闭环运作。

（2）施乐公司闭环供应链的实施

① 生产源头标准化

施乐公司在产品设计时便遵循方便拆卸和减少零件数量的原则，零部件上均附载与拆卸说明一致的说明。在设计新产品的过程中，施乐公司会参照旧型号的产品，尽量与旧型号产品中的零部件通用，以提高旧型号产品零部件的再利用率。

② 严格的检验技术

施乐公司应用独特的工艺和技术对产品及其零部件的性能进行检验，以确保所有施乐产品，包括恢复再利用的零部件符合相同的规格、性能、外观和质量的要求，并采用与新零部件相同的质量标准，执行相同的质量保证条款和服务协议。

（3）闭环供应链的实施效果

施乐公司成功地管理生命周期终止的产品，每年可减少上亿磅的废物进入填埋场。此外，零部件再利用工程减少了制造新产品所需要的原料和能源上的消耗，每年可节约数亿美元的成本，获得了显著的环境和经济效益。

□ 本章小结

供应链是指围绕核心企业，通过对信息流、物流、资金流的控制，从采购原材料开始，制成中间产品以及最终产品，最后由销售网络把产品送到消费者手中的功能网链结构模式。从供应链的概念中我们可以看出，供应链具有整体性、动态性、复杂性、交叉性以及增值性的特点。供应链有两种运作模式，包括"推"式供应链和"拉"式供应链。其中"推"式供应链是以企业产品为驱动的运作模式，而"拉"式供应链是以消费者为主体的供应链运作模式。

供应链管理是企业寻求新的管理方式环境下产生的，是对供应链上各个环节的计划、组织、协调与控制，目的在于通过供应链上物流、信息流、资金流的高效运作，将正确的产品以正确的价格，及时、准确地送到正确的消费者手中，并实现整个过程的快速响应及成本最小化。供应链管理具有管理目标多元化、管理视角宽泛化、管理元素多样化以及管理系统复杂化的特点。供应链管理与物流管理既有区别又有联系，二者的组成成员、实现手段以及管理范围都有一定的相似性，而在成员关系、业务重心、目标以及管理层次等方面表现出了一定的差别。

随着电子商务的发展，供应链管理产生了一些新的变化，也因此产生了电子供应链的概念，并呈现出不同于传统供应链管理的新特征，包括管理对象细致化、顾客类型不确定化、运作模式拉动化、管理责任全局化以及信息流管理高效化等。同时，在电子商务环境下也产生了几种典型的供应链管理模式，包括快速响应策略、有效客户响应策略以及协同计划、预测与补给系统。

此外，供应链管理也在随着信息技术与电子商务理念的发展而不断进步，进而产生了敏捷供应链、绿色供应链、全球供应链以及闭环供应链 4 个发展趋势，并在持续不断地发展与进步。

□关键概念

供应链　供应链管理　电子供应链管理　快速响应策略　有效客户响应策略
协同计划、预测与补给系统　敏捷供应链　绿色供应链　全球供应链　闭环供应链

□思考题

1.如何理解供应链管理?供应链管理有哪些特点?

2.供应链管理的内容有哪些?

3.什么是电子供应链?

4.电子供应链与传统供应链有哪些差别?

5.QR与ECR有哪些区别?

6.画图说明协同计划、预测与补给系统的结构。

7.简述敏捷供应链和快速响应的关系。

8.全球供应链体现出了哪些优势?

9.企业应该如何通过供应链管理实现其社会责任?

10.简述闭环供应链的结构。

□本章案例

亚马逊供应链模式

亚马逊（Amazon）是全球最早开始经营电子商务的公司之一，它成立于1995年。亚马逊从初期的在线图书零售商逐渐发展成为一家综合服务提供商，其产品和服务已超越网络零售范畴。2019财年，亚马逊净销售额为2805.22亿美元，同比上涨20%。截至2020年6月30日，亚马逊市值为1.38万亿美元，超过阿里巴巴、京东、拼多多、美团、顺丰、中通、韵达的市值总和。

一、亚马逊物流供应链体系

物流供应链能力是提升客户体验的关键。连年登上Gartner供应链大师级榜单的亚马逊拥有全球最高效的供应链网络。自建物流可有效提升电商服务质量，提高产品寄递过程的可控性，提高与第三方物流的议价能力，并在形成规模效应后有效降低物流成本。随着时间的推移，亚马逊很可能将物流服务提供给第三方来提升利润率。亚马逊对物流的强大整合能力主要基于：全球仓储网络、多种配送模式以及前沿科技。

（一）覆盖全球的仓储网络

全球布局：通过前期将大量资金投入设施建设，亚马逊在全球逐渐形成一张高效服务网络。截至2020年6月，亚马逊在全球拥有物流配送基础设施（包含分拣、订单履行、配送中心等）共1182处。为确保所有客户能够享受到高效寄递体验，所有配送中心毗邻人口聚集的大都市或交通枢纽，即使人口稀疏的地区，亚马逊也

会布局规模较小的服务网点。

（二）综合配送能力

在运输与配送环节，亚马逊最初实行第三方合同物流制。物流服务是产品质量的一部分，2013 年，亚马逊加速建立自有物流团队。据统计，2019 年亚马逊美国境内包裹配送量高达 45 亿件，其中通过自建物流网络配送的包裹达 23 亿件，占美国电商 106 亿件包裹配送量的 22%，这个数字让亚马逊成为美国第四大快递公司。2020 年，亚马逊有飞机 44 架，在全美 20 多个机场枢纽配有物流基础设施。

亚马逊的末端配送主要通过三种方式进行：

一是外包给美国邮政、联邦快递、联合包裹等企业，这是亚马逊最早使用的模式。近年来，亚马逊逐渐收回配送业务。

二是快递服务合作伙伴模式（Delivery Service Partners），这是以众包模式搭建的末端配送网络，投资者只要通过亚马逊的审核就可成为亚马逊的专属快递伙伴。2020 年，该项目能够服务亚马逊一半的订单。截至 2019 年底，亚马逊已签约超过 800 家快递服务合作伙伴，这些承包商在全美雇用司机约 7.5 万名。

三是智能化的新型配送模式，如 Amazon Flex，有空闲时间的司机以"零工"模式参与配送，可解决快递业高峰时期运力不足、低谷时段工薪负担重的双重矛盾；智能包裹柜，可解决客户不在家无法配送等情况；亚马逊钥匙，投递人员可在客户外出的情况下将包裹放入室内，客户可通过 APP 实时获取信息，进行视频监控；无人机配送等。

（三）仓储自动化及大数据智慧物流

大数据智慧物流运营系统是亚马逊背后的支撑力量。亚马逊在业内率先利用大数据、人工智能、云计算技术进行仓储物流管理，将全球所有仓库紧密相连，实现快速响应的同时，也确保了精细化运营。此运营系统具备强大的数据运算和分析能力，兼容性高，灵活对接能力强。大数据智能物流应用主要包括三类：

一是精准预测。亚马逊收集用户历史记录，运用数据构建模型，精准预测产品在不同地域、不同时间点的未来需求。从配货规划、运力调配以及末端配送等环节提前做好准备，有效平衡运营能力。

二是提高分拣效率。通过运营中心后台强大的数据算法，每名物流作业人员都能时刻处于最佳拣货路径，可极大提高分拣效率，避免重复作业。

三是优化商品储存。亚马逊创造性地运用随机储存，而不是固定位置存储模式，有效提高了仓库利用率和搬运分拣效率。随机储存看似杂乱，实则有序，规则是利用大数据实现随机上架、见缝插针。

亚马逊的供应链管理为国内企业提供了借鉴：

1. 以技术为牵引，推动寄递服务水平提升。智慧物流是物流行业的趋势。亚马逊对科技的投入和研发是深入挖掘消费者需求实现高效供应链的根本支撑。物流属于科技与智慧密集型产业，物流服务必须朝着信息化、标准化、组织化、智能化方向发展，通过大数据、云计算、物联网等先进技术的充分把控，实现物流资源的有效整合。

2.积极拓展新型客户资源，减少对单一平台的依赖。我国邮政快递企业深度依赖电商平台，议价能力差，恶性竞争等情况明显，面临的不确定性很强。快递企业应积极拓展新型客户资源，扩大业务范围，寻找新的增长点。

资料来源：崔石榴.亚马逊飞轮及物流供应链体系（上）［N］.中国邮政报，2020-09-10（004）。经删减和整理。

【案例思考】

1.亚马逊供应链管理的理念有哪些?它们体现在哪些方面?

2.亚马逊值得我国企业学习的地方有哪些?

□参考文献

［1］马士华，林勇，陈志祥.供应链管理［M］.北京：机械工业出版社，2000.

［2］但斌.供应链管理［M］.北京：科学出版社，2012.

［3］谢家平，迟琳娜.供应链管理［M］.2版.上海：上海财经大学出版社，2012.

［4］杨路明.电子商务概论［M］.北京：中国人民大学出版社，2010.

［5］冯耕种，刘伟华.物流与供应链管理［M］.北京：中国人民大学出版社，2010.

［6］高步功.电子商务概论［M］.北京：机械工业出版社，2012.

［7］黄海滨.新编电子商务教程［M］.上海：上海财经大学出版社，2011.

［8］廖媛红.绿色供应链运作模式研究与案例分析［J］.生态经济（学术版），2007（2）：203-207.

［9］吕君.面向案例分析的闭环供应链库存管理研究［J］.财贸研究，2007（3）：105-110.

［10］王英姿.国际粮商的农业供应链管理及其对我国的启示——以美国嘉吉公司为例［J］.中国发展观察，2013（2）：60-62.

第 9 章

移动商务

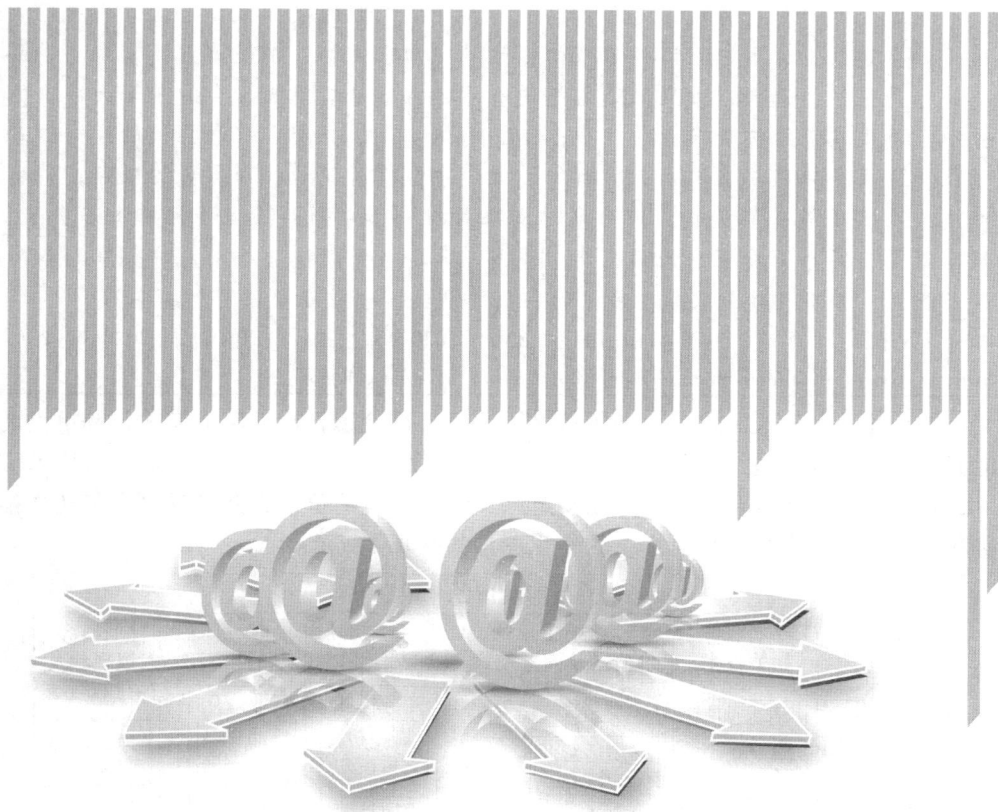

┌─────────────────── 学习目标 ───────────────────┐

　　通过本章的学习，了解移动商务的基本知识，掌握移动商务的产生与发展、含义及特点，了解移动商务的相关技术，理解移动商务的价值链、商务模式及在各行业中的典型应用，并对国内外移动商务的发展现状进行分析，发现不足并了解行业动态。

└──┘

【案例引导】

　　随着5G、大数据、人工智能等技术的发展，移动互联网已经渗透人们生活的各个方面，成为当代人生活必不可少的工具。截至2020年6月末，我国移动互联网月活跃用户规模已经达到11.55亿人，较2019年全年新增847万人。目前，即时通信行业是我国移动互联网渗透最广的行业，2020年6月，即时通信月活跃用户规模已经达到10.69亿人。综合电商、在线视频、短视频和地图导航的月活跃用户规模均突破8亿人。

　　在庞大的用户量背后，是移动电子商务带给人们的颠覆原本生活方式的巨大改变。在地铁上，用户可以将零散的休闲时间拿来购物，手机淘宝、京东、唯品会等都是很好的选择；如果只是想随便看看，抖音等短视频平台的基于大数据的被动推荐模式会给你带来新的惊喜；SoLoMo（本地、社交、移动化）的模式和基于位置的服务使用户在逛街、旅行的过程中也能随时随地找到需要的服务，也可使用大众点评看一看美食，或者通过淘票票看一场电影；不需要拥有多套房子、汽车甚至自行车，途家、滴滴打车、摩拜单车等App就能够帮助用户共享到各类服务资源；手机直播的兴起造就了新一代的网红，也成就了"网红经济"。

　　资料来源：佚名. QuestMobile 中国移动互联网2020半年大报告［EB/OL］. ［2020-07-28］. http：//www.questmobile.com.ch/research/report-new/118.经删减和整理。

　　移动商务已经成为电子商务领域又一重要且可持续发展的商务模式，其更大的价值在于通过手机这一必不可少的通信工具，能使社交娱乐、工业制造、技术应用、商业服务、技术革新等多方联动起来，缔造出新的价值，并且反过来其还能推动商业模式和技术的创新。本章的知识图谱如图9-1所示。

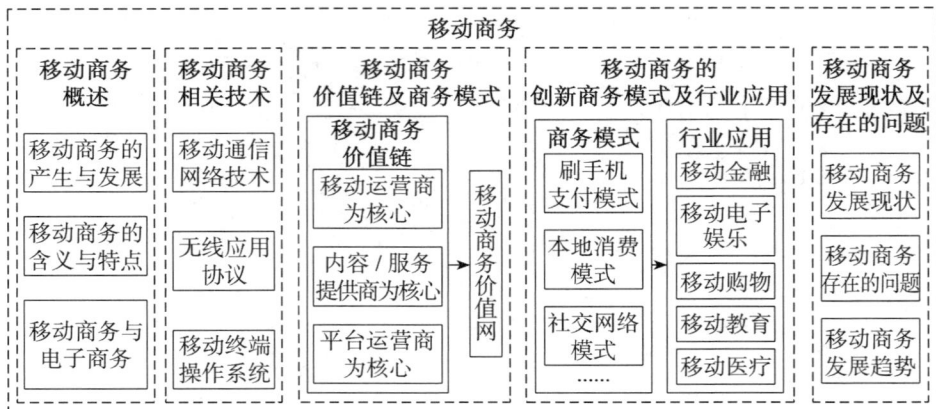

图9-1　移动商务知识图谱

9.1　移动商务概述

移动通信技术、无线上网技术和商务活动的有机结合创造了移动商务，移动商务以其灵活、简单、方便的特点受到用户的欢迎，用户可通过它随时随地获取所需的服务、应用、信息和娱乐。尽管目前移动商务的开展还存在很多问题，但随着它的快速发展和普及，很快会成为未来电子商务的主战场。

9.1.1　移动商务的产生与发展

移动商务的兴起并非偶然，移动通信技术的成熟和广泛商业化为移动商务提供了通信技术基础，而功能强大、价格便宜的移动通信终端的普及为移动商务提供了有利的发展条件。移动商务的发展不但有利于更加充分地发挥互联网的潜力，它还提供了许多新的服务内容。这些因素都是移动商务兴起和迅猛发展的动因。

1.移动商务的产生

从1989年，中国第一个模拟蜂窝移动电话系统投入使用，到现在，5G正式投入商用，中国移动互联网用户达到13.19亿人，占全球网民总规模的32.17%。事实上，中国早已进入移动商务时代，其主要驱动因素包括：

（1）社会经济发展对移动商务需求的驱动

如今人类社会生活和经济生活对于移动通信有着强烈的需求，移动商务的迅速发展也就成为这种技术供给和社会需求相吻合情况下的必然结果。社会化大生产和市场经济以及经济全球化的发展，需要的电子商务是不受地点和时间、不受气候和环境限制的，更多的人在更多的时间处于移动状态时，移动商务的需求自然就产生了。移动商务是基于Evernet（一种可使用户随时随地连接的网络）理念的应用，使随时随地进行商务及秘密通信成为可能。移动通信界面的个性化设计为用户简化了服务与信息的介入，满足了社会发展的需要。

（2）移动通信技术的进步

在移动通信网络普及以前，人们之间的远程通信主要通过电报、电话、传真等手段来实现，计算机和互联网的出现是人们沟通方式的一次重要变革。但无论哪种方式，由于通信工具不能随身携带，用户在通信时始终受到物理条件的限制。移动通信技术的出现无疑是人类沟通手段的一次突破，基本克服了时间和空间的通信限制，更为移动商务提供了与用户的接口。在近十年中，手机已经从少数人携带的奢侈品变成大众生活必需品，移动终端也包括个人数字助理（PDA）、车载GPS等。良好的网络和大量的用户群都为移动商务的发展奠定了重要的技术基础和市场保证。

（3）移动通信网络与互联网融合的直接结果

如果说移动通信技术和用户需求的结合促进了移动商务的发展，那么移动网络与互联网融合则起到了催化剂的作用。通过互联网获取信息内容已经被越来越多的用户所接受，移动网络的形成使得用户可以随时随地进入互联网，可以说移动网络连接了网络与用户间"最后一公里"的距离，互联网的作用因此被扩大到了更加广阔的物理空间。因此，基于互联网的电子商务自然而然地延伸到了移动互联网中，移动商务顺势而起成为必然。

移动商务是适应21世纪人类工作、生活模式和企业运作需求的新型通信和商务模式，网络和终端技术的发展，为电子商务的影响力奠定了良好的基础，移动商务产生与兴起成为必然。

2. 移动商务的发展

随着移动通信技术和计算机的发展，移动商务的发展已经经历了三代：

（1）第一代移动商务——基于短消息服务的移动商务

第一代移动商务系统是以短信为基础的访问技术，这种技术存在着许多严重的缺陷，其中最严重的问题是实时性较差，查询请求不会立即得到回答。此外，短讯信息长度的限制也使得一些查询无法得到完整的答案。这些令用户无法忍受的严重问题也导致了一些早期使用基于短信的移动商务系统的部门纷纷要求升级和改造现有的系统。

（2）第二代移动商务——基于WAP技术的移动商务

第二代移动商务系统采用基于WAP技术的方式，手机主要通过浏览器的方式来访问WAP网页，以实现信息的查询，部分地解决了第一代移动访问技术的问题。第二代的移动访问技术的缺陷主要表现在WAP网页访问的交互能力极差，因此极大地限制了移动商务系统的灵活性和方便性。此外，WAP网页访问的安全问题对于安全性要求极为严格的政务系统来说也是一个严重的问题。这些问题也使得第二代移动商务技术难以满足用户的要求。

（3）新一代移动商务——基于多技术融合的移动商务

新一代的移动商务系统采用了基于SOA架构的Web Service、智能移动终端和移动VPN技术相结合的第三代移动访问和处理技术，使得系统的安全性和交互能力有了极大的提高。第三代移动商务系统同时融合了3G移动技术、智能移动终端、VPN、数据库同步、身份认证及Web Service等多种移动通信、信息处理和计算机网络的最新前沿技术，以专网和无线通讯技术为依托，为电子商务人员提供了一种安全、快速的现代化移动商务办公机制。

从市场发展阶段的层面看，移动商务的发展经历了萌芽期、成长期以及发展期三个阶段，见表9-1。

表 9-1　　　　　　　　　　　　移动商务的市场发展阶段

特点 \\ 阶段	萌芽期 （2000—2008）	成长期 （2009—2016）	发展期 （2016年至今）
服务定位	移动商务得到初步定位，拓展了包括银行业务、交易、订票、购物在内的一系列服务	各大综合性 B2C 电商平台布局移动端；移动端的软件生态逐渐形成	技术、客户、产品、支付方式、物流等环境已经成熟，需要提供更加精准的服务
市场分析	市场处于探索期，市场先后推出手机银行卡、手机支付、移动商易通等业务，形成移动商务市场的萌芽期	市场处于成长期，技术逐渐成熟，并且市场规模超过两亿元	市场增速放缓，利用社交因素和 LBS 技术探索存量增值

9.1.2　移动商务的含义与特点

1.移动商务的含义

移动商务（M-Commerce），它由电子商务（E-Commerce）的概念衍生出来，现在的电子商务以 PC 机为主要界面，是"有线的电子商务"。而移动商务，则是通过手机、平板电脑、PDA（个人数字助理）这些可以装在口袋里的终端供我们使用，无论何时、何地都可以开始。因此，**移动商务是指通过移动通信网络进行数据传输，并且利用移动信息终端参与各种商业经营活动的一种新电子商务模式，它是新技术条件与新市场环境下的新电子商务形态。**互联网技术、移动通信技术、短距离技术及其他技术的完善组合创造了移动商务。

从技术的角度来看，移动商务使用便携式终端设备，通过移动电话网络或无线局域网（WLAN）和原有的固定网络相互连接，实现了一种不受时间和空间限制的商务模式，将商务活动和个人的移动更加紧密地结合在一起。从应用角度来看，移动商务的发展是对电子商务的整合与发展，是电子商务发展的新形态，它将传统的商务和已经发展起来的，但是分散的电子商务整合起来，将各种业务流程从有线向无线转移和完善。与传统电子商务相比，移动商务拥有更为广泛的用户基础，因此具有更为广阔的发展前景。

2.移动商务的特点

移动商务的迅速崛起给电子商务以及人们的生活带来了变革性的影响，它主要具有以下几个方面的特点：

（1）**移动性**

移动商务不受时间和地点的约束，能够实现在任何地方通过无线技术利用移动终端，如手机、平板电脑等为消费者提供商务服务。由于移动设备通常小巧方便，用户往往随身携带，可以随时随地进行商务活动，例如人们在等车、排队的时候就可以查看股票行情，进行股票交易等，大大提高了办事效率。

（2）即时性

通过移动商务，用户可以即时地获得所需的服务、应用、信息以及娱乐，用户可以在任何时间使用移动终端进行信息的查找、选择与购买，采购可以即时完成，商业决策也可以马上实施，提高了商务效率，节省了用户的时间。例如，手机银行、手机购物、手机订票、手机电邮等服务的产生，为用户的即时商务行为提供了方便。

（3）个性化

由于移动终端的用户身份固定，因此企业能够向用户提供个性化的移动交易服务。通过消费者的交易历史，利用无线服务提供商提供的人口统计信息和位置信息，企业可以通过个性化的推送服务进行更精准且有针对性的广告宣传。消费者也可以通过个性化的需求与喜好进行定制，提供服务与信息的方式完全由用户自己控制。移动商务将用户和商家紧密联系起来，使得电子商务走向了个性化。

（4）高感知性

随着技术的进步，移动设备上安装了定位、摄像、录音、心率检测等功能模块，极大地提高了移动设备的信息感知能力。例如，使用指纹和面部识别模块可以检测用户的生物信息，保证了移动支付的安全性；使用定位功能模块可以为用户提供基于 LBS 的服务；利用穿戴设备的心率检测模块可以为用户提供健康监测服务。

（5）可识别性

移动电话利用内置的 ID 来支持安全交易，并且通过 GPS 技术，服务提供商可以十分准确地识别用户。手机所用的 SIM 卡对于移动商务就像身份证对于社会生活一样，因为 SIM 卡上存储着用户的全部信息，可以唯一地确定一个用户的身份。传统的电子商务因为很难辨别用户的消费信用问题，也就在一定程度上阻碍了它的发展，而对于移动商务来说，可以凭借其用户身份认证技术有效规避用户消费信用问题。

9.1.3 移动商务与电子商务

移动商务是电子商务在移动互联网的应用，是电子商务的一种延伸，但绝不能理解为移动商务只是电子商务的一种简单扩展。移动商务在很多方面具有传统电子商务所不能媲美的优势，如移动性、即时性和定位性等特点。这种新的商务模式突破了固定网络的束缚，用户可以随时随地获得个性化的信息，移动商务使得商务更加简单、快捷。移动商务与传统电子商务的区别见表9-2，主要体现在终端设备、通信网络、使用地点、价值体现和行业成熟度等几大方面。

表 9-2   移动商务与传统电子商务的区别

对比项 ＼ 类型	移动商务	传统电子商务
终端设备	手机、平板电脑、可穿戴设备	PC 或笔记本电脑
通信网络	无线网络	Internet 或 LAN
使用地点	几乎不受环境限制	室内为主
价值体现	即时联网 定位能力 个性化服务	海量存储、高速传输 廉价通信 智能化
行业成熟度	处于发展阶段	比较成熟
用户规模	规模很大	规模较小
信息获取速率	即时获取	获取较慢

9.2　移动商务相关技术

　　无线数据通信技术和移动互联网的发展，为移动商务的发展奠定了坚实的基础，移动商务正在形成一个庞大的市场。目前，移动商务的相关技术逐渐成熟，支撑着移动商务的不断发展。

9.2.1　移动通信网络技术

　　移动通信网络是进行移动商务的核心技术，它决定了移动终端的类型，根据其覆盖范围的大小，可分为三类：卫星通信系统、陆地蜂窝移动通信系统和无线通信系统，见表 9-3。

表 9-3   移动通信系统

移动通信系统	代表性技术	说明
卫星通信系统	卫星网络	卫星通信系统、GPS
陆地蜂窝移动通信系统	移动通信网络	GSM、GPRS、3G 以及正在发展中的各种 无线通信系统
无线通信系统	无线城域网	WiMAX 提供组织内部通信和 信息资源的无线访问
	无线局域网	Wi-Fi 实现小范围内数字设备的无线通信
	无线个域网	Bluetooth 低成本、跨平台、 点对点高速数据连接

1.卫星通信系统

卫星通信系统实际上也是一种微波通信，它以卫星作为中继站转发微波信号，在多个地面站之间通信。卫星通信系统由卫星端、地面端、用户端三部分组成。卫星端在空中起中继站的作用，即把地面站发上来的电磁波放大后再返送回另一地面站。卫星通信的主要目的是实现对地面的"无缝隙"覆盖。

2.陆地蜂窝移动通信系统

陆地蜂窝移动通信系统是目前最广泛使用的无线通信系统，相对于长距离的卫星通信系统来说，它属于中距离的无线通信系统。

（1）第一代移动通信系统（1G）

第一代移动通信系统（1G）起源于20世纪70年代末，主要采用的是模拟技术和频分多址（FDMA）技术。由于受到传输带宽的限制，其最大的缺点是不能进行移动通信的大区域性漫游。

（2）第二代移动通信系统（2G）

20世纪90年代初期出现了以数字传输、时分多址和窄带码分多址为主体的第二代移动通信系统（2G）。第二代移动通信以GSM、窄带码分多址（N-CDMA）两大技术为代表，其中GSM（Global System for Mobile Communications）是一种多业务系统，可以依照用户的需要为用户提供各种形式的通信。2G系统替代了1G完成了模拟技术向数字技术的转变。

（3）第三代移动通信系统（3G）

第三代移动通信系统（3G）是由卫星移动通信网和地面移动通信网所组成，支持高速移动环境，提供语音、数据和多媒体等多种业务的先进移动通信网。目前主流的3G技术标准有欧洲的WCDMA、美国的CDMA2000和中国的TD-SCDMA。TD-SCDMA标准是中国电信史上重要的里程碑，是由中国大唐移动通信第一次提出并在无线传输技术的基础上通过国际合作完成的。在技术上，三种3G技术标准各有千秋，在国内市场中均有应用，分别是中国电信的CDMA2000，中国联通的WCDMA和中国移动的TD-SCDMA。

3G技术的主要优点是能极大地增加系统容量、提高通信质量和数据传输速率。此外利用在不同网络间的无缝漫游技术，可将无线通信系统和互联网连接起来，从而可对移动终端用户提供更多更高级的服务。

（4）第四代移动通信系统（4G）

国际电信联盟ITU对第四代移动通信系统（4G）的定义是符合100Mbps~150Mbps的下行宽带（就是说能够提供12.5MB/s~18.75MB/s的下行速度）的通信技术。由于这个极限峰值的传输速度几乎没有运营商可以做得到，所以现阶段，ITU将4G定义于LTE-TDD（Time Division Long Term Evolution，时分长期演进）、LTE-FDD（Frequency Division Long Term Evolution，频分长期演进）、WiMAX，以及

HSPA+（High-Speed Packet Access+，增强型高速分组接入技术）四种技术的范畴，我国目前广泛使用的是自主研发的 TD-LTE-Advanced。而实际上，4G 还应该包含以下关键特性：在保持成本效率的条件下，在支持灵活广泛的服务和应用的基础上，达到世界范围内的高度通用性；支持 IMT（International Mobile Telecommunications）业务和固定网络业务的能力；高质量的移动服务；用户终端适合全球使用；友好的应用、服务和设备；世界范围内的漫游能力；增强的峰值速率以支持新的业务和应用，例如多媒体。

（5）第五代移动通信系统（5G）

第五代移动通信技术（5G）是最新一代蜂窝移动通信技术，5G 的性能目标是高数据传输速率、减少延迟、节省能源、降低成本、提高系统容量和大规模设备连接。下行的传输速率为 1Gbps，上行速率为 100Mbps，最低延迟为 5 毫秒。Release-15 中的 5G 规范的第一阶段是为了适应早期的商业部署。Release-16 的第二阶段于 2020 年 4 月完成，它被作为 IMT-2020 技术的候选技术提交给国际电信联盟。目前，提供 5G 无线硬件与系统给电信运营商的公司有：华为、三星、高通、思科、中兴、大唐电信。

3.无线通信系统

与有线网络一样，无线网络可根据数据传输的距离分为无线城域网、无线局域网和无线个人网三种类型，见表 9-4。

表 9-4　　　　　　　　　　　　　　无线网络技术

无线网络技术	说明	代表
无线城域网	无线城域网（Wireless Metropolitan Area Network，WMAN）是为了满足日益增长的宽带无线接入的市场需求而提出的，使用户可以在城区的多个场所之间创建无线连接，而不必花费高昂的费用铺设光缆、铜质电缆等	WiMAX
无线局域网	无线局域网（Wireless Local Area Network，WLAN）是指采用无线介质传输的计算机局域网，采用的标准是 IEEE802.11 系列。由个人或公司内部使用，通过无线接入点与分布不同位置的无线网卡对应	Wi-Fi
无线个人网	无线个人网（Wireless Personal Area Network，WPAN）提供了一种小范围内的无线通信手段	蓝牙、红外、射频技术

在此本节仅针对不同的无线网络技术中的几种代表性技术进行详细的介绍。

（1）WiMAX

WiMAX（Worldwide Interoperability for Microwave Access，WiMAX），即全球微

波互联接入，是一项面向互联网的高速连接的新兴宽带无线接入技术。WiMAX使用多载波调制技术，可以提供高度快速的数据业务，而且具有覆盖范围广，频段资源利用率高等优势，其无线信号传输距离最远可以实现50km，网络覆盖面积是3G基站的10倍。同时，WiMAX还具有技术成熟、标准化高、组网灵活和扩容性强等优势，为城市范围内的信息交流和网络接入的问题提供了有效可行的解决途径。

（2）Wi-Fi

Wi-Fi（Wireless Fidelity）是无线保真的缩写，是一种可以将个人电脑、手持设备（如PDA、手机）等终端以无线方式互相连接的技术。Wi-Fi是当今使用最广的一种无线网络传输技术，实际上就是把有线网络信号转换成无线信号，只要将传统的有线路由器换成无线路由器，简单设置后即可实现Wi-Fi无线网络共享。一般Wi-Fi信号接收半径约95米，但受墙壁等障碍物影响，实际距离会小一些。

（3）蓝牙

蓝牙（Bluetooth）是一种用于替代便携式或固定电子设备上使用的电缆或连线的短距离无线连接技术。蓝牙技术作为一种低成本、低功率、小范围的无线通信技术，可以使手机、个人计算机、打印机及其他计算机设备进行数据和语音传输。其正常的工作范围是10m半径之内，在此范围内，可进行多台设备的互联。2009年，蓝牙技术联盟正式颁布了新一代标准规范——蓝牙核心规范3.0版（蓝牙3.0），允许蓝牙协议针对任一任务动态地选择正确的射频，使得传输速率提高了大约24Mbps，是蓝牙2.0的8倍，可轻松用于录像机至高清电视、PC至打印机等设备之间的资料传输。

（4）移动IP技术

移动IP技术（Mobile Internet Protocol）是移动通信和IP技术的深层集合，实现话音和数据业务的融合，将无线话音和无线数据综合到一个技术平台上进行传输的新型移动技术。它能够使移动用户在移动自己位置的同时无须中断正在进行的互联网络通信。移动IP技术现在有两个版本，分别是Mobile IPv4和Mobile IPv6。

9.2.2 无线应用协议

1997年6月，移动通信界的四大公司爱立信、摩托罗拉、诺基亚和无线星球组成了无线应用协议。无线应用协议（Wireless Application Protocol，WAP）是数字移动电话、互联网或者其他个人数字助理（PDA）、计算机应用乃至未来的信息家电之间进行通信的全球开放标准。WAP的出现使电信产业中发展最为迅速的移动通信完全加入到计算机网络世界成为了可能。

1.WAP的含义

WAP是开展移动商务的核心技术之一，它提供了一套开放、统一的技术平台，使用户可以通过移动设备很容易地访问和获取以统一的内容格式表示的互联网或企业内部网信息和各种服务。通过WAP手机可以随时随地、方便快捷地接入互联网，真正实现不受时间和地域约束的移动商务。

2.WAP的工作原理

无线网络是由移动终端、网关以及网络组成的，WAP应用结构与Internet结构非常类似，一个典型的WAP应用系统定义了三类实体：

（1）WAP移动终端

典型的终端如WAP手机，在它的显示屏上运行微浏览，用户可以采用简单的选择键实现WAP服务请求，并以无线方式发送和接受所需的信息。

（2）WAP代理

WAP代理包括协议网关，实现WAP协议栈与互联网协议栈之间的转换，是联系GSM网与Internet的桥梁。信息内容编解码器把WAP数据压缩编码，以减少网络数据流量，最大限度地利用无线网络有限的数据传输速率。

（3）WAP内容服务器

WAP内容服务器是WAP应用系统中规模最大的实体，旨在为WAP应用提供数据服务支持，可以存储大量信息，以供WAP手机用户来访问、浏览和查询等。

WAP网络的基本结构如图9-2所示，当用户从WAP手机键入所要访问的WAP内容服务器的URL后，信号经过无线网络，以WAP协议方式发送请求至WAP网关，然后经过翻译，再以HTTP协议方式与WAP内容服务器交互，最后WAP网关将返回的内容压缩处理成二进制流返回到用户的WAP手机屏幕上。

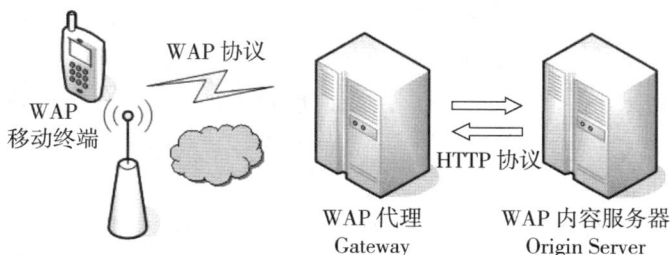

图9-2 WAP网络的基本结构图

3.WAP的协议标准

WAP技术的协议栈采用层次化设计，这为应用系统的开发提供了一种可伸缩和可扩展的环境。每层协议栈均定义有接口，可被上一层协议所使用，也可被其他的服务或应用程序直接应用。WAP技术的实现是由以下协议来支持的：无线应用环境（Wireless Application Environment，WAE）、无线会话协议（Wireless Session Protocol，WSP）、无线事务协议（Wireless Transaction Protocol，WTP）、无线传输层安全性协议（Wireless Transport Layer Security，WTLS）和无线数据报协议（Wireless Datagram Protocol，WDP）。

9.2.3　移动终端操作系统

移动终端操作系统分为封闭式和开放式两种。封闭式的操作系统是指那些用户不能装卸任何第三方软件的操作系统，如BP机、早期的手机等，而开放式操作系统主要的特点就是可以允许用户自由安装或删除支持该操作系统的软件，如Windows、Linux等。以手机为例，目前在国内市场上仍然是封闭式操作系统和开放式操作系统并存的局面，前者称为普通手机，后者称为智能手机。

目前，全球市场上较为普遍存在的移动终端操作系统有Android和IOS。到2019年8月，安卓系统在我国的市场占有率达75.44%，苹果IOS系统的市场占有率为22.49%，其他系统的市场占有率仅为0.02%，主要为微软的Windows Phone和黑莓的BlackBerry，但是这两种手机操作系统已停止维护。在此，本节主要介绍Android、苹果IOS两种移动终端操作系统。

1.Android

Android是一种基于Linux的自由及开放源代码的操作系统，主要适用于移动设备，如智能手机和平板电脑，由Google公司和开放手机联盟领导及开发。Android操作系统最初由Andy Rubin开发，主要支持手机。2005年8月该操作系统由Google收购注资；2007年11月，Google与84家硬件制造商、软件开发商及电信营运商组建开放手机联盟共同研发和改良Android系统；2008年10月，第一部Android智能手机发布。随后Android系统逐渐扩展到平板电脑及其他领域，如电视、数码相机、游戏机等。Android平台由操作系统、中间件、用户界面和应用软件组成，号称首个为移动终端打造的真正开放和完整的移动软件。

作为一个后来者，Android操作系统能拥有如今的近46亿名用户，要归功于其独特优势。

（1）开放性好

Android平台允许任何移动终端厂商加入Android联盟，厂商也可以根据自己的需求来改进平台本身，随着加入厂商的增加，平台也愈趋完善，使得用户的数量剧增，形成良性循环。同时不同厂商的竞争，还能使得产品更完善，价格更低廉。随着用户和应用的日益丰富，一个崭新的平台很快走向成熟。

（2）硬件丰富

由于Android的开放性，众多厂商会不断推出功能、特色各异的多种产品。功能上的差异和特色，不会影响到数据同步，甚至软件的兼容，用户可将重要信息如联系人、短信记录等资料在两个同时具有Android系统的终端上方便地转移。

（3）开发方便

Android平台提供给第三方开发商一个十分宽泛、自由的环境，不会受到各种条条框框的阻扰，这便引发了基于 Android 平台的各类软件的迅速出现，使其提供的服务日益完善。但也有其两面性，血腥、暴力、情色方面的程序和游戏如何被有效控制正是留给 Android 的难题之一。

Android 借鉴了成功者的经验，不仅具有不错的用户体验，而且具有类似于苹果模式的程序商店，不仅吸引了开发者为其开发程序，也让操作系统本身对用户更具吸引力。

2.IOS

苹果的 IOS 是由苹果公司开发的手持设备操作系统。苹果公司最早于 2007 年 1 月 9 日在 Macworld 大会上公布了这个系统，最初是设计给 iPhone 使用的，后来陆续套用到 iPod touch、iPad 以及 Apple TV 等苹果产品上。IOS 与苹果的 Mac OS X 操作系统一样，它也是以 Darwin 为基础的，因此同样属于类 Unix 的商业操作系统。原本这个系统名为 iPhone OS，直到 2010 年 6 月 7 日苹果在 WWDC 大会上宣布将其改名为 IOS。

IOS 具有简单易用的界面、令人惊叹的功能，以及超强的稳定性，已经成为 iPhone、iPad 和 iPod touch 的强大基础。尽管其他竞争对手一直努力地追赶，IOS 内置的众多技术和功能让其始终保持着遥遥领先的地位。

（1）**软件与硬件整合度高**

IOS 系统的软件与硬件的整合度相当高，使其分化程度大大降低，远胜于碎片化严重的 Android。这样也增加了整个系统的稳定性，使得 iPhone 手机很少出现死机、无响应的情况。

（2）**易操作性**

苹果在界面设计上投入了很多精力，无论是外观性还是易用性，IOS 都致力于为使用者提供最直观的用户体验。IOS 系统界面简洁、美观，使得其操作简单，用户上手很快，培养了用户的操作习惯，提高了用户的黏性。

（3）**安全性强**

苹果对 IOS 生态采取了封闭管理，并建立了完整的开发者认证和应用审核机制，不给恶意程序入侵系统的机会。IOS 设备上大部分的安全功能都是默认的，无须对其进行大量的设置，而且某些关键性功能，如设备加密，则是不允许配置的，防止用户因意外关闭功能而造成损失。

IOS 的体系架构较为传统，但运行效率高，对硬件的要求低，成本优势大，在现有的硬件条件下，应用运行具有最好的顺畅感，也更加省电。与 Android 等相比，IOS 自成体系，系统架构朴实无华、干净清晰，是目前最有效率的移动设备操作系统。

以上两种移动终端操作系统的性能对比见表 9-5。

表9-5   两种移动终端操作系统的性能对比表

对比项	Android	IOS
支持操作系统方式	触摸屏、键盘式	触摸屏
系统体积	小	较大
资源利用率	低	适中
运行速度	快	较慢
开源系统	是	不是
多任务处理	支持	支持
第三方软件安装	APP、install、apk	PXL

9.3 移动商务价值链及商务模式

迈克尔·波特在1985年首先提出价值链概念，波特认为"每一个企业都是在设计、生产、销售、发送和辅助其产品的过程中进行种种活动的集合体，所有这些活动都可以用一个价值链来表示"。价值链的本质就是由一系列能够满足顾客需求的价值创造活动组成的，这些价值创造活动通过信息流、物流或资金流联系在一起。

9.3.1 移动商务价值链

1. 移动商务价值链的内涵

移动商务价值链就是指运用移动技术，通过移动运营服务的扩展和延伸，基于移动平台进行产品或服务的创造、提供、传递、维持以及从中获得利润的过程中形成的动态的、完整的或虚拟的价值链式结构。

移动商务的价值链不仅具有一般电子商务价值链构建中的高技术性和高智能性的特征，而且具有商务主体在商务活动过程中的移动性特征，因此，其构成的外延更宽泛，形式更灵活，模式更多样，从而更加易于相关组织和单位的共同参与、相互衔接、整合资源、协同动作，进而形成一条完整的价值链。移动商务活动中，企业的价值增长不再单纯取决于企业自身或某一方，而是需要处于价值链不同环节的企业相互协调，实现共赢。

2.移动商务价值链的构成

移动商务价值链的参与者主要包括：移动用户、移动运营商、设备提供商、移动终端制造、终端应用提供商、平台提供商、内容/服务提供商、支付服务提供商和物流服务提供商。其中，移动运营商和移动用户作为价值的主体，是移动服务的起始和终端；设备提供商、移动终端制造商、终端应用提供商、平台提供商为这一过程提供技术支持；内容/服务提供商提供用户所需的内容服务；支付服务提供商和物流服务提供商提供相应的第三方服务，如图9-3所示。

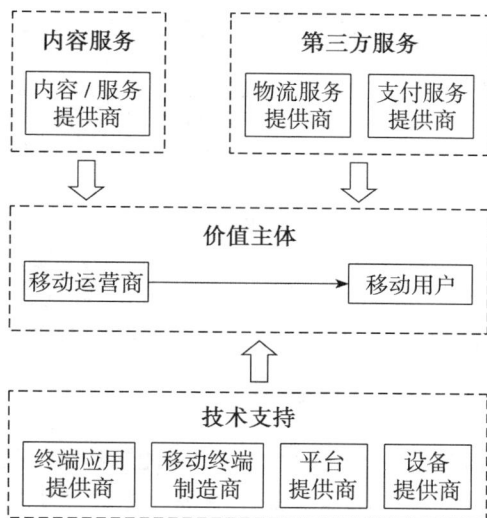

图 9-3 移动商务价值链的主要参与者

移动电子商务各参与方为了最大地获取自己的商业利益，以移动用户的需求为中心，在开展电子商务的过程中发挥着不同的商业功能，见表9-6。

9.3.2 移动商务价值链模型

根据移动商务价值链上各参与企业的力量对比、主导情况分析，移动商务价值链主要存在三种形式：以移动运营商为核心的移动商务价值链、以内容/服务提供商为核心的移动商务价值链以及以平台提供商为核心的移动商务价值链。

1.以移动运营商为核心的移动商务价值链

移动商务价值链的初期形式就是以移动运营商为核心，然而，这种传统的价值链模型却在很大程度上制约了其他价值链成员的发展。

（1）以移动运营商为核心的移动商务价值链模型

以移动运营商为核心的移动商务价值链模型被广泛地认可，主要原因在于移动商务的发展离不开移动运营商所提供的网络的接入，所以移动运营商就具有得天独厚的优势，不仅可以限制对商家提供网络接入服务，更重要的是可以垄断几乎所有

表9-6 **移动商务价值链的主要参与者**

角色	参与方	功能描述	实例
价值主体	移动用户	移动商务价值链的终端环节和利润来源,在移动商务中获取所需要的内容和服务	个人用户、企业用户
	移动运营商	为用户提供各种通信业务,实现对其他运营商的网络接入,在移动商务中处于主导地位	中国移动、中国联通、中国电信
技术支持	设备提供商	为移动运营商提供网络基础设施建设和维护	华为、中兴
	移动终端制造商	制造手机、POS机等移动终端设备	三星、苹果、惠尔丰
	终端应用提供商	为终端制造商提供所需的芯片、零件、操作系统、应用程序等	谷歌、苹果、英特尔、高通
	平台提供商	接入移动运营商网络,联合内容/服务提供商、支付服务机构、物流服务提供商通过此平台进行商务交易活动	淘宝平台、京东平台、微信平台、豌豆荚
内容服务	内容/服务提供商	也可称为商家,为用户提供天气、购物、餐饮等信息或服务,拥有内容的版权,是信息创造的源头	墨迹天气、凡客、肯德基客户端
第三方服务	支付服务提供商	拥有完整灵活的支付平台和支付体系,确保支付过程和账户信息的安全,包含用户资源和商家资源	中国工商银行、支付宝
	物流服务提供商	提供有形产品的物流配送	顺丰、申通、韵达

移动用户。用户购买产品或服务所支付的费用只能到达移动运营商,移动运营商在其中能够赚取到较大利润。内容/服务提供商等其他成员所提供的服务不能直接到达用户,不仅使他们获利甚微,而且用户的需求也无法得到很好的满足。以移动运营商为核心的移动商务价值链模型如图9-4所示。

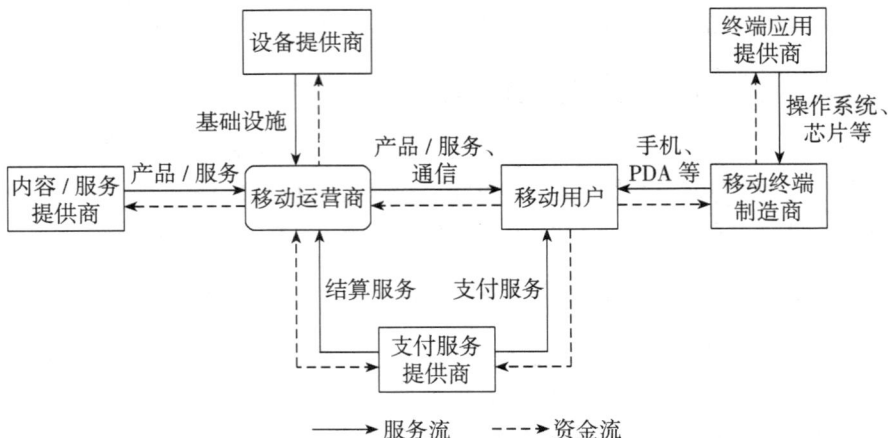

图9-4 以移动运营商为核心的移动商务价值链模型

(2)以移动运营商为核心的移动商务价值链分析

① 移动运营商占据主导地位。移动运营商具有绝对的优势,能够利用其主导

地位构建自己的移动商务品牌，能够选择内容/服务提供商提供的产品和服务，在利润分成中处于优势地位。但是，为了集成整合价值链上的资源，移动运营商要付出巨大的财力、物力、人力，且未来移动商务发展情况无法预测，这将增大移动运营商承担的成本和风险。

② 内容/服务提供商缺乏积极性。内容/服务提供商不能直接面向用户，向用户提供的产品和服务要受到移动运营商的控制，能够提供的内容和服务有限，利润分成比较少。在竞争激烈的同时，由于不能够保证移动运营商会选择自己的产品和服务，内容/服务提供商往往会失去积极性，不利于其发展。

③ 用户需求得不到较好的满足。用户只能从移动运营商处获得移动商务的产品和服务，真实需求不能得到及时满足。移动运营商对产品和服务的垄断给用户造成了较高的购买成本。

2.以内容/服务提供商为核心的移动商务价值链

用户需求的多样化使价值链上最具增值的环节转向内容/服务提供商，移动运营商的地位有所减弱，内容/服务提供商获得了充分发展的机会。

（1）以内容/服务提供商为核心的移动商务价值链模型

在以内容/服务提供商为核心的移动商务价值链模型中，用户的需求信息完全由内容/服务提供商所掌握，内容/服务提供商通过将自己的产品和服务接入多个移动运营商的网络，直接向顾客提供服务，控制着整个价值链的运作。移动运营商因为核心地位的丧失导致了利润的减少。物流服务提供商和支付服务提供商为内容/服务提供商和用户提供商品配送服务及资金的结算和支付等服务，以内容/服务提供商为核心的移动商务价值链模型如图9-5所示。

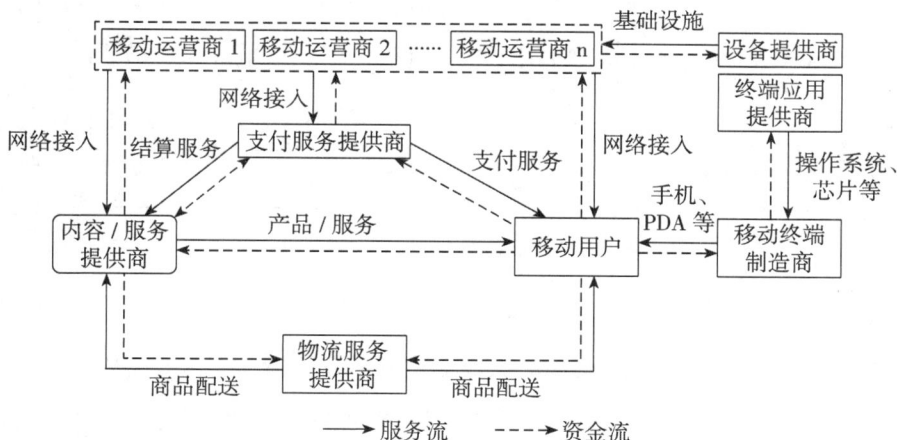

图9-5 以内容/服务提供商为核心的移动商务价值链

（2）以内容/服务提供商为核心的移动商务价值链分析

① 内容/服务提供商拥有控制权并承担风险。内容/服务提供商对于价值链有绝对的控制权，在利润分成中占有很大的比重。但是，内容/服务提供商要自己开发

营销和交易的平台，需要投入巨大的成本，同时面对市场环境的不确定性，内容/服务提供商面临极大的成本风险。

② 移动运营商失去了核心地位。移动运营商为内容/服务提供商提供无线接入服务，降低了运营成本和风险，但是失去了核心用户资源，而且随着内容/服务提供商实力的增强，移动运营商有可能受控于内容/服务提供商，不利于移动商务活动的有效开展。

③ 用户服务质量有所提高。对于用户而言，内容/服务提供商在选择接入服务的网络提供商的过程中，促进了运营商之间的竞争，使得运营商的服务质量也有所提高。内容/服务提供商的服务更加贴近用户，用户选择产品或服务的范围得到扩大，但是，用户需要登录每个商家的页面查看其产品或服务信息，很难了解到关于商家及产品和服务的真实信息，较为不便。

3.以平台提供商为核心的移动商务价值链

移动商务的快速发展，促进了有实力的企业自主开发移动商务平台，于是出现了以平台提供商为核心的移动商务价值链。

（1）以平台提供商为核心的移动商务价值链模型

以平台提供商为核心的移动商务价值链中，平台提供商自主开发、搭建、运营及维护移动商务平台，内容/服务提供商通过移动商务平台向移动用户传递产品或服务信息。移动运营商只需为平台提供商提供网络接入服务，获取利润分成。移动用户通过移动商务平台获取众多商家的产品和服务信息。以平台提供商为核心的移动商务价值链模型如图9-6所示。

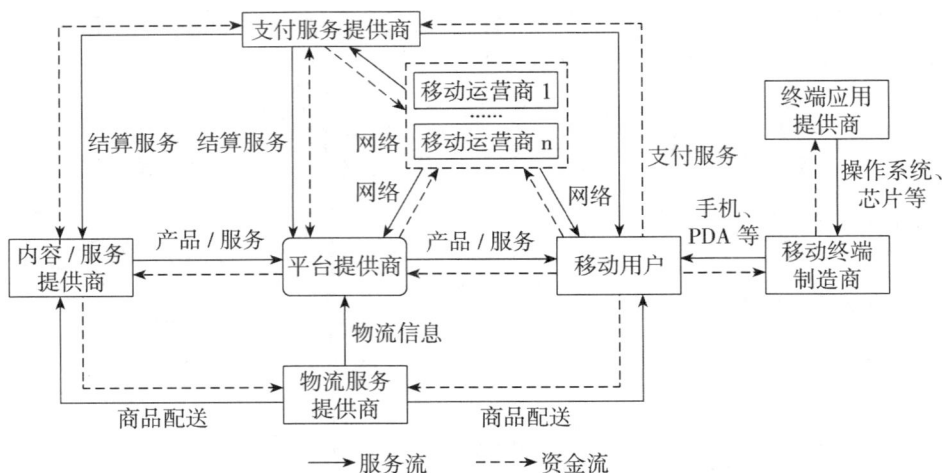

图9-6 以平台提供商为核心的移动商务价值链模型

（2）以平台提供商为核心的移动商务价值链分析

① 平台控制价值链并承担成本风险。平台提供商通过搭建统一的移动商务平台，将内容/服务提供商的产品或服务汇集到统一的移动商务平台上，由平台提供商将产品和服务的信息统一发布给用户，平台提供商因此获得了对价值链的控制

权。但是，移动商务平台的设计、开发、运营及维护在动态的、复杂的移动商务环境中面临很大的成本风险。

② 内容/服务提供商借助平台提高了经营效率。内容/服务提供商不需要自己单独建设独立的移动商务平台，节省了大量的成本，并且移动商务平台可以将其提供的产品/服务信息分类地、有针对性地提供给用户，提高了用户覆盖率及精准率。

③ 移动运营商彻底失去主导地位。移动运营商在以平台提供商为主导的移动商务价值链中失去了主导地位，所得的利润减少导致无法保证移动运营商能够积极地提供服务。

④ 用户具有丰富的选择空间。用户可以更加简捷、方便、快速地获取众多商家提供的产品和服务信息。但是，与移动运营商主导的情况一样，内容/服务提供商提供的内容和服务受到平台提供商的限制，不能够直接面向客户，不利于及时满足用户的真实需求。

9.3.3　移动商务的价值网模型

在移动商务中，单一的价值链模式无法实现多个企业的合作共赢，用户的需求也无法得到很好的满足，要充分发挥各个企业的优势，必须构建以用户为中心的移动商务价值网模型。

1.价值网概述

（1）价值网的概念

价值网是对传统价值链上核心企业能力的集成所形成的网络化组织，是以客户为中心的商务模式，采用数字化供应链概念，达成高水平的顾客满意度和超常的公司利润率，是一种新的价值创造模式。

在价值网中，各个企业间通过交流与合作，更好地为客户服务，同时也获得最大化的利益，进而形成一个良性循环的生态系统，而信息化与网络化也是价值网发展的必要条件。高度的信息化和网络化，使价值网上的企业与企业，企业与客户之间始终保持着密切的联系，企业也可以实时地跟踪与挖掘客户需求，并在成员之间互相分享资源和信息，及时调整经营策略。

（2）价值网的构成

根据价值网的相关理论，一个价值网主要由客户、核心组织者、节点企业和电子市场平台组成。

① 客户。客户是价值网的主要服务对象，客户的多样化需求也是价值网进行价值创造活动的动力。客户的含义有两个：A.价值网内各个企业彼此互为客户；B.真正地对产品和服务有需求的客户。

② 核心组织者。除了客户之外，价值网内的另一个非常重要的角色就是价值网的核心组织者，即核心企业。组织者要具备合作及协调整合的能力，因此，作为核心组织者的企业在价值链中可以占据主导地位，并在本行业中拥有领先优势。

③ 节点企业。节点企业是价值网中的辅助力量，对核心企业进行支持，共同推动价值链的正常运转。因此，对于核心企业而言，在价值创造过程中要与节点企业相互配合，共同为客户服务。

④ 电子市场平台。运用信息网络技术，通过电子市场平台将核心企业与节点企业联系起来，提高价值网运转效率。

2.移动商务的价值网模型

在移动商务价值网模型中，用户是价值网的核心，客户的需求拉动整个价值网其他成员的价值创造。从客户的需求出发，平台提供商、移动运营商和内容/服务提供商三者合作，共同作为价值网的核心组织者，通过电子市场平台，与终端应用提供商、移动终端制造商、设备提供商、物流服务提供商、支付服务提供商等节点企业合作，从而实现资源整合及优势互补，达到价值网各个参与成员的共赢，如图9-7所示。

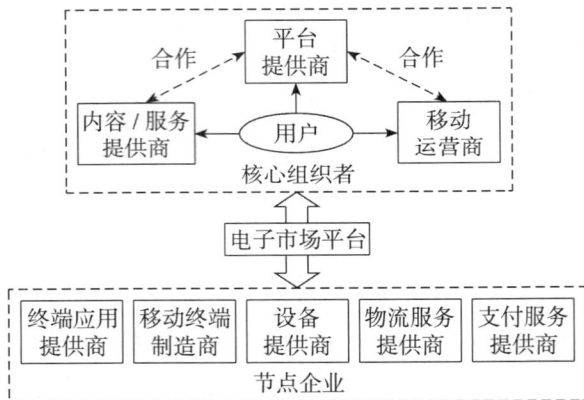

图9-7　移动商务的价值网模型

在三种单一价值链的商务模式下，只有主导地位的核心参与者获得较大利润，其他参与者由于不能实现盈利，必将退出价值链，从而导致价值链不能正常运转。在以客户为中心的移动商务的价值网中，移动运营商、平台提供商和内容/服务提供商将从争取主导权的竞争关系转变为相互合作的关系：

（1）平台提供商与内容/服务提供商合作

平台提供商为内容/服务提供商提供发布产品和服务信息的商务平台以及提供一些其他的管理服务，并不对内容/服务提供商的产品和服务加以限制；内容/服务提供商只需向平台提供商支付一定的费用或与其进行收益分成。这样的关系既有利于平台提供商获得收益，又有利于内容/服务提供商的发展和合理地参与竞争。

（2）平台提供商与移动运营商合作

移动运营商为平台提供商提供网络接入服务，从而获得收益分成，使得移动运营商避免了自己开发平台带来的风险；平台提供商对移动运营商的选择，使移动运营商之间产生竞争，提高了移动通信服务的质量。

可见，平台提供商在整个移动商务价值网核心组织者中起主导作用。另外，移动终端制造商、支付服务机构等参与者也在整个移动商务的价值网模型中发挥着不可或缺的作用，如移动终端制造商在移动终端设备中嵌入移动运营商和平台提供商的相关服务，在终端销售过程中三方可以共同制定优惠政策，捆绑销售；支付服务提供商可以与平台提供商、内容/服务提供商和移动运营商合作，在技术和流程上提供更为安全、便捷的服务。

3. 移动商务的价值网成员

在价值网内部，企业之间也是互为客户的关系，存在着多个价值创造的链条，企业要为其客户企业提供服务，所有的成员企业共同为最终的消费者提供服务，由此构成了包括制造业、金融业、通信业以及信息产业在内的跨行业利益共享的移动商务价值网，见表9-7。

表9-7   **移动商务的价值网成员**

利益相关者	职责	利益
平台提供商	①发展平台用户 ②为商家提供宣传产品和服务的平台 ③为内容/服务提供商提供交易的平台 ④为顾客提供搜索信息及交易的平台 ⑤为用户提供一个社会化网络社区 ⑥提供GPS定位服务 ⑦手机钱包服务（信用卡、优惠券、会员卡） ⑧为商家提供高端报表服务 ⑨提供线下展板服务	①增加用户黏性 ②平台费 ③交易佣金的分成 ④功能服务费 ⑤广告费 ⑥快速发展平台用户
内容/服务提供商	为消费者提供产品和服务信息	获得产品或服务费
移动运营商	①为商家提供移动网络接入服务 ②为顾客提供移动网络接入服务及通讯服务	①移动网络接入服务费 ②通信费
设备提供商	为移动运营商提供移动网络建设、运营及维护所必需的设备	设备费
移动终端制造商	①为用户提供智能终端 ②与平台提供商合作，生产带有NFC标签的零部件以及安装有平台客户端的手机	①终端费 ②功能服务费
终端应用提供商	①为移动终端制造商提供芯片、零部件和操作系统等 ②为平台提供商提供平台手机客户端、手机钱包应用程序、GPS定位系统等软件	①零部件、芯片和操作系统的销售费用 ②软件费
支付服务机构	①银行为平台用户的手机钱包提供充值服务 ②银行为商家提供POS机消费服务 ③第三方支付机构为移动网上交易提供服务	①与平台提供商和商家进行收益的分成 ②增加了机构的客户数量
物流服务提供商	商品的配送	①物流费 ②增加客户数量

9.3.4 移动商务的创新商务模式

商务模式是一种可以产生收入和利润的商业机制。移动商务作为一种新兴业务，成败的关键主要取决于是否拥有合理、持续发展的商业模式。移动技术与服务方式的深度融合以及用户对移动商务需求的增加都不断地挖掘移动商务市场的机会与潜力，促使新型移动商务模式的产生。WAP门户、手机应用、手机广告、移动办公、合作运营等都是目前发展较为成熟的电子商务模式。在成熟模式得以应用、完善和深化的同时，一批创新的移动商务模式也应运而生，如刷手机支付模式、本地消费模式、社交网络模式、跨行业利益共享模式以及产业垂直整合模式等，这里介绍前三种较为常用的商务模式及其综合应用。

1.刷手机支付模式

与传统电子商务"先支付，再消费"的模式不同，移动商务的刷手机支付可以实现用户进店消费的实时支付（如图9-8所示）。支付服务提供商与移动终端制造商合作，使用户可以使用手机钱包；移动终端制造商从移动终端制造支持商处获取NFC标签，将其植入手机中；银行和第三方支付机构等支付服务提供商为手机钱包提供充值功能。用户只需将持有NFC标签的手机靠近商家的POS机，即可完成支付。此模式还可应用于公共交通、停车场等。

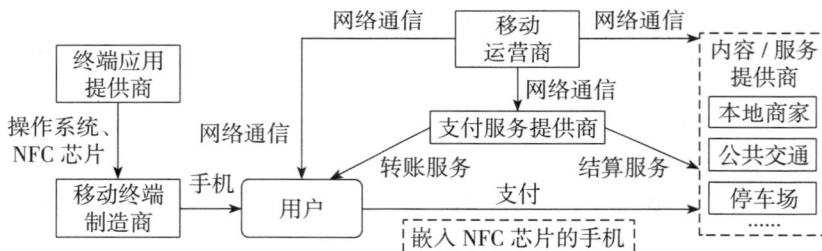

图9-8 刷手机支付模式

2.本地消费模式

移动商务打破了传统电子商务仅仅在网上浏览、网上支付的模式，用户可以在移动商务平台随时随地进行定位签到，搜索附近的商家，或被附近的商家搜索到，并接收产品或服务的推荐信息及优惠券（如图9-9所示）。平台提供商为商家进行了很好的宣传，也为顾客的消费带来了方便。这种本地消费模式特别适用于用户的本地化、临时性消费，诸如餐饮、购物、娱乐等。

3.社交网络模式

在社交网络模式中，平台提供商将为用户和商家提供社交平台网络，以供用户与用户、用户与商家实现信息的交互，新浪微博就是典型的例子。此外，有的社交

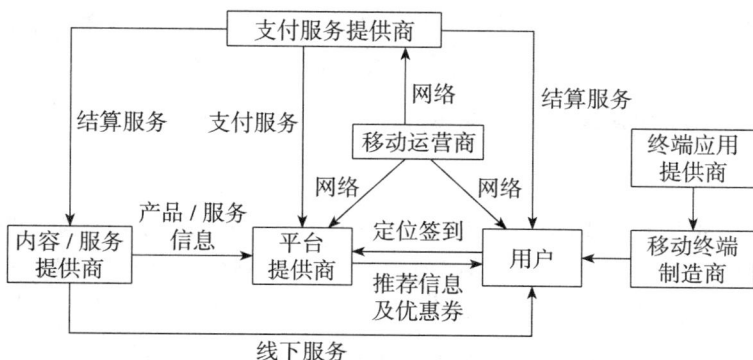

图 9-9　本地消费模式

平台网络还融合了商品交易平台，如微信的微盟小程序商城。如图 9-10 所示，在这一平台上，用户之间可以交友、评论或分享使用过的产品或服务；商家通过平台进行宣传和营销，也可以获取用户的反馈，及时调整产品或服务，满足用户的需求，提高用户黏性。

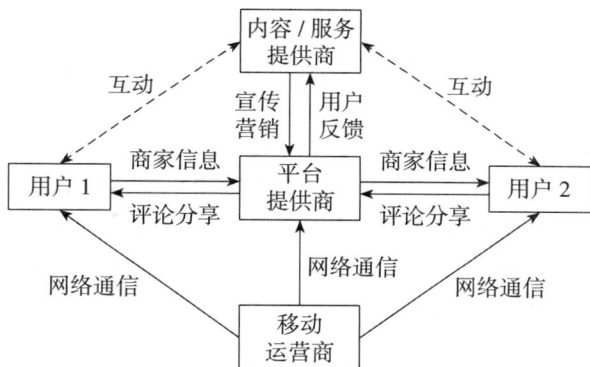

图 9-10　社交网络模式

4.商务模式的综合应用

在移动商务的实际应用中，三种模式往往是综合在一起的。用户先通过移动商务平台随时随地进行定位签到，搜索附近的商家（本地消费模式）；随后，用户在平台上查看其他用户对商家的评论和分享（社交网络模式）；最后，用户在商家消费，并用手机钱包进行支付（可以使用刷手机支付模式，也可以使用其他手机支付模式）。在这一过程中，平台提供商、移动运营商、内容/服务提供商三者作为价值网的核心组织者，帮助用户实现了整个消费过程，及时满足了用户的需求，而移动应用提供商、支付服务提供商等作为其他节点企业，通过电子市场平台对核心企业进行支持，保证了价值网的运营。

2020 年 7 月，美团推出"美团优选"的本地社区团购业务，它采取"预购+自提"的模式。该模式由社区团购平台、居民和社区团长参与。购买流程大致是平台提前一天在线上预售，客户通过手机提前在微信群、APP、小程序下单，第二天就去社区团长处取货，其主要满足了家庭消费者购买生鲜水果的商品需求。

9.3.5　移动商务的行业应用

互联网、移动通信技术和其他技术的组合创造了移动商务，但真正推动市场发展的却是多样的服务。我国移动商务的服务发展经历了两个阶段：第一阶段，主要为用户提供信息服务，如天气和路况的预测、股市行情、新闻等。这些服务的特点是用户在消费前必须和商家签订合同，属于预付费服务，支持以非在线方式进行。第二阶段，开始为用户提供具有在线支付功能的移动商务服务，如移动电子银行、移动贸易、移动购物、移动证券等。目前，移动商务服务正处于第二个发展阶段。

1. 移动金融服务

金融业作为应用新技术的先锋，与移动商务技术相结合，实现了"移动金融"的典型应用。在家庭银行、企业银行大发展的时代，人们要求不受时间、地点的限制，交互式地进行金融活动，移动金融应用的产生无疑为满足此类要求提供了契机。移动金融主要包括移动支付、移动银行、移动证券、移动保险等多种典型的业务。

（1）移动支付

移动支付是用户利用移动终端和设备，通过手机短信息、手机上网业务等多种方式，对所消费的商品或服务进行账务支付、银行转账等商务交易活动。移动电子支付是移动商务的重要组成部分，与传统的现金支付相比，具有方便、快捷、安全等优点。例如淘宝网的支付宝平台已经推出移动支付服务，方便用户随时购买商品。

（2）移动银行

移动银行是无线通信技术与银行业务相结合的产物，以手机、PAD等移动终端作为银行业务平台中的客户端来完成某些银行业务。将无线通信技术的3A（任何时间、任何地点、任何方式）优势应用到金融业务中，为用户提供在线的、实时的服务。其主要技术模式是以银行服务器作为虚拟的金融服务柜台，客户利用移动支付终端通过移动通信网络与银行建立连接，在银行提供的交互界面上进行操作，完成各种金融交易。近年来，移动银行服务深入到各行各业，2019年移动银行全年交易额达到350万亿元人民币。

（3）移动证券

移动证券是基于移动通信网实现用移动终端设备进行信息查询和交易的新一代无线炒股系统。移动证券相比柜台、电话委托以及网上交易这三种形式具有快捷、安全、方便等优势，使用户实现了随时随地进行交易的可能性，且下单速度与线路通畅的可靠性都更胜一筹，是目前最受股民欢迎的交易方式。比较受欢迎的炒股软件有同花顺、益盟操盘手。

（4）移动保险

移动保险是指保险企业采用移动网络来开展覆盖客服信息发布、核保、投保、保险理赔等保险业务全过程的经营方式。借助先进的移动通信技术，形成一套使用方便、终端携带方便、获取信息及时、实现现场办公和全面客户相关性分析的移动保险业务解决方案，不仅极大地提高了工作效率，而且可以及时获取根据专家意见定制的客户分析结果，有针对地开展保险业务和客户服务。2018年平安保险年度财报显示，保险经纪人的佣金支出占总保费的18%。如果使用支付宝推广保险产品，不仅能够极大地压缩佣金成本，还能够摆脱场地的限制。

2. 移动购物

移动购物是移动商务发展到一定程度所衍生出来的一个分支，其从属于移动商务，同时又是移动商务一个更高的发展层次。移动商务能提供更加灵活便捷的购物体验，用户可以不受时间、地点的限制进行购物。不论用户忙于旅行、工作，还是其他活动，都可以通过手机和其他移动设备进行网络购物。

CNNIC发布的第46次《中国互联网络发展状况统计报告》显示，截至2020年6月，我国网络购物用户规模达7.49亿人，较2020年3月增长3 912万人，占网民整体的79.7%；手机网络购物用户规模达7.47亿人，较2020年3月增长3 947万人，占手机网民的80.1%。

3. 移动电子娱乐

移动娱乐化是大势所趋，2007年iPhone手机的横空出世意味着移动通信业务的演进已经发展到一个分水岭。移动电子娱乐业务的种类分为移动游戏、移动视频、移动音乐等。以移动游戏为代表的移动娱乐业务能够为运营商、服务提供商和内容提供商带来附加业务收入。移动电子娱乐有机会成为移动产业最大的收入来源。

（1）**移动游戏**

移动游戏一般是指移动终端与游戏产品结合，为用户提供随时随地、便携的游戏服务支持。最理想的移动游戏设备是采用触屏式的界面，有功能强大的处理器和屏幕，并具有主动连接网络的能力。与台式终端的游戏相比，移动手机具有庞大的潜在用户以及便携性与移动性的特点与优势。伽马数据的报告显示，2020年1月，中国移动游戏市场规模约为175亿元，同比增长49.5%，环比增长37.5%。

目前，移动游戏的盈利模式可分为两种：一是用户付费盈利模式，游戏用户在游戏中充值购买游戏道具，这种多见于多人联网游戏；或是直接一次性购买游戏产品，这种收费方式多见于单机手游。二是通过收取广告费盈利，开发者在游戏中植入第三方广告，以增加该产品的曝光率。

（2）**移动视频**

移动视频是通过移动网络和移动终端为用户提供视频内容的新型通信服务，其主要特征在于传送的内容是比文本更加高级的视频图像，并可以伴有音频信息。随着4G网络和大屏手机的普及，移动端的短视频逐渐兴起，2020年渗透率达到65.8%。移动端的短视频十分符合当前碎片化的阅读场景和人们高效获取信息的习惯，易分享扩散，尤其符合资讯类内容的传播需求。

（3）移动音乐

移动音乐是指通过移动通信网络和移动终端提供的数字音乐服务，包括手机铃声、彩铃、音乐下载、手机音乐点播、在线收听等音乐服务。从全球来看，移动音乐已经成为移动运营商、移动电话厂商和手机音乐软件开发商看好的新业务亮点。MobTech的《2020年中国移动音乐行业报告》显示，2019年我国的移动音乐月活跃用户量达到4亿人，市场规模达到120亿元，环比增长21.6%。同时，付费音乐用户的规模占比也在逐年增加。

4.移动教育

移动教育是指依托无线移动网络、国际互联网以及多媒体技术，学生和教师使用移动设备（如手机等）通过移动教学服务器实现交互式的教学活动。移动教育是指依托目前比较成熟的无线移动网络、国际互联网以及多媒体技术，学生和教师使用移动设备（如手机等）通过移动教学服务器实现交互式教学活动。一个实用的移动教育系统必须兼顾学生、教师和教育资源这三个方面，将他们通过该系统有机地结合起来。2020年，在线教育类APP"作业帮"的累计激活数超过8亿，日活跃用户达4 100万人。它能够通过数据手段，帮助学生筛选出更适合的课程，进行分层教学教研，充分满足中小学不同阶段和不同能力学生的学习需求。

5.移动医疗

移动医疗（M-Health）就是通过使用移动通信技术来提供医疗服务和信息。它为发展中国家的医疗卫生服务提供了一种有效方法，在医疗人力资源短缺的情况下，通过移动医疗可解决发展中国家的医疗问题。移动医疗能够高度共享医院原有的信息系统，并使系统更具移动性和灵活性，从而达到简化工作流程，提高整体工作效率的目的。还能有效地解决看病难的问题，对于一般的疾病，患者可以通过移动终端随时随地与医生联系，及时解决病情。

目前，国内的医疗APP大致可分为以下几种：一是传统做互联网或做数据库的公司开发的医疗APP，如中国医药网手机客户端；二是与企业级应用结合的产品，比如面向医院收费的病例管理系统APP；三是具有专业医疗服务能力的互联网企业开发的APP，如好大夫在线、快速问医生等，面向用户提供在线咨询等医疗服务。

9.4　移动商务发展现状及存在的问题

从全球范围看，日本和欧美国家在移动商务发展方面有一定领先优势。日本由于很早就普及了 3G 网络，因此日本的移动商务发展处在世界领先地位。美国、英国、法国等欧美发达国家的移动商务比日本发展得晚，但这些国家在物流、支付和智能手机普及等方面发展得不错，移动商务在这些国家的发展也十分良好。和发达国家相比，巴西、中国和印度等新兴发展中国家的移动商务发展基础薄弱，但随着3G 网络和智能手机的普及速度加快，新兴发展中国家在移动商务发展方面的巨大潜力开始逐步显现。

9.4.1　国外移动商务发展现状

1. 日本移动商务发展现状

日本是世界范围内最早发展移动商务的国家之一，也是移动商务最为发达的市场之一。Liftoff 发布的《2019 年日本移动应用交互报告》显示，日本智能手机用户使用数量达到 7 259 万人，达到总人口的 57.6%，较上年增长 2.4%。日本移动商务在世界范围内的领先地位主要和以下因素有关：

（1）日本的移动通信设施十分完善

从世界范围来看，日本的移动通信网络起步较早，发展成熟。2001 年，日本首次开通 3G 商用网络，成为世界上最先开通 3G 网络的国家之一。随着通信技术的进步，4G 网络逐渐普及。2020 年，日本的 4G 网络普及率达 93%，位居全球第一。

（2）日本移动终端标准化程度高

和其他国家相比，日本的移动终端种类较少，市场标准化程度高，这能大大节省移动端的开发成本，从而促进了移动商务的整体发展。

（3）日本人的文化和生活习惯助推移动商务发展

日本文化主张内敛坚忍。日本人平时花在公共交通上的时间较多，给手机上网创造了大量的"碎片时间"。他们喜欢并习惯利用手机开展人际沟通和消费购物，因此频繁的手机上网促进了移动商务的发展。

2. 美国移动商务发展现状

作为世界互联网创新的源头，近年来美国的移动商务发展很快，增长速度要远远高于美国整体电商的速度。Business Insider 的数据显示，2019 年，美国移动商务占全国电子商务总量的 1/4 以上，自 2015 年以来增长了 1 倍多。到 2020 年底，移动商务的规模将达到 2 840 亿美元，占美国电子商务市场总规模的 45%。美国移动商务交易额从 2019 年起以 25.5% 的复合年增长率增长，到 2024 年将达到 4 880 亿美元，占电子商务交易额的 44%。

9.4.2　我国移动商务发展的现状及特点

1.我国移动商务发展的现状

目前，移动商务凭借着它新奇的体验和对用户碎片化时间的有效利用，基于移动支付衍生的结合地理位置、社交网络的应用，越来越受到消费者的青睐。根据智研咨询最新数据显示，2019 年移动购物市场交易规模为 67 659.5 亿元，同比增长18%，增速放缓，移动购物市场进入平稳发展期。图 9-11 为 2012—2019 年中国移动电子商务市场规模及增长情况。

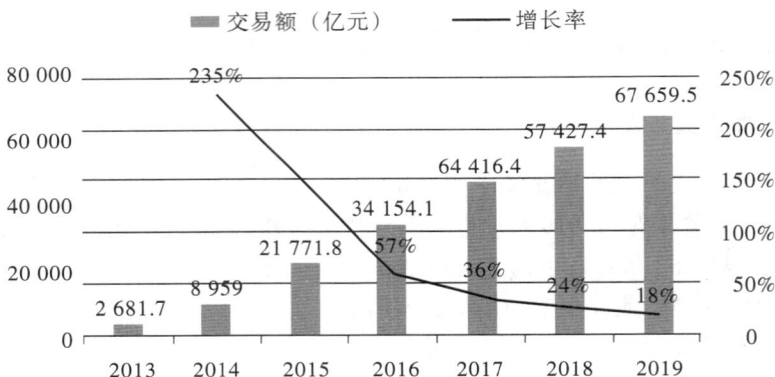

图 9-11　2013—2019 年中国移动电子商务市场规模及增长情况

随着 4G 网络的普及和智能手机配置的升级，移动互联网已经渗透到人们生活的各个方面，成为当代生活必不可少的工具。QuestMobile Truth 整理的数据显示，移动用户经常使用的手机应用有在线视频、即时通信、综合电商、地图导航、支付结算等，如图 9-12 所示。

2.我国移动商务发展的特点

从 2015 年起，移动交易规模占比超过 PC 端，这一数据标志着移动电商时代正式到来。移动电子商务行业改变了原本由几大企业垄断的现状，其细分市场和业务更加多元化。同时，移动电商也呈现出以下特点：

（1）中国移动购物市场进入平稳发展期

从统计数据来看，移动电商经过了 2012—2014 年的高速增长，其增速已经趋于平缓，交易规模趋于稳定。同时，移动交易占比也逐步增长，并在 2015 年占据了主体地位。随之而来的是行业趋于稳定，传统电商巨头占据零售市场的同时，行业垂直的移动电商也逐渐度过了激烈的"拼杀期"，实现了稳定发展，将流量、速

综合电商12.1%

在线视频22.1%

即时通信13.8%

地图导航10.6%

网上银行6.1%

浏览器8.3%

支付结算10.3%

综合资讯8.4%

在线音乐8.5%

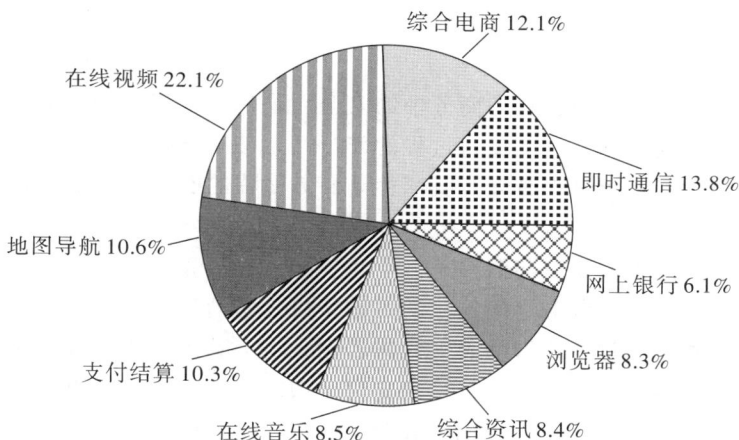

图9-12　2020年6月中国移动互联网活跃用户行业应用占比

度比拼转为用户精细化运作。

（2）新技术、新设备使得用户体验逐步提高

随着移动互联网的发展，移动购物市场竞争在不断加剧，移动技术、移动设备也不断升级。它们带动了移动商务新功能的开发，也带来了消费模式的变化。从设备上来说，定位、二维码等移动端特有的元素被加入购物当中，可穿戴设备的加入也提升了用户的购物体验。从技术上来说，一方面是通过摄像头、LBS等技术，移动端便携、随时随地操作的特性被充分激发；另一方面，移动端的"小屏"模式，刺激企业充分利用数据，实施精准的用户行为预测和实时推荐。

（3）社交化、场景化成为移动商务的主要特征

社交化是指通过社交网络平台，或电商平台的社交功能，将关注、分享、讨论、沟通互动等社交化元素应用到电子商务的购买服务中，以更好地完成交易的过程。场景化是指通过移动商务的技术手段重构生活场景，创造出新的购物流量入口。比如"KEEP"是基于健身场景作为流量入口的软件，"饿了么"是基于外卖场景的软件。

（4）线上线下融合发展

消费者需求和市场形势的变化共同造成了移动商务线上线下融合发展的趋势。移动电商时代，用户希望随时随地精准购买所需的商品和服务。另外由于商品供大于求，单一渠道发展的增量空间有限，线上和线下均在布局全渠道发展。未来线上线下融合是新零售时代的重要发展趋势。

9.4.3　移动商务存在的问题

5G移动时代的到来使得越来越多的商家瞄准了移动商务产业，纷纷向移动电商进军。但是，当前我国移动商务还处于发展阶段，法律保障不足、移动支付体系不完全、移动商务与传统企业间存在隔阂等众多因素导致移动商务市场发展缓慢，尚存在一些问题亟待解决。

1.安全问题

与传统电子商务类似，移动商务中的安全问题是制约其发展的关键。用户对无线网络传输中的安全性、移动支付过程的安全性、移动终端的装置安全性、商品配送系统的安全性等要求越来越高。我国移动商务面临的安全问题主要表现为以下几个方面：

（1）终端的遗失、窃取与假冒

移动终端是用户与业务之间连接的关键接口，移动终端面临的主要威胁之一就是容易丢失和被窃。移动终端的丢失意味着别人将会看到电话、数字证书等重要数据，拿到移动终端的人就可以进行移动支付、访问内部网络和系统文件。另外，攻击者有可能通过窃取移动终端或 SIM 卡来假冒合法用户从而非法参与交易活动，给系统和用户造成损失。

（2）无线网络威胁

无线信道是一个开放性的信道，它给无线用户带来通信自由和灵活性的同时，也带来了诸多不安全因素。无线网络中的攻击者不需要寻找攻击目标，攻击目标会漫游到攻击者所在的小区，在终端用户不知情的情况下，信息可能被窃取和篡改。此外，在无线通信网络中，所有的通信内容（如移动用户的通话信息、身份信息、位置信息、数据信息等）都是通过无线信道传送的，无线信道是一个开放性信道，在无线网络中的信号很容易受到拦截并被解码，只要具有适当的无线接收设备就可以很容易地实现无线监听，而且很难被发现。

（3）病毒与黑客

服务网络的开放性会招致黑客攻击、手机病毒等一系列问题，现已成为影响用户使用移动商务的一大障碍。近年来，针对移动终端的病毒呈现爆发式增长的态势，一些以捆绑暗中扣费软件、窃取账号密码、篡改交易数据等为目的的新型网络攻击开始专门针对移动终端进行。另外，移动终端的多样化以及所使用的软件平台的丰富性，为防范措施的制定带来了很大的困难。

2.支付问题

随着智能手机的普及和电子商务的发展，移动支付得到了快速发展，其突破了线上支付的地域限制，其高效的支付效率得到了用户的青睐。然而，移动支付发展时间较短，移动支付存在支付系统风险和合规性风险。

移动支付存在支付系统风险。移动支付采用物理网络进行数据传输，由于移动支付网络技术和管理等方面的因素，客户信息在服务器端以及客户端两者间的信息传输中潜藏着系统漏洞与病毒等，这些因素会造成客户信息被盗。

移动支付存在合规性风险。有些不法分子会利用监管中的漏洞，通过移动支付进行非法套现。另外，因为移动设备上的小额借贷门槛低，审核容易，所以其存在很大的个人债务违约风险。

3.技术问题

除了无线终端设备、无线通信系统以外，移动商务活动能否顺利进行还与移动计算技术息息相关。移动计算的技术限制见表9-8。

表9-8　　　　　　　　　　　　　移动计算的技术限制[①]

限制	描述
安全标准	通用标准仍在开发中
功率消耗量	移动计算需要寿命期长的电池。彩色屏幕和Wi-Fi消耗更多的电能，新型芯片和新兴电池技术正在解决一些电能消耗方面的问题
传输干扰	天气和地形，包括高耸的建筑物，都会限制接收
GPS精准性	GPS在拥有高耸建筑物的城市中不精准，限制了基于定位的移动商务应用
人–机界面	屏幕和键盘太小，对许多人来说使用移动设备既不舒服又困难

4.消费者自身信任与观念问题

当前，国内市场机制还不规范，电子商务的商业运作环境还不完善，缺乏必要的信用保障体系，从而影响了人们从事移动商务的积极性。同时，国内企业的信用基础比较薄弱，人们的消费观念还比较保守，这也很大程度上制约了移动商务的发展，加上移动商务涉及一系列行业经济利益的分配和重组，比如移动设备制造商、移动网络运营商和移动服务提供商等。移动商务的发展还需要一定的过渡期。

5.法律风险

移动电商作为一个新兴的商业模式，在快速发展的同时，也带来了很多法律问题。我国针对相关热点问题制定了第一部完整的《中华人民共和国电子商务法》。比如，随着手机的普及，消费者习惯于通过手机随时随地观看直播。某些直播商家为了营造火爆的营销氛围来吸引消费者，通过刷单和数据造假来制造虚假的交易记录，这就造成了不诚信问题和不正当竞争问题。

9.4.4　移动商务发展趋势

艾瑞咨询根据对中国移动商务整体市场发展状况、发展环境的研究，并结合对典型企业的案例化分析，认为中国移动商务市场即将迎来爆发式增长。市场推动因素、产业链结构和市场主体服务模式将发生重要变化，总结了移动商务产业将要呈现的五大趋势。

---

① TURBAN, KING, MCKAY. 电子商务管理视角［M］. 严建援，等. 北京：机械工业出版社，2010.

1.PC端与手机端将协同发展

目前，传统PC端电子商务的发展依然迅猛，但从长远来看，整体互联网电子商务重心将向移动商务偏移，"以用户为中心"是整个互联网发展的必然趋势，在这一趋势下，电子商务服务将从单纯由电子商务提供商提供服务的方式，转向由包括电信运营商、软件提供商和终端厂商等产业主体在内共同提供支持性服务的，具备个性化、移动性和便捷性的新型商务服务方式。移动互联网的个性化、移动性和便捷性这些特征决定了移动商务将成为电子商务下一轮增长最重要的推动力。

2.移动商务覆盖范围增大

2019年，中国移动电子商务用户规模突破7亿人。如果从更宽泛的定义看，移动商务的市场前景将更大。美国移动商务企业前十名中，旅游酒店类企业占据了4位。未来，中国旅游酒店企业也将在移动端上取得突破性进展。而以团购为代表的O2O企业目前已经在移动端取得了较大成绩。未来移动商务将在更宽泛的领域内取得更大的进展。

3.品牌和服务将主导交易

中国移动商务发展到目前，手机终端、网络环境等硬件和技术条件依然是决定行业发展水平最重要的因素。但随着技术水平的提高，移动商务应用环境趋于成熟，产业的发展将逐渐由技术驱动型向服务驱动型转变，品牌和服务效果成为推动产业发展的重要力量。未来的移动商务发展，硬件和技术的推动作用将逐渐趋弱，品牌和服务的价值将凸显。通过服务模式的创新，不断提高服务质量，形成若干为广大手机网民所熟知的移动商务品牌，将是保持产业快速、稳定发展的重要趋势。

4.围绕手机支付和创新服务的产业链整合将继续深入

未来中国移动商务的发展过程中，移动商务产业链整合将不断深入。在手机支付方面，金融服务商、电信运营商、第三方机构将进行更加密切的合作，围绕手机支付和创新服务的产业链整合将继续深入，类似中国移动入股浦发银行的行为还会出现，合作形式将更加多样；在综合信息服务及基于LBS服务方面，移动商务各市场主体和传统互联网ICP、ISP将进行更密切的协作，服务形式将更加多样。整体来讲，产业链整合的形式将突破原有的界限、形式和格局，将由初期产业链上下游线链状合作方式，转化成多产业链主体和多层次协作的网状产业链合作形式，在这一产业链整合的基础上，移动商务发展模式将不断创新。

□本章小结

移动商务是指通过移动通信网络进行数据传输，并且利用移动信息终端参与各种商业经营活动的一种新型电子商务模式，具有移动性、定位性、个性化、即时性和可识别性的特点。3G 和 4G 移动通信系统、无线通信技术（Wi-Fi、WiMAX、蓝牙技术等）、无线通信协议（WAP）是保证移动商务顺利运营的技术基础。

移动价值链将移动商务的各个主体联系起来，通过物流、资金流和信息流，形成一条完整的网链。移动商务的价值链主体包括：移动运营商、平台提供商、内容/服务提供商、移动用户、设备/终端提供商以及物流和支付服务提供商。以移动运营商为核心、以平台提供商为核心、以内容/服务提供商为核心的价值链互相交错相融，形成了移动商务价值网。移动商务以价值链和价值网为基础形成了多种多样的商务模式，其中典型创新商务模式包含刷手机支付模式、本地消费模式、社交网络模式。随着技术的不断发展，移动商务在各行各业都有所应用，包括：移动金融服务、移动娱乐、移动教育、移动医疗等应用。

我国移动商务尚处于初级阶段，还存在安全问题（终端遗失与假冒、终端差异、无线网络威胁、病毒与黑客等）、支付问题、技术问题、观念问题等。未来，移动商务的发展趋势为：PC 端与手机端协同发展，移动商务覆盖范围增大，品牌和服务将主导交易，围绕手机支付和创新服务的产业链整合将继续深入，SNS、LBS 将融入移动商务等。

□关键概念

移动商务　WiMAX　Wi-Fi　蓝牙　移动 IP 技术　WAP　移动商务价值链价值网　移动支付　移动银行　移动证券　移动保险　移动游戏　移动视频　移动音乐　移动教育　移动医疗

□思考题

1.从技术角度划分，可将移动商务的发展分为哪几个阶段？各有什么特点？

2.为什么说移动商务不只是电子商务的一种简单扩展？简述二者的联系与区别。

3.简述移动商务的无线通信技术，并举例说明其应用。

4.移动终端操作系统有哪些？简述它们突出的特点与优势。

5.简述移动商务价值链的概念、主体以及各自的作用。

6.画图说明以平台提供商为核心和以内容/服务提供商为核心的移动商务价值链模型。

7.移动商务的创新商务模式有哪些?选择一种模式画图并举例说明其应用。

8.移动金融包含哪些内容?

9.简述我国移动商务的发展特点及存在的问题。

10.简述我国移动商务的发展趋势。

□本章案例

5G 网络下的"云游戏"模式

5G 网络与前几代移动网络相比，具有传输速度快、低延迟的优点。5G 网络的理论速度可达 10Gb/s（相当于下载速度 1.25GB/s），从服务器到客户端只需要 5 毫秒。5G 网络的这些优点将会在游戏产业塑造出新的模式——"云游戏"模式。在 5G 环境下，云游戏就是"云计算+游戏"，玩家可以只凭借普通设备，就体验到高端游戏，从而克服了传统网络游戏高配置和高延迟的行业痛点。"云游戏"的价值链模型如图 9-13 所示。

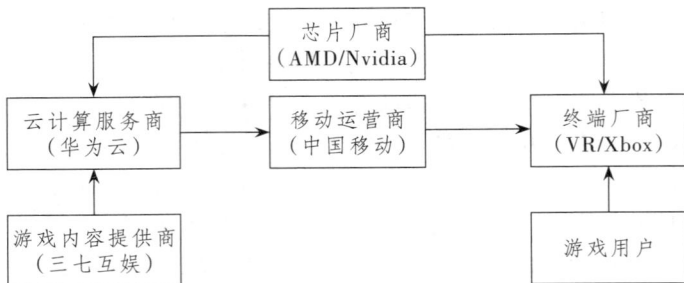

图 9-13 "云游戏"的价值链模型

2020 年 8 月，国内知名网络游戏公司"三七互娱"与华为公司签订合作协议，围绕 5G 网络、ARM 安卓云游戏等领域开展深度合作。在云游戏的价值链中，"三七互娱"作为游戏内容提供商负责游戏的开发和运营，华为作为云计算提供商负责提供游戏服务器，中国移动提供网络服务的接入，芯片厂商为游戏服务器和终端提供芯片，Xbox 和手机设备制造商提供游戏的运行终端，价值链的最末端是游戏玩家。

资料来源：佚名. 5G 为云游戏插上翅膀，网络游戏变革时刻已到［EB/OL］.［2020-10-19］. https://new.qq.com/omn/20201019/20201019A0514M00.html. 经删减和整理。

【案例思考】

1.请分析 5G 网络下的"云游戏"有什么优点？

2."云游戏"的价值链是怎么构成的？

□参考文献

［1］陈晴光. 电子商务基础与应用［M］. 北京：清华大学出版社，2010.

［2］穆炯，许丽佳. 电子商务概论［M］. 北京：清华大学出版社，2011.

［3］仝新顺，王初建，于博. 电子商务概论［M］. 北京：清华大学出版社，2010.

［4］张思光. 电子商务概论［M］. 北京：清华大学出版社，2011.

［5］秦成德，王汝林. 移动商务［M］. 北京：人民出版社，2009.

［6］赵应文，胡乐炜. 电子商务基础［M］. 北京：北京大学出版社，2012.

［7］蹇洁，等. 电子商务导论［M］. 北京：人民邮电出版社，2009.

［8］王玉珍. 电子商务原理与应用［M］. 北京：科学出版社，2012.

［9］李敏，等. 电子商务理论与实践［M］. 北京：科学出版社，2012.

［10］姜红波. 电子商务概论［M］. 北京：清华大学出版社，2010.

［11］田迎华，等. 3G时代移动商务安全问题研究［J］. 情报科学，2010，28（10）：1487-1490.

［12］薛睿，蔡艳. 目前我国移动商务安全问题及解决途径［J］. 河南教育学院学：自然科学版，2012，21（3）：33-36.

［13］中国互联网络信息中心. 2020年第46次中国互联网络发展状况统计报告［R/OL］.［2020-09-30］. http：//www.cac.gov.cn/2020-09/29/c_1602939918747816. htm.

［14］MobTech. 2020年中国移动音乐行业报告［R/OL］.［2020-11-19］. http：//www.199it.com/archives/1170569.html.

第 10 章

电子商务的法律环境

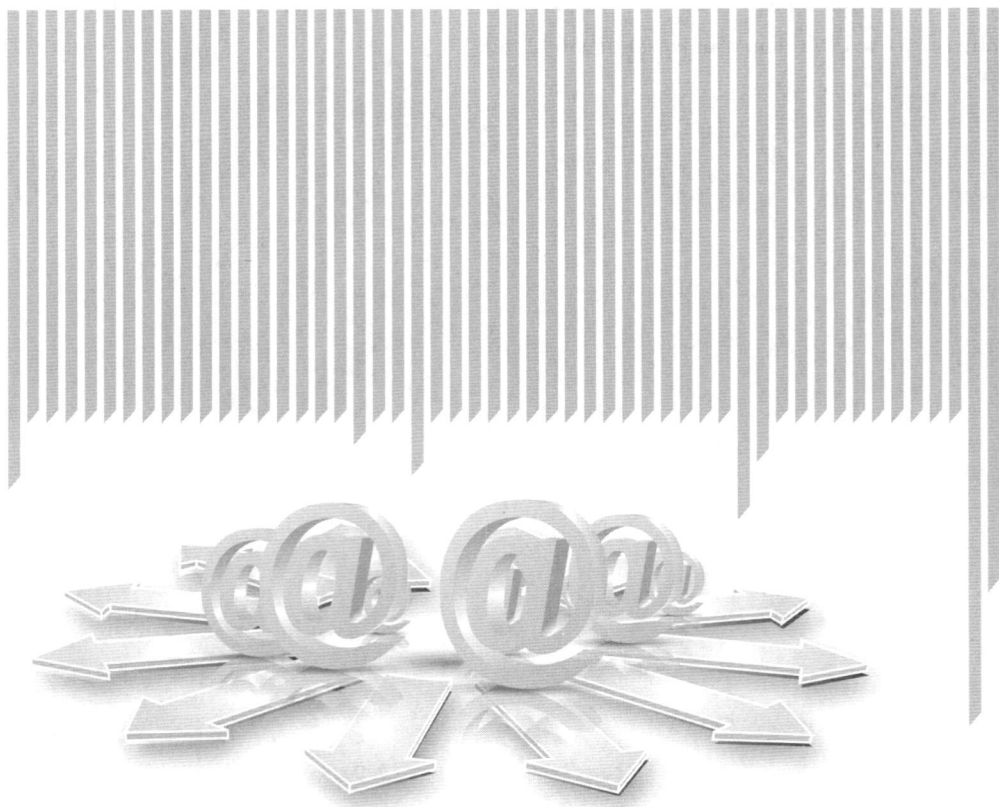

学习目标

　　通过本章的学习，掌握电子商务法的概念，了解国内外电子商务立法的现状，理解电子商务的信任问题，掌握电子商务信任的管理方式；熟练掌握电子商务交易法律规范中电子合同、电子签名、电子认证的相关内容，理解和掌握电子交易中的电子商务税收、知识产权的保护、网络隐私保护和电子支付等法律问题。

【案例引导】

同款不同价，顾客被"杀熟"

　　2020 年初，北京市民张女士在"天猫"上的一次购物遭遇令她十分气愤。"我老公想买一款酒，他看到的价格是 66 元，因为我是 88VIP 会员，他就把链接发给我让我买。"张女士点开链接，准备购买时却发现，同款商品她看到的价格是 69 元。张女士的经历并非个例，在微博、豆瓣等社交平台上，有多位网友反映"付费 VIP 购买价格更高"。

　　一般来说，大数据杀熟通常有三种套路：一是，根据不同设备进行差别定价，比如针对苹果用户与安卓用户制定的价格不同；二是，根据用户消费时所处的不同场所进行差别定价，比如对距离商场远的用户制定的价格更高；三是，根据用户的消费频率差异进行差别定价，一般来说，消费频率越高的用户对价格承受的能力也越强。

　　针对上述问题，新颁布的《电子商务法》第十八条第一款做出规定：电子商务经营者根据消费者的兴趣爱好、消费习惯等特征向其提供商品或者服务的搜索结果的，应当同时向该消费者提供不针对其个人特征的选项，以尊重和平等保护消费者合法权益。

　　资料来源：孙奇茹. 同款商品不同价 电商陷"杀熟"争议［EB/OL］.［2020-03-09］. https://www.chinanews.com/cj/2020/03-09/9118571.shtml. 经删减和整理。

　　尽快确立电子商务活动必要的法律规则，为电子商务的发展创造良好的法律环境，已成为我国立法机关和法律理论界共同面临的急需解决的问题。本章分别从电子商务法律概况、电子商务信任管理、电子商务交易的法律规范等几个方面介绍电子商务相关的法律知识。本章的知识图谱如图 10-1 所示。

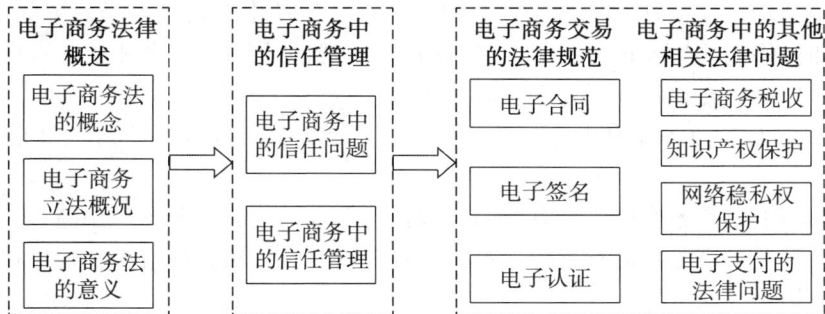

图 10-1　电子商务的法律环境知识图谱

10.1 电子商务法律概述

电子商务法是调整电子商务关系的法律，自1997年7月美国政府正式发布"全球电子商务政策框架"以来，在全球范围内掀起了电子商务的热潮。电子商务日益成为21世纪经济活动的核心，也是未来推动经济增长的关键动力。然而，电子商务是以不受国界限制的互联网为运行平台的，要想这一快捷的贸易方式更好地为社会服务，需要为它制定必要的政策法规，使它更健康、更安全。电子商务法，是随着计算机通信技术在商务领域的广泛综合应用所兴起的一个法律领域。作为一种商务规范体系，它是电子商务活动实践的产物。

10.1.1 电子商务法的概念

1.电子商务法的定义

电子商务法是指调整电子商务活动中所产生的社会关系的法律规范的总称，是一个新兴的综合法律领域，电子商务法的概念与电子商务的概念相对应，有广义电子商务法和狭义电子商务法之分。广义的电子商务法是与广义的电子商务概念相对应的，它包括了所有调整以数据交换方式进行的商务活动的法律规范。其内容十分丰富，至少可以分为调整电子商务交易形式和电子商务交易内容的两大类规范。前者如联合国的《电子商务示范法》，后者如联合国国际贸易法委员会的《电子资金传输法》、美国的《统一计算机交易法》。狭义的电子商务法则对应于狭义的电子商务，是调整以数据电文为交易手段引起的商务关系的法律规范体系，它包括以电子商务命名的法律法规和其他现有法律中有关电子商务的法律规范。

2.电子商务相关法律问题

电子商务出现的新问题，给传统法律制度带来了前所未有的冲击和挑战。不仅传统商务活动涉及的法律问题会出现在电子商务活动中，而且电子商务的电子化、信息化和网络化的特征也会引起许多新的法律问题。与电子商务相关的法律问题涉及众多领域，主要包括以下几个方面：

（1）与电子商务主体身份及行业准入有关的，包括电子签名法、电子认证法等。

（2）与电子商务交易流程有关的，包括电子合同法、电子支付法等。

（3）与电子商务权益有关的，包括消费者权益保护法、网络隐私权保护法、知识产权保护法等。

（4）与电子商务安全有关的，包括电子商务安全保护法、网络犯罪相关法律等。

（5）与电子商务广告有关的，包括电子商务中的广告法律制度等。

（6）与电子商务税收有关的，包括电子商务税种、征税方式等法律。

（7）与电子商务纠纷有关的，包括电子证据、解决方式、司法管辖权等法律。

3. 电子商务法的特点

电子商务法具有国际性、技术性、安全性、开放性、复合性和程序性的特点。

（1）国际性

电子商务已发展成为一种世界性的经济活动，它的法律框架自然不应只局限在一国范围之内，而应得到国际社会的认可和遵守。电子商务法最重要的是以适应全世界的要求为特征，自然而然地，国际性就成为了电子商务法的特征之一。

（2）技术性

电子商务是现代高科技的产物，它需要通过互联网来进行相关活动，规范这种行为的电子商务法必然要适应这种特点。所以，有关电子商务法律的规范也必须以技术性为主要特点之一。在电子商务中，许多法律规范都是直接或间接地由技术规范演变而成的。比如，一些国家将运用公开密钥体系生成的数字签名规定为安全的电子签名。

（3）安全性

计算机网络的技术性和开放性也使得它具有极大的脆弱性。计算机及网络技术的发展使各行各业对计算机信息系统具有极强的依赖性，与此同时，计算机"黑客"和计算机病毒的侵入或攻击有可能给商家乃至整个社会造成极大的损失。电子商务法通过对电子商务安全性问题进行规范，有效地预防和打击各种计算机犯罪，切实保证电子商务的安全运行。所以，安全性是电子商务法的又一特征。

（4）开放性

电子商务法必须以开放的态度对待任何技术手段与信息媒介，设立开放型的规范，让所有有利于电子商务发展的设想和技巧都能容纳进来。在电子商务立法中，大量使用开放型条款，其目的就是发掘社会各方面的资源，以促进科学技术及其社会应用的广泛发展。它具体表现在电子商务法的基本定义的开放、基本制度的开放，以及电子商务法律结构的开放等方面。

（5）复合性

电子商务交易关系的复合性来源于其技术手段的复杂性和依赖性，通常当事人必须在第三方的协助下，完成交易活动。每一笔电子商务交易的进行，都必须以多重法律关系的存在为前提，这是传统口头或纸面条件下所没有的。它要求多方位的法律调整，以及多学科知识的应用。

（6）程序性

电子商务法中有许多程序性的规范，主要解决交易形式的问题，一般不直接涉及交易的具体内容。在电子商务中以数据信息作为交易内容的法律问题复杂多样，目前由许多不同的专门法律规范予以调整。

（7）行业惯例性

电子商务法是对电子商务行业或领域的商务活动进行调整的规范，以行业普遍通行的惯例作为其行为的规范。一般的法律通常不可能为其规定具体的行为规范，而电子商务领域内的商务活动非常特殊，且随着信息技术的发展不断地发展，所以具有行业惯例性。

10.1.2　电子商务立法概况

1.国际电子商务立法现状

电子商务治理是全球课题。从 1995 年美国犹他州颁布《数字签名法》开始，国际组织和世界各国在促进和规范电子商务发展方面进行了大量的实践并获取了相对丰富的经验。至 2016 年为止，已有几十个国家和地区、组织颁布了与电子商务相关的立法，包括联合国贸易法委员会 1996 年的《电子商务示范法》和 2000 年的《电子签名统一规则》、欧盟 1998 年的《关于内部市场中与电子商务有关的若干法律问题的指令》、德国 1997 年的《信息与通用服务法》、新加坡 1998 年的《电子交易法》、美国 2000 年的《国际与国内商务电子签章法》等。在此基础上，全球电子商务立法的核心，也从电子签章、电子合同、电子记录的法律这些细微的方面，转变为维护电子商务各方的利益及各国的公平、平衡的发展。具体来说，如今的电子商务法律的完善，是从以下四个主要方面来完成的。

（1）加强规划引导，保障各方权益

在营造电子商务基础发展环境方面：美国政府从基础设施、税收政策等方面为电子商务早期快速成长创造了宽松有利的环境。1993 年，美国政府将互联网发展提升为国家战略，实施了"信息高速公路"计划。1996 年，其成立了电子商务跨部门工作组，制定电子商务发展政策，积极推进电子商务全球自由贸易，通过互联网开辟国际贸易自由区和免税区，将信息科技的优势转化为商贸优势，以电子商务发展推动全美经济持续增长。日本在内阁设立 IT（信息技术）推进战略本部，负责制订实施有关 IT 促进计划。欧盟制定了《单一数字市场战略规划》。英国、法国、德国等也加强信息基础设施建设，积极创造电子商务发展的基础环境。

在保障电子商务各方合法权益方面：到 2016 年为止，已有 30 多个国家和地区制定了电子商务相关法律法规，从信息安全、知识产权、隐私保护等方面保障企业和消费者权益，防范和打击不法行为。美国制定了《互联网税收不歧视法案》《网络安全法案》。加拿大制定了《反网络诈骗法》。欧盟制定了《电子商务指令》《电子通信领域个人数据处理和隐私保护指令》《消费者纠纷网上解决机制条例》《一般数据保护条例》。英国制定了《电子商务条例》。

（2）统筹线上线下，维护公平竞争

为推动实体经济和虚拟经济深度融合发展，维护市场公平竞争，各国政府开始在政策和立法层面努力保持线上线下一致，针对电子商务的特殊问题，提出新的政策措施，并做好与现有法律的衔接。

美国参议院于 2013 年、2015 年先后两次通过《市场公平法案》，试图将电子商务税收从个别征收扩展至普遍要求。根据该法案，电子商务企业向消费者收取消费税，企业所在州政府向企业收取销售税，从而避免电子商务免税政策带来的不公平竞争和税收流失问题。但由于各方争议较大，该法案在众议院并未通过。

对于金融、媒体和通信等有市场准入限制的行业，各国政府对互联网及电子商务企业和传统企业也是一视同仁，均要求遵守现行法规。例如，美国将网络借贷（P2P）、众筹等互联网金融纳入传统金融监管框架，美国证券交易委员会要求对网络借贷公司实行注册制。新西兰规定，所有允许传统经营方式进入的领域必须无差别地向互联网和电子商务开放。

（3）构建国际规则，争取本国权益

国际组织积极构建多边法律框架。在电子商务税收、数字化服务市场准入、跨境数据流动、信息安全等领域积极开展研究，探索建立适应网络经济发展的国际规则体系，为各国电子商务立法衔接与规则统一提供框架体系。联合国国际贸易法委员会（UNCITRAL）1996 年通过了《电子商务示范法》，2001 年通过了《电子签名示范法》，2005 年通过了《电子合同公约》，2016 年通过了《关于网上争议解决的技术指引》，2017 年通过了《电子可转让记录示范法》。世界贸易组织（WTO）成员自 1998 年开始讨论电子传输及数字化产品的世贸规则如何适用等问题，且已就通过电子方式传输临时性免征关税达成一致。经济合作与发展组织（OECD）1998 年发布《关于电子商务中消费者保护指南》《电子商务税收政策框架条件》。亚太经合组织（APEC）1998 年发布《APEC 电子商务行动蓝图》，并设立电子商务工作指导组，其成员经济体于 2004 年签署《APEC 隐私保护框架》。

各国基于产业利益展开博弈。各国对电子商务议题关注度高，但从保护本国市场和相关产业国际竞争优势出发，国家之间谈判立场和原则存在分歧。美国在数字产品及服务领域占据优势，在国际场合大力倡导其提出的数字贸易规则。这主要包括：主张自由开放的互联网，禁止对数字产品征收关税，促进跨境数据流动，保护关键源代码，反对服务器本地化，推广创新型加密产品等。上述内容特别是跨境数据流动、数字产品市场准入、服务器本地化等敏感问题，在国际上存在较大分歧和争议。欧盟在互联网市场并不占据优势，其主要关注个人数据保护等内容。德国还针对微软、苹果、亚马逊、谷歌和脸书等美国互联网企业展开反垄断调查。发展中国家则主要关注改善电信、物流等基础设施，以及加强合作和能力建设等。

（4）公民个人隐私数据保护

近 5 年来，由于数据使用场景日趋深化，数据承载的国家利益、个人权益、商业利益在多重维度中呈现出互生、协同、冲突关系纵横交错的状态。各国依据自身能力定位和价值选择，采取不同的利益平衡模式，构建本国的数据保护方案，以促进自身利益最大化。

欧盟通过《通用数据保护条例》确定了"原则上禁止，有合法授权时允许"的个人数据使用模式；日本在《个人信息保护法》（2017年）中没有强化事先的"知情同意"规则，只对"需注意的个人信息"，规定了必须事先取得用户同意，而对于一般个人信息则以限制滥用为原则；美国凭借其强大的技术实力，极力倡导自由市场式的数据利用，鼓励"原则上允许，有条件禁止"的个人数据流通模式；新加坡《个人资料保护条例》（2019年）不仅规定了商家等从业者不得任意收集、使用并公开个人身份信息，还引入了专门问责机制，凡是触犯该规定、没有做好个人数据保护的机构，将视情况被处以高额罚款。

2.我国电子商务立法现状

从20世纪90年代末我国引进国际互联网至今，电子商务在我国发展迅速，并越来越多地被社会公众所使用。全国人大在立法方面的工作推动了电子商务的发展。2005年4月，《中华人民共和国电子签名法》生效，其赋予电子签名与手写签名同样的法律效力，消除了电子商务发展的法律障碍，成为我国电子商务法治化发展的里程碑。2012年，通过了《全国人民代表大会常务委员会关于加强网络信息保护的决定》。借助这些法律法规，我国在电子商务立法方面取得了一定的成绩，并在一定程度上减少了电子商务的纠纷，成功打击了借助网络实施的诈骗行为、知识产权侵权行为以及虚假销售行为。

同时，由于网络发展速度过快，一系列借助新技术、新方法危害电子商务安全的行为依然存在，给社会公众在电子商务使用上造成了困扰，也破坏了我国电子商务发展的和谐环境。基于此，2013年12月27日，全国人民代表大会财政经济委员会召开电子商务法起草组成立暨第一次全体会议。2018年8月31日，第十三届全国人民代表大会常务委员会第五次会议对电子商务法草案进次第四次审议并通过，以国家主席令第七号公布，自2019年1月1日起施行。《中华人民共和国电子商务法》旨在保障电子商务各方主体的合法权益，规范电子商务行为，维护市场秩序，促进电子商务持续健康发展。

3.完善我国电子商务立法的措施

完善我国电子商务法律环境，是加快发展我国电子商务，推进以信息化带动工业化进程的需要，是完善我国市场经济法律体系，全面建设小康社会的需要，尤其是在我国电子商务面临又一次加快发展的重大机遇面前，这种需求就更加紧迫。针对目前我国电子商务政策法律环境的实际情况和具体问题，完善我国电子商务政策法律环境的工作可以从以下几个方面展开：

（1）重视电子商务立法工作

电子商务对国家经济的发展起到了有力的促进作用，世界各国都在采用有效的立法措施，确保电子商务的快速发展，以确立经济上的领先地位。电子商务是一种新兴的具有极大发展潜力的交易形式，急需一部完整、规范的电子商务法去规范电子商务的交易活动，以促进国家经济的发展。所以，我国政府及相关立法机关要从思想及行动上高度重视电子商务立法工作，认识到电子商务立法对促进电子商务健康发展所起的作用，为电子商务的发展营造良好的法律环境，以促进电子商务的快速发展。同时，要充分认识到我国电子商务立法的目的是要建立一个符合我国国情的电子商务基本法律框架，使其成为对现有法律的补充，并致力于解决我国电子商务立法中存在的问题，为电子商务的发展扫清障碍。

（2）遵循电子商务立法指导原则

电子商务立法指导原则对电子商务法律体系的建立具有重要的指导意义，电子商务立法要遵循何种原则，如何确保经济安全，都要根据电子商务立法指导原则来确定，其指导原则贯穿于整个立法活动中。电子商务立法要遵循以下原则：统一性原则，从全局出发，走统一立法道路；开放性原则，以开放的态度对待信息技术与媒介；中立性原则，建立公平、公正的交易规则；等效性原则，使数据电文满足书面形式的要求；灵活性原则，在坚持法律法规强制性作用的基础上，切合实际采取灵活性的手段；安全性原则，坚持打击电子商务交易活动中的各种违法犯罪行为；保护性原则，确保网络交易中商家和消费者的合法权益；尊重当事人意思自治及市场导向原则，消费者可以在政府介入程度最低的情况下，在网络上自由地买卖商品与服务。

（3）组建权威高效的立法机构

我国电子商务立法遵循人大主导、部门依托、地方参与、专家路线。电子商务立法牵涉的有关方比较多，涉及各个部门、行业及相关个人，并且立法的技术性比较强，需要相关专家的共同参与。因此，政府部门及相关立法机构直接参与指导立法是最佳途径之一，同时应组织相关的专家参与，相互配合，共同完成电子商务立法工作。

（4）完善电子商务现行的法律法规

我国现有的商务交易制度，基本上都是在书面环境中完成的，其中很多规定与电子商务发展的要求不符合，甚至有的发生法律适用上的冲突，阻碍了电子商务的发展。因此，修改、完善现有的法律法规，使之符合电子商务发展的要求，也是电子商务立法中需要重视的问题。电子商务立法工作要根据电子商务的特点，制定出科学、合理的法律法规，同时又要修改、完善甚至废止原有法律体系中与电子商务要求不相适应的部分。比如在与电子商务相关的《民法典》《著作权法》等法律中可以增加网络侵权、犯罪的处罚条例，增加对知识产权的保护，在身份认证、电子证据、数据签名等方面可以进行相应补充、完善。

（5）确保立法的统一性

我国电子商务立法采取的是先分别立法再综合立法的思路，这样对迫切需要解决的问题可以单独立法，符合实际需要。而根据我国电子商务立法的散、乱现状，迫切需要选择先综合立法再分别立法的模式，从整体上、全局上形成我国电子商务立法的综合思路，制定电子商务基本法，然后在电子商务基本法的指导下对具体的问题进行单独立法，以建立健全电子商务法律法规体系。采取先综合立法再分别立法的思路，有助于指导实践，规范实践，指引单独立法工作，避免各个地方和部门各自为政的状况发生，确保电子商务法律体系的统一。

总之，电子商务立法涉及的范围比较广，需要政府部门及立法机关的相互配合，在借鉴国际先进立法经验的基础上，积极推进相关软件系统的开发和应用并结合我国国情制定出符合实际的电子商务法律法规，为促进电子商务的健康、有序发展提供良好的法律环境，以带动我国经济的快速发展。

10.1.3　电子商务法的意义

随着社会经济和电子通信技术的迅速发展，我国的电子商务业态也更加趋于多元化，随之而来的便是与电子商务有关的诸多问题。因此，我国完善电子商务立法就显得十分重要。

1.电子商务法保障市场经济健康发展

在市场经济快速发展的今天，电子商务仍然是其重要的组成部分，它正在深刻地改变着经济、市场和产业结构，改变着产品服务和流动，改变着消费者的价值和行为，改变着就业和劳动力市场。它的产生和发展对市场经济产生着重大的影响。市场经济是法治经济的根本，用法律法规确保电子商务交易安全是保障市场经济健康发展的必然要求。

2.电子商务法保障互联网安全

随着计算机网络技术的飞速发展，网络中的不安全因素也在逐渐增加，例如用互联网传播病毒、从事金融犯罪、获取国家或公司的重要机密等，造成这种情况的原因主要为网络的开放性和复杂性。电子商务法在打击违法行为的同时规范电子商务主体的合法权益，保障互联网安全。

3.电子商务法规范电子商务活动

电子商务是以网络为运作平台的，其交易场所虚拟化，表现形式多样化，交易范围国际化。传统的法律法规难以适应电子商务活动的需要，电子商务法就是在这种形势下产生的，弥补了传统法律的不足，使商务活动有法可依、有据可查。

10.2　电子商务中的信任管理

信用制度的发展为虚拟经济的发展提供了现实基础，是电子商务健康发展的重要保障。在电子商务中，安全问题作为一个发展瓶颈受到了越来越多的关注，实现电子商务的信息安全需要管理和技术两个层面的良好配合。因此，加强信用管理成为电子商务安全管理领域重点研究的内容。

10.2.1　电子商务中的信任问题

1.电子商务信任的含义

信任是一个模糊的概念，依据相关资料，它可以被理解为经济交易的一方认为另一方是可靠的并且能够履行自己的承诺。在电子商务领域，信任主要从消费者的角度出发，在关注制度、人性、身份的同时，更加关注技术的融入，因此**电子商务信任**可以界定为在有风险的网络商务环境中，信任主体为实现自己的期望而理性地选择信任客体的真诚、善意和履行协议的能力，承担因此有可能带来的不利后果。这种信任关系在消费者、网站、网上商家三者之间产生。一般来说，最重要的信任关系是相对处于弱势的消费者对网站和网上商家的信任。

信任是交易关系的润滑剂，信任的建立能够增加交易各方对彼此关系的信心和安全感，减少不必要的谈判，巩固现有的关系，从而有效地降低交易成本，提高交易效率。

2.我国电子商务信任存在的问题

由于国内发展电子商务的软硬件环境还很不完善，再加上电子商务本身的虚拟性，以及网上产品提供商的机会主义行为可能损害消费者的利益，使消费者在电子商务活动时风险加大，不确定性因素增强，给交易双方带来了很大的信任危机。我国的电子商务在信任方面存在着很多的问题，主要表现在：

（1）**网络欺诈时有发生**

网络欺诈是网民在网络购物时最常见的问题。电子商务经营者实施的网络欺诈行为主要是利用网络交易的虚拟性、间接性特征发布虚假的或者不完整的商品信息诱导网上购物者，诈骗网上购物者的购物款。中国互联网络信息中心（CNNIC）发布的第 46 次《中国互联网发展状况报告》显示，2020 年 6 月，消费者遇到的网络诈骗占到各类网络安全问题的 30.7%。由此可见，电子商务交易急需建立更加可信、可靠的网络环境。

（2）**虚假信息充斥网络**

在网络这一新兴媒体中，发布信息不再像传统媒体那样会受到那么多的制约，而且由于网络的虚拟性，一般消费者即使觉察到信息的错误，也很难向发布信息者进行追究，甚至根本就不知道企业的地址。因此，一些电子商务企业便表现得肆无忌惮，在网上发表各种各样的虚假信息或者制造出各种各样的虚假新闻，以此来吸引消费者或创造所谓的点击率，从而扩大自己的商业影响，谋求经济效益。这种高度自由化的垃圾信息的出现，阻碍了正常的电子商务信息的传播，扰乱了健康的电子商务网络信息环境，进而在一定程度上影响了消费者对电子商务的信任感。

（3）**假冒伪劣商品泛滥**

电子商务虽然在诸多方面相对传统商业交易有所改进，但电子商务交易双方无法面对面完成交易，消费者不能亲自对商品进行试用鉴别，这就使得消费者很难及时分辨商品的真假、质量的好坏等，也为假冒伪劣商品的泛滥提供了机会。根据网经社电子商务研究中心发布的《中国电商用户体验与投诉监测报告2019年（上）》显示，因商品质量问题受到的投诉次数占比达到17.66%。可见，假冒伪劣商品在中国电子商务市场上的泛滥程度。在市场经济还没达到成熟时期时，假冒伪劣商品的泛滥，导致许多消费者对电子商务望而却步。

（4）售后服务难言满意

网经社的《投诉检测报告》显示，因售后问题导致的投诉占投诉总量的7.67%。目前，市场上对第三方电子商务网站平台和线上销售企业在售后服务的责任归属上还没有统一的标准，传统商业大部分的产品售后服务是由厂家提供的，但在电子商务交易中，由于时间、地域等问题经常产生推诿和延误，不能提供与线下店面等值的售后服务，使用户感到售后服务的不便，从而影响购物体验。

（5）消费维权困难重重

近年来，在每年的"3·15"消费者权益保护活动上，与电子商务相关的消费者投诉占比达到30%以上。从已公布的这些消费者投诉案例来看，这些案件普遍具有虚拟性、技术含量高、跨区域的特点，消费者一旦发生消费纠纷，因为电子商务交易的虚拟性、匿名性、时空分离（支付与配送的时间分离、顾客与商家之间的空间分离）等特征，使得侵权方难找到、侵权证据难掌握、侵权责任难认定、侵权赔偿难落实，维权困难重重。

正是这些问题导致我国的电子商务信任正在逐渐流失，这也最终影响着消费者的购买动机、满意度、忠诚度及口碑。由此可见，我国要发展电子商务必须高度重视电子商务信任问题。

10.2.2　电子商务中的信任管理

在线信任匮乏制约了电子商务的快速、健康发展。电子商务的信任管理体系和制度建设的相对滞后，与现阶段电子商务市场的发展状况不相适应。尽快建立电子商务信任管理体系，完善电子商务环境下的信任管理制度已是当务之急。

1.电子商务中的信任管理模式

在电子商务的发展面临着整个经济环境缺乏诚信保证的条件下，如何确保用户信任安全的问题逐渐引起了人们的关注。为了降低在线交易的信任风险，各网站根据自身的特点，建立了各自的信任管理模式。目前电子商务主要有三种较为典型的信任管理模式：中介信任管理模式、交托信任管理模式和担保信任管理模式。

（1）中介信任管理模式

中介信任管理模式是将网站或网站联合第三方服务平台作为在线交易的中介，达成交易协议后，买方将款项交给网站，当网站核对无误后，通知卖方向买方移交物品；当网站收到买方的收货通知后，再将款项交给卖方。支付宝、财付通等第三方支付平台是此管理模式的典型代表，这种模式是单边的，是以网站的信誉为基础的，但存在着交易过程复杂化、交易成本高、适用范围小等缺点。

（2）交托信任管理模式

交托信任管理模式是指交易双方通过网站进行交易活动，在取得物品的交易权之后，网站让买方将货款支付到指定的账户上，让卖方将货物交给网站设在某地的办事机构，当网站办事机构核对无误后再将货款及货物交给对方。这种模式虽然能在一定程度上减少商业欺诈等商业信用风险，但需要网站有充足的投资区设立众多的办事机构，因而降低了交易速度，增加了交易成本。

（3）担保信任管理模式

担保信任管理模式是指以网站或网站的经营企业为交易各方提供担保为特征，试图通过提供担保来解决信用风险问题。这种模式一般只适用于具有特定组织性的行业，如在中国电子商务协会倡导下的中国电子商务诚信联盟。

电子商务网站所采用的上述信任管理模式基本上都是企业性规范，缺乏必要的稳定性和权威性，要克服这些问题，政府部门必须加强对发展电子商务的监管，并与银行、工商、公安、税务等部门协同作战，才能使交易双方在将政府信用作为背景的基础上建立起对电子商务的信心。

2.电子商务信任管理存在的问题

电子商务信任管理体系建设起步晚，仍处于初始阶段，存在许多问题值得关注：

（1）在一些重要的基本问题上缺乏统一认识

目前，各大网站虽然对建立健全电子商务信任管理体系的重要性、紧迫性达成了广泛共识，并制定了相应的管理措施，但对电子商务信任管理体系建设的一些重要的基本问题缺乏统一认识。譬如网站的角色是监管还是服务于买卖双方的市场主体？信用中介机构是否应该纳入电子商务信任管理体系？这些问题都需要理论界、政府部门、信用管理行业甚至网站和交易双方共同参与解决，在深入调查研究和充分征求意见的基础上，尽快达成共识。

（2）缺乏法律依据

制定与建设电子商务信任管理体系相关的法律法规是建立健全电子商务信任管理体系的一项核心任务。现有法律的制定还处于滞后的状态，存在着法律、法规不健全，管理制度和条例不统一等问题。

（3）信誉信息开放程度较低

网站在进行在线评价系统项目建设时，缺乏统一的规划和实施方案，存在信誉数据格式不统一，数据可用性、通用性差，编码方式差异大，征信资料开放程度低等问题，导致用户信誉信息难以共享，无法有效惩戒欺诈行为。

（4）信用评级不统一，信誉信息表示形式不规范

各网站根据各自在线信誉系统中的信任模型，提出了相应的信用评级，致使各

网站在信用评级上难以统一标准，信誉信息的表示形式多种多样，难以规范统一。

（5）认证制度存在缺陷

目前网站所采用的认证制度只对卖方进行了认证而忽略了对买方的身份认证，使得一些没有经过身份验证的恶意买方随意参加交易，导致退款欺诈、买者共谋等现象的发生。

（6）信任模型过于简单，难以揭示信任主体的信任风险

目前在电子商务环境下，主要采用累加或均值信任模型。这两种信任模型都过于简单，未考虑评分时间权重、成交价格、评价人信任度等因素，无法激励用户采取长期的诚信交易策略，易遭受恶意用户的攻击，无法从本质上揭示潜在交易伙伴的信任风险。

3.电子商务信任管理的主要措施

我国正处在市场经济时期，经济活动的低信任度问题影响了经济的发展。随着电子商务的发展，由于电子商务匿名性、动态性、随机性等独特性质，电子商务信任管理就显得尤为重要。建立健全信任管理体系不仅能提升企业的竞争力，而且有利于加快社会信用体系建设的步伐。目前，电子商务信任管理的措施主要有以下几种：

（1）认证制度

当前的认证制度主要采取四种认证方式：身份证认证、营业执照认证、地址认证、手机认证。每一种认证方式都要求提供个人资料，通过第三方机构对个人资料进行确认，以保证交易者身份具有一定的可追溯性，提高电子商务交易的安全性和交易双方的信任度。

（2）在线评价系统

用户在网站上交易成功后，在评价有效期内，就该交易互相做出评价。在线评价系统通过收集评价信息，衡量用户的信任度。用户信任度将为交易用户提供极有价值的参照，为在线交易提供安全保障。

（3）信用评级

信用评级是专业评估机构利用一整套完整的技术方法，对评估对象的信用风险进行调查、分析、测定和综合评定，并标出特定的符号，能直观反映评估对象的信用水平。它是一种以定性分析为主，以定量分析为重要参考的方法。

（4）第三方契约服务

网站研发支付工具或与独立第三方合作，向交易用户提供第三方契约服务，以抵制不运送物品、虚假描述、退款欺诈等欺诈行为。国外的网站一般采用与独立第三方合作的形式，提供第三方契约服务，如 eBay 与 Escrow 公司合作，提供第三方契约服务，而国内的网站大多采用自己的支付工具，提供第三方契约服务，如淘宝的支付宝、腾讯拍拍的财付通。

（5）设立安全交易基金

安全交易基金是网站为增强用户进行网上交易的信心而提供的一种无偿赠送服务，目的是鼓励用户在网上交易过程中遵守诚实信用的交易原则，使买卖双方放心地进行在线交易。

（6）信用炒作惩罚措施

对于信用炒作情况，网站都做出了相应的惩罚措施，如取消恶意用户通过非正常交易获得的信任度，视情节严重程度冻结账户。

10.3　电子商务交易的法律规范

电子商务的迅猛发展使电子信息化逐步成为商务交易手段的主导，从而使传统的民事法律调整出现了在电子商务上的虚位，这从客观上要求有关部门建立起促进电子商务健康、有序发展的民事法律体系，以弥补现有法律的缺失。其中，电子商务法是这个法律体系所不可或缺的一个重要组成部分。

10.3.1　电子商务法

1.《电子商务法》的有关概念

这里所说的电子商务法不是指整个电子商务法律体系，而是指一部具体的电商法规——《中华人民共和国电子商务法》（以下简称《电子商务法》）。该法作为我国电子商务领域的基本法，在所管辖的领域内具有最高法律效力，在整个电子商务法律体系中起统御作用。

2.《电子商务法》立法遵循的六大基本原则

（1）鼓励创新原则

电子商务立法把促进电子商务持续健康发展放在首位，鼓励发展电子商务新业态、新模式、新技术，为创新发展留有空间。由于电子商务发展迅猛，变化极快，立法不宜对电子商务具体业态和模式作具体规定。

（2）公平诚信原则

从事电子商务活动，应当遵循公平诚信原则，遵守法律和商业道德，建立并完善电子商务信用体系。

（3）规范监管原则

根据电子商务发展的特点，应完善和创新电子商务监管制度。规范监管的要义在于依法、合理、适度、有效，其度的把握尤其重要，既非任意地强化监管，又非无原则地放松监管，而是宽严适度、合理有效。

（4）社会共治原则

运用互联网思维，采取互联网办法，鼓励支持电子商务各方共同参与电子商务市场治理，建立符合电子商务发展特点的协同管理体系，推动形成有关部门、电子商务行业组织、电子商务经营者、消费者等共同参与的市场治理体系。

（5）线上线下一致原则

平等对待线上线下商务活动，促进线上线下融合发展。

（6）数据信息开发利用和保护均衡原则

维护电子商务交易安全，依法保护电子商务用户数据信息，鼓励电子商务数据信息交换共享，保障电子商务数据信息依法有序自由流动和合理利用。

3.《电子商务法》若干重大问题

（1）科学合理界定电子商务法调整对象。综合各方意见，本法将电子商务定义为"通过互联网等信息网络销售商品或者提供服务的经营活动"。在此定义中，经营活动是指以营利为目的的商务活动，包括上述商品交易、服务交易和相关辅助经营服务活动。

（2）规范电子商务经营主体权利、责任和义务。本法对电子商务经营主体作出了明确规定，尤其是对电子商务平台经营者（第三方平台）提出了定义和要求。电子商务平台经营者，是指在电子商务中为交易双方或者多方提供网络经营场所交易撮合、信息发布等服务，供交易双方或者多方独立开展交易活动的法人或者非法人组织。本法着重对平台经营者作出明确规定：一是要求其对经营者进行审查，提供稳定、安全服务；二是加强消费者权益保护；三是应当公开、透明地制定平台交易规则；四是遵循重要信息公示、交易记录保存等要求。

（3）完善电子商务交易与服务。围绕电子商务的交易与服务主要有电子合同、电子支付和快递物流。关于电子合同，本法根据电子商务发展的特点，在现有法律规定的基础上，规定了电子商务当事人行为能力推定规则、电子合同的订立、自动交易信息系统，以及电子错误等内容。关于电子支付，本法规定了电子支付服务提供者和接受者的法定权利义务，对于支付确认、错误支付、非授权支付、备付金等也作出相关规定。关于快递物流，本法明确了快递物流依法为电子商务提供服务，规范了电子商务寄递过程中的安全和服务问题。

（4）强化电子商务交易保障。本法主要规定四方面内容：一是电子商务数据信息的开发、利用和保护。其明确规定鼓励电子商务数据的开发应用，加强数据保护，保障数据信息依法、有序、自由流动和合理利用。二是市场秩序与公平竞争，规定电子商务经营主体知识产权保护、平台责任、不正当竞争行为的禁止、信用评价规则等。三是加强消费者权益保护，包括商品或者服务信息真实、保证商品或者服务质量、交易规则和格式条款制定，并规定了设立消费者权益保证金，电子商务平台有协助消费者维权的义务。四是争议解决。电子商务纠纷除适用传统的方式外，根据电子商务发展特点，应积极构建在线纠纷解决机制。

（5）促进和规范跨境电子商务发展。本法就此专门作出规定：一是国家支持促进跨境电子商务的发展；二是国家推动建立适应跨境电子商务活动需要的监督管理体系，推进单一窗口建设，提高通关效率，保障贸易安全，促进贸易便利化；三是国家推进跨境电子商务活动通关、税收、检验检疫等环节的电子化；四是推动建立国家之间跨境电子商务的交流合作等。

（6）加强监督管理，实现社会共治。建立符合电子商务特点的协同管理体系，推动形成有关部门、电子商务行业组织、电子商务经营者、消费者等共同参与的市场治理体系。电子商务行业组织和电子商务经营主体应当加强行业自律，建立健全行业规范和网络规范，推动行业诚信建设，公平参与市场竞争。

10.3.2　电子合同

1. 电子合同的有关概念

（1）合同

合同，亦称契约。合同为当事人之间设立、变更、终止民事关系的协议。依法成立的合同，受法律保护。合同是当事人在地位平等的基础上自愿协商产生的。它反映了双方或多方意识表示一致的法律行为。现阶段，合同已经成为保障市场经济正常运行的重要手段。传统的合同主要有两种形式：口头形式和书面形式。口头形式是指当事人采用口头或电话等方式达成的协议，而书面形式是指当事人采用非直接表达方式即文字方式来表达协议的内容。

（2）电子合同

电子合同是电子商务交易的核心内容，电子商务中的合同采取了新形式，具有新含义和新特点。电子合同是双方或多方当事人之间通过电子信息网络以电子的形式达成的设立、变更、终止财产性民事权利义务关系的协议。通过上述定义可以看出，电子合同是以电子的方式订立的合同，其主要是指在网络条件下当事人在双方签署时间的确定、证据的收集、双方签字盖章效力的认定上都有一定的困难。虽然电子合同的意义和作用没有发生改变，但其形式却发生了极大的变化。

① 订立合同的双方或多方大多是互不见面的，所有买方和卖方都在虚拟市场上运作，其信用依靠密码的辨认或认证机构的认证。

② 传统合同的口头形式在贸易上通常表现为店堂交易，并将商家所开具的发票作为合同的依据。而在电子商务中标的额较小、关系简单的交易没有具体的合同形式，表现为直接通过网络订购、付款，例如利用网络直接购买软件。

③ 表示合同生效的传统签字盖章方式由数字签名代替。

④ 传统合同的生效地点一般为合同订立的地点，而采用数据电文的形式订立的合同，收件人的主营地为合同成立的地点；没有主营地的，其经常居住地为合同成立的地点。

（3）电子合同的种类

对电子合同给予科学的分类，一方面有利于法学研究，使研究得以深入，另一方面使电子合同法律制度的建设具有针对性、全面性。电子合同除传统合同法对合同的常规分类以外，基于其特殊性，根据其划分角度不同，它还存在以下几种类型，见表10-1。

表10-1   电子合同的种类

划分根据	类型
电子合同订立的具体方式	利用数据电文交换订立的合同、利用电子邮件通过网络订立的合同
电子合同标的物的属性	网络服务合同、软件授权合同、需要物流配送的合同等
电子合同当事人的性质	电子代理人订立的合同、合同当事人亲自订立的合同
电子合同当事人之间的关系	B2C合同（企业与个人从事电子商务过程中形成的合同）、B2B合同（企业与企业之间从事电子商务过程中形成的合同）、B2G合同（企业与政府进行电子商务过程中形成的合同）

2.电子合同的法律效力

（1）电子合同主体合法权益

《民法典》第464条规定："合同是民事主体之间设立、变更、终止民事法律关系的协议。"按照电子商务交易对象分类，可以分为企业和企业之间的交易、企业和消费者之间的交易、企业和政府机构之间的交易以及消费者和政府机构之间的交易等，这些都属于电子商务活动。这些电子商务活动无论属于哪一类，其都属于为平等民事主体的自然人、法人和其他组织之间设立、变更、终止民事权利义务关系的行为，都是合同契约关系。因此，这些电子商务活动的主体必然要有所调整。

（2）电子合同形式

《民法典》第469条规定："书面形式是合同书、信件、电报、电传、传真等可以有形地表现所载内容的形式。"这表明了电子合同必然属于民法典的调整范围。电子商务活动中，国内外电子商务市场通行的做法是交易双方当事人实施无纸化贸易，通过电子商务系统进行网上谈判，将磋商结果做成文件，以电子文件形式签订贸易合同。明确各方权利、义务，标的商品的种类、数量、价格、交货地点、交货期、交易方式、结算方式、运输方式、违约责任、服务、索赔等合同条款后，双方用EDI签约或用数字签字签约，形成电子合同，传递订单、提单、保险单等。这些电子单证被记录和保存在磁性介质中，储存于计算机的存储设备内，采用的是电子数据交换和电子邮件形式。我国《民法典》立法之时已充分注意到这一点，因此特别规定了书面合同包括电子数据交换和电子邮件，以国家立法的形式赋予了电子合同合法的法律地位，这一点是不容置疑的。

（3）电子合同成立的条件

合同是经由一方的要约被另一方所接受而成立的，按照传统的做法，要约和承诺都是人工进行的，是双方当事人的一种意思表示，双方意思表示一致合同即告成立。而电子合同的订立是完全自动化、双方利用计算机进行的，其根据预先编制的程序，通过因特网自动发出要约或表示承诺，而承诺一旦生效，合同即告成立，对双方当事人具有法律约束力，任何一方不得违约，否则将承担法律责任。电子合同的订立是在不同地点的计算机系统之间完成的，应如何判断电子合同的承诺是否生效以及该合同是否因此成立并具有法律效力呢？《民法典》在上述条款中做出详细界定，为判定电子合同的成立和具有法律效力提供了法定界限。

（4）电子合同的管辖权

电子合同可以在任何地点使用计算机系统发出，如发送人的营业地、发送人拥有计算机的某一地点，如果采用发出生效原则，将使合同成立的地点具有很大的不确定性。而采用收到生效原则更为适宜，因为收到信息的一方所在地点较为容易确定，可以依据传统的判定方法对与接收电文一方有密切关系的营业地和经常居住地进行判定，提出关于订立合同地点的法定证据。因此，《民法典》确定了电子合同成立的地点，为明确合同的法律适用和合同纠纷的管辖权提供了重要的法律依据。

（5）电子合同的法律地位

在电子商务活动中，电子合同、订货单、提单、确认书、转运单、保险单、付款通知、有关票据等电子文件，即电子单证是在计算机内磁性介质中传递、存储的电子数据，无法被人识读，只能通过屏幕显示或打印输出文件才能识读，但这只是一种抄录，而不是传统意义上的证据原件。因此，客观地说，执法部门在受理电子商务违法案件及电子合同纠纷案件时根本不可能取得作为书面证据的原件。如何解决这一难题呢？我国《民法典》已经明确了电子合同的法律地位，我国《民事诉讼法》第63条也将可读形式的电子证据归为采纳证据中的视听资料类。这就说明了我国采纳电子证据是有法律基础的，只要经过国家电子商务认证中心（CA）、电子数据交换（EDI）服务中心的认证和防火墙的技术处理，辨别真伪后，电子单证计算机记录也就是电子证据可以作为合法的证据用于认定事实，或进行定性处理。

3.电子合同中的消费者权益保护问题

（1）电子合同中格式条款的消费者权益

在网络购物中，商品的质量、物流配送、价款的支付等都是网站和卖家预先拟定的，买家无权与对方进行合同细则的商讨，只能选择接受或拒绝，这种条款是典型的格式条款。网络在线的电子格式合同，由于消费者缺乏参与磋商的机会，因此极易导致各种损害消费者权益情形的发生。在消费者的合法权益中，受到侵犯最多的是知情权和自主选择权。

在网络点击合同中，买家只要点击"我接受""我同意"等按钮，合同即告成立。而实际上有的买家并没有仔细地阅读格式条款，有的买家对格式条款存在疑惑却无法得到解释，有的买家想了解更多的商品信息，却由于网络信息有限而无法知晓。这些情形买家只能被动地接受，这样消费者的知情权就得不到有效行使。与此同时，由于网络信息的充分性和真实性无法得到保障，买家无法进行有效的比较、鉴别和挑选，其自主选择权也就得不到保障。虽然我国合同法对格式条款有一些规定，例如其第41条规定："对格式条款有两种以上解释的，应当做出不利于提供格式条款一方的解释。"但是我国的格式条款规范主要是对受害人的事后救济，消费者权益仍没有得到有效的保护。

（2）对在线网络消费者的建议

由于异地交易时，商品难以当面检验、真实身份难以确定、事后纠纷难以有效解决等因素，消费者的合法权益往往无法得到切实的保护。网络消费者应该注意的是：第一，选择信誉度高的商家，网络购物时要正确地对待网络广告，提高对网络广告信息的真实性、可靠性的鉴别能力；第二，如果卖方允许，优先选择货到付款或经由第三方支付工具付款，这样可以有效防止电子商务欺诈的发生；第三，慎重下订单，在网络格式条款中，经营者往往会利用自己的天然优势规定减轻、免除自己责任的隐形条款，在这种情况下，消费者要三思而后行，慎重考虑之后再下订单；第四，购物时索要发票及相关的消费凭证，由于电子合同履行的特殊性，并且存在一方违约时证据难以收集等问题，如果没有消费凭证，即使自己的权益受到侵害，没有证据，也无法追究相关责任人的法律责任；第五，及时维权，如果自己的合法权利受到侵害，要及时地维护自己的权益，法律中关于"诉讼时效"的规定告诉我们，在普通的民事纠纷中，法律并不保护那些惰于维权的"懒人"。

有关电子商务合同的订立与履行的法律，详见《电子商务法》第三章。

10.3.3　电子签名

电子签名是依技术中立性原则在法律上提出的一般性概念，它包括在电子通信环境下替代亲笔签名的各种签名方式（包括电子化签名、生理特征签名等），而我们熟悉的运用非对称密钥加密方法的数字签名只是其中的一种。

1.电子签名的概念

广义的电子签名，是指包括各种电子手段的电子签名。这种定义规定只要符合一定的条件，电子签名就具有与传统签名同等的法律效力，而不限制达到规定条件的电子签名应该采用的技术。广义电子签名是以对传统签名的功能分析与承认为基础的，它外延广阔，为新技术的发展留下了宽阔的空间，但是由于其标准与形式多种多样，容易导致技术上的混乱。更重要的是，许多签名手段缺乏安全保障，从而使其实用性不强。

狭义的电子签名，是以一定的电子签名技术为特定手段的签名，通常指数字签名，它是以非对称加密方法产生的数字签名。该定义只明确采用某种特定技术的电子签名的法律效力，对采用其他技术的电子签名的法律效力未做规定，其特点是只有信息发送者才能生成，别人无法伪造，生成的数字串同时也是对发送者发送信息真实性的证明。

《中华人民共和国电子签名法》采用了广义的电子签名概念。该法第 2 条规定："本法所称电子签名，是指数据电文中以电子形式所含、所附用于识别签名人身份并表明签名人认可其中内容的数据。本法所称数据电文，是指以电子、光学、磁或者类似手段生成、发送、接收或者储存的信息。"

美国是世界上最先授权使用数字签名的国家，其规定用密码组成的数字与传统的签字具有同等的效力。从技术的角度而言，电子签名主要是指通过一种特定的技术方案来赋予当事人一个特定的电子密码，确保该密码能够证明当事人身份，而同时确保发件人发出的资料内容不被篡改的安全保障措施。电子签名的主要目的是利用技术的手段对数据电文的发件人身份作出确认及保证传送的文件内容没有被篡改，以及解决事后发件人否认已经发送或者是收到资料等问题。因此，验证解密得到的结果与经过计算所得的结果必然不同，从而保证了电子信息的真实性与完整性。

2.电子签名的法律效力

根据《中华人民共和国电子签名法》，当事人约定使用电子签名的文书，不得仅因为其采用电子签名的形式而否定其法律效力。可靠的电子签名与手写签名或者盖章具有同等的法律效力。在电子签名合法使用的情况下，其效力主要表现在以下四个方面：

（1）电子商务交易当事人一旦以合法的方式签署了电子签名，便不得否认自己是数据电文的发送人。如果该数据电文是一项法律文件，他便是这项法律文件的签署人。

（2）电子签名的合法签署意味着签署人承认并证实了数据电文的内容。如果该数据电文构成一项法律文件，他便不能以电子签名为由否认其法律文件内容的真实性。

（3）以电子签名方式签署的数据电文，应作为原件看待，即便它在传递中或者系统服务中有所变化。如果数据电文构成一项法律文件，那么，不仅在当事人间应视其为原件，它也可以作为原始证据向审判或仲裁机构提交。

（4）电子签名能充分满足法律对法律行为的书面签名形式的要求。使用电子签名的法律行为不会因电子签名方式本身而遭效力否定。当以电子签名签署的要约、承诺符合合同法基本规则时，该电子签名的签署，便能决定合同成立与生效的时间、地点等法律行为要素。

3.电子签名在网上仲裁的应用

（1）为网上仲裁身份验证提供技术支持

网上仲裁令人产生质疑的一点是仲裁员、当事人双方互不见面，在此种情形下，如何保证当事人的身份真实，电子签名可对该问题的解决提供技术支持：

① 仲裁员身份认证

仲裁机构在统一的系统中设置仲裁员档案库和行政人员档案库，录入该仲裁机构所有仲裁员的简历、擅长领域及指纹照片等，在获得授权后可予以调查核对。

② 立案时对当事人的身份认证

申请仲裁时，系统会要求当事人通过服务系统在线提交申请书和证据材料的同时，必须提交本人或授权出庭的全部代理人的语音、照片、指纹。该语音、照片、指纹用于开庭时仲裁员对其进行远程在线身份认证。

③ 网上开庭时的身份认证

网上开庭时可以采用语音识别、动态真人图像与指纹识别技术，对用户端摄像头及便携式指纹扫描器获取当事人及代理人的图像指纹与立案时采集的语音、照片和指纹进行真假鉴别。

由此我们可以看出，电子签名技术对于网上仲裁身份验证意义重大。但同时我们也必须警惕，并非具备相应的技术支持就万无一失。由于网络的不稳定性，并不排除恶意通过网络进行欺诈或诈骗的行为。当事人双方在提交仲裁申请或答辩状时，应将个人身份先通过当地公安机关公证，以确保裁决的法律效力。

（2）解决法律文书的书面形式问题

通过一定的技术手段，数据形态的仲裁协议与仲裁裁决亦可具备传统纸面仲裁协议与仲裁裁决的功能与作用。根据等同原则，1996年《联合国国际贸易法委员会电子商务示范法》明确规定：不能仅仅凭借信息采取了数据电文形式而否定其法律效力、有效性和可执行性，不能仅凭借是数据信息而否定其可接受性和证据力；如果法律要求信息必须采用书面形式，则假若一项数据电文所含信息可以调取以备日后查阅，即满足该项要求；如数据信息自其首次生成起通过一定的技术手段使其完整性得到可靠保障，且当需要向人们展示时即可向人们展现，则该信息满足了"原件"要求（联合国1996年《联合国国际贸易法委员会电子商务示范法》第5、6、8、9条，已确立了"数据信息满足书面形式之要求"）。

现有的"电子签名""文件无水印"等技术已日臻成熟，可用于鉴别仲裁裁决发送者的身份及确认裁决的信息内容，保证信息的完整性。

10.3.4 电子认证

1.电子认证的内涵

电子签名的认证是指由从事认证服务的第三方机构对电子签章及签署者的真实性等数字信息进行的具有法律意义的鉴别。它是以电子签名为前提，基于电子签名而产生的一项保证电子商务和其他电子交易安全的法律措施，实际上就是确认一项电子签名、电子记录或电子履行确属特定人所为。其中，电子认证机构是为电子签名人和电子签名依赖方提供电子认证服务的第三方机构，在确保用户身份真实的情况下，向用户发放电子签名认证证书，是发放和管理该证书的专业部门，为电子商务和电子政务等应用提供网上身份认证、电子签名等数字证书认证服务。

2.电子认证机构的主要权利和义务

电子认证机构的权利主要包括发放证书、撤销证书和保存证书。在通常情况下，电子认证机构对电子签名人必须履行的义务有：

（1）提供可靠、安全的系统

证书信赖人对电子签名的验证，完全通过电子认证机构的系统完成。

（2）谨慎审核

对认证证书申请者所提交的相关材料的真实性，认证机构应该谨慎地加以审核。因为证书的发布、信赖方的信赖都依赖于对这些资料真实性的审查。

（3）披露信息

认证机构应该将其所颁发的证书予以公布。因为如果只有用户知道证书的存在而交易，公众并不知道，就不能使证书起到应有的作用。

（4）保护证书持有人的商业秘密和个人隐私

电子认证服务机构应当遵守国家的保密规定，建立完善的保密制度。电子认证服务机构对电子签名人和电子签名依赖方的资料和隐私，负有保密的义务。

3.电子认证与电子签名和实名制的关系

（1）电子认证与电子签名的关系

电子签名与电子认证都是电子商务的保障。电子签名的目的是保护数据电文的安全，防止其内容被仿冒、更改或者否认。法律强调对电子签名安全技术标准的认定。电子认证的目的是把电子签名和交易联系起来，确保对方得到的电子签名不是其他人假冒的。为此，法律强调对电子认证机构的组织结构和权力义务的分配，对认证机构的设立和监督，以及确定认证机构的归责原则及赔偿责任。

（2）电子认证与实名制的关系

电子身份认证是一项技术，实名制是一种制度安排。电子身份认证是用来确认个体是否是真实存在的，它把信息与物理介质联系了起来，标识出一个个体的真实性、可靠性。从这个方面理解，电子身份认证是"实名制"的建立和实施，是利用技术手段实现"实名制"的一种形式。在信息社会，将两者联系在一起的是解决网络应用中真实、唯一主体确认的共同指向。实名制是一种自然要求，社会生活中的基本的规范都要求以实名为基础；电子身份认证从技术途径解决主体的确认，更为基础、根本。在合理的前提下，将实名制和电子身份认证结合起来，在实名制的制度安排中以电子身份认证作为实现方式，是解决当下实名制行政规范中众多问题的最佳选择。

10.4 电子商务中的其他相关法律问题

为保证电子商务交易规范和有序地进行，除了上述电子合同、电子认证以及电子签名等相关法律法规外，还涉及电子商务交易的各个环节的法律保障。

10.4.1 电子商务税收

税收作为国家财政收入的主要来源，是实现国家职能的基本条件，取之于民，用之于民。现阶段电子商务与税收之间存在非常明显的矛盾关系：一方面，电子商务促进了经济发展，开拓了广阔的税源空间，为政府创造了大量税收；另一方面，现行的税收征管制度和手段存在很多漏洞，造成了税收的大量流失。因此，电子商务也在我国的税收理论和实践方面提出了新课题。

1.电子商务中的税收筹划

（1）税收管辖权筹划

目前，大多数国家行使居民税收管辖权和所得来源地税收管辖权。当两种税收管辖权发生冲突时，通常按照税收协定的规定来解决。我国税法就中国居民的全球所得以及非居民来源于我国的所得征税，对不同类型的所得，税法对收入来源的判断标准不一。比如，对销售商品的征税主要取决于商品所有权在何地转移；对劳务的征税则取决于劳务的实际提供地；对特许权使用费的征税则通常以受益人所在地为标准。

然而，由于电子商务的虚拟化、数字化、匿名化、无国界和支付方式电子化等特点，其交易情况大多被转换为"数据流"在网络中传送，使税务机关难以根据传统的税收原则判断交易对象、交易场所、制造商所在地、交货地点、服务提供地、使用地等。随着电子商务的发展，公司容易根据需要选择交易的发生地、劳务提供地、使用地，从而达到税收优化的目的。

（2）企业性质税收筹划

大多数从事电子商务的企业注册地位于各地的高新技术园区，拥有高新技术企业证书，且其营业执照上限定的营业范围并没有明确提及电子商务业务。有些企业营业执照上注明从事系统集成和软件开发销售、出口，但实际上主要从事电子商务业务。准确地判定这类企业是属于所得税意义上的先进技术企业和出口型企业，还是属于生产制造企业、商业企业或服务企业是十分必要的，因为性质不同，将导致企业享受的税收待遇有所不同。

在所得税上，高新技术企业、生产制造型的外商投资企业可享受减免税优惠；在增值税上，生产制造企业和商业企业在进项税额的抵扣时间上规定不同。那么，被定性为什么样的企业就成为了关键问题。

（3）收入性质税收筹划

电子商务将原先以有形财产形式提供的商品转变为以数字形式提供，使得网上商品购销和服务的界限变得模糊。对这种以数字形式提供的数据和信息应视为提供服务所得还是销售商品所得，目前税法还没有明确的规定。

税法对有形商品的销售、劳务的提供和无形资产的使用规定了不同的税收待遇。比如，将电子商务中的有形货物销售收入视为服务收入会直接影响适用的税种和税负的大小。对货物的销售通常适用13%的增值税税率。再如，对来源于中国的特许权使用费收入，须缴纳所得税。而在境外提供劳务有可能在中国免税。那么，纳税人可以通过税收筹划，享受适当的税收待遇。

（4）常设机构税收筹划

电子商务使得中国居民能够通过设在中国服务器上的网址销售货物到中国境内或提供服务给中国境内用户，但我国与外国签订的税收协定并未对非居民互联网网址是否构成常设机构等涉及电子商务的问题做出任何规定。

按照有关规定，以本企业进行其他准备性或辅助性活动为目的而设的固定营业场所不应视为常设机构，相应地，亦无须在中国缴纳企业所得税。服务器或网站的活动是否属于"准备性或辅助性质"，而不构成税收协定意义上的常设机构，给税收协定的解释和执行提出了新课题。此外，如果固定通过网络服务供应商的基础设施在国内商议和签发订单，该网络服务供应商是独立代理人还是已构成常设机构的非独立代理人，这一点目前也不明确。

（5）转让定价税收筹划

由于电子商务改变了公司进行商务活动的方式，原来由人完成的增值活动现在越来越多地依赖于机器和软件来完成。网络传输的快捷使关联企业在对待特定商品和劳务的生产和销售上有更广泛的运作空间。它们可快速地在彼此之间有目的地调整成本费用及收入的分摊，制定以谋求整个公司利益最大化为目的的转让定价政策。同时，电子商务采用信息加密系统、匿名电子付款工具，具有无纸化操作的特点，使税务机关难以掌握交易双方的具体交易事实，相应地给税务机关确定合理的关联交易价格和作出税务调整增加了难度。

（6）印花税纳税筹划

电子商务实现了无纸化操作，而且交易双方常常"隐蔽"进行。网上订单是否具有纸质合同的性质和作用，是否需要缴纳印花税，目前也不明确。

2.我国电子商务税收征管的对策和建议

针对我国电子商务发展现状，应当对电子商务税收问题达成以下共识，即在维护国家主权和保护国家利益的前提下，充分借鉴国外经验，通过对现行税制的改革和完善，逐步确立适合我国电子商务发展需要的税收原则和征管、稽查模式，积极促进电子商务的健康发展，同时要坚决避免税收流失，确保国家财政收入安全。

（1）改革和完善现行税法及相关法律

电子商务作为一种新型的商务模式，并没有脱离现行税法的征税条件，因此，也不需要专门为此制定一部新的税收法律，而只需在现行税法基础上做相应调整和修改即可。要在不对电子商务增加新税种的前提下，尽快建立起电子商务的税收征管法律框架，补充电子商务税收的相关法律条款，明确电子商务的纳税义务人、征税对象、纳税环节、纳税期限等要素，以便税收部门在实际工作中有法可依。

> 因为电子商务经营者的经营数据由平台经营者保存，所以《电子商务法》第二十八条规定，电子商务平台经营者应当依照税收征收管理法律、行政法规的规定，向税务部门报送平台内经营者的身份信息和与纳税有关的信息，并应当提示依照本法第十条规定不需要办理市场主体登记的电子商务经营者依照本法第十一条第二款的规定办理税务登记。

（2）建立专门的电子商务税务登记制度

在相应的法律条款及实施细则中增加电子商务税务登记的规定，对从事电子商务的企业或个人实施专门的税务登记管理。各级税务机关应对从事电子商务的企业或个人做好税务登记工作，全面掌握他们的详细资料，拥有相应的网络贸易纳税人的活动情况和记录。对从事电子商务的企业和个人，要建立起详细的户管档案，并时刻掌握纳税人网络贸易的活动情况。此外，税务部门还要与网络服务机构和银行等部门加强信息和技术上的交流，以便及时、准确地对网络贸易进行审查和监控。

（3）积极协调，加强税务系统网络建设，培养面向网络经济的复合型税收人才

税务部门要加强自身队伍建设，大力培养既懂税收业务知识又懂电子网络知识的复合型人才。此外，要积极协调财政、海关、外贸、金融、工商、公安等部门和行业，构建起一个纵横交错的信息共享网络，积极与网络技术部门合作，依托其掌握的技术优势，研究解决电子商务征税过程中存在的各种技术问题。

（4）积极开展国际合作与协调

我国政府要积极参与国际社会针对电子商务国际税收相关规则的制定工作，研究电子商务国际税收中出现的新情况、新问题。要在维护国家利益的前提下，在重大问题上坚定地表明本国的立场和态度。同时，要妥善解决税收管辖权问题，不断加强国际情报的交流和协调，最大限度地打击利用国际互联网偷税漏税的行为。

3.电子商务征税的必要性

（1）保障国家财政收入

税收是以财政收入为主要目的的。税收作为国家取得财政收入的重要工具，可以把分散在各个纳税人手中的一部分国民收入集中于国家财政，用以满足国家行使职能的需要。电子商务的发展正呈上升趋势，在一定程度上会保障国家的财政收入。

（2）规范电子商务交易模式

国家通过税收的日常征收管理，可以对电子商务经营者的经营活动进行有效的

监督。目前销售假冒伪劣商品、进行价格欺诈、偷税漏税等违法行为屡见不鲜，而税务机关的介入对规范各种交易模式的电子商务交易主体的行为、促进电子商务交易环境的良性循环具有重要的作用。

（3）维护税收中性和公平性原则

国家税收不应当妨碍市场经济机制的调节作用，以避免影响或者干预纳税人的生产或投资决策、储蓄倾向以及消费选择。税收中性原则要求采取不同的购买方式或者应用不同技术的各类交易均应当受到同等的税收待遇。根据税收公平原则，在税收法律关系中，所有纳税人的地位都是平等的，因此税收负担在国民之间的分配也必须公平合理。

10.4.2　知识产权保护

从广义上讲，知识产权所包含的内容非常广泛，但与电子商务密切相关的主要包括版权（也叫著作权）、专利权、商标权等。计算机网络技术的迅速发展，导致了数据信息共享的强烈需求，并发生了与知识产权固有特性的冲突。知识产权的"专有性"和"地域性"与电子商务的"公开性"和"无国界性"之间产生了矛盾。目前为解决这些矛盾和冲突，世界上大多数国家主张通过缔结国际公约来进一步强化对知识产权"专有性"的保护。

1.电子商务中的知识产权保护问题

（1）版权保护问题

所谓版权，有时也称作者权，在我国也被称为著作权，是基于特定作品的精神权利以及全面支配该作品并享受其利益的经济权利的合称。一般来讲，版权的客体是指版权法所认可的文学、艺术和科学等作品（简称作品）。但是在信息时代，计算机软件、数据库、多媒体技术给版权的客体带来了新的内容。目前世界上已经建立了一个比较全面的版权保护法律体系，将计算机软件纳入版权保护，以对软件提供更加及时和完善的保护。自 1990 年起，我国陆续制定《中华人民共和国著作权法》、《计算机软件保护条例》和《计算机软件著作权人登记办法》等，逐步建立了对计算机软件的保护。

在涉及电子商务的版权侵权问题时，尤其需要注意的是网络服务商侵权问题和链接侵权问题。如果网络内容服务商提供的内容服务未经版权人允许，则构成了对作品的复制权和网络传播权的侵犯。信息共享始终是互联网的理想追求，因此链接技术的出现深受人们欢迎。关于链接技术的侵权问题，目前并没有一个统一的说法，不同的国家有很大的差别。主要来讲，链接可能侵犯作品的复制权、演绎权以及精神权利等，通过链接的形式将其他网站的资源集中到自己的网站上，并供使用者免费下载是链接侵权的一种主要表现形式。

（2）专利问题

专利，是专利权的简称，指的是一种法律认定的权利。它是指对于公开的发明创造所享有的一定期限内的独占权。专利制度并非一成不变，它必须随着科学技术发展所提出的新问题不断变化，网络技术对专利领域也提出了大量问题。互联网的广泛性和开放性对专利"三性"（新颖性、创造性、实用性）中的"新颖性"特点提出了挑战。一般在专利法中规定，授予专利的发明创造必须具有新颖性，新颖性是授予发明或实用新型专利的实质要件之一。传统的专利法并没有规定在互联网上公开发明创造应采取什么样的原则，因此在互联网上公布的发明是否还具有新颖性就是一个值得探讨的问题。

此外，专利的电子申请在网络环境下也有了新的问题。电子申请就是以电子文件的形式，向国家知识产权主管行政机关提交有关专利的申请，而传统的做法是以纸质文件为载体进行的。世界知识产权组织（WIPO）起草的《专利法案条约》（草案）和《专利合作条约》，已确认了电子申请的合法性。日本专利局已于1990年12月开始接受专利的电子申请。韩国已经着手准备通过互联网申请专利的实验。美国、日本、欧洲三个专利局正在着手准备通过互联网联机申请专利，并把实现专利文献无纸化作为今后的发展方向。

（3）域名问题

域名是一种资源标志符，是互联网主机的IP地址，由它可以转换成特定主机在互联网中的物理地址。域名作为一种在互联网上的地址名称，在区分不同的站点用户上起着非常重要的作用。域名具有唯一性，即它在全球范围内是独一无二的，但同时域名又都是按照"登记在先"的原则来进行登记的，因此一旦有人先对某个名字进行了注册，其他人就不得再使用该名字来命名其网址。因为域名具有较高的商业价值，抢注者希望借助被抢注者的良好声誉得到网络用户的访问。一旦抢注成功，网络用户将无法访问该域名真正代表的被抢注企业的网站，而只能访问抢注者的网站。法律应当制止这种恶意抢注行为，保护被抢注者的域名名称或商标利益。

域名是作为一种技术性手段建立起来的，它在本质上并不是一种知识产权，因此域名本来并不能像商标那样被作为知识产权受到保护。但是，随着域名商业价值的不断提高，法律已经开始将某些知识产权的权利内容赋予域名，以保护权利人利益。

2.电子商务中的知识产权保护对策

（1）立法保护

立法保护是指国家通过立法保障民事主体对其知识财产和相关的精神利益享有知识产权，并予以法律约束的一种保护。没有知识产权立法，就没有知识财产的法权形态，就没有其创造者和其他权利人的法律地位。有学者将知识产权称为"诉讼上的权利"，意指知识产权通常要通过诉讼等执法活动才能得以实现和保护，而实现诉讼上的权利，前提就要通过立法对其进行保护。

《电子商务法》中明确规定：

第四十一条　电子商务平台经营者应当建立知识产权保护规则，与知识产权权利人加强合作，依法保护知识产权。

第四十二条　知识产权权利人认为其知识产权受到侵害的，有权通知电子商务平台经营者采取删除、屏蔽、断开链接、终止交易和服务等必要措施。通知应当包括构成侵权的初步证据。

第四十三条　平台内经营者接到转送的通知后，可以向电子商务平台经营者提交不存在侵权行为的声明。声明应当包括不存在侵权行为的初步证据。

第四十五条　电子商务平台经营者知道或者应当知道平台内经营者侵犯知识产权的，应当采取删除、屏蔽、断开链接、终止交易和服务等必要措施；未采取必要措施的，与侵权人承担连带责任。

第八十四条　电子商务平台经营者违反本法第四十二条、第四十五条规定，对平台内经营者实施侵犯知识产权行为未依法采取必要措施的，由有关知识产权行政部门责令限期改正；逾期不改正的，处五万元以上五十万元以下的罚款；情节严重的，处五十万元以上二百万元以下的罚款。

（2）行政保护

行政保护是指国家行政机关对当事人某些比较严重地违反知识产权法律的行为予以行政处罚以及对某些知识产权向权利人予以授权等的行政行为。对知识产权的行政保护，是中国知识产权保护具有特色的"双轨制"的体现。发达国家一般没有类似于我国各个行政机关对侵权行为进行罚款等行政处罚的情况。不论今后我国行政执法的趋向如何，利用行政处罚手段，对知识产权给予保护仍不失为有效措施之一。工商、公安等诸多部门应该积极加大对电子商务活动中涉及知识产权保护的违法活动的查处和治理力度。

（3）司法保护

司法保护是指对知识产权通过司法途径进行保护，即：由享有知识产权的权利人或国家公诉人向法院对侵权人提起刑事、民事诉讼，以追究侵权人的刑事、民事法律责任；通过不服知识产权行政机关处罚的当事人向法院提起行政诉讼，进行对行政执法的司法审查，以支持正确的行政处罚或纠正错误的处罚，使各方当事人的合法权益都得到切实保护。虽然我国是成文法国家，但在电子商务相关案例的审判中，适当加大司法机关运用法律的自由度，还是非常必要的。对知识产权的司法保护是最重要的知识产权法律实施活动。

（4）知识产权集体管理组织保护

知识产权集体管理组织保护是指经知识产权创造者或其他权利人授权的社会组织，面对势力强于自己的使用者来保护自身的利益的行为。知识产权创造者或其他权利人可以授权知识产权集体管理组织行使知识产权的有关权利。知识产权集体管理组织被授权后，可以自己的名义为知识产权创造者或其他权利人主张权利，也可为当事人进行涉及知识产权有关权利的诉讼、仲裁活动。在电子商务中，知识产权集体管理组织有效运转的关键，就在于要按建立在明确界定的私人产权基础上的责任规则机制来运作。

（5）知识产权人或其他利害关系人的自我救济

知识产权人或其他利害关系人的自我救济是指知识产权人或其他利害关系人重视自身知识产权保护，并制定一系列如何保护知识产权、如何在开展业务中避免对他人侵权等的具体措施和手段，以完善地保护自己的权利。知识产权属于私权，法律对私权保护的程序往往需要权利人或利害关系人的投诉方能启动。知识产权人自我救济的范围很广，在主张权利阶段，就包括向侵权人提出警告、交涉，各类请求权的行使等。在电子商务中，知识产权人或其他利害关系人通过自我救济可以搜集电子商务中的证据，同时通过有关知识产权法律咨询部门的帮助来保障自身的利益。

10.4.3　网络隐私权保护

随着电子商务的应用和普及，有些商家受利益的驱使，在网络应用者不知情或不情愿的情况下采取各种技术手段取得和利用其信息，侵犯了网络应用者的隐私权。网络隐私数据如何得到安全保障，这是任何国家发展电子商务过程中都会遇到的问题。对网络隐私权的有效保护，成为了电子商务顺利发展的重要市场环境条件。

1.网络隐私权的概念

网络隐私权是指公民在网络中（包括局域网、广域网、互联网）享有的个人信息、网上个人活动依法受到保护，不被他人非法侵犯、知悉、搜集、复制、公开、传播和利用的一种人格权。它是隐私权在网络空间中的表现形式，伴随着互联网的普及而产生，也随着网络技术的发展而呈现出涉及广、传播快、保护难的特点。具体而言，网络隐私权主要包括以下几个方面：一是网络用户在申请网上账户、个人主页、免费邮箱以及其他服务时，网络服务商要求用户登记姓名、性别、年龄、婚姻状况、家庭住址、身份证号码、工作单位、住宅电话及手机号码等身份识别信息；二是个人的财产状况和信用资料，包括个人收入、信用卡、网上交易账号及密码、QQ号及密码、网络游戏账号及密码等；三是个人的电子邮箱地址；四是个人上网浏览的IP地址、上网活动踪迹及活动内容等信息。

2.侵犯网络隐私权的常见表现形式

（1）个人侵权的表现

个人侵权主要的表现形式有：未经他人同意或授权，擅自在网络上宣扬、公开、传播或转让他人或自己和他人之间的隐私；未经他人同意或授权，截取、复制他人正在传递的电子信息；未经他人同意或授权，打开他人的电子邮箱或进入私人网上信息领域收集、窃取他人信息资料。

（2）网站经营者的侵权表现

网站经营者侵权的主要表现形式有：把用户的电子邮件转移或关闭，造成用户邮件内容丢失，个人隐私、商业秘密泄露；未经用户许可，以不合理的用途或目的保存或收集用户个人信息；对他人发表在网站上的较明显的公开宣扬他人隐私的言论，采取放纵的态度任其扩散，未及时发现并采取相应措施予以删除或屏蔽；未经调查核实或用户许可，擅自篡改个人信息或披露错误信息；未经用户许可，不合理地利用用户信息或超出许可范围滥用用户信息，将通过合法途径获取的信息提供给中介机构、广告公司、经销商等用来谋利，造成用户个人信息的泄漏、公开或传播。

（3）商业公司的侵权表现

商业公司侵权的主要表现形式是某些专门从事网上调查业务的商业公司使用具有跟踪功能的cookie工具，浏览、定时跟踪、记录用户访问的站点，下载、复制用户网上活动的内容，收集用户个人信息资料，建立用户信息资料库，并将用户的个人信息资料转让、出卖给其他公司以谋利，或是用于其他商业目的。

（4）软硬件设备供应商的侵权表现

个别软硬件厂商在自己生产、销售的产品中专门设计了用于收集用户信息资料的功能，致使用户隐私权受到不法侵害。如英特尔公司就曾经在其处理器中植入"安全序号"，监视用户之间的往来信息，使计算机用户的私人信息受到不恰当的跟踪、监视。

（5）其他形式的侵权表现

某些网络的所有者或管理者通过网络中心监视或窃听网内的其他电脑，监控网内人员的电子邮件或其他信息，一定程度上也对网络用户的个人隐私造成了侵害。

3.完善网络隐私权法律保护的对策

（1）采取立法规制为主导，行业自律为补充的立法模式

这种模式由行业自律组织制定出保护用户隐私权的行业规范，用这种规范作为最低的法定标准，如果经营者遵守该标准，就认为合乎法律规定，可以免责。这种模式有如下优点：第一，具有更大的灵活性，可以充分照顾到不同行业的特点；第二，可以实现双重监督，即行业的规范与法律的监督；第三，可以弥补立法的不足，同时也可以克服行业自律无强制力的缺陷。因此，以立法规制为主导，行业自律为补充的模式对我国网络与电子商务信息隐私权立法很有借鉴意义。

（2）制定保护网络隐私权的专门法律及相关特别法

信息网络技术的迅猛发展使得对个人信息隐私的侵权已经到了令人难以忍受的程度，保护隐私权的呼声越来越高。隐私权不仅关系到每一个公民的切身利益，也关系到未来网络经济和网络社会的健康发展。因此，为建立一个安全而有信誉的网络环境，制定一部保护网络隐私权的专门法律是必要的。同时，在法律条文中应明确网络隐私权的范围，对其范围不能作任意扩张，否则将导致社会秩序的无序和混乱，也会使网络服务者和管理者无所适从。

（3）完善诉讼法，保证网络法律法规的可行性及可操作性

网络的开放性和虚拟性，以及人们对隐私权法律保护意识的淡薄，给隐私权侵权案件的侦察、起诉、取证、审判等带来了一系列的困难，加之电子证据是网络隐私侵权行为证据的唯一形式，所以在有关网络隐私权案件的诉讼法和证据法上应做出相应规定。如在制定规则时，将一定条件下的电子证据确定为具有证据的法律效力，以此确保实体法的实施，使公民个人的网络隐私权真正得到法律保护。

（4）完善司法保护，建立民事判例制度

成文法本身就具有滞后性，相对于日新月异的网络世界，在隐私保护方面仅在立法层面加强是很难满足广大网民需求的。这就需要司法机关在选择适用法律时灵活掌握，积累实践经验，依据现有法律条文，在法律原则的指引下，结合公平正义理念，在充分借鉴外国先进经验、分析研究典型个案判决的基础上，为公民提供及时、全面的法律保护及权利救济。

（5）加强行业自律

从行业自律上加强网络隐私权保护，提高网络行业的自律性是许多国家保护隐私权的一个重要原则，即通过采取行业自律措施来规范个体在个人资料收集、利用、交易方面的行为，达到保护隐私权的目的。ISP应当制定一份隐私权保护声明并公布于其网站主页的显著位置，其应向消费者声明收集其个人资料的范围及使用方法，并告知消费者对于其个人数据信息所拥有的权利。

> 《电子商务法》对网络隐私数据保护做出如下规定：
>
> **第二十三条**　电子商务经营者收集、使用其用户的个人信息，应当遵守法律、行政法规有关个人信息保护的规定。
>
> **第二十四条**　电子商务经营者应当明示用户信息查询、更正、删除以及用户注销的方式、程序，不得对用户信息查询、更正、删除以及用户注销设置不合理条件。电子商务经营者收到用户信息查询或者更正、删除的申请的，应当在核实身份后及时提供查询或者更正、删除用户信息的服务。用户注销的，电子商务经营者应当立即删除该用户的信息；依照法律、行政法规的规定或者双方约定保存的，依照其规定。
>
> **第二十五条**　有关主管部门依照法律、行政法规的规定要求电子商务经营者提供有关电子商务数据信息的，电子商务经营者应当提供。有关主管部门应当采取必要措施保护电子商务经营者提供的数据信息的安全，并对其中的个人信息、隐私和商业秘密严格保密，不得泄露、出售或者非法向他人提供。

10.4.4　电子支付的法律问题

电子支付的出现，使人们突破了时间和空间的限制，可以自由地进行电子商务交易。随着电子商务的飞速发展，作为电子商务重要支持手段的电子支付成为了大家所关注的问题。

1.电子支付的相关法律问题

（1）缺少规范业务的法律法规

目前，规范支付结算行为的法律法规主要是《中华人民共和国票据法》（简称《票据法》）、《票据管理实施办法》、《支付结算办法》和《银行卡业务管理办法》等。这些法律法规中没有直接关于网上电子支付的内容，用它们来规范网上电子支付，有许多的问题尚待解决。

（2）责任承担问题

在电子支付中，责任承担问题主要表现为黑客入侵、密码丢失、被盗等的责任承担问题以及在出现"错误或迟延的电子支付"情况下，如由于电子支付当事方的过错或者服务器故障等的责任承担问题，这些都是网上电子支付责任承担问题中重要的方面。

2.电子支付法律问题的对策

（1）规范市场秩序，完善电子支付的法律体系

随着电子商务的快速发展，有些网上支付平台盲目降低交易手续费用，直接导致市场的无序竞争。电子签名法和合同法的出台鼓舞了电子商务的发展，但是我国关于电子支付方面的法律规范并不成体系，因为票据法的严格规定，已经阻碍了电子商务的发展以及网上支付的进行，而承认电子文本的效力，承认电子签名的合法性是必须明确的。面对电子商务的浪潮，法律的修订明显地表现出了滞后性，所以修订我国的票据法已经是当务之急。

（2）明确、协调网上支付各方之间的法律关系

法律关系是保障后续网上交易的必要前提，而只有先明确、协调网上支付各方之间的法律关系，才能够在实践的过程中处理好各种问题，也才能够保障各方的利益。具体的实施措施包括以下两点：一方面，应该对收款人、网上支付平台等其他参与方在电子支付中的法律地位以及权利、义务做出明确的规定，使其在消费者与收款人之间的法律关系中享有明晰的权利，承担确定的义务；另一方面，应该对消费者与银行之间的关系做出更加全面、客观的规范。在传统的交易观点中，要求银行对未经用户授权的电子支付承担责任的可能性非常小。但是从国外的经验来看，一些国家逐渐倾向由银行对未经用户授权的支付行为承担一定的责任，从而保障消费者的权益。

> 《电子商务法》对电子支付做出如下规定：
>
> **第五十三条**　电子商务当事人可以约定采用电子支付方式支付价款。
>
> 电子支付服务提供者为电子商务提供电子支付服务，应当遵守国家规定，告知用户电子支付服务的功能、使用方法、注意事项、相关风险和收费标准等事项，不得附加不合理交易条件。电子支付服务提供者应当确保电子支付指令的完整性、一致性、可跟踪稽核和不可篡改。
>
> 电子支付服务提供者应当向用户免费提供对账服务以及最近三年的交易记录。

第五十四条　电子支付服务提供者提供电子支付服务不符合国家有关支付安全管理要求，造成用户损失的，应当承担赔偿责任。

第五十五条　用户在发出支付指令前，应当核对支付指令所包含的金额、收款人等完整信息。

支付指令发生错误的，电子支付服务提供者应当及时查找原因，并采取相关措施予以纠正。造成用户损失的，电子支付服务提供者应当承担赔偿责任，但能够证明支付错误非自身原因造成的除外。

第五十六条　电子支付服务提供者完成电子支付后，应当及时准确地向用户提供符合约定方式的确认支付的信息。

第五十七条　用户应当妥善保管交易密码、电子签名数据等安全工具。用户发现安全工具遗失、被盗用或者未经授权的支付的，应当及时通知电子支付服务提供者。

未经授权的支付造成的损失，由电子支付服务提供者承担；电子支付服务提供者能够证明未经授权的支付是因用户的过错造成的，不承担责任。

电子支付服务提供者发现支付指令未经授权，或者收到用户支付指令未经授权的通知时，应当立即采取措施防止损失扩大。电子支付服务提供者未及时采取措施导致损失扩大的，对损失扩大部分承担责任。

□本章小结

电子商务相关的法律问题涉及众多领域，主要包括电子签名法、电子认证法、电子合同法、电子支付法、消费者权益保护法、网络隐私权保护法、知识产权保护法、电子商务安全保护法、网络犯罪相关法律等。电子商务法律具有国际性、技术性、安全性、开放性、复合性和程序性的特点。

我国电子商务信任中存在网络欺诈时有发生、虚假信息充斥网络、假冒伪劣商品泛滥、售后服务难言满意、消费维权困难重重等问题。电子商务主要有三种较为典型的信任管理模式：中介信任管理模式、交托信任管理模式和担保信任管理模式。

电子商务交易规范的相关法律主要包括电子合同、电子签名和电子认证三个方面。电子合同是双方或多方当事人之间通过电子信息网络以电子的形式达成的设立、变更、终止财产性民事权利义务关系的协议；电子签名有广义和狭义之分，广义的电子签名是指包括各种电子手段的电子签名，狭义的电子签名是以一定的电子签名技术为特定手段的签名，通常指数字签名，它是以非对称加密方法产生的数字签名；电子签名的认证，是指由从事认证服务的第三方机构对电子签章及签署者的真实性等数字信息进行的具有法律意义的鉴别。

电子商务其他相关法律主要包括电子商务税收、知识产权保护、隐私权保护和电子支付法律等。

□关键概念

电子商务信任　电子合同　广义的电子签名　狭义的电子签名　电子签名的认

证　版权　网络隐私权

▢ 思考题

1. 我国电子商务存在哪些信任问题？
2. 电子商务中的信任管理模式是什么？
3. 简述电子合同的法律效力。
4. 简述电子认证与电子签名和实名制的关系。
5. 电子商务的税收筹划是怎样的？
6. 侵犯网络隐私权的方式有哪些？

▢ 本章案例

"好评返现"操作涉嫌违法

2019 年 1 月，温州市龙湾区市场监督管理局执法人员对位于辖区内的某皮鞋加工厂进行现场检查时，发现该加工厂经营的网店客服人员使用的网站后台应用程序——"评价好助手"中有修改评价的相关记录。经调查，当事人称通过"评价好助手"提醒，客服可与消费者取得联系并给予返现，消费者则将原始评价中的差评或中评删除，改成好评。

根据 2019 年 1 月 1 日施行的《电子商务法》第五条："电子商务经营者从事经营活动，应当遵循自愿、平等、公平、诚信的原则，遵守法律和商业道德，公平参与市场竞争，履行消费者权益保护、环境保护、知识产权保护、网络安全与个人信息保护等方面的义务，承担产品和服务质量责任，接受政府和社会的监督"，以及第十七条："电子商务经营者应当全面、真实、准确、及时地披露商品或者服务信息，保障消费者的知情权和选择权。电子商务经营者不得以虚构交易、编造用户评价等方式进行虚假或者引人误解的商业宣传，欺骗、误导消费者"之规定，执法人员认为当事人涉嫌使用返现方式诱使用户修改评价来误导消费者，遂对其予以立案处理。

资料来源：胡超然，林小君.《电子商务法》实施后　浙江省龙湾区市场监管局查获首起网络案例［EB/OL］.［2019-01-04］. http://www.ipraction.gov.cn/article/gzdt/dfdt/202004/73252.html. 经删减和整理。

【案例思考】

1. 结合案例，电子商务经营活动中为什么存在"好评返现"的违法操作？
2. 结合本章内容和案例，简述电子商务立法将对我国的电子商务市场产生哪些影响。

▢ 参考文献

［1］张楚. 电子商务法［M］. 3 版. 北京：中国人民大学出版社，2011.

［2］郭鹏. 电子商务法［M］. 北京：北京大学出版社，2013.

［3］严晓红. 电子商务法律法规［M］. 2版. 北京：清华大学出版社，2010.

［4］秦成德，苏静，吕西萍. 电子商务法律与实务［M］. 北京：人民邮电出版社，2008.

［5］电子商务法起草小组. 电子商务法条文释义［M］. 北京：法律出版社，2018.

［6］温希波，形志良，薛梅. 电子商务法：法律法规与案例分析［M］. 北京：人民邮电出版社，2019.

［7］网经社电子商务研究中心. 中国电商用户体验与投诉监测报告2019年（上）［R/OL］.［2020-03-14］. http：//www.100ec.cn/detail--6522465.html.

第 11 章

电子商务发展趋势

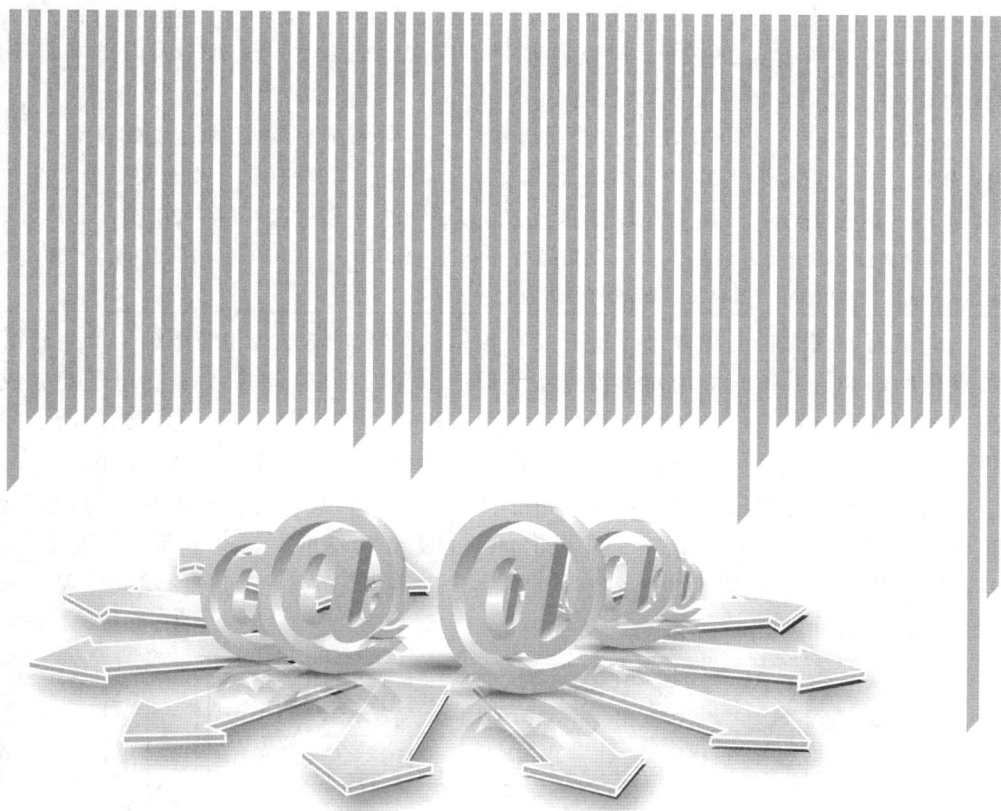

━ 学习目标 ━

　　通过本章的学习，了解电子商务未来的总体发展趋势，从技术和运营两个方面掌握电子商务未来的发展趋势，初步认识未来电子商务所需要融入的技术，以及电子商务应采取的新型运营理念和管理方式。

【案例引导】

无人配送解决物流"最后一公里"

　　2020年10月，美团在北京石景山区的首钢园开设了第一家AI智慧门店MAI shop。美团的MAI shop采用无人微仓和无人配送，实现门店仓配的自动化分拣、无人送货。

　　顾客先从美团APP下单，MAI shop内的无人微仓接到订单需求后，传递给AI调度平台安排生产订单，将订单指令发送给智能分拣货架，然后运输AGV在不同货架间收集订单商品，最后送至交接柜，由门店运营者打包放到无人配送车。最后，经由无人配送车将商品送给用户。

　　从数据来看，美团MAI Shop首钢园店"十一"长假试运营的运输数据为平均17分钟送达，95%的订单由无人配送车完成。效率上，以100平米无人微仓为例，其每小时能出200单，平均出单时间为200秒，70%的订单可以在120秒内出单。

　　资料来源：佚名."无人配送"，剑指最后一公里［EB/OL］.［2020-10-18］. https://www.sohu.com/a/427990968_726993.经删减和整理。

　　电子商务理念自诞生以来，便开始对传统的经济运作方式和经济结构产生着潜移默化的影响，并逐渐成为对人类经济活动产生深远影响的重要力量，电子商务成为继工业革命、第三产业革命之后的又一次人类社会经济发展史上的深刻革命，并将持续影响人类社会的发展，促进相关产业的大发展和新行业、新产品的诞生。

　　电子商务交易规模的持续增长使电子商务理念更具吸引力，越来越多的企业会积极参与到电子商务的建设中，并根据自身的优势和不足，与电子商务深入结合，打造出适合自身发展需要的电子商务新形式，进一步促进电子商务的深入发展。本章的知识图谱如图11-1所示。

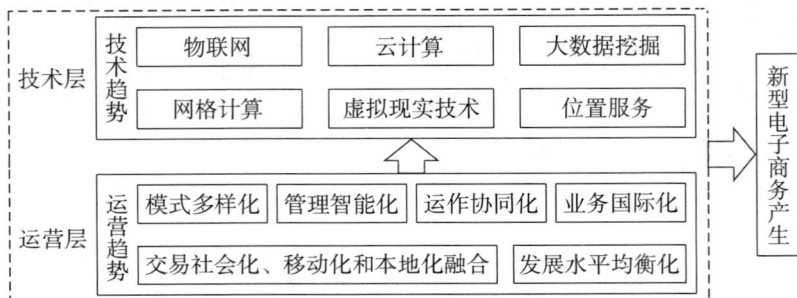

图11-1　电子商务发展趋势知识图谱

▌11.1　电子商务技术的发展趋势

互联网以及信息技术的发展是电子商务发展的支撑要素，近年来，随着互联网以及信息技术的创新和发展，电子商务也具有新的切入点和发展方向。技术的多样性发展为电子商务的实现提供了越来越大的选择空间，并从成本、模式、信息和服务提供方式、支付手段等多个方面对电子商务的发展产生了深刻的影响。

11.1.1　基于物联网的电子商务

物联网是一个动态的全球网络基础设施，它具有基于标准和互操作通信协议的自组织能力，其中物理和虚拟物具有身份标识、物理属性、虚拟的特征和智能的接口，并与信息网络无缝整合。

物联网的概念自提出以来便受到了广泛关注，由于物联网具有应用广泛、连续控制、技术创新、价值增值以及领域关联等特征，使其在商业领域得到了深入的应用，尤其在电子商务的实体产品流通方面应用较为广泛，并作为一种智能识别和监控手段，正在逐步影响着电子商务物流和供应链的流程、效率、成本等多个方面。

1.电子商务发展对物联网的需求

电子商务是在经济需求和信息技术发展的环境中成长起来的，而随着电子商务的进一步发展，对于技术的要求也越来越高，尤其是在商品管理方面，这种需求的表现尤为突出。

（1）产品追踪

电子商务是在虚拟的网络环境中进行的，因此，产品的产地、质量、责任人等信息的确认成为电子商务运作过程中的难点，也是影响消费者对于商品信任程度的重要因素。

（2）商品管理自动化

减少人力成本是每家企业追求的目标之一，因而也产生了对于商品自动化管理的需求。自动化管理商品不仅能够减少企业员工的工作量以及企业的用工量，也能够降低由于人工错误而引起的企业损失。

（3）提升客户体验

在电子商务市场竞争白热化的今天，客户体验逐渐成为企业竞争市场占有率的又一战场，有效地提升客户体验有助于企业维护良好的客户关系，并能够吸引更多的客户资源。

2.物联网在电子商务中的应用

随着物联网技术的发展，其在电子商务中的作用日益凸显，应用领域以及应用方式也在不断创新，成为今后电子商务技术发展的一个新的方向。

（1）**商品管理**

在商品管理方面，应用编码技术或IP技术对产品进行唯一标识，建立商品追踪系统，一方面可以使企业随时监控商品状态，有效管理商品质量；另一方面能够使消费者有效地辨别商品。在网络这种虚拟的环境下，可使消费者清楚地了解商品的具体来源、生产加工和运输过程，从而提高消费者对产品的信任程度，保证消费者在线购物的积极性。

在南京医药股份有限公司的仓库中，全部药品均按照门类装到电子货架上。每过几秒钟，电子货架会自动扫描货架上所有药品信息，查询药品摆放位置是否正确、药品是否临近过期等。一旦发现异常，电子货架会自动亮起红灯报警，管理人员会及时对报警产品进行处理。

（2）**库存管理**

在库存管理方面，企业可以采用RFID技术、传感器技术等对库存商品进行实时的感知与传输，形成自动化库存，并自动实现与销售平台商品数据的同步，在降低管理成本的同时，提高营销效率，减少用户订单的确认时间，增强客户体验。

苏宁电器各地的物流配送中心为每件产品都配备了电子标签，能够随时记录每种产品的出入库情况，并将各仓库库存量与苏宁易购平台进行互联。苏宁易购消费者能够清楚地了解各地仓库的库存情况，并由此决定是否下订单购买。

（3）**物流配送**

在传感器技术的辅助下，仓库能够维持一致并相对安全的仓储环境，随时具备货物出库的条件；GPS技术能够对商品位置的信息进行远距离无线传输，消费者能够实时查到商品的物流信息，甚至能够通过视频技术看到货物运输的情况；在配送的过程中，配送人员可使用支持5G技术的手持终端，完成商品交付、确认、结算等流程。

南昌烟草公司借助RFID、GPS、GIS等物联网技术，建立以智能仓储、全程监控、综合调度为基础的全程可视化调度管理平台，实现物流业务流程、作业现场、运输、库存等环节的实时监控，在提高作业效率、减少库存、提高客户体验等方面起到了重要的作用，并获得了显著的经济效益和社会效益。

11.1.2　基于云计算的电子商务

云计算是对基于网络的、可配置的共享计算资源池能够随需访问的一种模式。其中，可配置的共享资源池包括网络、服务器、存储、应用和服务等。这些资源池通过最小化的管理或与服务提供商的交互实现快速的提供和释放。

云计算的超大规模、虚拟化、高可靠性、通用性、高可扩展性、按需服务以及廉价的特性为企业（尤其是中小企业）开展电子商务提供了极其便利的技术支持与服务支持，解决了因成本不足而导致的电子商务实现困难问题。

1.电子商务发展对云计算的需求

缩减成本、提高工作便利性以及实现资源共享是企业开展电子商务业务的关键动力，尤其对于中小企业而言，这种动力更大，这也促使企业进一步寻求能够达到以上目标的途径。

（1）缩减成本

企业要想开展电子商务业务，不可避免地要搭建基础设施，并不断地为这些基础设施进行更新，而如何尽最大可能降低基础设施的构建成本和维护成本成为众多企业在进行电子商务建设过程中需要考虑的重要问题。

（2）提高工作便利性

随着企业经营范围的扩大以及对工作灵活性要求的提高，在固定工作地点才能工作已经被看作是影响工作效率和工作便利性的陈旧思想，企业迫切需要一种能够实现随时随地工作的技术。

（3）实现资源共享

传统的企业各部门之间以及合作企业之间各自为政、各司其职的工作方式已经无法满足当今社会的发展需要，环境的剧烈变动和消费者需求的日新月异对企业的反应速度产生了新的要求，因此，企业对于资源共享的需求更加迫切。

2.云计算在电子商务中的应用

（1）基础设施建设

企业基础设施的更新换代成本一直是企业运营成本的重要组成部分。目前，计算机软、硬件的更新换代速度非常快，很多企业为满足自身需求以及软件更新的要求，常常要对已有设备进行必要的升级甚至淘汰、更新。由于云计算对用户端的设备要求较低，可把分布在大量的分布式计算机上的内存、存储和计算能力集中起来设立一个虚拟的资源池，并通过网络为用户提供服务。同时，云计算能够提供一些常用的应用软件如办公软件、电子邮件系统等，它们收费低廉，有的甚至免费。这些应用软件有助于企业节省成本，进而提高企业收益，增强企业市场竞争力。尤其对于中小企业，云计算的应用能够在很大程度上缩小中小企业在基础设施方面同大企业的差距，带给中小企业更多的发展机会，使市场竞争趋于平等。

目前，铁路信息系统主机一般包括小（中）型机和微机服务器两种，各种类型的小型机和微机服务器的虚拟化能力都达不到应用要求。通过云计算技术使企业内部已拥有的小、微机服务器资源实现池化共享，将工作负载封装一并转移到空闲或使用不足的系统，可提高资源利用率，延迟和避免购买更多服务器容量，节约了大量基础设施建设成本。

（2）便捷商务

云计算技术能够更好地促进商业活动，方便随时随地进行商品查询和商品交易。消费者能够通过手机、PDA等移动终端，在线查看电子商务网站的全部内容。而对于企业员工来说，交易任务能够在任何地方完成，由于所有数据都储存在云端，员工只需要一个上网终端，就可以随时利用这些资源进行工作。

联想为快消行业客户提供了基于乐Phone的移动云方案，使业务人员长时间进行户外工作时，能够进行数据采集、实时上报、规范销售路线、管理订单、获取信息支持等操作，并能够支持决策，实现消息推送，并使在外工作团队能随时汇报工作进展并接受新任务指派。

（3）资源共享

目前，我国各大电子商务企业已经拥有大量的商品信息资源，这些资源都是企业发展不可或缺的支持力量，而资源共享是电子商务运营过程中的必要环节。资源在整个价值链上的流动有助于资源的增值，为企业创造新的获益切入点。将云计算应用于电子商务网站，可以将商品信息资源存储在"云"上，更有利于实现商品信息资源的共享。电子商务网站或商品销售人员也可以利用云计算所提供的强大的协同工作能力实现商品信息资源的共建，完成真正意义上的资源共享。

> 在2020年腾讯全球数字生态大会上，腾讯公布腾讯云大数据技术的算力弹性资源池达500万核，算力为国内最强，每日分析任务数达1 500万项，每日实时计算次数超过40万亿次，能支持超过1万亿维度的数据训练。
>
> 同时，云计算的成本还得到进一步降低。在硬件上，由于采用了最新的定制化星海服务器，腾讯云为客户平均节省了15%的成本，有些甚至节省成本30%以上。另外，从架构上，存储计算分离、在线离线混布的大规模应用，能使客户充分利用好每一分资源，减少浪费。

3.云计算在应用过程中应注意的问题

（1）安全问题

把数据放在"云"中究竟是否安全一直是学术界研究的热点问题之一，也是企业在选择应用云计算时所重点考虑的问题。从理论上讲，数据放在云中的安全性比放在个人计算机中要高，但是由于目前云计算技术还在逐步完善之中，所以也出现了一些云中数据失窃的情况。因此，企业可以对内部资源分为两个部分，一是可以放在云中的非保密数据，二是把需保密的数据放在非公开的网络之中或者非公开的云中。换句话说，企业可以对内部资料进行分类，实现保密和非保密数据的分离，从而减少数据被盗、被删改等情况的发生。

（2）法律问题

目前，我国并没有针对云计算的专门法律，所以，一旦产生纠纷，只能通过传统的法律进行解决。但是由于适用性的问题，传统法律在某些云计算问题上难以发挥作用。因此，缺乏相应的法律也是电子商务企业进军云计算需要考虑的重要问题。

（3）网络建设问题

由于云计算服务的提供是基于网络的，因此，对网络带宽等基础设施建设的要求较高。企业在决定采用云计算服务之前，需要对网络基础设施问题进行慎重考虑，在追求响应速度的同时，也应对成本问题做一定的计划，尽量做到在响应速度和建设成本之间找到一个利益最大点。

（4）云计算服务商的选择

目前，提供云计算服务的提供商众多，而云计算服务又是个新生事物，现在国家还没有形成一个统一标准和规范用以监管云计算服务提供商。因此，现有的云计算服务提供商所提供服务的质量、安全性以及技术水平参差不齐，可能为某些心怀恶意的云计算服务提供商创造了窃取用户数据的机会。这就要求企业在选择云服务提供商的过程中，要综合考虑各项指标，选择适合自身且安全性高的服务商。

11.1.3　基于大数据挖掘的电子商务

数据挖掘是一种决策支持过程，它主要基于人工智能、机器学习、模式识别、统计学、数据库、可视化技术等，并高度自动化地分析企业的数据，做出归纳性的推理，从中挖掘出潜在的模式，帮助决策者调整市场策略，减少风险，做出正确的决策。

随着我国电子商务的高速发展，越来越多的人注意到数据信息对于电子商务市场的助推作用。基于数据分析的精准营销方式，可以最大限度地挖出并留住潜在客户。数据挖掘与服务也成为"大数据"时代的一大热点，看似普通的小小数字背后，其实蕴藏着无限商机。

1.电子商务对大数据挖掘的需求

（1）降低运营成本

电子商务业务的开展需要不断地向客户推送产品和服务信息，信息投递的费用是企业电子商务运营中的重要开销，如何在营销中将信息传递给真正的目标客户，减少不必要的信息投放费用，降低电子商务运营成本，是大数据环境下企业需要解决的重要问题。

（2）提高用户满意度

随着电子商务的迅速发展和普及，消费者对于企业的商品和服务提出了更高的要求，生产和提供与消费者的兴趣和需求相匹配的商品和服务，使用户的收益和满意度达到最大化，是企业在众多竞争者中取胜的关键。

（3）促进生成有效订单

订单是连接客户和企业实现交易的最终形式。在电子商务产业竞争如此激烈的时代，企业都在寻求利用新的技术快速准确地找到目标和潜在客户，并提供他们所需的高质量产品，形成有效的订单。

2.大数据挖掘在电子商务中的应用

（1）挖掘潜在客户

电子商务突破了时间和空间的限制，使得销售商和消费者可以进行自由的相互选择。销售商通过挖掘客户访问信息，可以掌握客户的浏览行为，根据客户的兴趣与需求，向客户做动态的页面推荐和提供定制化的产品，以提高客户满意度，延长客户驻留的时间，最终达到留住客户的目的。在留住老客户的同时，利用分类技术可以在网络上找到潜在客户。通过挖掘 Web 日志记录，在对已经存在的访问者进行分类的基础上可以找到潜在的目标客户。

Granify 是一家专门致力于电子商务领域数据挖掘的大数据方案提供商，其通过分析企业提供的客户信息，结合数据挖掘技术对比某客户和已经存在客户的相同点的吻合程度来判断这个新客户的适宜度，根据适宜度是否超过预先设置的值来确定这个客户是不是一个潜在的客户。Granify 的这一挖掘潜在客户的方法已被多家知名的电子商务企业应用，极大地提高了企业客户的转化率。

（2）优化营销策略

企业利用数据挖掘技术对商品访问情况和销售情况进行统计和分析，从而获取客户的访问规律，确定顾客消费的生命周期，预测市场变化趋势，针对不同的产品不断地制定和调整相应的营销策略。其可增强广告针对性，提高投资回报率，从而降低运营成本，提高企业竞争力。

圣地亚哥的 Proflowers.com 通过采用 WebSideStory 的数据挖掘 ASP 服务，使企业的决策者在业务高峰日也能够对销售情况做出迅速反应。网站通过对消费者浏览次数和购买次数的挖掘与分析迅速对市场和产品的销售情况进行预测，从而及时地调整网站产品信息的显示位置和价格，不断地优化营销策略，实现盈利的最大化。

（3）个性化推荐

根据挖掘的客户活动规律，可有针对性地在电子商务平台上提供"个性化"的服务。个性化服务是指针对不同的用户提供不同的服务策略和内容的服务模式，其实质就是以用户需求为中心的 Web 服务。它通过收集和分析用户信息来了解用户的兴趣和行为，进而实现主动推荐服务。通过网络提供的个性化服务不仅可以有效地解决用户"信息过载"和"信息迷失"的困境，还可以帮助企业建立良好的客户关系。

1 号店研发出了基于上下文的产品推荐，其通过大数据挖掘的手段来分析不同商圈/小区、不同季节，用户在不同场景（比如工作时段、上下班、晚上临睡前等）下的偏好特征，描绘出用户的兴趣图谱、购物类型等维度，并且结合其个人用户画像，来为顾客提供更加精准有效的个性化服务。目前，1 号店的用户画像系统利用实时大数据平台已经可以在毫秒间更新每个人的兴趣图谱，以及时地捕捉每个顾客的需求。

11.1.4　基于网格计算的电子商务

网格计算被誉为继 Internet 和 Web 之后的"第三个信息技术浪潮",其最初的研究目标是希望能够将超级计算机连接成为一个可远程控制的元计算机系统。而现在,这一目标已经扩展到将网络上的各种服务器、PC、信息系统等集成在一起,为各种应用提供技术支撑,并最终实现资源共享和协同工作。

1.网格计算的概念

网格计算是利用互联网把地理上分布广泛的计算资源、存储资源、带宽资源、软件资源、数据资源、信息资源、知识资源等连成一个逻辑整体,形成一个虚拟的超级计算机,为用户提供一体化信息和应用服务,并支持虚拟环境下的资源共享和协同工作。网格计算主要由节点、数据库、仪器、可视化设备、宽带骨干网以及软件组成。

2.基于网格计算的电子商务特点

网格计算技术的核心理念是通过解决技术异构和接口异构问题,实现广域网环境下的程序和资源的互联,而松散耦合能够很好地解决资源自治性和分布性的问题,使供应商、采购商、客户以及企业内部员工、管理者、决策者能够以各种方式访问相关数据,最大限度地实现资源一体化和服务一体化。

（1）共享性

电子商务系统由个体成员、组织机构和资源组成,是一个动态联合体,因而不可避免地面临资源共享和协同工作等问题。网格计算技术能够将多个动态变化的资源集成起来,提供动态、跨组织边界的资源整合支撑环境,使得任何接入网格的设备以非常简单便利的方式访问网格中的各种资源,降低了资源共享的成本和难度。

（2）集成性

应用网格计算技术的企业分布在不同地点,应用不同系统,采用不同格式的产品和工艺,且产品销售和服务数据均有很大差别,网格技术能够将这些异构资源集成起来,实现系统内各种数据资源的信息发布、查询、供应、调查和咨询等工作。同时,网格技术能够使企业的信息具有延续性和继承性,保护原有数据,减少系统投资,取得最大效益。

（3）协同性

网格计算技术能够通过对跨地域、跨企业的异构资源的协同管理,使用户提交的任务在动态组成的电子商务系统中完成,优化调度不同区域、不同企业、不同组织和不同个体的各类资源,实现企业间的商务协同、设计协同、制造协同和供应链协同,支持企业快速响应市场变化。

3.基于网格计算技术的电子商务系统框架

网格计算技术在电子商务中的应用主要在于将企业的各种资源和应用加以集成、整合，最大程度上实现资源共享，从而改变电子商务的应用环境，为企业全面应用电子商务创造良好的条件。基于网格计算技术的电子商务系统框架如图11-2所示。

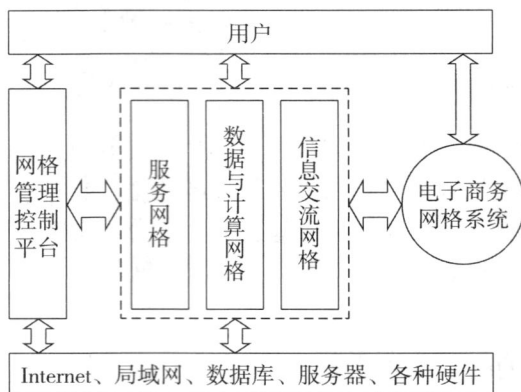

图11-2　基于网格计算技术的电子商务系统框架

（1）网格管理控制平台

网格管理控制平台是基于网格技术的电子商务系统的核心，起到统一控制的作用，使服务网格、数据与计算网格、信息交流网格通过统一的规范，实现互联互通和互操作，并发挥最大的作用。

（2）服务网格

服务网格是基于网格的电子商务平台中的重要组成部分，提供电子商务系统所支持的各种服务，如客户关系管理、企业资源管理、供应链管理等，同时对各企业的电子商务应用系统提供应用支持。

（3）数据与计算网格

基于网格的电子商务系统要求为用户提供透明的数据访问、存储、管理界面，使用户能够容易地实现网格中的数据共享，并通过动态利用整个网格中的计算资源，为用户提供共享资源的良好接口。

（4）信息交流网格

信息交流网格主要的作用是对信息进行传输和处理，进而满足电子商务信息交流的要求。在电子商务中，信息交流的顺畅程度是电子商务能否实现其最终目标的关键，海量的信息交流需要资源的共享，才不至于造成信息孤岛、交流瓶颈。信息交流网格一方面要对来自用户的信息进行传输和处理，另一方面要对来自数据处理网格的信息进行处理，实现信息的全系统流通。

（5）电子商务网格系统

电子商务网格系统是一个交互系统，通过该平台，企业能够实现与网格平台的交互，针对电子商务各个应用系统的不同需求，获取不同的服务。

21世纪初，众多生产网络产品的企业已经开始致力于开发基于网格计算的软件，如 IBM、Microsoft 及 Oracle 等网格计算提供商和 SUN、EMC、HP 等架构提供商发现了围绕网格计算而做的技术革新商机无限，众多投资者也都开始追逐网格技术创新带来的新契机。这些都促进了企业改造技术，进而激发社会性的技术创新。

11.1.5 基于虚拟现实技术的电子商务

虚拟现实技术并不是一个新生技术，但由于其对技术、理论以及应用的要求较高，相对于其他互联网技术来说，发展一直较为缓慢。而随着信息技术的发展，以促进人机互动为目标的虚拟现实技术有了广阔的发展空间，并被逐步引入电子商务领域。

1.虚拟现实技术的概念

虚拟现实技术是 1989 年由美国 VPL 公司创始人 Jaron Lanier 提出来的，它借助3D 技术，可以实现实时参与和交互，通过各种设备提供听、触、嗅、味等直观而又自然的实时感知，为用户提供身临其境的感觉。

从概念上讲，**虚拟现实**也称灵境，是利用电脑模拟产生一个三维空间的虚拟世界，提供使用者关于视觉、听觉、触觉等感官的模拟，让使用者如同身临其境一般，可以及时、没有限制地观察三度空间内的事物。虚拟现实技术是近年来十分活跃的计算机技术研究领域，尤其是在与电子商务的融合中发挥了巨大的作用。

2.电子商务的发展对虚拟现实技术的需求

电子商务是建立在网络上的虚拟商业模式，产生了消费者无法切身体验到商品的问题，因此，建立一个虚拟的消费体验环境成为电子商务未来发展中需要考虑的问题，而虚拟现实技术正是能够满足这一需求不可或缺的技术之一，可以说，虚拟现实技术与电子商务的结合是未来电子商务发展的必然趋势。

3.虚拟现实技术在电子商务中的应用

虚拟现实技术在电子商务中的应用主要在于为消费者建立一个能够身临其境的购物环境，进而在激发消费者的购物欲望的同时，保持客户忠诚度并提升企业形象。

（1）创造消费环境

虚拟现实技术能够逼真地模仿现实生活中的商品选购和交易过程，使网上交易更加直观、方便、快捷。顾客和店主可以通过即时通信系统以文字、图像、语音、视频通话等方式进行交流，模仿现实中的讨价还价、商务谈判，进而达成交易。

模拟英国伦敦西区的 3D 电脑虚拟购物中心完全以伦敦的实际情况为蓝本，真实再现了伦敦几大购物街的现实情况，并根据实际店铺的位置、经营状况等情况，及时更新虚拟购物系统，让消费者拥有不出家门便"身临其境"的感受。

（2）提升网络营销效果

传统的网络营销往往是通过广告文字说明商品的性能、规格、价格，并以一定尺寸的图片或动画辅助，其真实性和展示效果都有一定的不足。采用虚拟现实技术，企业可为客户提供一种与现场购物较为相似的环境，从而加深消费者对商品认识的形象程度，刺激消费者的购买欲望。

义乌小商品网站"义乌购"采用了全景购物的模式，通过拍摄义乌小商品市场内实体店铺的真实场景之后，进行技术处理，以3D的形式把商铺展示在"义乌购"的网上商铺中，以全景的方式展示实体店铺全貌以及店铺内琳琅满目的商品，并可随时发起在线购买。

（3）网络品牌形象塑造

虚拟现实技术的应用有助于吸引顾客，符合网上消费者的情感和关注点，打破时间和空间的限制，让更多的客户随时随地体验商品的价值，满足顾客对于自身利益和情感利益的追求，有助于企业品牌深入人心。同时，虚拟现实技术的应用也是企业实力的象征，更有利于提升企业的市场地位和社会地位。

虚拟现实技术的应用将会成为未来电子商务发展的一个重要方向，并在更大的范围内提升电子商务水平，而技术的发展将带动虚拟现实技术在更广泛的范围内应用，如移动应用、远程医疗、远程教育等。

2020年，医美行业的新氧科技率先落地VR智能展厅，其以全景、全时的场景化与个性化体验，让"眼见为实"成为可能。"所见即所得"的使用感觉，让消费者在使用"VR到店"体验浏览时，能够获得比传统浏览更强的现场感和信赖感。

消费者可以实现线上到院，以720°全景还原医美机构实景。VR智能展厅会预先呈现全景场景的小星球特效，让求美者能够对场域内的全部环境一览无余。求美者在进入VR场景后，可通过手势操作切换视角并对画面进行缩放，在浏览时可以播放音频简介，获取详细的介绍。点击VR智能展厅场景内的标签，可以打开对应的弹层，真正实现沉浸式体验与互动。

11.1.6　基于位置服务的电子商务

随着移动网络通信技术不断发展和成熟，衍生出了众多基于移动技术的应用，其中，基于位置的服务在近年来成为炙手可热的应用技术，通过确定移动设备或用户所在的地理位置，提供与位置相关的各类信息服务。

1.基于位置服务的概念

基于位置的服务（Location Based Services，LBS）是通过电信移动运营商的无线电通信网络（如GSM网、CDMA网）或外部定位方式（如GPS）获取移动终端用户的位置信息（地理坐标，或大地坐标），在地理信息系统（Geographic Information System，GIS）平台的支持下，为用户提供相应服务的一种增值业务。

基于位置的服务系统由 4 个部分组成，包括定位系统、移动服务中心、通信网络和移动智能终端，用户通过移动终端发出位置服务申请，该申请通过移动运营商的各种通信网关以后，为移动定位服务中心所接受，经过审核认证后，服务中心调用定位系统获得用户的位置信息，服务中心根据用户的位置，对服务内容进行响应，如发送路线图等，基于位置服务的工作流程如图 11-3 所示。

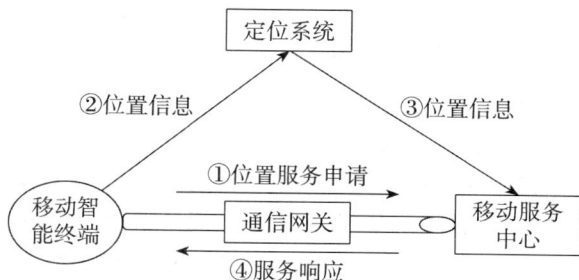

图 11-3　基于位置服务的工作流程

2.基于位置服务的特点

基于位置服务需要空间定位技术、物联网技术和移动通信技术的融合，然后根据这些信息的相关性为用户提供所需的实时服务，因此，基于位置服务具有以下特点：

（1）终端感知性

感知是基于位置服务的重要部分，主动感知用户所处环境变化是支持基于位置服务的关键，只有实时感知用户的位置信息，才能为用户提供正确的服务信息，这也是位置服务智能性的体现。正是由于这种特点，用户不用过多地进行人机交互，当用户走进某个特定区域，系统感知到环境变化，便会主动将这个特定区域的相关信息呈现给用户，实现人机交互到人与环境交互的转换。

（2）服务移动性

基于位置服务能够随时随地为用户提供服务，如地图服务、导航服务、查询服务等，并且随着移动通信技术和无线网的发展以及移动设备种类的增加，基于位置服务的移动性有了越来越明显的体现。

（3）处理分布性

由于基于位置服务是动态移动的，集中式的存储和处理方式无法满足系统的需求，因此，基于位置服务采取分布式的存储和处理方式，为系统提供可靠性、可用性和可扩展性，并解决资源受限的设备同互联网的交互。

（4）应用大众化

随着移动通信技术的发展，基于位置的服务将得到越来越广泛的应用，且服务对象也趋向于非专业化，尽管基于位置服务目前仍然是一个新生的服务方式，但在不久的将来，这种服务方式将越来越普遍。

3.电子商务对位置服务的需求

（1）消费者对于电子商务本地化消费的需求

无线移动设备和基于位置服务技术较为广泛的应用市场促使消费者对于购物的实时性有了新的要求，即时连接、实地查询、本地购买等需求正在逐步影响着消费者的购物习惯和购物理念。2013年全球位置服务市场规模达千亿美元，其中地图数据服务、本地搜索、移动广告和企业移动应用都有大幅增长。

（2）现代物流的需求

无论是生产企业还是销售企业，物流活动都是构成企业运营管理的重要环节，物流效率的提高以及物流成本的降低不但能够保证企业的顺畅运营，也能提升企业效益和市场竞争力，产品的追踪、产品库存的降低以及产品运输的实时监控都是企业需要解决的重要物流问题。基于位置服务的技术的出现为企业物流流程的重塑提供了丰富的解决方案。

（3）精准营销的需求

现代的企业营销不再是广撒网、多覆盖的时代，准确定位消费者，有针对性地进行营销活动才是企业应该采取的营销方式。基于位置的移动电子商务能够通过其定位技术准确获取消费者的位置信息，进而有针对性地发送营销内容，对于提升营销效果、深入了解消费者喜好具有一定的作用。

4.基于位置服务的应用类型

目前，基于位置服务以丰富的网络资源、日益扩大的用户规模、雄厚的品牌资源为基础，在众多领域得到了广泛的应用，主要应用类型见表11-1。

表11-1　　　　　　　　　　　基于位置服务的应用类型

业务类型	应用分类	应用说明
个人与家庭应用	信息服务类	就近服务，如银行、加油站、厕所等
		移动黄页，如宾馆、酒店、商店等
		交通信息，附近最新交通状况等
		移动广告，如优惠折扣券等
	游戏交友类	非常男女、地缘速配、狙击手等
	交通服务类	汽车导航、手机导航等
	安全定位类	儿童安全、宠物定位、老人关爱等
行业应用	人员管理类	快递人员、员工差旅、店铺配送等
	车辆管理类	提供车队导航、轨迹回放、超速警告、电子围栏等功能
	物质跟踪类	重要物质管理、资产跟踪、动物跟踪等
	户外广告类	户外广告受众的统计信息、动态适配广告内容
	旅游服务类	旅游景点客流监控、客流来源地分析、旅游位置服务等
政府及公共安全应用	紧急呼叫类	紧急呼叫救援时，系统自动对主叫方定位
	客流引导类	重点区域、热点区域客流监控和引导
	城市应急类	重大灾难和事故时刻的特定区域人群紧急通知和疏导
	市政规划类	规划道路、服务网点等
内部运营支撑应用	网络优化类	结合用户群分布特点，支持无线网络覆盖优化和规划
	市场营销类	结合区域用户群特征，支持精细化市场运营和营销推广

近年来，国内移动互联网公司推出各类基于位置服务，如玩转四方、街旁、嘀咕、邻讯等，传统互联网公司也普遍加强了基于位置服务，如百度、腾讯、新浪、搜狐、人人、盛大等，基于位置服务成为了移动互联网 APP 的基本配置功能。

11.2　电子商务运营的发展趋势

电子商务的产生与发展为企业运营的经营理念和经营方式带来了巨大的影响和深入的变革，而随着电子商务的成长和发展，其运营理念和运营模式也朝着更有利于其盈利的方向不断改变。

11.2.1　电子商务模式趋于多样化

电子商务模式是在网络环境中基于一定技术基础的电子商务运作方式和盈利模式，目前最为常见的电子商务模式包括 B2B、B2C、C2C 三种，但是随着电子商务的深入发展，电子商务模式的局限性被逐渐打破，大量的电子商务创新模式开始涌现，呈现出一种更为丰富的发展趋势。

1.基于参与者的模式创新

（1）传统企业参与电商实现转型

电子商务的未来在传统企业，传统企业的未来是电商。在当前的互联网发展领域格局下，传统企业涉足电子商务不仅是企业自身变革的需求，而且是整个行业市场、政策和终端用户的共同需求，因此传统企业进军电子商务是一个必然趋势。

电子商务的核心，从本质上讲其实还是一个商品流通的过程。纯电子商务企业与传统企业相比在物流、采购、供应链、品牌等方面都显示出了巨大差异，而传统企业拥有强大的供应链、客户群和构建多年的完整的全国物流网络，将在未来的竞争中掌握话语权。例如：在美国的在线零售 500 强榜单里，80% 以上的企业都是传统品牌的在线业务板块企业；2020 年 3 月底，我国重点行业骨干企业的工业电商普及率达到 62.5%。在原材料、装备等领域培育了一批交易规模达到百亿级、千亿级的工业电子商务平台。以上数据说明，越来越多的传统产业也参与到了电子商务进程中。

（2）角色地位的转变

电子商务的参与者包括商户、消费者、政府、中介机构、基础设施以及支持服务机构六个大类别，在过去的电子商务中，买卖双方的角色较为固定，界限也比较分明，而随着电子商务的发展，这种买卖双方的界限渐渐模糊化，角色的定位和主动权也相互交错，进而形成了新的电子商务模式，如 C2B 电子商务模式。C2B 模式的产生，就是将消费者和厂商的角色互换，完成了商品的主导权从厂商到消费者的转变。

（3）参与者类型增多

电子商务的普遍化使电子商务的参与者类型逐渐增多，也使电子商务的模式逐步丰富。比如将产品设计师融入电子商务中，形成了D2C电子商务模式；将高校融入电子商务中，形成了BUC电子商务模式；将认证机构、物流企业等相关组织融入电子商务中，形成了BAB电子商务模式。这些创新模式的涌现，使电子商务的参与者尤其是经营者，不仅仅局限于企业，而更多的是以多重身份的方式融入电子商务中，使电子商务的模式更加多样化。

（4）更多第三方服务商完善电子商务产业链

电子商务第三方服务商是指为电子商务企业提供外包服务，如营销、仓储物流、客服、全托付式的代运营服务等。目前淘宝平台、自建平台及其他第三方开放平台的运营等是其所涉及的主要服务内容。目前市场上具有一定规模的第三方服务商还屈指可数，而且是以淘宝网业务为基石，比如提供从开店到供应链运营服务的服务商宝尊，提供仓储物流服务的服务商五洲在线、虹迪，提供电子商务软件及解决方案的服务商Shopex等。长远来看，如果淘宝构建了一个良性的生态圈，将催生整个电子商务生态环境的发展，未来的2~5年将有一批类似于美国GSI公司的独立第三方服务商，它们独立于淘宝之外，为B2C提供专业化服务。

2.基于交易平台的模式创新

电子商务平台是电子商务运营的重要支撑，也是开展电子商务的重要渠道，随着电子商务的发展，单一的电子商务平台已经无法满足企业开展电子商务业务的需求，近年来，企业将更多的注意力放在了多种电子商务平台以及电子商务同传统销售渠道的融合应用中，形成了众多基于平台融合的电子商务模式。

（1）平台趋向个性化和专业化

在未来的电子商务格局中，提供个性化商品和服务的网站与面向消费者的垂直型网站和专业化网站，以及面向特定行业的专业电子商务平台的发展潜力巨大。互联网的出现和发展使个性的张扬和创造力的发挥有了一个更加便利的平台，消费者可以把个人的偏好融入商品的设计和制造过程中。在今后若干年内，我国上网人口仍将是以中高收入水平的人群为主，他们购买力强，受教育程度较高，生活的个性化要求比较强烈，提供一条龙服务的垂直型网站及某一类产品和服务的专业网站发展潜力更大。对B2B和B2C电子商务模式来说，以行业为依托的专业电子商务平台也是将来的发展趋势之一，如我的钢铁、凡客诚品、携程旅行网等平台。

（2）电子交易平台的融合

多种电子商务平台的融合也为企业开展电子商务提供了更多的便利条件，目前，电子商务平台类型众多，"1+N"的运作模式逐渐被企业所接受，以一个独立的网上商城为主体，多个第三方电子商务平台相辅助，不但达到了拓宽销售渠道的目的，在企业宣传上也能起到相当大的作用。

（3）线上线下平台的融合

交易是电子商务运作的重要环节，交易平台的选择也成为企业开展电子商务需要重点考虑的因素之一。O2O模式是一种将线上虚拟经济与线下实体全面融合的商业模式，其核心思想是在线了解商品或服务并在线支付，通过实体店线下收取商品或享受服务，这种模式充分打通了虚拟的互联网同现实的经营实体之间的桥梁，并为企业提供了创新性的销售渠道。

由于客户体验在交易中的重要作用，实体店更多地承担体验店的职能，网上店铺不会取代实体店，但它将会催生实体店变成体验店，并推动着实体店提升服务标准。由于实体店的数量会在一定程度上减少，也会使得实体店的功能发生变化，它将不再主要承担销售职责，而更多的是承担起了体验店的职责。值得指出的是，体验店的数量对于不同企业还是不同。销售标准产品的企业由于产品的标准性，开的体验店可能会相对少一些；而销售非标准产品的企业由于产品的差异化因素较多，可能开的体验店会相对多一点。

（4）分类信息发布平台向电子商务平台转型

盈利方式单一，商业模式落后，营销能力滞后，又不计成本进行低效的广告投入，使得目前国内诸如58同城、赶集网等分类信息网站面临困境。为了摆脱目前的困境，国内领先的分类信息网站58同城将向"生活服务电商化"转型。58同城通过对优势产品整合升级后，用户及商户除了日常的信息查询、发布外，还可以实现在线实时交易。比如你想卖掉现在用的手机，以往是在58同城发布一个信息，然后买卖双方线下交易；未来，你把这部手机的信息发到58同城和买家达成协议后，由58同城的合作快递去你家里取货，然后送货给买家。同时，58同城也会有类似升级版"支付宝"的产品，买家把钱先打给58同城，收到货物，满意后58同城再支付给卖家。升级后的58同城网站，则更像一个真实的集贸市场，买卖双方可以在这个平台上直接完成支付交易。这样既保障了商户对其商业信息发布后所带来的商业行为能有效地进行在线统计，更能使得用户的整个交易过程实现在线监管，有效地保障了用户的交易安全。

11.2.2　电子商务管理趋于智能化

智能电子商务是一种无须或很少需要人工干预就能解决复杂业务，处理复杂问题的商务模式。目前，智能电子商务已经成为新一代电子商务的研究热点，通过运用智能代理技术和智能计算方法，使电子商务向着更加随需应变的方向发展。电子商务智能化管理体现在以下三方面：

1.智能化数据分析

过去十年，影响电子商务发展的三大问题是：信用、支付、物流；未来十年，影响电子商务发展的三大关键因素是：制度、物流、数据。马云曾多次强调，"21世纪核心的竞争是数据的竞争，谁拥有更多数据，谁就拥有未来。"近些年，国际各大行业巨头纷纷打开"数据门户"。

"数据"作为驱动电子商务企业发展的核心资源，包含的种类非常多，价格数据只是一方面，另外还有用户行为数据、竞争数据、用户调研数据等等。未来电子商务企业真正的竞争并不在于利用数据来打公关战，而在于如何挖掘内部和外部数据，以形成自己的决策框架，以及用数据形成的智能化管理来指导企业的运营。未来，电子商务的竞争因素之一就是在一套适用的商业智能系统的基础上，是否拥有一个强大的数据分析团队，他们相当于电子商务企业层面的智囊团。

2.智能流程优化

企业在开展一项业务的过程中，需要考虑众多因素，如成本、资源的使用、库存的周转等，不同的企业或不同的业务所需要关注的重点不同，因此，企业需要根据不同的要求制订计划，以达到满意的结果。智能优化功能基于多维约束条件和多目标任务并存的情况，能够应用随机优化、多目标优化以及动态优化等模型，按照企业的需求得出智能的决策结果。

3.智能快速响应

在企业的供应链体系中，企业内外部、上下游之间存在一个平衡点，而企业动态管理的目标就是要不断寻找其中新的平衡点。随着市场变化频率的增加，原有平衡点的位置也在不断变化，且变化速度在逐渐加快，使企业制订计划的时候所依照的标准具有更大的波动性，此时就需要智能的管理工具，实现对企业各要素更为有效的管理和对环境改变更为快速的响应。

11.2.3　电子商务运作趋向协同化

电子商务的发展经历了初始阶段、功能阶段和集成阶段，随着企业对各种应用系统集成的完善以及各业务流程的重组和优化，企业将运作的重点更多地放在了与客户和合作伙伴的协同工作上，电子商务系统的建设将越来越朝着协同工作模式发展，企业内部的协同、企业外部供应链的协同以及企业同外部环境的协同为企业电子商务提供了一种全新的运营模式，充分利用各方优势，共同完成电子商务的各类活动。

1.协同电子商务的内涵

协同电子商务是指企业将现有软件（包括ERP、CRM、SCM、OA、网上门户、电子支付系统和物流配送系统等）中各数据封存在统一的数据库和应用平台上，把所有信息进行全面整合，使信息与信息之间无阻碍链接，用户可以从信息归结的友好界面入口，进行大范围和深度的信息提取，而无须在不同的数据库和应用平台之间切换。

协同电子商务基于 Web 开发，采用 B/S 结构，突出反映了企业上下游价值链中的供应商、客户和合作伙伴之间的关系。SOA（Service-Oriented Architecture）即面向服务架构体系结构的提出，为协同电子商务解决方案的设计和实现提供了便利的条件，这种面向服务的体系结构能够有效地将企业的不同服务通过良好的接口联系起来，帮助企业更迅速、更可靠地架构整个业务系统。

2.协同电子商务的构成

协同电子商务的核心思想就是将企业涉及的各种系统整合到一个平台上，成员之间共同享用资源和服务，实现最大化的资源共享和业务协同。协同电子商务的构成如图 11-4 所示。

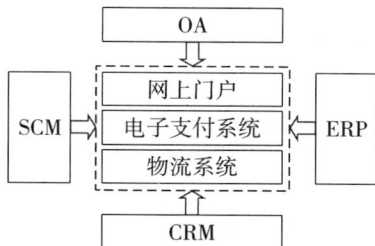

图 11-4　协同电子商务的构成

3.电子商务运作对协调化的需求

（1）提高企业运作效率

当前的许多企业实施的电子商务还停留在发布信息、网上交易等初始阶段，达到电子商务集成阶段的企业并不多见，企业不得不面对信息海洋和信息孤岛引发的问题，无法提升业务效率，对企业当前的运营和未来的发展造成了严重的阻碍。

（2）加快市场响应速度

企业面对市场竞争的激烈环境，单靠自身的力量已经难以在竞争中获胜，企业的功能可能大多取决于组织的灵活性、优秀性与协作性，所以，企业必须联合价值链中的其他企业，形成一个紧密协作的价值共同体，在面对瞬息万变的市场时能够以敏锐的洞察力和快速的反应能力予以应对，这样才能在激烈的市场竞争中立于不败之地。

（3）满足客户要求

在协同电子商务的价值共同体内，包含了企业自身、供应商、代理分销商、各业务伙伴以及客户，实行信息的共享和业务的一系列连接，企业与供应商、合作伙伴之间紧密的整合可以建立灵活高效的业务运营模式，并能够伴随客户需求灵活做出反应，从而快速提高企业的业绩并降低成本。

用友集团帮助毛巾行业的洁丽雅集团打造跨境电子商务系统。通过电子销售的应用，把各区域、各层级的渠道经销商纳入企业管理范畴，实现企业、渠道信息共享。企业为经销商提供及时、准确的营销指导，经销商及时反馈市场变化，使企业在制订战略计划、促销计划、推广计划以及销售预测方面能够更加准确，减少"牛鞭效应"的影响。同时，经销商能够准确获得产品库存、出货以及信用额度、预付款、发票等信息，从而可以按照自身财务状况开展营销活动，降低市场风险。

11.2.4 电子商务业务趋于国际化

不受地域限制是电子商务理念的一大特质，跨地域、跨国界地开展运营活动，是吸引大量企业投入电子商务的重要特征。近年来，在中国的电子商务市场上，越来越多的企业将目光从国内市场投向国际市场，使得电子商务向着国际化发展。

1.平台国际化

随着阿里巴巴2007年11月6日在港交所上市，我国一批电子商务网站正在加速国际化的进程，包括中国钢铁网、中国化工网等一大批网络平台正逐渐向主流化、规模化、有序化发展，期望成为国际化的采购平台和消费市场。除此之外，大量的网站开始建设中英、中日、中韩等双语网站，为电子商务平台的国际化发展奠定了良好的基础（如图11-5所示）。

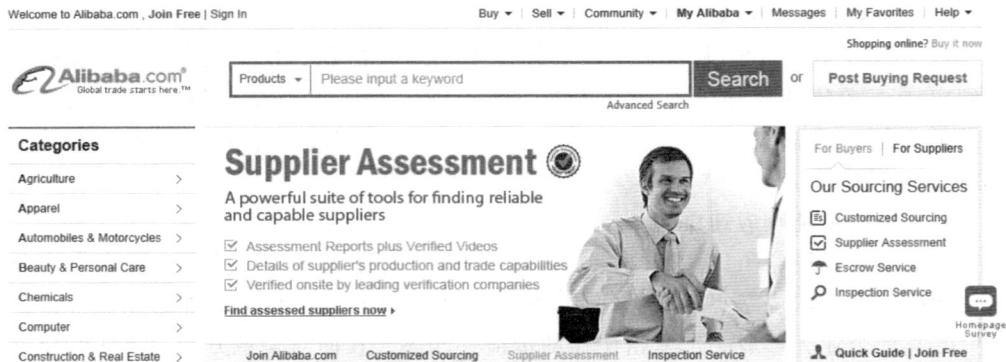

图11-5 阿里巴巴国际网站

2.服务支持国际化

服务支持的国际化主要体现在支付国际化和物流国际化，目前，支付宝平台不仅同国内各大银行建立了合作关系，而且同VISA国际组织形成了战略伙伴，通过支付宝交易平台，国内外的买家和卖家能够进行跨境的网上交易，为境外网商进入中国市场提供了通道。与此同时，作为电子商务的重要组成部分，物流业也开始以并购、直接投资、战略联盟等方式开始向国际化转变，并提供了大量国际业务。中国远洋集团、中外运长航集团等大型物流企业在国际业务的开展中均拥有丰富的经验。

3. 产品交易国际化

随着经济全球化和电子商务的快速发展，跨境电子商务为我国外贸导向型企业转型升级提供了最佳途径，成为国内外贸导向型企业通向全球市场的一条"高速公路"。根据艾瑞咨询发布的报告显示，我国跨境电商交易规模将持续高速发展，跨境电子商务在我国进出口贸易中的比重将会越来越大，2019年中国出口跨境电商交易规模为8.03万亿元，占全国进出口贸易的比重为33.29%。因此跨境电子商务将成为我国电子商务发展的又一重要趋势，同时国际和国内的环境也为我国的跨境电子商务提供了极大的发展空间和机遇。

（1）**全球范围内电子商务快速发展的大背景**

全球金融危机后，电子商务在国际贸易中的地位和作用日益凸显，已经成为未来国际贸易发展的新趋势。随着经济全球化进程和电子信息技术向纵深化发展，包括我国在内的多个国家2008年以来电子商务总体交易额增长速度都保持在20%以上。新的物流系统和支付方式逐渐形成，未来电子商务的巨大潜力还将进一步激发，加之我国传统贸易的成本优势正逐渐消失以及危机后贸易壁垒、贸易保护主义抬头等不利因素，企业适时借助跨境电子商务可以从新型全球供应链中获得新的发展空间。

（2）**世界各国对"中国制造"产品的刚性需求**

2016—2019年，我国制造业年均增长8.7%，由20.95万亿元增至26.92万亿元，占全球制造业的比重达到28.1%。显然，随着更加开放的国际环境和"中国制造"本身质量、技术和品牌的提升，我国制造业未来在全球的比重还将不断提高，世界也越来越离不开"中国制造"。利用新型的跨境电子商务模式发展的机遇将我国制造的产品销往世界各地，让我国的发展惠及全世界，也符合我国经济发展互利共赢的理念。

（3）**政府对跨境电子商务的认可和支持**

2013年7月，国务院办公厅下发了《国务院办公厅关于促进进出口稳增长、调结构的若干意见》，明确要求要积极研究，解决以跨境电子商务方式出口货物所遇到的海关监管、退税、检验、外汇收支和统计等问题，推动跨境电子商务的发展。2015年4月，国务院印发《国务院关于改进口岸工作支持外贸发展的若干意见》，明确支持跨境电子商务综合试验区建设，建立和完善跨境电子商务通关管理系统和质量安全监管系统，为大众创业、万众创新提供更为宽松、便捷的发展环境，取得经验后，逐步扩大综合试点范围。通过一系列行之有效的措施，跨境电子商务在我国对外贸易中的地位和作用必定不断提高，从而成为我国对外贸易发展的新引擎。

除此之外，我国在制定电子商务相关标准和法律等方面也充分地考虑到国际化的趋势，以加强国际间电子商务合作、借鉴先进的发展经验为原则，为我国电子商务业务的国际化提供了保障和支持。

11.2.5   电子商务交易趋于社会化、移动化和本地化融合

电子商务交易趋于社会化（Social）、本地化（Local）和移动化（Mobile）融合的形式，即SoLoMo模式。SoLoMo模式是由著名风投KPCB公司合伙人John Doerr于2011年2月提出的一个概念，随即风靡全球，并被认为是互联网未来重要的发展趋势。随着互联网技术、移动技术和定位技术的发展，由社交、本地化和移动所支撑的SoLoMo模式所具有的应用价值被逐渐挖掘，并迅速发展。

1.SoLoMo模式的内涵

SoLoMo是当今互联网最具代表性的3个关键词——社交、本地化和移动的整合，"社交"的作用在于保持朋友之间和活动的关系；"本地化"能够联系现实位置与实时活动；"移动"具有无处不在、随时可用的特点。SoLoMo能够把用户的需求和商家的需求对接起来，使双方获益，在游戏、交友、商务方面都有着巨大的价值。

2.SoLoMo模式对电子商务的影响

（1）营销模式的改变

SoLoMo模式以其本地化、移动、社交三个方面的融合应用，为电子商务营销提供了新的方式，其中，社交媒体提升了口碑营销、病毒营销和品牌营销的效果；移动技术为数字化营销提供了便利条件；基于位置的服务使网络营销更具精准性，营销信息有针对性的推送在节约营销成本的同时提升了营销的效果。

（2）交流方式的改变

社交网络的应用使交流由两者之间向多方网状化发展。社交网络有助于优质的商品信息在人际关系网络中迅速传播，形成一个基于网络世界的消费市场，消费者之间随时随地沟通交流使社交网络在电子商务中的价值逐步提升，更使信息的快速共享成为现实。

（3）战略模式的改变

基于SoLoMo的电子商务平台能够按照消费者的地理位置为消费者提供消费信息，更有助于企业实现差异化战略，而利用消费者之间的信息共享实现的网络营销降低了企业的宣传成本，使成本领先战略在无形之间融入了企业战略中。

当前，移动互联网几乎占据了互联网的半壁江山，社交网络和本地化服务的逐步深入造就了SoLoMo模式的崛起，并给电子商务领域带来了新的飞跃，尽管在应用和获利方面仍存在很大的探索空间，但无论是从技术环境的角度，还是从应用环境的角度来看，SoLoMo模式都将会成为电子商务领域的重要发展方向之一。

3. 基于 SoLoMo 的营销模式

（1）社会化媒体营销

社会化媒体能够使企业明确了解客户对产品的真实看法，可以监察产品相关讨论以获得消费者洞察，开拓网络社区，开展有关其品牌的交流，并管理自己的网站以加强客户关系。当消费者来到一个陌生的地方进行消费时，如果用手机同时搜索出几家出售同样产品或服务的商家，消费者就可以直接查看已有的评论信息，便于短时间内做出选择，由于其他消费者的签到，该消费者可以与签到的其他消费者联系，与其交换商家信息。

（2）移动互联网营销

客户可以用手机浏览网上购物清单、扫描产品并接受价格和产品信息、计算采购总额，并且用户可以利用手机钱包通过无线传输进行付款。手机钱包里不只有信用卡，还有各种会员卡、打折卡和购物卡等。用户只需启动手机钱包里的应用并且将其贴近传感线圈就可以自动完成消费以及优惠券或者积分的使用等动作。在SoLoMo 的持续推动下，登机牌、公交卡、身份信息甚至钥匙都将以数字化的形式保存在手机钱包里面。

（3）NFC 精准营销

基于位置的服务与移动应用程序的快速发展，使得定位促销成为可能。当消费者进入一个区域时，为了获得该区域商家的优惠信息，消费者就可以利用移动设备进行签到，而作为商家，可以向该区域的消费者发送优惠信息。商家也可以在这一范围内设立展板，发布自己的优惠信息，当用户持有带有 NFC 标签的手机经过时，可以将手机靠近展板，获取商家的优惠券。两个带有 NFC 标签的手机相互靠近，还可以进行优惠信息的分享与优惠券的传递。

安徽六安旅游新媒体平台推出"线上打卡，线下体验"的旅游营销模式。活动主办方精心设计了 3 条红色旅游线路，游客每到一处景点打卡成功即可在线上点亮该景点坐标，并获得五朵金花（5 种茶叶）之一，成功点亮任意一条完整红色线路上的全部景点或集齐五朵金花即可参与大奖抽取，该平台将现金、景区门票、旅游商品、旅游宣传品等作为奖品。该活动旨在通过线上打卡加线下体验六安红色之旅的方式，带动人气，拉动文旅消费。

11.2.6　电子商务发展水平趋于均衡

信息技术和终端设备是实现电子商务的重要支撑，也是影响电子商务发展的重要因素之一，随着终端设备的普及、网络覆盖率的提升以及政府政策的支持，电子商务一改在南方大型城市发展的局面，正在逐渐向北方以及农村扩展，南北差距和城乡差距逐渐缩小，电子商务的覆盖范围不断扩大。

1.南北差距缩小

自阿里巴巴将总部设在杭州以后，电子商务便在江浙沪地区如火如荼地展开了，并逐渐向珠三角地区扩展，长期以来，我国电子商务的主战场都位于南方各省市，南北的差异在电子商务的发展历程中产生了一条巨大的鸿沟。而近年来，随着政府政策的支持以及电子商务理念的逐渐深入，北方各省市也积极投入到电子商务的战场中，沈阳、大连、青岛、哈尔滨等北方城市在电子商务领域的崛起在缩短南北差距、提升北方电子商务水平的进程中起到了重要的作用。

2.城乡差距缩小

在以往电子商务的发展中，农村一直是各电子商务企业无法触及的市场，而随着终端设备的普及、网络技术的提升、配套设施的完善以及农民消费经营理念的转变，无论在技术上，还是在消费水平上，农村都具有了实现电子商务的条件。同时，近年来，政府一直以政策鼓励新农村建设，采用各种手段帮助农村和农民提高对电子商务的认识，丰富电子商务知识，并应用电子商务作为农产品生产和销售的重要渠道。

电子商务研究中心发布的《2019年度中国农村电商市场数据报告》显示，2019年我国农村电商交易规模达到22 898亿元，同比增长34.29%。同时由阿里巴巴、京东、苏宁、拼多多、贝店等大型电商平台带头进行的农村脱贫、扶贫行为，收获了一定的成果，也引起了国家的注意并得到大力支持。由此可见，农业电子商务的发展不容小觑，电子商务的发展已逐渐向农村和农业扩展。

3.企业规模造成的差距缩小

电子商务的出现，逐渐缩小了由于企业规模而产生的差距，在今后的十年内，那些曾经的电子商务巨头所占有的电子商务市场份额将逐渐被大量的中小企业甚至小微企业瓜分，由于电子商务成本低，操作灵活，这促使大量的中小企业开始将自己同互联网结合起来，进行网上交易、网络营销等活动。而C2C电子商务较低的进入门槛也为中小企业提供了更多参与电子商务活动的机会，企业能够通过C2C电子商务平台，以较低的成本开展电子商务业务。

2019年4月，中共中央办公厅、国务院办公厅印发《关于促进中小企业健康发展的指导意见》，鼓励中小微企业充分利用互联网和信息资源增强自身实力，为中小微企业创造了一个良好的发展环境，进一步促进了中小微企业的发展。

□本章小结

电子商务是随着计算机技术、互联网技术以及管理运营方式的发展和提升而发展的，近年来，电子商务在全球范围内得到了深入的发展，在市场份额以及用户规模等多个方面都有很大程度的进步。

技术支持是电子商务发展的必然条件，而技术的发展也将进一步推动电子商务的发展。物联网、云计算、网格计算技术、虚拟现实技术、大数据挖掘以及基于位置服务等技术的发展和与电子商务领域的深度融合，使电子商务各环节的运作方式与运作流程均得到了不同以往的改进，使电子商务不受地域和时间限制，低成本、高效率等特点得到了更为充分的发挥。

电子商务运营方式在未来的发展中将不断成熟。电子商务模式多样化发展，促使新型电子商务模式不断产生；电子商务更高的流程优化要求使电子商务管理更具智能性；企业对生产和销售效率的追求使电子商务运作趋于协同化；全球化经济推动电子商务业务更加国际化；社交网络的兴起、移动网络的完善和定位服务的发展，促使电子商务交易向着三者融合的方向发展；社会各层级对电子商务的接受和认可使电子商务的发展水平趋于均衡。

电子商务已经是现代经济中不可缺少的成分，因此在未来，电子商务将以更快的速度发展，并通过不断的创新保持自身的强大生命力。

□关键概念

网格计算　虚拟现实　基于位置的服务　智能电子商务　协同电子商务

□思考题

1. 电子商务技术的发展趋势有哪些方面？
2. 电子商务运营的发展趋势有哪些方面？
3. 简述物联网技术在电子商务中的应用。
4. 云计算在应用过程中应注意哪些问题？
5. 简述大数据挖掘在电子商务中的应用。
6. 基于网格的电子商务有哪些特点？
7. 简述基于位置服务的特点。
8. 举例说明电子商务有哪些新型模式。
9. 电子商务的智能化管理主要体现在哪几个方面？
10. 简述电子商务国际化的表现。
11. 简述 SoLoMo 模式对电子商务有哪些影响。

□本章案例

网商银行：大数据项下全自动估值授信模式

网商银行成立于 2015 年 6 月，是中国第一家将核心系统架构在金融云上的银行。基于金融云计算平台，网商银行拥有处理高并发金融交易、海量大数据和弹性扩容的能力，可以利用互联网和大数据的优势，给更多小微企业提供金融服务，其受众定位为网商首选的金融服务商、互联网银行的探索者和普惠金融的实践者，并为小微企业、大众消费者、农村经营者与农户、中小金融机构提供服务。

网商银行通过整合阿里电商生态所沉淀的全网商品、交易大数据，运用大数据计算挖掘能力，搭建全网商品全自动估值能力，使人们用消费品也能融资。在与菜鸟物流共建的分钟级存货水位管理、智能仓储管控体系的基础上，再打通客户的销售回款资金链路，从而能够提供商品入仓实时有估值、存货质押仍可出库销售的客户体验。整个融资过程完成了"商品预付—存货质押—应收回款"的供应链小闭环，同时，网商的供应链金融也是"310"模式：3分钟申请，1秒钟放款，全程0人工干预。

2019年，某经销商（天猫商家）因为所经销品牌准备全产品线涨价5%~10%，所以希望在涨价前采购一批热销消费类产品，以锁定企业采购成本。但是经销商此时短期内无法调动大笔采购资金，很可能因无法按期向品牌供应商支付采购款而导致采购计划落空。

在与客户需求进行深度对接后，网商银行为该经销商提供了采购预付融资解决方案，客户可通过网商银行"采购预付融资系统"，在线完成采购下单、贷款支用、定向支付货款，从而顺利完成了本次采购计划。

在完成采购下单的15天后，采购的商品被分批送入菜鸟物流仓。在商品入仓后，客户的预付融资额度实时完成向存货质押额度的转换，存货质押中的商品仍可以正常出库销售。在完成销售后，形成的应收账款再用于偿还客户的贷款。整个过程中，经销商无须进行贷款合同的变更，无须还款提货，真正实现了从采购预付到应收回款的无缝衔接，实现"一票（贷款）到底"的用户体验。

资料来源：佚名. 网商银行：基于阿里生态大数据项下全自动估值授信模式［EB/OL］.［2019-05-07］. http：//www.100ec.cn/detail--6507563.html.经删减和整理。

【案例思考】

1.结合案例，分析网商银行是如何进行放款运作的。

2.网商银行解决了小微企业怎样的经营痛点？

□参考文献

［1］穆炯，许丽佳. 电子商务概论［M］. 北京：清华大学出版社，2011.

［2］樊世清. 电子商务［M］. 北京：清华大学出版社，2012.

［3］覃征，曹玉辉，等. 移动电子商务［M］. 北京：清华大学出版社，2012.

［4］王丹萍. 云计算背景下电子商务发展的新趋势［J］. 国外社会科学，2011（5）：61-65.

［5］候文，帅仁俊，等. 基于网格服务的电子商务应用研究［J］. 微计算机信息，2007（3）：175-177.

［6］龙亚平，杨兴凯. 基于SoLoMo的电子商务应用模式研究［J］. 中国信息界，2012（9）：21-24.

［7］赵晨远. 面向LBS平台的非垂直化团购服务探讨［J］. 物流工程与管理，2011（4）：131-133.

［8］网经社电子商务研究中心. 2019年度中国跨境电商市场数据监测报告［R/OL］.［2020-06-08］. http：//www.100ec.cn/detail-6559007.html.